BÉRÉGOVOY

DU MÊME AUTEUR

Le Procès de Riom, (en collaboration avec Pierre Béteille), Plon, 1973.

La Gazette d'un Parisien sous la Révolution, de Nicolas Ruault, éditeur de Voltaire, présentation, Perrin, 1976.

52 millions d'enfants au travail, Plon, 1980.

Nombreuses participations à la rédaction du *Dictionnaire d'histoire de France,* Perrin, 1981.

L'Affaire de Massilia, été 1940, Le Seuil, 1984.

Le Procès Mendès France, Perrin, 1986.

Pinay, Perrin, 1990.

Le Grand Pari, l'Aventure du traité de Rome (en collaboration avec Christian Pineau), Fayard, 1991.

CHRISTIANE RIMBAUD

BÉRÉGOVOY

PERRIN
76, rue Bonaparte
Paris

ISBN 2-262-01057-9

Avant-Propos

Cette biographie de Pierre Bérégovoy n'est pas née du désir d'exploiter l'émotion suscitée par son suicide. Elle avait été entreprise alors qu'il était Premier ministre et il avait accepté d'y apporter son concours. Sans doute était-il sensible au fait que j'avais déjà écrit la biographie d'un de ses illustres prédécesseurs au ministère des Finances, Antoine Pinay, auquel on l'avait comparé, au point de lui décerner le titre de « Pinay de gauche ».

Au-delà des circonstances tragiques de sa disparition, ce livre embrasse l'ensemble de sa vie et de sa carrière, celle d'un grand serviteur de l'État.

Introduction

Son honneur était une valeur avec laquelle il ne pouvait transiger. Pierre Bérégovoy nous l'a signifié le 1er mai 1993, faisant basculer sa vie placée depuis douze ans sous le signe d'une réussite d'autant plus éclatante que bien peu de gens l'avaient pressentie, dans une tragédie qui, selon la formule d'André Malraux, la transformait en destin.

« L'honneur est objectivement l'opinion qu'ont les autres de notre valeur et subjectivement la crainte que nous avons de cette opinion », a écrit Schopenhauer dans ses *Aphorismes.* Nul doute que l'ancien Premier ministre attachait une importance primordiale, essentielle – excessive serait-on tenté de dire – à ce regard des autres sur lui-même. Son geste ultime en témoignait, révélant une forme de fragilité intérieure qu'on avait peine à soupçonner chez cet homme amical, humain, mais d'apparence un peu raide, qui semblait, jusque dans son physique, d'une solidité rassurante et savait afficher un caractère bien trempé.

La République avait déjà connu des drames semblables. En 1936, Roger Salengro, ministre de l'Intérieur du gouvernement du Front populaire, s'était suicidé à la suite d'une campagne de presse mensongère tendant à le convaincre de désertion au front pendant la Grande Guerre et de collaboration avec l'ennemi. En 1979 Robert Boulin, ministre de la Santé du gouvernement Barre, mis en cause – sans être lui-même inculpé – dans un imbroglio juridico-immobilier douteux portant sur des terrains situés sur la commune de Ramatuelle dans le Var, était retrouvé mort dans les eaux d'un étang de la forêt de Rambouillet [1].

Pour être des membres importants et influents de leurs gouvernements respectifs [2], ni l'un ni l'autre n'avaient cependant la notoriété de Pierre Bérégovoy, l'ancien ouvrier qui, à force de courage, de travail et de volonté, s'était hissé au sommet de l'État et avait su s'attirer l'estime des milieux internationaux. Il était le seul des grands dirigeants politiques français à être monté de la classe ouvrière jusqu'à occuper le poste de Premier ministre. L'hôtel Matignon avait été comme le couronnement de sa vie et il s'émerveillait d'en être arrivé là, laissant deviner son bonheur, avec le côté enjoué et presque enfantin d'un jeune homme de plus de soixante ans qui s'épatait de lui-même, avec aussi une retenue un peu appuyée dans laquelle certains croyaient déceler de la suffisance, de l'« enflure ».

Toute sa vie avait été placée sous le signe du 1er mai. Recevant Philippe Labi, journaliste à *VSD*, en avril 1992, quelques jours après son installation à l'hôtel Matignon, il avait couché sur le papier à son intention – pour l'amuser – presque d'un jet de mémoire, de son écriture achevée et soignée, ces grandes étapes de sa vie, son « Temps des Cerises » : 1er mai 1942, entrée à la SNCF; 1er mai 1946, démobilisation; 1er mai 1950 entrée à Gaz de France; 1er mai 1957, nomination à Paris; 1er mai 1972, promotion comme chargé de mission à la direction des services économiques et commerciaux de Gaz de France; 1er mai 1978, fin de sa carrière à Gaz de France comme directeur adjoint. À cette « Symbolique de mai » il avait évidemment ajouté le 21 mai 1981, date à laquelle il avait été appelé par François

1. La thèse du suicide a été retenue mais sa famille continue à penser qu'on l'a assassiné et que son meurtre a été déguisé en suicide.
2. En 1978, Louis de Guiringaud, ancien ministre des Affaires étrangères du gouvernement Barre, s'était lui aussi suicidé, mais en raison d'un état dépressif chronique.

Mitterrand au secrétariat général de l'Élysée, et le 12 mai 1988, jour où il avait retrouvé après deux ans d'absence son fauteuil de ministre des Finances à Bercy.

Il allait se suicider un an après cette entrevue – un 1er Mai. Coïncidence troublante, même si l'on ne saura jamais s'il s'agissait d'un choix délibéré. Jour clé de son ascension personnelle, le 1er Mai n'était-il pas aussi pour l'ancien syndicaliste, l'ancien militant, un rappel – devenu cruel – des luttes collectives qui avaient nourri sa vie, du combat politique qui avait été toute sa vie? Il n'en voyait plus que les ruines dont on lui attribuait une lourde part de responsabilité.

Son geste était celui de l'honneur; la date du 1er Mai devenait celle de son espérance perdue.

1

Le petit Russe blanc

Lorsqu'il parlait de lui-même – ce qu'il n'aimait guère – Pierre Bérégovoy le faisait toujours en termes pudiques et simples, d'une voix égale dont il contrôlait tellement le flux que les mots pouvaient sembler lui faire effort. Mais cette impression était toujours démentie par son propos direct, clair, concis, parfaitement structuré.

S'il se montrait plus disert dans un cercle amical, l'homme public, lui, ne se laissait guère aller aux confidences, même lorsqu'on le sollicitait de raconter son enfance. « Modeste mais heureuse », se contentait-il de la qualifier. Son histoire n'était pourtant pas banale et aurait pu inspirer Alphonse Daudet.

Dans les années trente, lorsqu'on habitait un village de Normandie, avoir un père « russe » n'était pas chose courante. Ce père, on le savait en réalité d'origine ukrainienne mais, à quatre mille kilomètres de là, l'Ukraine ou la Russie, cela ne faisait guère de différence. On disait aussi que le nom de cet homme, Bérégovoy, signifiait « le riverain », « l'homme de la berge », et qu'il avait été officier de l'armée impériale russe.

Fils de propriétaire terrien de la région d'Izioum, Adrian Bérégovoy avait en effet été capitaine des cosaques dans l'armée impériale. Lors des premiers troubles révolutionnaires en mars 1917, il avait rallié le parti des sociaux-démocrates mencheviks puis, après leur élimination, avait participé à la lutte armée contre les bolcheviks dans les rangs de l'armée volontaire [1]. Mais l'Armée rouge triomphait partout et il avait été bientôt contraint de fuir son pays avec deux camarades, anciens officiers eux aussi, pour échapper à Lénine et à ses hommes [2].

Pour ces hommes aux abois, sans ressources, avait alors commencé un interminable périple à travers l'Europe. Leur espoir était de s'embarquer au Havre et d'émigrer aux États-Unis pour y devenir chauffeurs de taxi, comme beaucoup de leurs semblables. Ils avaient donc entrepris la traversée de l'Europe à pied, quand les circonstances l'imposaient, ou en chemin de fer lorsqu'ils parvenaient à obtenir des autorités locales des bons de transport en raison de leur statut de réfugiés. Afin de reconstituer le maigre pécule qui leur permettait de poursuivre leur odyssée, ils s'étaient même arrêtés plus d'un an dans le Hanovre, devenant ouvriers pour les besoins de la cause. On trouvait leurs traces d'août 1922 à octobre 1923 à Duisbourg-Meiderich. De là, ils avaient encore eu la force et le courage de repartir vers l'ouest, mais Adrian, épuisé, avait fait une seconde halte forcée à Rouen où son arrivée était signalée le 19 décembre 1923. Il ne devait plus en repartir.

Pour survivre il s'est embauché comme ouvrier métallurgiste à la tréfilerie de Deville-les-Rouen, un faubourg de Rouen qui aligne dans une sombre et triste monotonie usines textiles et métallurgiques. Juste en face de l'usine se trouve ce que l'on appelait alors un « garni »; quelques chambres à louer au-dessus d'un café-épicerie. Les ouvriers y trouvent à la fois le gîte et le couvert. Adrian s'y installe. L'établissement est tenu par une femme de caractère. Emma

1. Comme l'atteste un certificat de l'Union générale des anciens combattants russes en France, établi en 1926 à sa demande.

2. En revanche, une partie de sa famille avait choisi le camp bolchevik, notamment un frère dont il reçut des lettres jusqu'en 1934. Mais à partir de cette date tout lien fut rompu. On peut supposer qu'ils furent victimes d'une des nombreuses purges stalieniennes.

Baudelin, une ancienne ouvrière du textile, dont le mari vient de mourir d'une « maladie contractée en service commandé » pendant la Grande Guerre, ce qui signifie en clair qu'il a été gazé. Avant la guerre il avait été militant politique. C'était un ouvrier du textile défendant des opinions de gauche, un militant socialiste. Emma Baudelin n'a pas eu une vie facile. Elle est d'un abord assez rugueux mais elle ne manque pas de cœur et elle prend en charge cet étranger qui parle à peine le français. La suite se passe encore comme dans un roman édifiant. L'année suivante, le 11 avril 1925, le nouveau venu épouse Irène, l'une des deux filles de la maison.

Le jeune couple rachète le fond de commerce à Emma Baudelin. Dès 6 heures du matin, les Bérégovoy s'affairent, servant aux ouvriers des alentours les « cafés au petit sou » du nom de la goutte de Calvados qui améliore les fonds de tasse, et le soir l'épicerie fonctionne tard. Mais les clients ne roulent pas sur l'or. C'est l'époque où l'on vend encore les bonbons à l'unité, surtout dans les quartiers pauvres, et la famille vit modestement sans pourtant être dans le besoin. On comprend que l'ancien capitaine du tsar, qui caracolait dix ans plus tôt dans un uniforme rutilant à la tête de ses cosaques, ait eu des difficultés à s'adapter à sa nouvelle existence dans le « quartier Fresnel », cet îlot de maisons si vétustes que la ville devait les racheter à la Libération pour y construire un lycée. Pour Adrian Bérégovoy comme pour beaucoup de « Russes blancs », l'émigration a débouché sur un déclassement social.

Naturalisé Français en 1930, installé idéologiquement en France, il parle français avec un léger accent, mais il l'écrit bien. Il s'intéresse à l'histoire de la France, il suit de près la politique et, s'il rejette le communisme – on comprend pourquoi –, il assiste aux meetings de gauche plutôt qu'à ceux de droite et penche pour le radical-socialisme. Le goût qu'il manifeste pour la vie publique contribuera sans aucun doute à inciter son fils Pierre à s'y intéresser.

Depuis toujours les Ukrainiens passaient pour être les « Marseillais de l'Empire russe », et ce n'est pas lui qui démentirait cette réputation. Il a des accès de gaieté, aime se déguiser, raconter des histoires, vraies ou fausses, que ses enfants écoutent avec des yeux écarquillés. Mais il reste aussi enfermé dans le souvenir de sa vie passée qu'il évoque de temps à autre avec quelques membres de la diaspora russe qui ont gardé le contact avec lui ; et il s'étiole.

Quatre enfants naissent : Pierre, l'aîné, le 23 décembre 1925, Marcel en 1928, Michel en 1931, et enfin une fille Jeanine en 1935. Leur mère. « Madame Irène » comme l'appellent les habitués du café, dynamique et courageuse, est aussi douce et tendre, et sait créer les liens d'une famille unie et solidaire. Mais comment tenir le café-épicerie avec seulement une jeune fille pour l'aider et élever en même temps quatre enfants ? L'environnement est par ailleurs très malsain dans ce quartier où les usines crachent de la fumée à longueur de semaine, aussi les enfants sont-ils envoyés chez leur grand-mère Emma. Celle-ci a acheté une petite maison de brique « fin de siècle », marquise au-dessus de la porte et jardin planté de pommiers et de poiriers, à quelques kilomètres de là, à La Vaupalière, un village riant et vert posé sur le plateau, qui domine Rouen, au nord-ouest, sur la route de Barentin. C'est donc elle qui élève ses petits-enfants, du moins tant qu'ils sont à l'école primaire. Par la suite elle aura aussi en charge des orphelins de l'Assistance publique.

À son arrivée chez sa grand-mère, Pierre a cinq ans. Commencent alors pour lui des années de bonheur paisible. L'air est pur à La Vaupalière, la nature accueillante, et les Bérégovoy viennent souvent voir leurs enfants. La grand-mère Baudelin, femme forte, courageuse et autoritaire, est ferme sur les principes. Elle sait se faire respecter. « Femme de caractère, jamais un sourire, redoutable travailleuse », elle élève les enfants « d'une main de fer [1] ». Après l'école il n'est pas question de traîner.

– Pierre, tes devoirs lance-t-elle d'un ton n'admettant pas la réplique.

De même les enfants chaque soir sont de corvée : jardin, cueillette de l'herbe à lapin. Mais sous sa sévérité apparente elle sait s'attendrir. Elle répète autour d'elle en prenant bien soin de n'être pas entendue d'eux que ce sont de « bons gosses ». Elle est économe, parce qu'elle pense à l'avenir, à leur avenir. Mais ils ne manquent de rien et mènent la vie tranquille et simple d'enfants de village des années trente.

La minuscule école, avec son préau de briques, est à quelques mètres. Pierre s'y sent bien. Comme tous les autres enfants, il porte une blouse grise, des culottes courtes et un sarrau noir; c'est un petit Français à part entière : « Mes frères, ma sœur et moi avons été élevés profondément dans l'amour de la France, c'était la patrie que mon père avait choisie et la patrie était en quelque sorte notre livre de chevet, et avec elle sa langue », confiait-il à Sylvie Marion le 29 avril 1993, deux jours avant sa mort [2]. Adrian n'a d'ailleurs même pas souhaité que ses enfants apprennent l'ukrainien ou le russe, et personne ne vient rappeler à Pierre ses origines. C'est un sujet que personne n'abordait » affirme un de ses anciens camarades, Charles Quibel. Depuis toujours, Pierre était normand, un point c'est tout. « Tellement normand et tellement comme nous qu'il a souvent succombé à la tentation des superbes poires juteuses de mon grand-père. » Si l'on peut parler de xénophobie, Pierre la ressent plutôt dans sa propre famille, où le mariage de sa mère n'a pas toujours été bien accueilli. Pour son oncle maternel, Maurice Chenal, syndicaliste CGT bon teint par ailleurs, il restera longtemps, jusqu'à dix-onze ans, le « petit Russe ».

1. Selon René Haubert, le meilleur ami de Pierre Bérégovoy pendant huit ans de 1930 à 1938.
2. *L'École de la vie,* J.-C. Lattès, Paris, 1993, p. 210.

Un couple d'instituteurs se partage la soixantaine d'enfants que compte La Vaupalière. Gaston Levieux prépare les dix-treize ans au certificat d'études tandis que sa femme prend en charge les plus jeunes. Pierre voue une admiration sans limites à cet instituteur qui croit en sa mission et le sensibilise à une idéologie bien républicaine, faite de patriotisme ardent, de foi dans le progrès, de sens aigu du bien commun et du devoir civique dans la grande tradition de Jules Ferry. Il restera toujours fidèle à la mémoire de cet homme qui avait su éveiller sa curiosité et lui donner le goût d'apprendre.

Les mathématiques ne soulèvent pas chez lui un grand enthousiasme et il ne se distingue pas dans cette matière, partageant cette allergie pour les chiffres, curieuse chez un futur grand argentier, avec celui qui sera l'un de ses célèbres prédécesseurs au ministère des Finances, Antoine Pinay. Cette faiblesse lui vaut d'être l'éternel troisième de la classe. En revanche, l'histoire de captive : « Gaston Levieux et sa femme Nadine s'étaient pris de sympathie pour moi, j'avais un esprit curieux, j'étais passionné d'histoire, je lisais tous les livres d'histoire qui me passaient sous la main même à l'âge de huit, neuf ans, et très souvent je complétais mes cours, en histoire ou en géographie, par des observations personnelles. Ils me suivaient de près et m'encourageaient à lire, à parler.

« Quels livres ? Eh bien, ceux de la grand-mère. On lisait, on n'était pas des ignares. La bibliothèque de l'école n'était pas très fournie, mais j'avais des oncles, des tantes qui connaissaient ma passion et qui m'apportaient des livres. Sur Mazarin, Richelieu, Vauban, la Grande Guerre, l'*Histoire de la Révolution* de Michelet, celle de Jaurès. À treize, quatorze ans, j'avais lu tous ces ouvrages-là, sans compter Hector Malot, Victor Hugo, George Sand, Jules Vernes : j'ingurgitais des livres [1]. »

Que Pierre soit un enfant particulièrement doué, Gaston

1. *L'École de la vie, op. cit.*, p. 211.

Levieux s'en est vite convaincu. « Il apprenait avec une facilité déconcertante pour les autres, nous prenions cela pour une espèce de don » confirme Albert Lemarié, un autre camarade de classe. Aussi l'instituteur voudrait-il « pousser aux études » son jeune protégé. « Gaston intelligent, peut aller loin », note-t-il dans une appréciation. Mais il s'effraie aussi des désillusions que pourrait connaître cet enfant si sérieux et si obstiné :

– Pierre, lui répète-t-il, on a toujours tort de vouloir posséder son destin. Parole terriblement prémonitoire. Il lui ouvre sa bibliothèque personnelle, qu'il dévore avec la même avidité. « Il était toujours en train de lire », confirme René Haubert, le complice de tous ses jeux à La Vaupalière. « Nous partagions le même banc à l'école. C'était un bosseur, il était très sérieux, mais toujours en retard. C'était aussi le chef de la bande. Nous étions sept ou huit. Nous jouions souvent à la guerre et il prenait toujours la direction des opérations. En 1935 il s'est même cassé la jambe. Il avait constitué une armée dont il était le commandant; j'étais son lieutenant. Le jeu consistait à aller prêter main forte à l'empereur d'Éthiopie lorsque son pays a été envahi par Mussolini. Cela s'est mal terminé pour lui. »

En d'autres circonstances, le jeune Pierre montre un sens de l'organisation et un souci de la solidarité peu habituels à son âge. À dix ans il invente une sorte de mutuelle : « J'avais réussi à faire cotiser mes copains. Ils donnaient chacun cinquante centimes et avec l'argent nous achetions des cahiers et des crayons pour les plus démunis. »

Sa fibre politique est, elle aussi, précoce. Mais Gaston Levieux ne plaisante pas avec la sacro-sainte neutralité de l'école publique et le fait vertement savoir le jour où Pierre – alors âgé de onze ans – prétend inventer le « jeu du gouvernement » qui consiste à nommer un président et à distribuer des ministères à ses copains : « Je ne sais pas d'où il avait tiré cette idée, reprend Albert Lemarié », l'un de ses « ministres », en plissant de malice son regard bleu de paysan buriné. Mais comme c'était un jeu nouveau, on a tous marché... On avait tout juste commencé à siéger à la récréation suivante que M. Levieux, qui devait écouter depuis un bon moment, a bondi pour attraper Pierre par le col du sarrau noir que nous portions tous. Appuyant son geste d'un tonitruant : " Tu iras faire de la politique où tu veux mais pas à l'école ", il lui a mis une de ces beignes ! j'en ai encore mal pour lui après cinquante-cinq ans... Ça a coupé net ses élans gouvernementaux et fourni au village un sujet de conversation qui dure encore. »

Le contexte politique du moment n'est évidemment pas étranger à cette initiative du jeune Pierre. Nous sommes en 1936 et à travers les conversations tenues autour de lui, notamment par son père, à travers les « informations » du poste de TSF qu'il entend à l'heure du dîner et la lecture des journaux qui tombent sous ses yeux, il a perçu, malgré ses onze ans, le sens de l'arrivée au pouvoir du gouvernement du Front populaire et la signification qu'il prend pour les siens. Il en sera durablement marqué et, de ce jour, Léon Blum, l'homme des quarante heures et des congés payés, restera à ses yeux la figure emblématique de la libération ouvrière.

Mais d'autres événements, de caractère personnel cette fois, ponctuent les dernières années de sa vie d'enfant. Son père n'est pas orthodoxe, il est catholique et, pour être de tradition républicaine, avec la sensibilité plutôt laïque qu'elle implique, sa famille maternelle n'a pas rompu pour autant avec les pratiques religieuses. L'église catholique reste d'ailleurs fortement enracinée dans toute la région.

Pierre a été baptisé. Il suit le catéchisme, sert la messe comme enfant de chœur, fait sa communion solennelle en 1936 et pose pour la photo traditionnelle, en costume marin, brassard blanc, gants blancs, mèche mal disciplinée, entre sa mère, déjà corpulente dans sa robe à fleurettes, et son père, grand homme mince, fine moustache, qui garde de la prestance malgré un costume un peu étriqué.

L'année suivante, le 16 juin 1937, il affronte ce fameux certificat d'études qui, à l'époque, surtout dans les milieux modestes, est considéré comme l'étape obligatoire, et qui plus encore que la communion marque la sortie de l'enfance. Ce jour-là, Gaston Levieux accompagne lui-même en voiture, jusqu'à l'école Flaubert de Maronne, la demi-douzaine d'élèves qu'il présente. Outre Pierre, figure dans le lot sa propre fille, Ginette, l'éternelle première de la classe, et l'ami de toujours René Haubert, l'éternel quatrième. Gaston Levieux s'enorgueillissait d'un taux de réussite toujours élevé. Il est cette fois comblé, tous ses candidats obtiennent le diplôme sans difficulté.

Le moment de quitter La Vaupalière est venu. Pierre retourne vivre avec ses parents qui ont vendu le commerce de Deville pour s'installer dans l'Eure, à Saint-Lubin-des-Joncherets, sur une petite ferme jouxtant le château de Nonancourt, dont ils assurent l'exploitation. Ils avaient envie de grand air et Adrian n'avait pas oublié qu'il était fils de paysan. Il pense que la terre n'a pas de secrets pour lui. Pierre l'aide aux champs, s'occupe des cochons et, pendant l'hiver, suit les cours du soir, car dans ce petit village il n'y a pas d'école supérieure, comme on disait alors.

Mais la reconversion des Bérégovoy dans l'agriculture tourne court. Une épidémie de fièvre aphteuse, dix-huit mois plus tard, décime le bétail et a raison des espoirs qu'ils avaient mis dans leur vocation tardive de paysan.

De retour en Seine-Inférieure, ils reprennent un fond de commerce – un café épicerie qui fait également de la production de cidre – à Caudebec-les-Elbeuf. Mais il faut éponger le passif financier de la ferme de Nonancourt. Adrian s'embauche à nouveau comme manœuvre maçon aux usines de tissage Fraenckel et Herzog à Elbeuf [1]. Pierre,

1. Elles appartiennent à la famille d'André Maurois.

quant à lui, est inscrit au groupe Ferdinand-Buisson, le lycée technique d'Elbeuf, où il obtiendra en mai 1941 un brevet élémentaire industriel (le BEI) ainsi qu'un CAP d'ajusteur et un CAP de dessinateur industriel. Il aurait rêvé obtenir une bourse pour continuer ses études, devenir journaliste ou avocat, mais il sait qu'il n'a pas le choix : « La question ne se posait pas de savoir si on devait faire ou non des études. On faisait ce que la vie nous imposait. Nous ne raisonnions pas en 1935 comme on le fait en 1993. Les trois quarts des enfants commençaient à travailler à treize, quatorze ans. Les trois quarts, non, le neuf dixièmes, 95 pour cent. La seule question était de savoir si on avait encore envie d'apprendre ou pas [1]. »

Incontestablement, il a cette envie et il saura montrer que, pour apprendre, un banc d'école n'est pas toujours indispensable. Il a par ailleurs déjà bien changé. Si on continue à louer sa gentillesse, son sérieux, son caractère jovial, toutes choses qui le rendent sympathique, il montre parfois un mordant qui stupéfie son oncle Chenal, le syndicaliste. La légende veut que celui-ci ait souvent déclaré à son entourage : « Pierre? Il finira ministre. »

Il est du moins exact qu'il s'intéresse décidément à la politique et que son père ne décourage pas ce goût. Il l'emmène même un soir à Louviers à un meeting tenu par un jeune député radical pour qui il éprouve, à l'entendre, la plus vive admiration. Un certain Pierre Mendès France...

La guerre est bientôt là. C'est le jour de la communion de son frère Marcel, à la fin du mois de mai 1940, qu'il en prend physiquement conscience. Toutes les fêtes de famille ont lieu chez la grand-mère. Il rentre à pied chez ses parents avec son frère Michel lorsqu'il voit le ciel s'embraser, les ponts sur la Seine flamber. Étant réserviste, Adrian n'a pas participé aux opérations militaires. Mais comme tant de Français, il se retrouve bientôt avec sa famille sur les routes de l'exode et, comme la plupart d'entre eux, il ne tarde pas à

1. *L'École de la vie, op. cit.*

regagner son domicile pour quatre longues années d'occupation. La vie devient difficile. Mais il y a plus grave. L'usine Fraenckel a été bombardée en juin 1940. Avec d'autres ouvriers, Adrian a passé des semaines à déblayer les décombres. Est-ce pour cette raison qu'il tombe malade? Une tuberculose se déclare qui l'emportera huit ans plus tard. « La dernière chose qu'il a lue avant de mourir – c'était un lundi, peu avant treize heures – est un article de Pierre Mendès France », se souvient son fils. Cette fois, Pierre doit mettre définitivement un terme à tous ses rêves. Il est l'aîné, il lui faut travailler au plus vite [1]. Le 2 octobre 1941, il n'a pas seize ans, il débute chez Fraenckel. Comme grouillot d'abord, en atelier où se font les plans. Puis, comme aucun poste de dessinateur industriel n'est libre et qu'un compagnon fraiseur vient de partir pour l'Allemagne, de son plein gré, semble-t-il, il le remplace sur sa machine-outil et passe quelques mois à tailler et à compter des roues dentées, dans la plus belle tradition d'Henry Ford et du taylorisme. L'usine tombera quelque temps plus tard sous le coup des lois anti-juives et sera réquisitionnée puis fermée. Mais Pierre n'a pas attendu trois mois pour abandonner son emploi. Il ne supporte pas ce travail répétitif, il ne veut pas de ce métier sans avenir. Cette première expérience lui a donné la volonté farouche de s'en sortir et, à la première occasion, il se fait engager à la SNCF, sur concours, le 1er mai 1942. Sécurité de l'emploi, promotion sociale possible, les chemins de fer lui offrent d'autres perspectives, c'est du moins ce qu'il espère.

Employé auxiliaire, il est préposé aux tâches de routine – expédition de colis, poinçonnage des billets, menus travaux d'entretien –, mais, parallèlement, il suit des cours de formation professionnelle. Il fait partie des « élèves bureau » ou encore « élèves mineurs », ces expressions désignant les élèves de moins de vingt et un ans qui préparent l'examen

1. Seule sa sœur Jeanine passera le baccalauréat et fréquentera l'École normale d'instituteurs.

de « capacité », lequel est avant tout un examen de capacité de sécurité, puisque les candidats doivent être capables de donner le départ des trains, de les aiguiller, de commander le maniement des signaux. Pendant deux mois et demi il suit donc des cours de français et de géographie, mais aussi des cours sur la réglementation ferroviaire, des cours de trafic marchandise, de trafic voyageurs, de code du commerce. Il est également envoyé en déplacement à Petit-Couronne, Grand-Couronne, la Rivière-Thibouville.

Dans ce même recrutement de 1942 figure un autre garçon de son âge, fils d'un ouvrier cheminot hautement qualifié et d'une ancienne ouvrière du textile, originaire en somme d'un milieu social comparable sans être identique. Ce garçon qui, lui, est déjà militant communiste, n'est autre que Roland Leroy, le futur directeur de l'*Humanité*. Entre eux se nouent des liens de camaraderie, de complicité cordiale « que leurs différends politiques ultérieurs n'effaceront pas [1] ». Pendant leurs moments de détente ils jouent au baby-foot, font de la course à pied ou vont dans les guinguettes. Mais le jour de l'examen, l'inspecteur d'exploitation, un certain M. Goulard – cinquante ans plus tard, Pierre Bérégovoy se souvenait encore de son nom – attribue une meilleure note à Roland Leroy qui est affecté à la grande gare d'Elbeuf-Saint-Aubin, sur la ligne Lille-Bordeaux, tandis que Pierre doit se contenter de la gare d'Elbeuf, ville qui dessert une ligne plus secondaire entre Rouen et Orléans. En plaisantant, lorsqu'ils étaient tous deux devenus des hommes politiques, Roland Leroy disait que la différence entre eux venait de cette époque, Pierre Bérégovoy travaillant dans une gare à voie unique et faisant donc partir les trains dans les deux sens alors que lui-même travaillait dans une gare à double voie où, à cause du règlement des chemins de fer, hérité des Anglais, il faisait partir tous les trains à gauche. Ils continuent cependant à se rencontrer fréquemment pour régler des questions d'intérêt commun entre les

1. Entretien du 25 mai 1993.

deux gares, mais ils se perdent de vue le jour où Roland Leroy quitte son emploi sans coup férir pour occuper des responsabilités importantes dans la Résistance, notamment auprès de la Jeunesse communiste clandestine.

Pierre Bérégovoy entre lui aussi dans la Résistance mais un peu « par hasard », comme il le disait lui-même. Dans le contexte de la guerre et de la construction par les Allemands du mur de l'Atlantique, les chemins de fer représentent un secteur clé. L'occasion se présente très vite pour lui de faire quelques sabotages. Rien de très grave. Il ne s'agit encore que de brouiller le trafic ferroviaire en attribuant des destinations fantaisistes aux lourds wagons-tombereaux qui arrivent d'Allemagne chargés de charbon destiné à faire tourner les usines françaises, ou de matériel lourd. Est-ce déjà faire de la résistance ? Il n'en a pas vraiment conscience. Mais le virage est pris et son engagement se confirme. Au détournement des trains s'ajoute bientôt le renseignement. Dans les premiers mois de l'année 1943 il entre en contact avec des résistants du Front national, des hommes d'expérience qui, à travers leur combat, lui font prendre conscience que « la lutte pour la liberté donne un sens à l'existence ». Il leur communique des informations sur l'activité ferroviaire dans la région. La confrontation avec la guerre le fait définitivement passer à l'âge adulte. Il franchit le dernier pas quelques mois plus tard en juillet 1943 – c'est du moins la date officiellement retenue – en rejoignant le groupe Résistance-Fer qui va livrer la grande bataille du rail.

Finie l'inconscience juvénile des débuts où l'aide qu'il apportait à la Résistance s'apparentait un peu à un jeu de piste pour adolescent en mal d'affirmation de soi. Les missions deviennent plus dangereuses. Il faut par exemple traverser la Seine sous surveillance allemande pour acheminer les messages.

Résistance-Fer est un groupe FFI sous influence communiste. Pierre se sent déjà lui-même politiquement engagé. Il a en lui le profond désir de réformer la société. Par une sorte de déterminisme sociologique, en raison de ses origines et du milieu auquel il appartient, il ne peut être, comme il le soulignera lui-même, que de gauche.

Mais en dépit de tout ce qui peut le lier à tous ses compagnons de lutte, il ne sera jamais communiste, et il sait pourquoi il ne l'est pas. Il rejette le système ; les méthodes et les tendances hégémoniques du parti le heurtent. L'influence restée vivace de son ancien instituteur, qui lui a communiqué son profond attachement à la tradition de la Troisième République, a sans doute pesé elle aussi. A la Libération, une série d'articles de Léon Blum, publiés dans le *Populaire,* et la lecture de son livre, *À l'échelle humaine*, qui fait apparaître la différence entre les socialistes et les communistes, c'est-à-dire que « la fin ne justifie pas les moyens et que la démocratie est irremplaçable », le détourneront définitivement de toute tentation de cet ordre. « Il y avait chez moi une méfiance à l'égard de cette fin qui justifie les moyens et puis un attachement sans doute viscéral à la Liberté. » Et il y avait aussi –, on ne peut en douter – le souvenir de ce qu'avait enduré son père par la faute des communistes bolcheviques...

En revanche, c'est à côté de ses camarades communistes, et comme caporal, qu'il participe en juin 1944 à la libération de Saint-Pierre-les-Elbeuf, Forêt-La-Saussaye et Elbeuf avec la section Minette, sous les ordres du commandant Carpentier. Les combats sont durs, les Allemands ont contre-attaqué. Mais le contact est fait avec les troupes américaines et canadiennes, et plusieurs officiers SS sont fait prisonniers. Un de ses meilleurs amis, fauché par un éclat d'obus, ne s'est pas relevé. Ses parents le voient enfin revenir chez eux, un fusil à la main. C'est ce jour-là seulement qu'ils comprennent son engagement dans la Résistance, qu'il leur avait soigneusement caché. Et lors de la première visite de

De Gaulle à Rouen libéré, il fait partie des troupes appelées à lui présenter les armes place de la Cathédrale. Souvenir inoubliable, impressionnant pour le jeune FFI Pierre Bérégovoy qui, dès 1940, avait vu dans l'appel du 18 Juin la voie du salut pour son pays. « À l'époque, juste après la guerre, nous étions tous gaullistes... Et à ce moment-là, l'idée principale c'était : " On va transformer la société, elle va devenir plus juste, plus humaine ", c'était ce qui nous animait. Je souhaitais exercer des responsabilités, j'admirais les chefs d'entreprise, les journalistes que j'entendais à la radio. J'avais envie d'être comme eux [1]. »

Quarante ans plus tard, il ne tirait en tout cas aucune gloriole de son passé de résistant, qu'il qualifiait de modeste. Mais il soulignait l'importance qu'avait eue dans sa vie d'homme cette école parallèle de la guerre, qui lui avait « appris l'existence », qui avait aussi décuplé ce goût d'apprendre qu'il avait déjà si fortement en lui. De cette expérience il gardait aussi une aptitude à n'avoir jamais peur physiquement, qui frappait ses collaborateurs lorsqu'il n'hésitait pas, même dans une ambiance de violence physique, à affronter des manifestants, à entrer dans une foule hostile avec un calme et une assurance impressionnants.

– Vous savez, leur disait-il, quand à dix-huit ans vous voyez un fusil allemand braqué contre vous, c'est autre chose.

1. *L'École de la vie*, *op. cit.*, p. 216.

2

Militant et gazier

La continuité ou la rupture; le débat est ouvert à la Libération à tous les niveaux, dans bien des domaines, et l'aspiration au changement semble partout dominer. Pour beaucoup il ne peut être question de renouer avec le passé. Or la SFIO s'identifie largement à ce passé. Aux yeux d'un large secteur de l'opinion elle incarne une Troisième République qui s'est largement discréditée à l'épreuve de la guerre. Aussi est-il beaucoup plus naturel et fréquent, pour un jeune homme de gauche qui sort de la Résistance, d'embrasser la cause communiste. Cela ne sera pas le cas de Pierre Bérégovoy. Il ralliera la SFIO parce que son choix, on l'a dit, est celui de la liberté, mais aussi parce que la « vieille maison » incarne la grande tradition socialiste du XIXe siècle. Il s'en est imprégné à la lecture de Blum et reste fidèle à son côté ouvriériste et industrialiste, avec sa foi dans le progrès technique, seul susceptible d'améliorer la vie des hommes.

Mais en cette fin d'année 1944, il ne sait pas encore que son avenir est à Rouen et à la SFIO. Il y a une autre priorité, la paix se fait désespérément attendre. En septembre, après la libération de Rouen, il s'engage au 5e bataillon de marche du 39e régiment d'infanterie de Normandie que met sur pied Marcel Multzier, en tant que chef départemental FFI pour la Seine-Inférieure, afin d'accueillir, d'instruire et de conduire au combat les jeunes résistants qui veulent poursuivre la lutte contre l'Allemagne jusqu'à la défaite totale. C'est alors que Roland Leroy, de retour à Rouen pour y renouer les liens d'organisation du PCF, si durement malmené l'année précédente par un ratissage policier intense dans cette région névralgique, le rencontre en uniforme dans la grande rue d'Elbeuf, encore appelée rue de la Barrière. Les deux hommes ont une conversation amicale mais qui marque bien leur « différence d'engagement », selon la formule de Roland Leroy.

En fait, le 5e bataillon ne rejoindra jamais la 1re armée. Par décision du général commandant la région il reste stationné en Normandie. À défaut de mieux, Pierre suit le peloton des élèves caporaux; il devient caporal puis sergent. La paix arrive enfin mais il ne retourne pas à la vie civile. Il s'est engagé pour trois ans. Il songe en effet un moment à une carrière militaire, moins par goût que pour tenter d'échapper, là encore, à un avenir qui s'annonce médiocre : « Déjà j'avais envie de prendre des galons », expliquait-il dans un sourire. Avec Sylvie Marion il allait se faire plus explicite : « Je voulais sortir un peu de ma condition, me promouvoir, essayer à travers l'armée de passer à un rang supérieur de la société... Non, se défendait-il, il ne s'agissait pas d' " arriver " ; dans ma famille nous avions tous une volonté de savoir, pas celle d'arriver. N'est pas Rastignac qui veut. Beaucoup de gens maintenant veulent à vingt-cinq ans avoir tout découvert; personnellement, je savais qu'il fallait du temps. »

Aussi se présente-t-il, aux Andelys, au concours d'entrée à l'école préparatoire des élèves officiers d'active qui est alors basée à Cherchell, en Algérie. Il est admis mais recalé à la sélection finale. « La fin des examens de sortie, c'était le 7 mai 1945, je suis sorti vingt-huitième et on en a pris quatorze. Je n'en ai ressenti aucune amertume. C'est déjà pas mal vingt-huitième sur cent quinze! »

Affecté à Lyon au 4e régiment de tirailleurs-zouaves, il part bientôt pour Marseille, puis pour Tunis où il reste trois mois, de janvier à avril 1946, avec pour principale tâche de gérer le mess des officiers. Ce court séjour lui suffit pour comprendre qu'il n'y a pas d'entente possible entre les musulmans, les Juifs et les Français de souche qui occupent les postes dans la fonction publique. « On ne peut pas dire que j'étais anticolonialiste, mais j'étais observateur de ce qui se passait. » Il est en tout cas séduit par ce pays et y gardera de profondes attaches, au point d'y passer plus tard des vacances chaque année et de jumeler Nevers – lorsqu'il en sera devenu maire – avec Hammamet.

Mais désormais il sait qu'il ne peut compter sur la carrière militaire pour « élever sa condition sociale ». Il réussit à se faire démobiliser le premier mai 1946 [1] et s'empresse de réintégrer Rouen et la SNCF et de renouer avec la politique.

Dès octobre 1945, à Lyon il avait adhéré au Parti socialiste fraîchement reconstitué. À peine revenu à Rouen, il franchit un pas supplémentaire. Il s'inscrit à la section socialiste locale, installée provisoirement au 74, boulevard de l'Yser, non loin de la cathédrale, dans un petit bâtiment en bois qui devient vite le « baraquement » pour les habitués du lieu. Cette dénomination finira même par figurer dans le courrier officiel de la fédération départementale. Il se lance cette fois à corps perdu dans le militantisme.

Premier bouleversement dans sa vie, au cours d'un meeting il rencontre une jeune institutrice remplaçante, Gilberte Bonnet, fille et petite-fille de maréchal-ferrant, qui a passé toute son enfance à Criquetot-l'Esneval. Cette grande jeune fille brune, svelte, élégante, au profil de patricienne, de cinq ans son aînée, partage ses convictions. Ils décident de vivre ensemble en concubinage – on ne parle pas encore d'union libre –, ce qui est moins rare à cette époque dans les milieux ouvriers qu'on pourrait le croire. Ils se moquent de ce pied

1. Arguant notamment qu'il s'était engagé en raison de la guerre.

de nez aux usages et aux convenances et ont un premier enfant, une petite fille, Catherine. Le deux-pièces où ils ont emménagé rue Bourg-l'Abbé à Rouen est modeste [1] et, avant de monter chez eux, ils prennent soin de taper des pieds dans l'escalier pour faire déguerpir un gros rat qui y a élu domicile et dont Gilbert a très peur. Celui-ci est souvent dérangé car presque tous les soirs se retrouvent chez eux les amis de la SFIO pour de longues réunions animées.

Pierre est vite entouré, encouragé. La SFIO a besoin de jeunes militants tels que lui, disciplinés, travailleurs, dévoués, à un moment où elle se trouve en concurrence, souvent difficile, avec les communistes, dans un secteur public qui s'est trouvé singulièrement élargi à la Libération et dans lequel les salariés sont appelés à jouer un rôle à travers leurs syndicats.

« Il était intelligent et avait tendance à le faire sentir », se souvient Serge Huguerre, un ancien camarade de cette époque. Il reste aussi fidèle à ses premiers choix. Il sait que si Léon Blum bénéficie au sein de la SFIO de la même autorité intellectuelle, du même prestige moral qu'avant-guerre, son influence à l'intérieur du parti est désormais réduite. Mais son admiration pour l'homme qui l'a converti au socialisme humaniste reste intacte et, en 1946, lors de l'élection au secrétariat général, il soutient Daniel Mayer – l'homme de confiance de Léon Blum –, qui favorise une politique d'entente avec les partis situés plus à droite de la SFIO, contre Guy Mollet qui représente à cette époque la tendance dure, gauchisante, désormais majoritaire au sein du parti.

Bientôt, la « grande peur » de l'automne 1947, avec ses grèves qui font tache d'huile, est l'occasion de heurts sévères entre socialistes et communistes. La Seine-Inférieure n'est pas épargnée par ces vagues de violence. Comme militant politique, Pierre se trouve directement impliqué dans ces affrontements et il est l'un de ceux qui accusent les

1. En 1952 ils emménageront dans un appartement plus confortable rue d'Elbeuf.

communistes de faire régner un véritable « terrorisme » et de vouloir, en France, conquérir le pouvoir par la force. « Ce fut la rupture, même sur le plan humain, avec les communistes, se souvenait-il. Nous ne nous parlions plus, mon camarade Roland Leroy et moi [1]... »

À la suite de son inscription à la SFIO, il avait adhéré « automatiquement » à la CGT, mais il la quitte avant même la scission de décembre 1947, qui voit la démission des dirigeants non communistes, devenus minoritaires, et adhère à Force ouvrière dès sa constitution en 1948. La nouvelle centrale Force ouvrière entend privilégier la revendication immédiate aux dépens des questions doctrinales et utilise la négociation comme moyen d'action. Ses militants, traumatisés pour longtemps par les méthodes utilisées à leur encontre par leurs ex-camarades de la CGT, veulent démontrer qu'un syndicalisme libéré de la tyrannie des « cocos » et des « cosaques » peut obtenir des résultats substantiels. Par la politique contractuelle plus encore que par la cogestion, à laquelle la nouvelle centrale s'est tout d'abord attachée.

Née contre le communisme, FO renforce par conséquent le parti de Guy Mollet, et lorsqu'une section FO est créée chez les cheminots, à l'initiative de Pierre Bérégovoy, on lui en sait gré. Cette même année 1947, il accède au comité national des Jeunesses socialistes. Mais ce mouvement, qu'il s'efforce d'animer localement avec l'aide d'un camarade qui, lui, a passé depuis longtemps l'âge de la jeunesse, donne déjà de grands signes d'essoufflement.

Syndicaliste le jour mais surtout militant politique le soir, il ne ménage pas sa peine. Il ne rate jamais aucun meeting, aucune réunion. Gilberte est moins assidue, elle ne se déplace que pour les votes importants, et comme cette jeune femme à la chevelure très noire a la réputation de savoir ce qu'elle veut, leurs camarades saluent entre eux sa venue par ce commentaire : « Tiens, Bérégovoy a amené sa panthère noire. »

1. *L'École de la vie, op. cit.*, p. 218.

Après les réunions ils vont ensemble refaire le monde dans les bistrots de la place du Vieux-Marché, autour de verres de l'amitié qui se succèdent souvent très tard. Il n'est pas rare aussi que Pierre ramène à Gilberte, à l'improviste, une douzaine d'amis à dîner. Elle supporte tout avec le sourire, auquel elle sait ajouter d'incontestables dons culinaires appréciés de tous. Georges Brutelle lui-même, le puissant secrétaire général adjoint de la SFIO, qui est originaire de Seine-Inférieure, devient l'un des habitués de l'appartement de la rue d'Elbeuf lorsque ses pas le ramènent sur son terroir.

Si Pierre avait eu encore des doutes sur le bien-fondé de son engagement politique à la SFIO, le « coup de Prague » de février 1948 qui voit en Tchécoslovaquie l'élimination brutale d'un gouvernement de coalition des ministres qui n'étaient pas sous obédience communiste aurait achevé de les lever. Le recours à la force brutale, au mépris des principes de liberté les plus fondamentaux, le renforce dans sa conviction que seul la SFIO peut prétendre représenter la grande tradition socialiste et que les communistes trahissent cette tradition. Pour cette même raison il se rallie sans hésitation à la politique de troisième force, qui laisse le PC hors du jeu politique. Il n'a aucune complaisance pour les communistes, sans aller jusqu'à prôner l'anticommunisme systématique qui est désormais le trait le plus apparent de l'idéologie de la SFIO. Il ne la suit pas non plus dans l'anticléricalisme très marqué qui la caractérise également. À la SFIO, les catholiques sont en effet des cas isolés dans un mouvement animé par une philosophie athée. Mais si lui-même n'a pas alors la foi, il n'a aucune hostilité envers les chrétiens. Il est laïc mais pas anticlérical. La laïcité est pour lui un principe qui n'implique aucun sectarisme. C'est un laïcisme ouvert, respectueux de ceux qui croient. Il reste d'ailleurs imprégné par la morale personnelle que lui a inculquée le catéchisme de son enfance et aura toujours le souci du dialogue avec les catholiques. Il le montre comme syndicaliste en recherchant très souvent l'entente avec la CFTC.

L'année 1948 ne s'achève pas sans que ses qualités de militant ne soient reconnues et récompensées. En août, à vingt-trois ans seulement, la commission administrative fédérale lui confie le poste de secrétaire adjoint de la fédération SFIO de ce qui est devenu la Seine-Maritime. Il le conservera sans interruption jusqu'en décembre 1956. « Il était doué par la synthèse, il est devenu naturellement le numéro deux de la Fédération », résume sans états d'âme son ancien camarade Serge Huguerre, qui allait lui succéder à ce poste en 1956. En janvier 1949, nouvelle étape, il entre à la commission exécutive de la section de Rouen, et il en devient secrétaire général en novembre 1950. Mais il n'accepte pas pour autant de devenir permanent socialiste. Pour préserver son indépendance, affirme-t-il.

Autre événement majeur de cette année 1948, le 13 novembre, après trois années de vie commune et sur l'insistance de sa grand-mère, il épouse Gilberte qui l'entourera de sa discrète sollicitude tout au long de sa carrière. Elle a surtout de l'ambition pour lui, mais ne ménage pas elle-même ses efforts pour améliorer leur vie de couple. N'étant pas certaine d'être titularisée après la guerre, elle est entrée sur concours à la trésorerie de Rouen, comme agent de recouvrement, et ne cessera de travailler qu'en 1963, après la naissance de leur fils [1].

Pierre sait de son côté qu'à la SNCF il peut tout au plus devenir chef de gare. Cet avenir lui paraît maintenant singulièrement étroit. Depuis un moment déjà il est décidé à chercher sa voie ailleurs, et c'est sur l'Électricité et Gaz de France qu'il a jeté son dévolu. La tradition du socialisme productiviste, industrialiste, dont il s'est nourri jusque-là le pousse vers ce fleuron des grandes entreprises publiques où

1. Leur seconde fille, Lise, est née en 1960, presque quinze ans après l'aînée, Catherine.

il pense que s'incarne le progrès. Encore faut-il trouver l'occasion de poser sa candidature avec certaines chances de réussite, car ni sa formation ni son passé ne répondent aux critères d'embauche.

Une conférence d'André Philip à Dieppe, en mai 1948, lui a fourni cette occasion. Il a repéré dans l'assistance Roger Courbey, qui est SFIO comme lui, mais surtout directeur régional de l'EDF à Rouen [1]. « La conférence s'était terminée tard, se souvient Roger Courbey. Je marchais pour regagner ma voiture quand j'ai entendu un pas derrière moi qui se rapprochait ; visiblement, on voulait me rattraper. Intrigué et un peu méfiant malgré tout, je me suis retourné et j'ai vu un jeune homme assez sympathique qui, arrivé à ma hauteur, m'a expliqué qu'à cette heure tardive il n'y avait plus de train pour Rouen. Il m'a demandé si je pouvais le prendre dans ma voiture, ce que j'ai accepté. Je ne sais pas s'il s'agissait d'une petite mise en scène, prévue à l'avance, ou s'il avait simplement profité de la circonstance. Chemin faisant, en tous cas, il m'a raconté son histoire et m'a fait part de son désir d'entrer à l'EDF. “ Là où je suis, je n'ai aucun avenir ”, m'a-t-il dit. Je l'ai écouté sans lui donner de réponse, bien entendu. Je voulais de toute façon prendre des renseignements sur lui. Ces renseignements ont été bons. J'ai su qu'il avait été résistant, que son père venait de mourir, que sa mère était dans une situation plutôt difficile et que c'était un garçon sérieux qui voulait s'en sortir [2]. »

Dans l'émotion de cette rencontre, Pierre a oublié son écharpe dans la voiture. Il reverra Roger Courbey ; les deux hommes deviendront amis mais l'écharpe ne lui sera jamais restituée. Quarante ans plus tard il le lui rappelait encore : « Tu me dois toujours mon écharpe. »

1. La loi de nationalisation du 6 avril 1946 ne prévoyait qu'un seul établissement commun au Gaz et à l'Électricité. Mais on devait s'apercevoir assez vite qu'il fallait différencier les deux exploitations. Ce qui fut fait le 30 juin 1949 par une convention qui établissait la séparation des services financiers et de l'exploitation industrielle des deux secteurs ; en revanche, la direction allait rester commune sur le plan administratif.

2. Entretien du 16 octobre 1992.

Parmi les bons renseignements figurent aussi, bien évidemment, son engagement politique et les responsabilités qu'il occupe à la fédération socialiste de Seinte-Maritime (anciennement Seine-Inférieure). Roger Courbey est donc décidé à l'aider. Mais les choses ne peuvent se faire rapidement car Pierre n'a aucun des diplômes demandés.

Il devra donc patienter avant d'entrer à Gaz de France, mais entre-temps une occasion inespérée se présente et il ne la laisse pas passer. Christian Pineau, grand résistant, fondateur de Libération-Nord et à ce titre une des gloires de la SFIO, prend en charge, en septembre 1948, le ministère des Travaux Publics et des Transports dans le gouvernement du radical Queuille. Un hasard heureux veut que fasse partie de son cabinet un cheminot syndicaliste, Pierre Biglot, qui appartient également au bureau fédéral SFIO de Seinte-Maritime. Sur sa recommandation, Pierre Bérégovoy est attaché au cabinet du ministre pour faire le lien avec les syndicats et pour une tâche ponctuelle, la direction de l'hebdomadaire socialiste la *République de Normandie* dont le premier numéro sortira le 11 avril 1949.

Ce journal devient son bien, sa chose. Le voici enfin heureux, même si cette occupation supplémentaire allonge démesurément ses journées de travail, le mercredi et le jeudi, avant le tirage. Il apprend à travailler dans l'urgence des bouclages, sans grands moyens, avec une petite équipe de militants tenaces et passionnés, de sympathisants actifs. Et avec l'aide notamment de son administrateur, Léon Lappara, il fait l'impossible pour maintenir à flot le journal. Mais celui-ci souffre de façon chronique de l'absence d'un réseau de correspondants locaux ainsi que d'une médiocre diffusion, et les choses se gâteront définitivement lorsque certains de ses actionnaires, dont Georges Brutelle et André Marie, décideront de vendre leurs parts. Son activité est donc multiple. Comme délégué syndical, il s'initie en même temps à la négociation avec les patrons et les pouvoirs publics, ce qui l'oblige à intégrer un certain nombre de notions relatives aux questions sociales et aussi à l'économie. « J'ai beaucoup appris au contact de la vie, grâce à mon engagement politique et syndical, disait-il... Cela est une très grande école, car la négociation vous oblige à être à la hauteur. »

Hélas pour lui, Christian Pineau quitte le gouvernement en février 1950. Le voici donc obligé de réintégrer les chemins de fer. Le poste d'agent de maîtrise qu'il occupait auparavant ayant reçu un nouveau titulaire, on l'affecte à la direction de l'arrondissement. Pendant deux mois il remplit des billets de réduction attribuées à des familles de cheminots. Un tâche répétitive qui lui est vite insupportable.

Mais il sait que grâce à Roger Courbey son dossier avance au Gaz de France. Le fait que le portefeuille de la production industrielle soit détenu par un SFIO, Robert Lacoste, n'y est peut-être pas étranger. Il prend en tout cas le risque de démissionner de la SNCF, avant même d'être certain de son embauche à Gaz de France.

Très relative pourtant – mais il est vrai qu'à cette époque on ne parle guère de chômage –, l'attente d'une réponse définitive lui paraît alors bien longue et angoissante. « C'est la seule période de ma vie où j'ai attendu pendant trois semaines une lettre d'embauche, après avoir donné ma démission à la SNCF, racontait-il. Cette période a été assez délicate. »

La lettre vient enfin. Elle est positive et il débute le 1er mai 1950 comme agent technico-commercial au CAPTG (Centre autonome de production et du transport du gaz) de Gaz de France de Rouen-Le Havre.

À ce moment, le coke issu des usines du Gaz de France (plus de deux millions de tonnes) représente le quart de la production française, et c'est parce qu'il y a des stocks à écouler à Rouen qu'il est embauché. Il ne reste à ce poste qu'un an et demi car, entre-temps, a débuté la guerre de Corée. « Celle-ci a provoqué un boom, un essor extraordinaire des industries d'armement et le coke s'est vendu très aisément. Au bout de quelques mois les stocks avaient donc disparu... Un peu à cause de mon action... beaucoup à cause de la guerre de Corée [1]. »

On le mute à la distribution qui est mixte EDF-GDF, et il intègre le département commercial qui vient d'être créé en mars 1952 et qui est donc en plein rodage. Il est chargé de la publicité et de la promotion du gaz auprès des professions commerciales et artisanales : boulangeries, charcuteries, restaurants. Le gaz, comme moyen de chauffage, connaît alors un grand succès. C'est l'époque où les radiateurs « Pain » se vendent à des milliers d'exemplaires. Dans ces années-là, la production de charbon et d'électricité est insuffisante alors que le gaz est abondant. Les arguments de vente sont les mêmes qu'aujourd'hui : disponibilité, absence de pollution, souplesse, puissance. Le gaz ne requiert pas d'équipement lourd, ce qui représente de gros avantages dans une région comme la Normandie où tout – ou presque – est à reconstruire. Rouen par exemple est une ville massivement détruite où les bâtiments provisoires sont encore nombreux.

Pierre Bérégovoy court les expositions et en particulier les démonstrations sur les qualités de la cuisine au gaz, en compagnie du professeur Suscosse « qui avait un talent extraordinaire, un vrai bateleur, racontait-il avec une pointe d'amusement. Moi, je présentais le gaz et le cuisinier... A l'époque la télévision n'occupait pas les soirées, le public était nombreux. »

Pour des raisons historiques, le service commercial du Gaz est encore distinct du service commercial Électricité, à Rouen, et c'est à cette époque que Pierre Bérégovoy devient un vrai « gazier ». « C'était un état d'esprit maison comme il y a un état d'esprit cheminot... Il y a un état d'esprit gazier :

1. Entretien du 24 février 1988 avec Alain Beltran, Pierre Guérin et J.-P. Williot.

une espèce de fraternité de gens modestes ou moins modestes ; je ne crois pas qu'il ait le même état d'esprit électricien. Peut-être est-ce dû au fait que l'électricité était plus moderne, que c'était moins éprouvant, même si les gens dans les centrales électriques travaillaient dur. Il faut bien voir que dans les usines à gaz, les cokeries, le métier était très dur, y compris pour les ingénieurs. De même comptaient ces grandes communautés humaines au niveau de la production [1]... »

Le sens de la camaraderie et de la solidarité, si sensible à Gaz de France, n'exclut pas le poids d'une hiérarchie très forte, mais celle-ci est plutôt de conception paternaliste : « C'était très curieux, poursuivait Pierre Bérégovoy, qui avait eu le loisir de comparer le fonctionnement des deux entreprises. Les chemins de fer ont été longtemps une entreprise où le personnel votait pour la CGT à 70 pour cent et où la hiérarchie au sommet était assez réactionnaire au plan politique, tout en étant audacieuse sur le plan technique. Au Gaz ce n'était pas tout à fait pareil; la CGT était aussi influente mais il y avait plus de connivence avec la direction. Pendant un moment même il y avait eu cogestion CGT-Direction. Il n'y a jamais eu cela à la SNCF [2]. » Pierre Bérégovoy quant à lui porte sans trop de difficultés ses différentes « casquettes », même si le cumul de ses activités représente souvent douze à quinze heures de travail. Il fait corps avec la maison, se sent gazier dans l'âme, mais négocie en même temps avec âpreté les augmentations de salaires. En 1953, il participe activement à la grève générale décidée lorsque le gouvernement Laniel entend profiter des vacances pour préparer une série de décrets-lois dont certains reculent sensiblement l'âge de la retraite des fonctionnaires. Pour la première fois la CFTC, la CGT et FO se

1. Entretien avec Alain Beltran, Pierre Guérin et J.-P. Williot, *op. cit.*
2. Pendant toute cette période en effet, jusque dans les années soixante, l'un des premiers directeurs de l'EDF, Roger Gaspard – qui est également le patron du Gaz, du point de vue des rapports sociaux – cogère avec Marcel Paul, qui est secrétaire de la fédération CGT du Gaz.

retrouvent coude à coude. Pour la première fois, comme responsable du syndicat du gaz de Seine-Maritime, Pierre Bérégovoy prend la parole, au nom de Force ouvrière, au cours d'un très grand meeting sur la place de l'Hôtel-de-Ville de Rouen, en improvisant à partir de quelques notes. Mais en règle générale il intervient relativement peu dans la vie syndicale. S'il participe à quelques congrès fédéraux, il n'y prend pas souvent la parole. « Pour lui, l'essentiel de sa vie, c'était l'activité politique plus que l'activité syndicale; il avait nettement privilégié la voie politique », confirme André Bergeron [1].

Les circonstances font que son histoire singulière avec Roland Leroy reprend bientôt. Depuis 1948 celui-ci est premier secrétaire de la Fédération communiste de la Seine-Maritime; Pierre de son côté est secrétaire-adjoint de la fédération SFIO de ce même département. La guerre froide fait rage. Les relations sont plus difficiles que jamais entre les socialistes, qui ont choisi le plan Marshall, l'atlantisme et la construction d'une Europe démocratique, et les communistes qui, eux, entrent dans « l'ère glaciaire du stalinisme strict ». Si les deux hommes sont amenés à se reparler, c'est donc souvent pour s'affronter.

La préparation des élections législatives du 2 janvier 1956, consécutives à la dissolution de l'Assemblée nationale par Edgar Faure au mois d'octobre précédent, est l'occasion de discussions intenses entre eux. Roland Leroy est candidat du Parti communiste, les socialistes de leur côté ont toutes les chances d'emporter au moins un siège, et Pierre Bérégovoy espère un moment être choisi comme tête de liste. Le secrétaire de la fédération et député sortant, Jean Capdeville, est en effet suspecté d'être mêlé à un scandale de boîtes de graisse dans l'armée, alors qu'il était membre de la commission de la défense nationale. La direction nationale

1. Entretien du 4 octobre 1993.

ayant exigé qu'il ne se représente pas, il peut sembler logique que son adjoint le remplace. A trente ans seulement Pierre Bérégovoy peut croire que s'offre à lui une chance d'entreprendre une véritable carrière politique, par la filière de la députation, dans la tradition de la Troisième République.

C'est dans ce contexte que son chemin croise de nouveau celui de son ancien ami. Mais celui-ci a beau se faire pressant, Bérégovoy refuse tout apparentement des listes de gauche, socialistes et communistes. Le futur directeur de l'*Humanité*, qui n'a pas oublié que quatre ans plus tôt, en 1951, les communistes ont été victimes d'un apparentement socialistes-MRP, le lui pardonnera difficilement. En fait, dans cette affaire, Pierre Bérégovoy se conforme à la ligne de son parti qui, peu soucieux de s'allier avec le « parti de l'Est », écarte tout apparentement avec les communistes. Ce, malgré les vives insistances du PCF qui aurait voulu tenter sa réinsertion dans le jeu national en reprenant le slogan d'un nouveau Front populaire rebaptisé pour la circonstance « Front unique » et se voit en fait condamné à l'isolement, tout comme le mouvement poujadiste à l'autre extrémité de l'échiquier politique.

Pierre fait en tout cas figure de candidat à une candidature tout à fait crédible. Il a pris de l'assurance et n'hésite plus à s'affirmer, même face aux figures historiques de la SFIO qu'il est amené à côtoyer lors des congrès nationaux. C'est ainsi que Daniel Mayer ne devait jamais oublier sa première rencontre avec lui. Bérégovoy n'a encore qu'une petite notoriété locale, qui commence à peine à franchir les limites de son département. Même battu par Guy Mollet, Daniel Mayer reste un personnage considérable du parti. Son aura de secrétaire général après la Libération continue à en imposer. Mais Pierre Bérégovoy ne se laisse pas impressionner. Il se présente.

– Pierre Bérégovoy.

– Quelque peu surpris et amusé, Daniel Mayer a le réflexe de l'humour :

– Daniel Mayer, lui répond-il sans sourciller.

Mais Bérégovoy n'est pas le seul à être sur les rangs. Le maire de Grand-Quevilly, Tony Larue, a décidé de se présenter ; de même Roger Thiébault, un ancien ouvrier verrier dont tout le monde reconnaît le dévouement au parti depuis vingt-cinq ans. Or, lorsque la fédération se réunit pour désigner ses candidats, Tony Larue obtient 49 mandats, Pierre Bérégovoy 34 et Roger Thiébault 18. Ce dernier annonce alors son désistement en faveur de Bérégovoy qui semble donc avoir des chances de l'emporter au second tour. Mais, à la reprise, celui-ci annonce qu'il se retire en faveur de Thiébault dont il fait un vibrant éloge. Il n'est pourtant pas récompensé de ce geste. Le résultat n'est pas celui qu'il espérait. Tony Larue obtient 54 voix contre 44 à Thiébault. Tony Larue sera donc candidat et élu [1].

Certains parleront de « manœuvres déloyales ». Quoi qu'il en soit, il semble que la direction nationale du parti n'ait pas vu d'un très bon œil la montée si rapide de la jeune relève rouennaise et ait encouragé Tony Larue à se présenter. Pour Pierre Bérégovoy, qui s'était vu un moment sur les bancs du Palais-Bourbon, la déception est rude. Mais il s'incline de bonne grâce : « C'était la tradition. A l'époque il fallait s'y plier. Un jeune ne pouvait pas s'imposer comme ça. Il devait d'abord se soumettre à une longue période de mise à l'épreuve, c'était normal. » Un échec ne venant jamais seul, c'est aussi l'époque où il se voit refuser son entrée dans la franc-maçonnerie. Mais il n'attache gère d'importance à ce nouvel incident de parcours. Lorsque, des années plus tard, on lui fera savoir à différentes reprises que son adhésion ne poserait plus de problèmes, il déclinera l'offre et ne reviendra jamais sur cette décision, s'avouant finalement méfiant des obédiences et trop attaché à son indépendance.

1. En 1978 il laissera son siège à un autre futur Premier ministre : Laurent Fabius.

Sa progression ainsi stoppée par un aîné bien implanté et soutenu de Paris, tout avenir politique local lui semble interdit pour longtemps. Le hasard veut que, peu après, Roger Courbey soit nommé directeur général du Gaz à Paris. Pierre n'hésite pas longtemps. Rompant avec la période rouennaise de sa vie, il décide de le suivre dans la capitale, avec l'espoir de reprendre l'ascension parallèle des échelons de l'encadrement de Gaz de France et de ceux de la carrière politique.

Pour la seconde fois, Roger Courbey accepte de l'épauler de façon décisive.

– J'avais compris que ce petit irait loin et qu'il fallait le pousser, confie-t-il.

Grâce à lui, Pierre est affecté à son arrivée à Paris, en mai 1957, à la SDIG (Société pour le développement de l'industrie du gaz), qui est une sorte d'agence de publicité de Gaz de France.

Dix ans ont passé depuis le jour où il participait à la libération d'Elbeuf, les armes à la main. Dix années au cours desquelles il s'est aguerri aux joutes politiques et syndicales. Dix années qu'il a aussi mises à profit pour combler les lacunes d'études trop courtes, utilisant au mieux les bases « non négligeables » que lui avait apprises son instituteur, pour arriver à un niveau de culture supérieur :

– Je continuais de lire tout ce qui me tombait entre les mains, notamment les œuvres de Karl Marx, de Jean-Paul Sartre et d'Albert Camus.

Plus que jamais, il est aussi passionné d'histoire, comme le sont ceux qui veulent améliorer leurs connaissances générales.

Comme militant syndical s'offre alors à lui la possibilité de suivre un stage de perfectionnement vraiment digne de ce nom, et il la saisit immédiatement. Dans les années cinquante-cinq, la nécessité pour les centrales ouvrières d'avoir à leur disposition une élite d'hommes qualifiés, de têtes bien faites, capables non seulement de parler et d'être clair mais aussi de maîtriser des dossiers assez complexes, se fait en effet de plus en plus impérative. Jusqu'à un certain point, elles y pourvoient par elles-mêmes, mais une formation complémentaire de caractère universitaire ne peut que répondre à cette exigence de niveau supérieur de formation. C'est ainsi que, une fois calmées ses craintes de voir ses militants soumis à une influence indésirable à ses yeux – il ne faut pas oublier qu'à cette époque l'influence communiste est très forte dans les universités –, FO se prête, à côté de la CGT et de la CFTC, à l'expérience que propose un professeur de l'université de Strasbourg, Marcel David. L'Institut du travail qu'il vient de créer en 1955 étant ouvert aux syndicalistes, pour des stages de formation de trois semaines, Pierre Bérégovoy sera l'un des premiers à profiter de cet enseignement novateur.

Si ses activités diverses lui ont déjà donné « une forme de culture », au sens classique du terme, il sait en effet qu'il a encore beaucoup à apprendre. Aussi s'empresse-t-il de suivre les conseils de Pierre Acard lorsque celui-ci, au cours d'un congrès des cadres de maîtrise de GDF à Biarritz, en octobre 1956, lui suggère d'aller suivre ce stage à Strasbourg. Il y recevra des cours de formation juridique, syndicale, économique, que concrétisera la rédaction d'un rapport de stage.

Tous les jours après les cours il dîne avec ses amis Maurice Mollet et Marcel Dehove à l'hôtel Elisa. Mais les soirées sont studieuses. Mollet note que son compagnon est terriblement travailleur et en devient presque austère, alors qu'il a la réputation d'être habituellement plutôt jovial et bon vivant.

Il attache en effet la plus grande importance à ce stage qui, loin de le décevoir, restera à ses yeux déterminant pour sa formation. Ce seront « ses universités », la découverte d'un monde et d'un enseignement auxquels il n'avait pas pu avoir accès. « Là, j'ai appris à prendre des notes et à exprimer de façon plus concise ma pensée, à faire des résumés. Il n'y a que l'enseignement supérieur pour vous apprendre cela », confiera-t-il en avril 1992 dans une interview à *Paris Match*. Ces trois semaines passées à l'université de Strasbourg auront à ses yeux une telle valeur symbolique qu'il les fera figurer dans son curriculum vitæ à la rubrique : « diplômes ».

3

Disciple de Mendès France

Comme toutes les grandes formations qui régentaient la vie politique depuis la Libération, la SFIO est allée à la bataille des élections du 2 janvier 1956 inquiète et affaiblie. Elle subit une crise de recrutement (cent dix mille adhérents maintiennent tout juste le parti à son niveau de 1935). Elle manque de relais syndicaux, malgré les amitiés entretenues à Force ouvrière.

Les hommes tels que Pierre Bérégovoy sont trop peu nombreux. Elle souffre aussi d'une certaine sclérose de la composition sociologique de son électorat. A côté des bastions traditionnels du Nord et du Midi, les fonctionnaires et les classes moyennens d'âge mûr constituent l'essentiel de ses troupes. Sa pensée théorique semble être également en panne. Hors la dénonciation du communisme, elle se réduit quasiment à défendre le patrimoine hérité de Jaurès et de Blum. Des noms que Pierre Bérégovoy continue à révérer. Mais il s'impatiente aussi de l'immobilisme du parti. Il lui reproche de s'enfermer dans des batailles d'appareil, de faire passer l'organisation avant la doctrine, dans un souci de stabilité qui écarte les discussions et fossilise l'idéologie. C'est qu'en fait le poids des événements, entre autres la guerre froide avec tous ses conséquences, vide de leur substance des pans entiers de l'idéologie traditionnelle de la SFIO.

« Que signifie l'internationalisme prolétarien à partir du moment où la SFIO devient un parti de gouvernement dans un pays qui a choisi le camp atlantique? Que devient l'anticapitalisme à partir du moment où il apparaît de plus en plus évident que le capitalisme ne meurt pas et que la SFIO s'en accommode? Que devient l'antimilitarisme lorsque la SFIO accepte la guerre d'Indochine et se trouve engagée dans les responsabilités de la guerre d'Algérie [1]? »

Pierre Bérégovoy a été très vite de ceux qui ont pris certaines distances avec la direction du parti. En 1951 déjà il était hostile à la loi sur les apparentements, loi de circonstance avant tout, destinée à assurer une large majorité aux partis attachés au régime parlementaire et au multipartisme, mais qui est aussi un symbole des accommodements de la SFIO avec elle-même tout autant qu'avec ses partenaires politiques. Cependant c'est surtout autour du problème des guerres de décolonisation que se cristalise son opposition à la ligne du parti. D'emblée il est hostile à la guerre d'Indochine.

Par contraste, l'expérience Mendès France de juin 1954 lui apparaît comme un réveil, un renouveau possible qui rompt avec la « monotonie de l'impuissance » et, dans un style nouveau, donne des ambitions nouvelles à la France. Il suit en cela encore des « blumistes », Édouard Depreux et Daniel Mayer, modérés et plus ouverts aux réformes que les anciens guesdistes qui, avec Guy Mollet, s'opposent à la participation au gouvernement Mendès France. Pierre Bérégovoy applaudit donc à la politique volontariste de Mendès France. Il se réjouit des accords de Genève qui mettent fin à six ans de « sale guerre » d'Indochine et approuve aussi l'autonomie interne accordée à la Tunisie.

Peu sensibles jusque-là, malgré tout, les clivages au sein de la SFIO se marquent et se cristallisent autour du débat sur la Communauté européenne de défense qui empoisonne

1. Jean Touchard, *la Gauche en France depuis 1900*, Histoire Seuil, Paris, p. 297-298.

bientôt le climat politique au point de prendre les allures d'une nouvelle affaire Dreyfus. Cette querelle européenne qui soulève les passions contradictoires des Français divise le Parti socialiste plus que les autres, et les oppositions deviennent importantes et violentes.

Là encore les antiguesdistes sont dans l'ensemble les antimolletistes. Au sein du comité directeur, Édouard Depreux défend leur position, et Pierre Bérégovoy se retrouve encore une fois à ses côtés, par hostilité de principe à tout réarmement allemand. Mais, comme lui, il reste très respectueux de la discipline du groupe et du parti et désapprouve ceux qui, passant outre à la décision prise par les instances d'approuver le projet, votent le 30 août 1954 contre le traité [1].

Trompant les prévisions de ceux qui attendaient un retour de Mendès France, les élections du 2 janvier 1956 ont poussé vers le pouvoir les socialistes, qui semblent les arbitres d'une situation politique plus confuse que jamais et qui sont mieux placés que Pierre Mendès France pour jouer la carte européenne. Après six années d'absence du gouvernement, la SFIO reprend donc les rênes du pouvoir et Guy Mollet est triomphalement investi par 420 voix contre seulement 71 et 83 abstentions [2].

Mais le mendésisme en ascension a fait gagner plus d'un million de suffrages aux listes radicales, c'est-à-dire la coalition du Front républicain. Pierre Mendès France, nommé ministre d'État, devient le second personnage du nouveau gouvernement. Tout le monde pressent cependant le côté précaire de cette solution. Le hasard veut qu'au début du mois de mai suivant, à Rouen, au cours d'un dîner organisé par la Jeunesse radicale, Pierre Bérégovoy, comme président des Jeunesses socialistes de Seine-Maritime, se trouve assis à côté de lui. Le souvenir de cette soirée présidée par le « grand homme » de la Normandie dont le charisme

1. Le groupe socialiste s'est scindé en deux moitiés à peu près égales : 50 socialistes ont voté pour, 55 ont voté contre.

2. Seuls les poujadistes et la droite s'abstiennent ou votent contre.

enflamme la jeunesse et qui se révélera pour lui un maître à penser incomparable ne le quittera plus. Il pense ce soir-là à son père qui l'avait emmené, encore adolescent, à un meeting tenu à Louviers par celui qui n'était encore qu'un « jeune Turc » du Parti radical.

Au cours de la campagne électorale, toutes les formations politiques avaient entretenu un savant flou artistique sur la question qui pourtant dominait et minait depuis deux ans la vie politique française : la guerre d'Algérie. Mais si Guy Mollet a pour première mission de chasser ce cauchemar, la « bonne volonté » ne suffit pas, et le voyage qu'il a l'imprudence d'effectuer à Alger, peu après son investiture, le 2 février, sous les tomates et dans une ambiance d'émeute, a raison de ses velléités de fermeté et d'ouverture. Bouleversé par le spectacle du peuple des petits pieds-noirs lui criant leur haine des bradeurs et leur angoisse, soucieux d'éviter une guerre civile qu'on lui annonce imminente, il capitule et invite le général Catroux, qu'il venait de désigner comme ministre à part entière délégué à Alger pour imposer la volonté de Paris, à démissionner. Cette reculade ne fait que relancer l'engrenage de la guerre et de la répression. La paix n'est plus au programme et l'immense majorité des Français applaudit aux pouvoirs spéciaux votés le 12 mars, qui autorisent Guy Mollet et Robert Lacoste, nouveau ministre délégué à Alger, à prendre tout décret et « toutes mesures exceptionnelles en vue du rétablissement de l'ordre ». Pierre Mendès France, jugeant inapplicable et inefficace la nouvelle politique algérienne, démissionne de ses fonctions de ministre d'État le 23 mars. Son geste est sans grand effet : les autres ministres radicaux restent en place, le mendésisme marque le pas et le Parti radical lui échappe pour glisser vers des positions plus favorables à l'Algérie française. Au gouvernement, Gaston Defferre, Alain Savary et François

Mitterrand seront seuls désormais à formuler quelques protestations en Conseil des ministres.

Les communistes eux-mêmes, ne parvenant pas à renoncer à leur espoir d'une éventuelle majorité de Front populaire « en condamnant au grand jour ce qu'ils n'approuvent plus [1] », se livrent à un numéro d'équilibre : ils se rallient au projet gouvernemental tout en le dénonçant. Mais au sein de la SFIO la contestation se fait plus violente, le clivage s'accentue entre une majorité et une minorité reprochant à Guy Mollet sa capitulation devant les émeutes d'Alger. Au congrès de Lille en juin 1956, une motion pour la paix en Algérie, qui réclame des négociations avec le FLN, des élections libres, la garantie des minorités, reçoit le soutien de Daniel Mayer, Charles-André Julien, Oreste Rosenfeld, Robert Verdier. Tout en étant proche des minoritaires, Édouard Depreux et André Philip ne s'y associent pas, car ils ont des positions légèrement plus nuancées et ne veulent pas heurter de front le congrès. Dans l'ombre de Depreux, Bérégovoy fait partie de ceux qui dénoncent la trahison des idéaux et les compromissions. Mais les protestations de ces minoritaires ne rencontrent guère d'écho dans l'opinion. Il faut que soit révélé le recours conscient et systématique à la torture des suspects pendant la bataille d'Alger en janvier 1957 pour que la légitimité de la guerre commence à être sérieusement remise en cause.

Tandis que les communistes s'engagent désormais plus ouvertement dans la lutte contre la guerre, tout en restant prudents pour ne pas se couper d'une partie de leur électorat et accentuer leur isolement, à la SFIO derrière Michel Rocard les étudiants contestataires – du moins ce qu'il en reste – dénoncent de plus en plus fortement la politique « droitière » du gouvernement. Des universitaires, des élus prennent le relais. Les allusions critiques au « national-

1. Jean-Pierre Rioux, *la France de la Quatrième République*, t. 2, *l'Expansion et l'Impuissance, 1952-1958*, Seuil, coll. « Points Histoire », Paris, 1983, p. 103.

molletisme » se multiplient. Jusque-là, on pouvait parler d'opposants plus que d'opposition organisée. Désormais, et contrairement à ce qui s'était passé pour la guerre d'Indochine, l'opposition se constitue en une véritable tendance et les rapports se tendent. Un certain nombre de militants font l'objet de blâmes, de suspensions et d'exclusions. Lucien Weitz, Oreste Rosenfeld, pour ne citer qu'eux, sont touchés par ces mesures disciplinaires, et André Philip est lui aussi exclu en janvier 1958. L'affrontement est violent au congrès de Toulouse en juin 1957. Parmi les minoritaires figure cette fois la signature de Pierre Bérégovoy à côté de celles d'Édouard Depreux, André Hauriou, Jean Reus, Alain Savary, c'est-à-dire de ceux qui rejoindront plus tard le PSU. Début 1958 ils créent leur organe, *Tribune du Socialisme*, et la marche à la scission s'accélère.

Guy Mollet semble encore tenir solidement les commandes. En décembre 1957, au conseil national de Puteaux, il rassemble sur son nom les trois quarts des mandats. Depuis le 21 mai précédent il n'est plus président du Conseil. Mais les gouvernements Bourgès-Maunoury et Félix Gaillard, qui lui succèdent, comptent encore des ministres socialistes, et lui-même accepte d'être le vice-président du Conseil – très éphémère – du gouvernement Pflimlin lorsque tombe, le 13 mai, la nouvelle de la rébellion d'Alger qui fera définitivement sombrer le régime.

Faut-il penser avec Édouard Depreux que la minorité aurait pu devenir majorité sans ces événements du 13 mai ? Faut-il penser au contraire comme Pierre Bérégovoy que le renouvellement des idées n'aurait pas pu avoir lieu à l'intérieur de la SFIO ? Toujours est-il que l'arrivée au pouvoir du général de Gaulle après le 13 mai provoque dans tous les partis de la gauche non communiste des bouleversements durables.

La liberté de vote a été laissée aux députés SFIO, le 1er juin, lors de l'investiture du général de Gaulle. Quarante-deux votent pour, derrière Guy Mollet qui les a convaincus qu'ils doivent choisir le moindre mal, c'est-à-dire le Général plutôt qu'un régime de colonels ou une guerre civile. Mais quarante-neuf d'entre eux suivent les minoritaires, protestant contre les conditions dans lesquelles le général de Gaulle est arrivé au pouvoir, exprimant aussi leur défiance envers les forces qui l'ont soutenu et leur crainte de le voir obligé de céder un jour la place à un régime fascisant. Les députés qui avaient voté les crédits pour la guerre d'Algérie par discipline rejettent désormais cette même discipline, et si l'opposition à la guerre d'Algérie et l'opposition au général de Gaulle, dans les circonstances de mai 1958, ne coïncident pas toujours, elles se superposent souvent.

Le ralliement provisoire de Guy Mollet au régime qui s'installe – il sera ministre d'État dans le nouveau gouvernement – consomme la rupture des minoritaires avec la direction du parti. Terminées les réunions clandestines que tenaient à Paris, rue Montorgueil, Pierre Bérégovoy et les autres « dissidents » de Seine-et-Oise (Pierre Bérégovoy habite alors Versailles). Les minoritaires se constituent officiellement en Parti socialiste autonome (PSA) à l'issue du congrès extraordinaire de la SFIO, à Issy-les-Moulineaux, le 13 septembre 1958.

Pendant toute la durée des débats, Pierre Bérégovoy a pour voisin Jacques Gondret, qui deviendra l'un de ses meilleurs amis. « Dans le fond, c'est facile une scission », lui confie-t-il, soulagé, une fois la rupture consommée. Cela ne signifie pas pour autant que les minoritaires quittent « la vieille maison » de gaieté de cœur ; Édouard Depreux parlera de son « profond déchirement ».

Daniel Mayer, Robert Verdier, Alain Savary, tout comme Pierre Bérégovoy, prennent aussi la porte, la mort dans l'âme. « C'est pourquoi, remarque Jean-François Kessler, ils ne se résoudront point, lorsqu'ils seront en désaccord avec le PSU, à rejoindre la “ vieille maison ” : la rupture avait été trop douloureuse pour pouvoir être effacée [1]... »

Le PSA est dirigé par un triumvirat : Édouard Depreux, secrétaire général, Robert Verdier et Alain Savary, secrétaires généraux adjoints [2].

Au total, une vingtaine de députés, soit un cinquième du groupe socialiste à l'Assemblée, se retrouvent au PSA, avec la conviction que celui-ci a un grand avenir devant lui. Sous la pression des ultras d'Alger et de l'armée française, un régime militaire et autoritaire risque de s'installer en France. Si le régime gaulliste tourne mal, comme ils le craignent, la SFIO sera emportée par l'Histoire et le PSA prendra sa place. Pierre Bérégovoy partage cette conviction. Il est persuadé lui aussi du proche écroulement de la SFIO et des chances de développement important du PSA.

Mais ces espoirs reçoivent très vite un début de démenti. Le PSA se constitue lentement. Les leaders du nouveau parti doivent attendre des mois avant de décider leurs militants à les suivre. Raisons sentimentales – pour beaucoup, la SFIO étant une véritable famille –, craintes de l'inefficacité, de l'échec, beaucoup répugnent à quitter la « vieille maison ». Est-ce utile de diviser encore la gauche par la création d'un nouveau parti ? Ne vaut-il pas mieux lutter de l'intérieur pour le redressement de la SFIO ? Un certain nombre de militants n'abandonneront la SFIO que plusieurs années après la scission de 1958 et brûleront donc l'étape du PSA pour entrer directement dans le PSU. Il est vrai que d'autres éprouvent un réel soulagement à suivre d'emblée le nouveau

1. Jean-François Kessler, *De la gauche dissidente au nouveau Parti socialiste*, Toulouse, Privat, 1990, p. 254.

2. Tanguy-Prigent, qui avait démissionné du comité directeur de la SFIO dès le 15 juillet pour protester contre le ralliement de Guy Mollet au général de Gaulle, ne donnera cependant son adhésion qu'en octobre 1959.

parti qui leur semble fidèle aux valeurs socialistes. Mais on voit rarement des sections partir dans leur totalité au nouveau PSA. Tel est pourtant le cas en Seine-Maritime, chère au souvenir de Pierre Bérégovoy. Dès le 30 septembre 1958, la section entière des Jeunesses socialistes de Rouen a remis sa démission au secrétaire de la fédération SFIO, Georges Brutelle.

La vague de fond qui a entraîné l'arrivée au pouvoir du général de Gaulle a également touché de plein fouet le parti radical. Le refus de Pierre Mendès France de voter son investiture – alors que la majorité du parti l'a votée – provoque là aussi une cassure. Pierre Mendès France, qui avait déjà perdu la direction du parti en 1957, n'est pas exclu, mais il est considéré comme s'étant mis « hors du parti », et son départ entraîne celui des « mendésistes » qui le suivaient fidèlement depuis 1955.

A cette gauche « libérale » des mendésistes s'oppose depuis plusieurs années une autre nouvelle gauche à proprement parler d'essence socialiste. Elle rassemble toutes les petites organisations, courants et chapelles, qui gravitaient en marge des courants traditionnels. En décembre 1957, elle s'est constituée, dans un premier regroupement, en une « Union de la gauche socialiste » dont Gilles Martinet est le secrétaire général et *l'Observateur* l'organe reconnu.

La guerre d'Algérie avait déjà relégué au second plan les querelles idéologiques qui les opposaient aux mendésistes, notamment sur les rapports avec le Parti communiste et sur le problème des nationalisations. L'opposition commune au retour au pouvoir du général de Gaulle sous la contrainte militaire les rapproche encore, au point de les amener à former ensemble une sorte de cartel, l'Union des forces démocratiques (UFD [1]). Et dans ce cartel se retrouvent aussi les minoritaires socialistes qui viennent tout juste de quitter la

1. Laquelle accueille par ailleurs certaines personnalités, comme François Mitterrand, et des universitaires.

SFIO, dont Édouard Depreux et Pierre Bérégovoy, ainsi que Michel Rocard.

Ces minoritaires socialistes, décidés à s'organiser par eux-mêmes de façon plus structurée, s'installent rue Henner. L'organisation du PSA calque à bien des égards celle de la maison mère, avec cependant toute une série de précautions dans les statuts, pour assurer une structure plus démocratique. Par ailleurs, si les fondateurs du PSA se séparent de la SFIO sur la guerre d'Algérie et le ralliement à la Cinquième République, pour le reste ils demeurent dans l'ensemble fidèles aux références traditionnelles, celles du congrès de Tours et de la Libération.

Ils ne remettent pas davantage en question la politique de la « troisième force » par laquelle la SFIO, pour sauver la démocratie, s'est alliée de 1947 à 1957 à la droite parlementaire contre les communistes. Dans l'esprit des leaders du PSA, le retour aux sources du socialisme n'exclut pas par ailleurs de s'adapter « aux réalités du monde moderne ».

Pierre Mendès France entretenait depuis 1954 des relations de sympathie et de confiance avec Depreux, Savary, Daniel Mayer [1]. Invité à leur premier congrès en 1959, il en revient assez impressionné par l'organisation. De là lui vient l'idée, plutôt que de créer un mouvement propre aux anciens radicaux mendésistes [2], de les faire entrer au PSA, avec tout ce que peut avoir de positif l'adhésion à un parti neuf, encore préservé des intrigues et des rivalités.

Pour lui dont le nom avait si longtemps et avec tant d'éclat été mêlé à l'histoire du Parti radical, cette adhésion à un parti se réclamant du « socialisme scientique » peut ne pas sembler aller de soi. Ce n'est pourtant pas le chemin de Damas. « En intégrant le PSA, il se rallie au futur parti unifié

1. Alain Savary avait participé au règlement de l'affaire Tunisienne en 1954, sous le gouvernement Mendès France, et bien qu'hostile à la CED, Daniel Mayer avait aidé à la conclusion des accords de Paris, comme président de la commission des finances.

2. Le refus de « l'Union de la gauche socialiste » (UGS) d'accepter des adhésions directes à « l'Union des forces démocratiques (UFD), a également pesé sur sa décision.

plus qu'il ne se convertit au socialisme. » Et de son côté, le PSA reçoit grâce à lui une forte impulsion.

« Jamais, écrit Depreux, le PSA n'aura autant recruté que dans la foulée de Pierre Mendès France. Des jeunes en particulier n'ayant appartenu à aucune organisation ont rejoint dans toute la France, par centaines, les sections du PSA... notre pénétration dans les milieux étudiants, déjà importante, s'est sensiblement accrue [1]... »

Pierre Mendès France fait donc officiellement son entrée au PSA en juillet 1959, comme simple adhérent. Il refuse en effet tout poste de responsabilité. Malgré cela et en dépit de son incontestable prestige, son adhésion suscite certains remous. S'ils acceptent volontiers sa présence au sein de l'Union des forces démocratiques, qui, on l'a dit, n'est guère plus qu'un cartel électoral de la gauche non communiste, beaucoup de militants du PSA la contestent au sein du futur parti unifié. Lequel, selon eux, devrait rassembler tous les socialistes, mais seulement des socialistes. Et il arrive que des responsables ne donnent pas suite aux demandes d'adhésion de mendésistes.

Depreux remarque pour sa part : « Si Paris valait bien une messe...l'adhésion de Pierre Mendès France au PSA valait bien à mes yeux celles de quelques mendésistes moins séduisants que leur président [2]. »

Pierre Bérégovoy en est convaincu. Depuis toujours, le personnage de Pierre Mendès France le fascine. Il admire son honnêteté politique, sa rigueur morale, son désintéressement, tout autant qu'il apprécie sa compétence, son pragmatisme novateur et son sens de l'humain. Dès lors qu'ils appartiennent à la même formation politique, cette promiscuité s'avère pour lui une chance inestimable.

1. *Souvenirs d'un militant* (1918-1968), Paris, Fayard, p. 523.
2. *Ibid.*

Immédiatement il voit en lui un maître, au sens pédagogique du terme. Un maître à penser, mais aussi un maître de méthode. « Pierre Mendès France m'encouragea à réfléchir et à mettre de l'ordre dans mes idées. C'est peut-être l'amitié qu'il me manifesta qui m'a donné confiance en mes capacités et en mes aptitudes pour la politique. » De son côté, Pierre Mendès France a très vite remarqué Pierre Bérégovoy et il l'impose à son entourage, assez réservé au départ à l'égard d'un homme venant de FO, c'est-à-dire d'un milieu syndical qui, aux yeux de beaucoup, n'est pas le bon. Il faut toute l'influence de l'ancien président du Conseil pour qu'il soit accepté. « Il est remarquable », insiste ce dernier, et il ne tarde pas à le faire entrer dans le cercle de ses collaborateurs comme spécialiste des questions sociales. L'instinct politique de Pierre Bérégovoy, le sens du terrain qu'il a acquis en tant que syndicaliste lui sont précieux pour élaborer sa propre pensée sur le dialogue entre les salariés et les dirigeants patronaux. « Il croyait que la démocratie politique est incomplète si elle ne s'accompagne pas d'une certaine forme de démocratie économique et sociale, rappelait Bérégovoy. Il me demanda de préparer des dossiers sur les problèmes sociaux, puis sur les questions économiques. » Et de se souvenir avec émotion du jour où Pierre Mendès France l'avait chargé, pour la première fois, de rédiger une note : « A trente-quatre ans, rédiger une note pour Mendès ! Il m'a donné sa confiance et, ça, c'était inestimable !... Et parce qu'il m'a fait confiance, il m'a donné envie d'en savoir plus, d'être encore meilleur. »

Mais les événements de l'année 1958 n'en finissent pas de susciter des bouleversements au sein du milieu politique. Laminée par le raz de marée gaulliste – les oui au référendum du 28 septembre 1958 ont atteint 79,25 pour cent des voix et, aux élections législatives de novembre, les communistes n'ont plus que dix députés, les socialistes

SFIO « orthodoxes » quarante-quatre et l'UFD aucun [1] –, les partis de gauche doivent chercher les voies de leur rénovation.

Une des questions qui se posent à la nouvelle gauche est celle-ci : doit-elle devenir un parti ou rester un cartel?

Le PSA qui vient de se créer, l'UGS qui a été créée un an auparavant, la Jeune République, les mendésistes, les éléments UDSR rassemblés autour de François Mitterrand, la Ligue des droits de l'homme, les syndicalistes de FO, de la CFTC, et de la FEN qui l'ont rejointe doivent-ils fusionner?

Si Pierre Mendès France souhaite cette transformation, le PSA et l'UGS y sont opposés, pour des raisons idéologiques autant que pour des raisons de personnes. Les militants de l'UGS considèrent avec une certaine suspicion leurs partenaires du PSA, auxquels ils reprochent d'avoir appartenu si longtemps à une SFIO qu'ils haïssent et qu'ils méprisent. De leur côté, même si ce n'est pas le cas de Pierre Bérégovoy qui marque par là son indépendance d'esprit, la plupart des militants du PSA en restent à une acceptation rigoureuse de la laïcité et ne voient pas sans une certaine méfiance la présence de catholiques dans le futur parti unifié.

L'unification se fera pourtant, mais par l'acceptation mutuelle d'une base égalitaire, seule susceptible d'atténuer les inquiétudes des uns et des autres. Rendue possible par le poids à peu près équivalent des deux formations [2], elle s'établit sur la base d'un compromis. Le PSA l'emporte sur le plan des statuts, avec une libre expression des courants à l'intérieur du parti, c'est-à-dire la reconnaissance des ten-

1. Elle a présenté soixante-douze candidats, dont Pierre Mendès France, Charles Hernu, Édouard Depreux, Robert Verdier, Alain Savary, Claude Bourdet, François Mitterrand. Tous ont été battus.
2. En 1960, l'UGS compte 8 300 membres et le PSA 8 900.

dances [1]. Mais l'UGS impose par ailleurs le projet politique dont il était porteur. Le nouveau Parti socialiste unifié (PSU) qui se définit par opposition aux deux blocs soviétique et américain et par son refus de la guerre froide a l'ambition de rénover le socialisme et sa doctrine, de surmonter l'opposition entre réforme et révolution. Il entend aussi adapter sa stratégie aux nouvelles conditions nées de l'installation du régime de la Cinquième République, opérer une véritable reconversion en renouant avec une politique de rassemblement avec le PC dans une nouvelle union de la gauche.

Pierre Bérégovoy est pour sa part acquis d'emblée à ce traité de paix entre frères ennemis. Lui qui se disait « social démocrate » et avait fait si longtemps barrage aux communistes est désormais acquis à l'idée d'un rapprochement avec le PCF. « En 1958, expliquait-il, j'ai constaté l'échec de quinze années d'effort. La division de la gauche permettait à la droite d'arriver au pouvoir. J'ai pris conscience qu'il n'était pas possible de promouvoir une politique de gauche sans le concours du Parti communiste. »

La lutte contre la guerre d'Algérie et la crainte d'une menace fascisante, qui avaient déjà amené la création du PSA, constituent également le ciment du Parti socialiste unifié, qui tient à Issy-les-Moulineaux, le 3 avril 1960, son congrès d'unification, lequel est avant tout une cérémonie de fusion.

– Le fascisme nous menace; nous subissons un pouvoir qui dégrade toutes les libertés, proclame non sans emphase ni sans excès son président Laurent Schwartz. La paix en Algérie ne se fera pas toute seule. Nous ne chercherons pas à remplacer [le régime actuel] par un régime comparable à celui de la Quatrième République. Nous ne le remplacerons pas pour autant par une démocratie populaire. Il nous faudra assurer le triomphe d'un socialisme français original qui tienne compte de ce que la France a derrière elle des siècles

1. On en revient à cet égard au système qui avait prévalu entre les deux guerres.

d'industrialisation et de culture [...] La gauche française [...] existe [...] Nous aurons rempli notre tâche si nous arrivons à la faire émerger. Il nous faudra ensuite réunir les conditions de la gestion ouvrière et démocratique de la société. »

« La paix en Algérie ne pourra pas se faire toute seule. » De cela Pierre Bérégovoy est intimement convaincu. C'est l'époque pour lui d'un militantisme actif qui n'est pas sans danger. Il reçoit des lettres de menaces. Le souvenir le plus marquant est ce jour où, avant le début d'un meeting à Versailles auquel participe Pierre Mendès France, un coup de téléphone anonyme annonce qu'une bombe a été déposée dans la salle. Celle-ci est fouillée sans résultat, mais Gilberte, qui est enceinte de sa deuxième fille, a un malaise. Elle est persuadée que l'engin va exploser et il faut l'évacuer. Ce sont aussi les affiches contre la guerre, collées en hâte pendant la nuit, et les rafles de police auxquelles on n'échappe pas toujours. Pierre Bérégovoy en fait un soir l'expérience avec un jeune étudiant qui n'est autre que Jean-Claude Delarue. Ils seront relâchés après intervention du préfet.

Pierre Bérégovoy, qui figure dans le comité directeur élu à Issy-les-Moulineaux, pense qu'avec Pierre Mendès France le PSU va devenir une grande formation. Il le croit encore lorsque se tient le véritable congrès constitutif du nouveau parti, l'année suivante, du 24 au 26 mars 1961 à Clichy.

Lors de ce congrès on voit déjà s'opérer certains rapprochements et se créer de nouveaux liens, même si subsistent des sentiments d'appartenance antérieure. Les dirigeants du nouveau PSU auraient cependant souhaité que ne se manifestent pas de différenciations. Ils aspiraient à une sorte d'unanimité, avec ce que cela pouvait comporter de vague et de flou. Mais ce rêve s'évanouit très vite.

Deux motions s'opposent à ce premier congrès, même si le débat reste encore très courtois. La première est défendue par Gilles Martinet et ses amis. La seconde est soutenue par André Phillip et Charles Hernu. Elle a aussi l'aval des mendésistes qui, par une sorte de contrat implicite, ont désigné en Pierre Bérégovoy leur porte-parole. Bérégovoy n'est pourtant pas mendésiste d'origine, mais quinze années de militantisme dans des mouvements ouvriers, avec leur organisation très rigide, où les votes, en sections puis en fédérations, débouchaient sur des congrès sans surprise, lui ont donné une certaine habitude de ce type d'appareil politique. Il en connaît le vocabulaire et les usages. Il s'y meut avec aisance et son expérience s'avère très précieuse pour les mendésistes, plutôt habitués jusque-là à des structures plus lâches et à la chaleur communicative des congrès et des banquets du Parti radical.

Très vite devenu pour eux un homme indispensable, il est invité à participer aux réunions du comité de rédaction des *Cahiers de la République*, dans la librairie de Paul Martinet, avenue de Lamotte-Picquet à Paris. C'est là que l'habitude se prend de l'appeler « Béré ». Paul Martinet a en effet un goût particulier pour les diminutifs, peu compatible avec le sérieux de ses anciennes fonctions [1]. Béré devient bientôt un des principaux animateurs des *Cahiers*. Il a de fréquents contacts avec Richard Dartigues, fidèle entre les fidèles de Pierre Mendès France ; leur collaboration est d'autant plus étroite qu'ils militent tous les deux dans la fédération de Seine-et-Oise. Il retrouve également dans cet entourage de Pierre Mendès France des hommes comme Régis Paranque ou Harris Puisais, qui sait les entraîner autour d'un bon plat dans des discussions passionnantes. Pierre Mendès France lui-même marque sa confiance à Pierre Bérégovoy en acceptant de lui apporter sa caution lorsqu'il se présente aux élections législatives de novembre 1962, comme candidat du PSU dans la circonscription de Versailles-Nord. Mais il est bien entendu balayé dès le premier tour – il n'attendait pas

1. Il a été directeur de cabinet de Pierre Mendès France.

autre chose – par le raz de marée UNR qui fait plier toute la gauche non communiste et la droite non gaulliste [1].

Les mendésistes acceptent mal l'orientation que Gilles Martinet veut donner au PSU : ne pas jouer le jeu de la défense de la Quatrième République, par réaction contre le régime de la Cinquième, et ouvrir une perspective de « Front socialiste », en tentant un regroupement de toutes les forces de gauche en vue d'une véritable alternative socialiste. La motion défendue par les mendésistes et Pierre Bérégovoy est plus classiquement antigaulliste et préconise un « socialisme moderne », ouvert à un rassemblement très large où figureraient des démocrates non socialistes et autres républicains.

Elle souhaite plus modestement l'éveil à certains problèmes et, en réaction contre le reste du parti, qui se laisse déjà emporter par des vagues gauchisantes, plaide pour la mise en œuvre d'un programme réaliste et très précis. Mais cette motion ne recueille que 16 pour cent des mandats contre 84 pour cent à la motion Martinet.

Tant que dure la guerre d'Algérie, le PSU demeure cependant soudé. Mais les divergences s'exaspèrent dès l'année 1963 et le nouveau parti éclate en sept tendances lors du second Congrès d'Alfortville.

Pendant de longs mois, le PSU est paralysé par ces luttes intestines, qui prennent un caractère si violent que son image dans l'opinion ne cesse de se dégrader. Un tiers de ses militants le quittent. Mais de cette confusion naît le besoin d'une coalition entre les éléments dits « modernistes » du PSU, c'est-à-dire le courant représenté par Martinet, Depreux, Rocard, et les mendésistes dont Bérégovoy reste le porte-parole, au point d'apparaître comme le représentant officiel de Mendès France au sein du bureau national [2].

1. La SFIO passe de 15,50 pour cent des voix à 13 pour cent, le MRP de 11,7 pour cent à moins de 9 pour cent, les indépendants de 20 à 13 pour cent. Seuls les communistes progressent en pourcentage de votants, 20 pour cent contre 19 pour cent en 1958.

2. Témoignage de Michel Rocard, 9 juillet 1993.

D'un commun accord est abandonnée la querelle sur l'analyse du gaullisme, tandis qu'est donné à la perspective socialiste un caractère réaliste et moderne, hors des schémas marxisants traditionnels et dans un esprit d'ouverture aux Chrétiens de gauche. Se constitue ainsi un bloc qui assure la direction commune du PSU jusqu'en 1967, face à une minorité « archaïque [1] » conduite par Jean Poperen, pour qui la réalisation de l'union de la gauche avec les communistes garde la priorité sur la modernisation du programme socialiste.

Dans la salle modeste qu'à louée le PSU rue Mademoiselle, et qui a le mérite, aux yeux de certains, de rappeler ces locaux de la fin du XIXe siècle, si caractéristiques, où se retrouvaient les premiers groupes du mouvement ouvrier, les réunions entre majoritaires et minoritaires sont tendues.

On se salue sans beaucoup de chaleur. Il se trouve que si Pierre Bérégovoy appartient à la majorité, son frère Michel, qui lui aussi a entrepris une carrière politique dans le sillage de son aîné, a cette fois opté pour la minorité derrière Jean Poperen. Cela lui a valu la colère de Pierre : « C'est fini avec mon frère », avait-il déclaré à la cantonade, alors qu'avec quelques amis il tentait de se consoler des avatars du PSU, au comptoir d'un de ces bistrots qu'il affectionnait. « Et pourtant je l'aimais bien mon petit frère », avait-il ajouté. Comme il fallait s'y attendre, la brouille n'avait pas duré et, contrastant avec le climat un peu lourd des retrouvailles forcées entre majoritaires et minoritaires dans la salle de la rue Mademoiselle, on voit les deux frères s'embrasser affectueusement au début et à la fin de chaque réunion.

Comme membre du bureau et du secrétariat national, Pierre prend une part active à cette rénovation de la pensée socialiste voulue par la coalition majoritaire. Notamment en

1. C'est ainsi que la qualifient les majoritaires.

présidant la commission chargée d'élaborer un « contre-plan », qui se veut une réplique chiffrée au cinquième plan gouvernemental.

C'est donc lui qui le présente à la presse le 22 novembre 1964, soit quarante-huit heures avant que le plan gouvernemental soit officiellement déposé devant l'Assemblée nationale. Ce document, dont il a coordonné la préparation avec Michel Rocard et Gilbert Mathieu, se pose en programme de législature – « Une législature, un gouvernement, un plan » –, en instrument de cohérence entre la politique conjoncturelle et les réformes structurelles, afin d'éviter une trop forte inflation. Il se veut instrument de réalisation d'une société d'économie mixte et entend dépasser l'opposition entre révolution et réformes grâce à son « réformisme révolutionnaire ». Son but étant d'assurer la satisfaction des besoins sociaux, sa logique est incompatible dans l'esprit de ses initiateurs avec celle du capitalisme dont la finalité reste le profit. Cette formule de planification démocratique, le nouveau parti socialiste la reprendra et en donnera plusieurs versions successives de 1971 à 1981. Du programme de gouvernement de 1972 au projet socialiste de 1980, en passant par les *Quinze thèses sur l'autogestion* de 1975 et le programme économique de 1977.

Concrètement, ce contre-plan formule des propositions pour une croissance supérieure à celle prévue par le plan officiel et une meilleure répartition des richesses produites. Il fixe un objectif de 5,5 pour cent de croissance contre 5 pour cent au Cinquième Plan. Il prévoit des réformes de structure telles que l'extension des nationalisations et la municipalisation des sols. Il comporte aussi un volet social très important avec l'introduction de la retraite à soixante ans, la baisse de 10 pour cent de la durée du travail, ainsi qu'un effort important en faveur du logement. Le financement de ces dépenses supplémentaires serait principalement assuré par une baisse de 7 pour cent par an des crédits militaires, que permettrait la suppression de la « force de frappe ». Aussi « sommaires et discutables puissent-elles être » – telle est du moins l'opinion de Pierre Mendès France –, ces propositions ont le mérite d'exister et de représenter un effort positif des dirigeants du PSU pour tenter de convaincre qu'ils ne sont pas seulement des « idéologues » du socialisme, mais qu'ils sont aussi capables d'avoir une « culture de gouvernement » – la formule est déjà employée.

Parallèlement à son action de militant politique, Pierre Bérégovoy poursuit son dialogue avec Mendès France qui demeure un peu en retrait, comme la statue du commandeur. Pour Mendès France, Pierre Bérégovoy reste un interlocuteur privilégié dans le domaine social et il lui sert de lien avec les syndicats. « Je suis le syndicaliste de service », plaisantait ce dernier. Homme du social, homme des contacts, il lui fournit informations et analyses, et lui amène des syndicalistes, comme Bergeron, Édmond Maire ou encore Eugène Descamps. Mendès France se fie à lui et ils se téléphonent presque journellement. Quant à Bérégovoy, ces contacts réguliers et étroits avec l'homme le plus éminent à gauche à cette époque lui permettent de retrouver confiance lorsque le doute le gagne. Ils l'aident à construire et à asseoir son personnage. C'est notamment dans ces conversations régulières avec Mendès France qu'il s'ouvre et se forme aux questions économiques et monétaires. Son intérêt pour l'économie date de cette époque. Même si bien des aspects techniques lui seront encore inconnus lorsqu'il arrivera rue de Rivoli en 1984, il aura cependant derrière lui vingt ans de réflexion sur ce sujet, et l'influence de Pierre Mendès France inspirera en grande partie ses choix de politique économique et financière.

Apôtre d'une rénovation du socialisme, d'un renouveau de sa pensée, ce « mendésiste » reste cependant partisan, comme la plupart de ses amis du PSU, de l'alliance avec les communistes. S'il croit que rien de durable et de solide ne pourra être fait avec eux tant qu'ils n'auront pas changé, il pense aussi que rien n'est possible sans eux et se montre critique envers le projet de « grande fédération » – avec la SFIO, le MRP et les radicaux, mais sans le PCF –, lancé par Gaston Defferre en juin 1965 et n'envisage pas de soutenir la candidature à l'élection présidentielle de « l'homme au masque Defferre », comme se plaît à l'appeler, le *Canard enchaîné*[1].

Avec le PSU, cette fois unanime, il condamne le centrisme de l'opération, sa tentative de ressusciter la « troisième force » et, au congrès de Gennevilliers en juin 1965, pourfend le maire de Marseille en ces termes :

– Gaston Defferre et son *brain trust* ont renoncé à une expérience de caractère socialiste. Ce sont des fonctionnaires qui ne veulent rien changer à la société.

Lorsque, quelques mois après l'échec de cette tentative Defferre, François Mitterrand, brusquant les choses, pose sa candidature à l'élection présidentielle, le PSU s'enferme encore dans une réserve hostile envers le côté électoraliste de cette nouvelle opération. Mais sa position évolue car François Mitterrand se positionne plus à gauche que Gaston Defferre. La FGDS (Fédération de la gauche démocrate et socialiste) sur laquelle il s'appuie exclut en effet le MRP et les centristes et amorce un rapprochement avec les communistes[2]. Aussi, lors de son conseil national des 16 et 17 octobre, le PSU finit par apporter son soutien à François Mitterrand par trois cents voix sur cinq cent quarante-quatre. Gilles Martinet, Pierre Bérégovoy et Jean Poperen se sont

1. Pour railler la façon dont Jean-Jacques Servan-Schreiber a voulu lancer la candidature d'un « Monsieur X » dont l'identité avait été très vite connue.

Pour sa part, Mendès France avait pris une position plus nuancée envers la candidature Defferre, déclarant : « Je ne ferai rien pour la gêner, mais il devrait avoir un programme. » Et il n'avait pas manqué de désapprouver les méthodes de campagne de Servan-Schreiber.

2. François Mitterrand a d'emblée pour lui la SFIO, les clubs de la Convention des institutions républicaines (Club des Jacobins, Citoyens 60, Jeune République, Ligue des droits de l'homme, France Forum...) et une bonne partie des radicaux. Il sera finalement candidat unique de la gauche, avec le soutien pratiquement sans contrepartie des communistes.

cette fois trouvés d'accord pour appuyer la candidature du député de la Nièvre. Mais un amendement de Michel Rocard a défini les thèmes d'une campagne autonome.

En réunissant 45 pour cent des voix face à de Gaulle au second tour de l'élection présidentielle, le 19 décembre 1965, François Mitterrand se révèle un bien meilleur catalyseur qu'on aurait pu le croire, et la FGDS, qui a tenu le 9 décembre son premier comité exécutif – avec cinquante et un représentants des partis ou des clubs – en tire la conséquence logique en portant François Mitterrand à sa présidence.

Mais, face à cette Fédération qui apparaît comme l'incarnation des partis de gauche classiques, certaines réticences demeurent. La rencontre socialiste de Grenoble, parfois appelée colloque de Grenoble, des 30 avril et 1er mai 1966, en témoigne. La volonté de moderniser le socialisme qui s'y affiche apparaît aussi, de part son contenu critique à l'égard de la pensée et de l'action de la gauche traditionnelle, comme un acte de défiance envers François Mitterrand, qui n'y est d'ailleurs pas invité.

Michel Rocard, sous le pseudonyme de Georges Servet [1], y prononce son premier grand discours. Son texte est en réalité le fruit d'un travail d'équipe et Pierre Bérégovoy a été l'un de ceux qui ont tenu la plume, notamment en raison de sa participation à l'élaboration du « contre-plan » de l'année précédente.

Le fait le plus marquant de ces deux journées reste cependant la présence de Pierre Mendès France. Son intervention domine les débats et l'on parle de sa rentrée politique. C'est lui qui apparaît comme le véritable inspirateur du courant « moderniste » qui cherche à doter la gauche d'un programme de gouvernement réaliste, tandis que François Mitterrand s'efforce de constituer un « contre-gouvernement »

1. Rendu nécessaire parce qu'il est, par ailleurs, investi de responsabilités au ministère des Finances.

avec les composantes traditionnelles de la gauche – radicaux, SFIO, communistes.

Cependant, que les participants du colloque de Grenoble le veuillent ou non, la question de l'adhésion à la FGDS est incontournable. Elle se pose et n'en finit par de créer des remous, en particulier au PSU. Celui-ci connaît en effet l'année suivante sa plus grave crise interne, sans doute pour une large part la rançon d'une attitude trop continuellement critique et négative.

Le PSU se voulait « laboratoire d'idées » mais il se révèle incapable de faire une synthèse idéologique et surtout donne le spectacle de luttes de tendances, d'autant plus inexpiables que chacune d'elles ne comprend qu'un petit nombre d'individus. Il n'a jamais pu devenir une force politique, ni même un véritable parti politique. Aussi beaucoup de ceux qui lui avaient fait confiance au départ se sont-ils peu à peu découragés.

Le problème posé par le FGDS met crûment à nu ces faiblesses et ouvre un débat difficile entre deux thèses fondamentalement opposées. Poperen se retrouve encore aux côtés de Martinet et de Bérégovoy pour estimer que, tel qu'il est, le PSU a fait son temps, qu'il n'a plus d'avenir et qu'il lui faut donc adhérer à un rassemblement plus vaste de la gauche non communiste, donc la FGDS, où pourra être réinvesti à un niveau plus large le capital politique accumulé en sept ans. Il ne s'agit pas dans leur esprit de se fondre dans le regroupement de la gauche non communiste, mais de s'y intégrer pour la faire évoluer et jouer en quelque sorte, vis-à-vis de la FGDS, un rôle analogue à celui des giscardiens par rapport aux gaullistes [1].

Mais au cinquième congrès du PSU qui se tient à Paris, dans la salle des métallurgistes, rue Jean-Pierre-Timbaud, du 22 au 24 juin 1967, la motion Bérégovoy, Martinet, Poperen, n'obtient que 33 pour cent des mandats. Elle est

1. Les partisans de la FGDS préconisaient l'association dans un premier temps et l'adhésion dans un second temps.

largement battue par une coalisation où se retrouvent Édouard Depreux, Pierre Naville, Michel Rocard, pour estimer qu'il n'est pas possible de faire confiance à la volonté de transformation des dirigeants de la FGDS et qu'il est donc nécessaire de maintenir l'autonomie du PSU. Le poste de secrétaire national, détenu jusque-là par Gilles Martinet, passe à Michel Rocard, tandis que la plupart des « pères fondateurs », des « chefs historiques » du PSU, se retirent de la direction. Gilles Martinet, Claude Bourdet, Henri Lougeot, Jean Poperen, Serge Mallet, qui appartenaient au bureau national, ne se représentent pas au comité politique national. Les Mendésistes font de même, derrière Pierre Bérégovoy, et celui qui est devenu son confident, Harris Puisais, le directeur de l'hebdomadaire du PSU, *Tribune socialiste*, en qui il ne verra toujours que l'ami généreux [1].

En ce qui le concerne, Pierre Bérégovoy passe d'autant plus résolument dans la minorité que, s'il se déclare d'accord avec le programme économique du PSU, il désapprouve en revanche son programme international qu'il juge neutraliste.

Pierre Mendès France ne se départ pas de son hostilité envers l'initiative de François Mitterrand. Pierre Bérégovoy tente pourtant – il est le seul – de jouer les bons offices. Il fait le tour des amis de Mendès, approche également l'entourage de Mitterrand. Il lui paraît absurde, dans une période où elle est tellement affaiblie et minoritaire, que la gauche non communiste s'enferme dans une querelle contre nature. Rien n'y fait. Mendès France continue à garder ses distances et déconseille à ses amis de rejoindre la FGDS. Pour la première fois, Bérégovoy se trouve donc en conflit avec lui. Passant outre à ses recommandations, il se rallie à la FGDS où il renoue avec le cadre naturel de ses débuts politiques, la grande tradition de l'école républicaine et du mouvement ouvrier du début du siècle, qui restent à bien des égards son monde idéologique.

1. Il refusait de prendre au sérieux les rumeurs qui présentaient Puisais comme un agent de l'influence soviétique en France.

En revanche, et précisément pour ces mêmes raisons, l'univers de Mai 1968 et son bouillonnement intellectuel lui restent en partie étrangers. Il n'y est pas totalement fermé mais l'aborde avec une certaine réticence. Le monde étudiant n'a jamais été le sien et il est trop attaché aux valeurs classiques de la République et du militantisme ouvrier pour se sentir à l'aise face à un mouvement global de contestation, qui n'entend pas seulement mettre en cause comme autrefois l'inégalité économique, mais prône une sorte de révolution culturelle des mentalités, avec un irrespect total des institutions et des statuts traditionnels. Lorsque la vague contestataire prend assez d'ampleur et de violence pour devenir une affaire politique nationale de la plus haute gravité, oubliant leur récent différend, il se tourne naturellement vers Mendès France. Avec d'autres il espère que celui-ci, fort de sa « légitimité historique » et de son prestige auprès de la jeunesse, sera « l'homme providentiel » qui saura maîtriser une situation de plus en plus incontrôlable et lui donner la réponse politique adéquate. Il déplore en même temps les divergences qui, sous les dehors d'une cordiale coopération, continuent à se manifester entre François Mitterrand et lui dans un moment aussi grave. De par son appartenance à la FGDS et son allégeance personnelle à Pierre Mendès France il est l'un de ceux qui continuent à faire le lien entre les deux hommes.

Le 19 mai, lorsque la crise a pris une ampleur non seulement politique mais sociale [1], Pierre Mendès France demande pour la première fois officiellement le retrait d'un pouvoir qui refuse les transformations indispensables. Au soir de l'impressionnante manifestation qui rassemble le 24 mai plus de cent mille personnes, de la gare de Lyon à la Bastille, avant d'être brutalement dispersée par la police, et

1. Avec le mot d'ordre de grève générale qui est largement suivi, la France compte bientôt plus de neuf millions de grévistes.

en réponse à l'intervention du général de Gaulle – la première – annonçant un référendum sur la participation, il prend pour la seconde fois publiquement position. « Un plébiscite, cela ne se discute pas, cela se combat », déclare-t-il, pour ajouter aussitôt : « Dès maintenant, le combat est placé sur le plan politique... »

Il ne peut pourtant se résoudre à prendre en charge politiquement une situation où désormais seule la rue semble parler dans un climat de surenchère gauchiste. Malgré les pressions dont il est l'objet, entre autres celle de Michel Rocard, il refuse de prendre la parole, le 27 mai, au cours de la manifestation de Charlety, « manifestation fixe, en lieu clos » dont Michel Rocard a jugé bon de prendre l'initiative pour désamorcer un climat de violence croissant qui peut faire crainre le pire [1]. Pierre Mendès France se contente d'y assister, « pour être avec les jeunes » et jouer éventuellement par sa seule présence un rôle pacificateur. C'est visiblement plutôt mal à l'aise, et pour le moins perplexe, qu'il voit les vagues de manifestants déferler dans un lyrisme un peu échevelé et les drapeaux noirs flotter sur la pelouse habituellement réservée aux rixes du rugby. On voit Harris Puisais à ses côtés mais Pierre Bérégovoy ne les a pas accompagnés. Pour une fois, il s'est même trouvé en désaccord avec Puisais sur l'opportunité de la présence de Mendès France au stade Charléty. Ce différend sera sans lendemain. Les deux hommes, qui se sont précisément connus dans l'entourage de Pierre Mendès France, avant de se retrouver au PSU, restent liés par une solide affection, une chaleureuse amitié qui ne se démentiront jamais. Harris

1. En réponse à la « provocation policière » du 24 mai, Jacques Sauvageot, président de l'UNEF, avait d'abord appelé à une autre manifestation le 25 mai à 15 heures rue Soufflot. Michel Rocard, craignant que cette manifestation ne donne lieu à des dérapages dramatiques dans le climat d'extrême violence du moment, réussit à obtenir son annulation, pour la remplacer par une « manifestation fixe en lieu clos ». En revanche il ne parvient pas à convaincre Mendès France d'y prendre la parole et devant ce refus propose que ce meeting ne comporte pas d'intervention politique, et que seuls des syndicalistes prennent la parole.

Puisais sera de toutes les guerres politiques de Pierre Bérégovoy et de toutes ses campagnes électorales, Gérard Carreyou, l'autre complice de ces années soixante, complétant le trio.

Quelques heures plus tard, François Mitterrand, au cours d'une conférence de presse organisée à la hâte à l'hôtel Continental, croit constater la vacance d'un pouvoir qui n'en a même plus les apparences. Face à des micros impatients, dans un climat de fièvre, il appelle à la constitution d'un « gouvernement provisoire de gestion », dont Pierre Mendès France serait appelé à prendre la tête, tandis que lui-même serait candidat à l'élection présidentielle. Le 29, alors que Mendès France se rallie officiellement au plan Mitterrand, pour lequel il n'avait même pas été consulté, la « disparition » du général de Gaulle fait croire un moment que l'État n'a plus de tête.

En réalité, le vent de l'Histoire s'apprête à tourner et va offrir une nouvelle version de la journée des Dupes. Opération lucidement montée ou défaillance momentanée, habilement maquillée *a posteriori* par un stratège de génie, le vide qu'a créé le général de Gaulle devient l'instrument de son retour en force. Le 30 mai, le temps d'une seconde intervention à la radio, mordante et fermement martelée cette fois, pour annoncer qu'il ne se retirera pas et dénoncer les « politiciens au rancart » – le langage que les gaullistes attendaient pour se retrouver et manifester à leur tour dans un énorme défilé – de Gaulle reprend la situation en main et la gauche en déroute connaît une défaite sans précédent aux élections législatives du mois de juin. Le PSU perd tous ses élus, y compris Pierre Mendès France battu à Grenoble par Jean-Noël Jeanneney [1].

Sensible dès l'arrivée de la nouvelle direction en 1967, la dérive gauchiste du PSU s'accentue après les événements de

1. La SFIO se retrouve dans un triste état. Elle qui représentait un cinquième des électeurs en 1936 et un quart à la Libération n'obtient, alliée aux radicaux, que 16,5 pour cent des voix. Quant à la FGDS, elle ne survivra pas à ce désastre.

mai 1968, s'inscrit peu à peu dans une perspective révolutionnaire de conquête du pouvoir, hors des formes légales et électorales.

Cette embardée gauchiste, que Michel Rocard se voit obligé de cautionner, est loin de faire l'unanimité et les départs définitifs se multiplient. Le plus spectaculaire étant précisément celui de Pierre Mendès France. Il reproche notamment au PSU sa dérive irresponsable : « Je pense comme vous que le PSU s'est comporté honnêtement au cours des événements du mois de mai, qu'il a raison d'être solidaire du mouvement étudiant et a interprété correctement la situation sociale, écrit-il le 12 août 1968 à Claude Bourdet. Par contre je désapprouve tout une série de prise de positions de plus en plus gauchistes et irresponsables. L'évolution a commencé depuis de nombreux mois, elle s'est caractérisée au mois de juin par des déclarations que je considère comme insensées, et en tout cas politiquement injustifiables. »

Il quitte donc définitivement un parti qui à ses yeux ne peut plus avoir d'avenir sérieux et n'avait d'ailleurs jamais vraiment été le sien. Robert Verdier, Alain Savary, Pierre Bérégovoy et beaucoup d'autres ont fait la même analyse et l'imitent très vite [1]. Une nouvelle page se tourne pour eux, qui implique de nouveaux choix.

Les événements de mai 1968, Pierre Bérégovoy les a également vécus de l'intérieur de Gaz de France où on l'a vu haranguer des groupes d'employés convaincus. Mais, lucide, il n'a jamais cru à la possibilité d'aboutir – au-delà des concessions sociales et salariales des « accords de Grenelle » – à une transformation en profondeur des structures de l'économie et des rapports sociaux. « J'étais favorable

1. Rappelons que Pierre Bérégovoy s'était déjà retiré de la direction du PSU en juin 1967.

aux revendications exprimées, devait-il indiquer, mais en même temps, j'étais convaincu, comme François Mitterrand, que les manifestants n'auraient pas gain de cause. Il s'agissait d'un mouvement d'intellectuels qui n'avait pas véritablement de racines dans le monde des travailleurs. »

Ce monde des travailleurs dont il avait déjà gravi un à un les échelons avec ténacité et obstination, pour accéder en 1962 au statut de cadre de base. De là il allait poursuivre sa progression jusqu'à devenir attaché de direction, chef de subdivision, puis adjoint au directeur de la SDIG, pour terminer enfin comme chargé de mission à la direction des services économiques et commerciaux de Gaz de France de 1979 à 1981. Sa carrière, à bien des égards exemplaire, belle illustration de ce qu'un homme peut réussir à force de travail, de volonté et de « mérite », se fait donc essentiellement à la SFIG, filiale commerciale et publicitaire de Gaz de France. Bien antérieure à la nationalisation puisque sa création remonte à 1927, la SDIG est à l'origine un organisme créé par les sociétés gazières privées du moment, pour regrouper leurs efforts publicitaires. Avec la nationalisation elle devient filiale à 99 pour cent de GDF ; ce n'est donc pas une société concurrente et son personnel est sous statut national. Son rôle est de faire des publicités, des brochures, des films, de monter des campagnes pour promouvoir l'usage du Gaz.

En vingt et un ans de présence, de 1957 à 1978, Pierre Bérégovoy connaît toutes les étapes importantes de la vie de Gaz de France. Il est un témoin privilégié de ses mutations, à tous égards considérables, qui se font pourtant « en douceur », sans conflits sociaux majeurs.

Dans le contexte de pénurie de 1946, Gaz de France a en effet reçu une mission difficile de modernisation, qui suppose un important effort d'adaptation technique et de reconversion de la part du personnel. À l'entrée de Pierre Bérégovoy à GDF, on utilise encore le gaz de cokerie, et ses débuts professionnels sont contemporains des premières grandes usines à gaz modernes où se concentre bientôt la production [1]. « Je me rappelle très bien l'usine de Tours qui a due être inaugurée en 56-57, répond-il encore le 24 février 1988 à Alain Beltran, Pierre Guérin et J.-P. Williot. À l'époque, nous sommes dans les Trente Glorieuses, il faut utiliser les excédents de gaz produits par les cokeries qui fabriquent du coke métallurgique », ce qui suppose l'aménagement de véritables réseaux de transport sur le territoire. « La première étape, poursuit-il, est l'artère de l'Est, qui amène du gaz des cokeries à la région parisienne. La possibilité de cokéfier le charbon de la région a en effet entraîné la construction de cokeries minières ou sidérurgiques sur le carreau des mines lorraines après la guerre. Une importante production de gaz en résulte. L'artère de l'Est est donc conçue pour faire transiter entre la Lorraine et Paris ces nouvelles disponibilités, soit un million de mètres cubes par jour. Il s'agit alors de la plus importante réalisation de transport de houille en Europe. »

Transition entre les méthodes anciennes de production, concentées dans une usine, et les moyens modernes de transport, le gaz de l'Est marque l'entrée de l'industrie gazière dans une époque moderne. Il annonce la seconde grande étape de modernisation, la grande aventure du gaz naturel de Lacq dans les années 65, qui nécessite non seulement la mise en place d'un grand réseau national de transport depuis Lacq et la création de stockages souterrains, mais aussi la préparation du public, des responsables locaux et des industriels au « changement de gaz ».

Le gaz de Lacq étant à son tour devenu insuffisant pour répondre aux besoins, il faudra se tourner vers l'étranger. Viendra une autre aventure, celle du gaz liquéfié d'Algérie, qui suppose encore de nouvelles technologies.

À la SDIG, Pierre Bérégovoy s'ocupe donc de la « propa-

1. Lorsque Gaz de France avait commencé ses activités en 1946, la chaîne de production – héritage du siècle précédent – était dispersée en de multiples unités vétustes.

gande », c'est le terme encore utilisé dans ces années-là. Il est chef du service des éditions, et devient ainsi une « sorte de mémoire de tous les messages que GDF passe à l'extérieur ». Et de rappeler à côté de certaines réussites certains échecs. « Échec, par exemple, l'idée que l'on pouvait produire de l'hydrogène, qui est un gaz, et le produire à bon compte parce qu'il est transportable très facilement. Il suffit d'une canalisation pour l'emmener auprès des villes, le distribuer et le transformer en électricité. C'était une des grandes espérances de ces années. Je me souviens d'avoir écrit et fait écrire des articles sur le sujet... Prenons un schéma banal, on a des centrales nucléaires au bord de la mer, on y produit de l'hydrogène et on retrouve au cœur des cités une petite centrale qui ne pollue pas et qui produit de l'électricité. On évite donc des transports à longue distance. Mais on n'a pas réussi encore à produire de l'hydrogène à bas prix, et pas davantage à le transformer sans risques... »

Cette grande espérance suscitée à GDF par l'hydrogène est, elle aussi, très révélatrice de « l'esprit maison » de toute cette période, très productiviste, industrialiste, techniciste. À bien des égards, Pierre Bérégovoy vit dans sa carrière professionnelle la matérialisation de la grande tradition du mouvement ouvrier et syndical pour lesquels les progrès techniques paraissaient être la solution à tous les problèmes. C'est pourquoi il sera pendant très longtemps partisan du nucléaire civil. Il y voit le progrès par excellence, celui qui permettra de rompre définitivement avec ce qu'avait été la vie ouvrière ancestrale et ses dures conditions de travail. Sa vision du progrès se nourrit donc des références idéologiques classiques de la gauche française.

Tous ceux qui le côtoient à la SDIG sont frappés par son énorme capacité de travail, mais aussi par son côté très « carré », très précis, son esprit rigoureux et parfaitement organisé. « Quand il pilotait une réunion, dit Pierre Guérin, si celle-ci devait se terminer à neuf heures, elle ne se terminait pas à neuf heures deux... » La façon dont il s'exprime, aussi bien par écrit que dans ses interventions parlées, est tout aussi révélatrice : les phrases parfaitement construites sont d'une logique parfaite et ne s'autorisent pas de digressions. Les termes soigneusement choisis et pesés témoignent d'un contrôle parfait de la langue française. Une langue qu'il aime visiblement car il ne s'autoriserait pas le moindre écart à son égard.

Cette limpidité, il la doit essentiellement à sa faculté de simplifier les problèmes les plus complexes et d'en dégager immédiatement les points essentiels. « Sa capacité de synthèse lui permettait de faire des propositions sur lesquelles on pouvait se réunir, se souvient Jean Clavel, ancien cadre de la direction des transports de Gaz de France et syndicaliste CGT. Il avait une sorte de fermeté dans l'appréciation des choses, mais en même temps une volonté de rassembler les gens sur les idées qui se dégageaient. Dans les contacts avec les adhérents, pour les défendre ou les mobiliser, il prenait la parole avec une facilité étonnante. Il marquait sa différence en tant que FO, mais tout le monde admirait le talent avec lequel il parlait. Il s'en dégageait une sorte de séduction [1]. » Il vit aussi son militantisme comme une sorte de réflexion à laquelle participent ses collègues de la CGT, puis de la CFDT à partir de 1964. Gaz de France a aussi ceci de particulier qu'au niveau des services centraux, les militants FO sont moins anticommunistes qu'ailleurs et que les militants CGT sont, eux, moins communistes qu'ailleurs. Ce creuset un peu spécial crée les conditions d'un dialogue intersyndical où chacun confronte ses idées sur les grands thèmes de réflexion, le premier d'entre eux étant le rôle et l'évolution du service public.

Qu'il ne soit pas toujours facile d'être à la fois cadre professionnel et militant syndical, surtout lorsqu'on monte en carrière, Pierre Bérégovoy en fait comme d'autres l'expérience. Il ne lui est pas facile non plus de mener parallèle-

1. Entretien du 22 septembre 1993.

ment des fonctions politiques, tout en préservant une vie familiale. Or il attache une grande importance à sa vie de famille et n'entend pas la sacrifier. Mari attentionné – tout le monde sait qu'il prépare tous les jours le petit déjeuner de sa femme – il est aussi très proche de ses enfants. Si en raison de ses multiples occupations il n'est pas aussi présent auprès d'eux qu'il le souhaiterait, il se montre un père à la fois vigilant et tendre, à la recherche de marques d'affection qu'il ne leur ménage pas de son côté. Sa fille Catherine avait déjà quinze ans lors de la naissance, le 30 décembre 1960, de sa sœur Lise. Trois ans plus tard, le 29 juillet 1963, un fils, Pierre, est venu compléter la « tribu » Bérégovoy.

Cette même année 1963 – Gilberte était donc enceinte de Pierre –, ils ont quitté Versailles pour l'Isle-Adam, tentés par une maison en bordure de l'Oise, louée à Gaz de France. Mais les trajets sont interminables jusqu'à son bureau, rue Philibert-Delorme, près de la porte d'Asnières. Les soirées sont longues pour Gilberte lorsque l'hiver et le brouillard envahissent les berges de l'Oise, dès 5 heures du soir. Aussi abandonnent-ils L'Isle-Adam dès décembre 1964 pour un appartement de cinq pièces, dans une résidence moderne de la rue des Chasses, à Clichy. Un appartement qu'ils ont, cette fois, acheté, car l'endroit les satisfait parfaitement, calme, familial, à deux pas du centre de Clichy.

Avant de partir à son travail, Pierre conduit à l'école ses enfants dans sa Renault 15, ainsi que ceux des voisins. Il aimait rappeler, encore amusé, que l'un d'eux, le fils de Bernard Emschwiller, claquait chaque fois la portière en lançant un vibrant « merci ». On le voit aussi faire lui-même son marché, tandis que Gilberte se donne sans relâche à sa tâche de vice-présidente des parents d'élèves de l'école Anatole-France, où elle participe à l'organisation des kermesses.

« J'ai découvert en 1965 une ville qui était une vraie ville et non pas un quartier périphérique de Paris », déclarait le 19 décembre 1992 Pierre Bérégovoy, en inaugurant à Clichy la rue Willy-Brandt et un groupe de logements sociaux, la résidence Mozart. « À Clichy, ajoutait-il, on se connaît, on se parle, au fil des ans on se forge des amitiés... L'amitié, c'est quelque chose de précieux, ça commence par de la considération, puis de la camaraderie, et quand celle-ci est bien forgée, ça débouche sur de l'amitié. »

Les Bérégovoy ont trouvé en effet à Clichy de nombreux amis qui leur resteront fidèles, sans jamais les solliciter. Avec Bernard Emschwiller, qui est représentant de commerce, la politique a servi de premier lien. Bernard Emschwiller milite en effet à la Convention des institutions républicaines, au moment où Pierre Bérégovoy est au PSU. Ils sont donc de sensibilité voisine. Les Bérégovoy se retrouvent aussi pour de fréquentes réunions amicales, détendues et sans contraintes, avec Henri et Marie-France Ducrot, qui ont emménagé le même jour qu'eux en décembre 1968 et qui ont surtout des enfants de même âge que les leurs.

Chez Henri Ducrot, qui est chef de ventes dans un garage, il n'est en revanche jamais question de politique, et Pierre Bérégovoy apprécie visiblement d'oublier le temps d'une soirée ses soucis habituels. Il se sent si bien à Clichy qu'il faudra, quinze ans plus tard, l'arrivée de François Mitterrand à l'Élysée pour l'amener à renoncer à l'appartement de la rue des Chasses. Mais, avec sa femme, il en conservera la nostalgie.

4

Homme d'appareil

Une gauche « décapitée » qui est à « reconstruire sur le plan idéologique comme sur celui de l'organisation ». Telle est l'analyse que Pierre Bérégovoy livre à Pierre Mendès France dans une lettre du 21 janvier 1969. Devant le vide créé par la crise de mai 1968, comment ne pas s'alarmer? Pour sa part, il ne croit pas à un renouveau rapide : « Les résultats de quelque effort que ce soit ne pourront se faire sentir à court terme. Ce n'est qu'après bien des difficultés que l'on parviendra durablement à rapprocher, à rassembler, à renouveler. » Propos bien pessimistes, si l'on songe que deux ans plus tard se tiendra le congrès d'Épinay.

Il ne se trompe pas en revanche lorsqu'il estime que, contrairement aux apparences, le régime n'est pas remis de l'épreuve subie en mai et qu'il faut s'attendre à des échéances politiques importantes à bref délai.

Comme s'il pressentait la crise politique qui va s'ouvrir avec l'échec du référendum sur la régionalisation et la décision du général de Gaulle de renoncer à son mandat de président de la République, il presse Pierre Mendès France, dans cette même lettre, d'envisager une candidature à la présidence de la République.

Mendésiste il était, mendésiste il reste. La correspondance assidue qu'il poursuit avec l'ancien président du Conseil est là pour témoigner de son respect profond et de sa fidélité indéfectible. « Aujourd'hui plus que jamais, je me sens solidaire de votre action et fidèle à votre pensée », lui écrira-t-il le 14 décembre 1972. « Vous avez marqué les meilleures années de ma vie du temps où j'étais jeune socialiste à Rouen aux belles années du PSU, et l'essentiel de ce que j'ai appris, je vous le dois », lui déclarera-t-il encore le 3 septembre 1979.

Toujours demandeur, il reste à l'écoute des analyses politiques et économiques de son illustre correspondant. Il lui livre de son côté toutes ses informations et continue de jouer l'intermédiaire indispensable avec les syndicalistes. Mais il n'hésite pas non plus à tenir avec lui des débats argumentés, non seulement sur les problèmes sociaux et syndicaux, mais sur les questions monétaires et sur des sujets aussi difficiles que celui de la réforme du système monétaire international. Toujours, enfin, il l'invite à « faire entendre sa voix », mais il devra pourtant se résigner à le voir se tenir dans un certain isolement. Mendès France de son côté semble avoir totale confiance en Bérégovoy. L'ancien président du Conseil suit ses avis et s'adresse à lui pour obtenir les éléments de documentation nécessaires à ses interventions publiques, même au plus haut niveau. C'est ainsi qu'en 1972 il lui demande de l'aider à préparer un débat télévisé « À Armes égales » avec Valery Giscard d'Estaing [1]. Bérégovoy se voit aussi chargé de revoir l'ensemble de la *République moderne* et de rechercher, entre autres choses, les mises à jour nécessaires pour tous les problèmes d'ordre social en vue d'une réédition du livre. S'il fallait une autre preuve de la continuité mendésiste de Bérégovoy, le club « socialisme moderne » qu'il fonde à titre personnel en novembre 1967, au moment où il commence à s'éloigner du PSU, en est la plus visible illustration. Ce club se réclame du socialisme, mais en marge de toute obédience, et sa seule

1. Lequel sera finalement ajourné, en octobre 1972, en raison de l'état de santé de Pierre Mendès France, et remplacé par un débat Giscard-Mitterrand.

référence affirmée est le mendésisme. Les quelque cinquante membres qu'il compte se partagent entre la SFIO, le Parti radical, le PSU, quand ils ne sont pas libres de tout engagement précis. Dans son comité directeur figurent Paul-André Falcoz, France Joxe – la femme de Pierre Joxe –, Régis Paranque, Paul Parisot, Françoise Seligman et un professeur d'histoire, Philippe Bernard, qui en sera une des chevilles ouvrières. Tous ont en commun de ne pas avoir d'esprit de parti et de se sentir proches intellectuellement de Mendès France. C'est par goût de la réflexion qu'ils se réunissent une fois par mois au Cercle républicain pour confronter leurs points de vue sur les grands problèmes du moment, comme la réforme de la justice, la décolonisation, le sous-développement, l'Europe, le Plan, l'économie. Leurs motivations sont donc plus intellectuelles que politiques, même si ces dernières ne sont pas absentes, comme en témoigne leur déclaration d'intention lors de la constitution du Club :

– Depuis des années, nous militons pour rendre à la gauche son efficacité et sa cohésion. Pour y parvenir, nous avons toujours considéré que le meilleur moyen était de discuter « programme et doctrine ». Aujourd'hui nous enregistrons avec satisfaction que la nécessité d'un « contrat de gouvernement », basé sur un programme sérieux est admise par tous. Dans le même esprit nous nous sommes déclarés partisans d'un accord avec le Parti communiste. Mais nous avons toujours pensé que la condition d'une entente durable avec le PC résidait dans le regroupement et la rénovation de la gauche non communiste.

Pour être constitué d'hommes indépendants, ce club a cependant un point d'attache. Il est intégré à l'UCRG (Union des clubs pour le renouvellement de la gauche), une nébuleuse qu'Alain Savary a pris l'initiative de regrouper après s'être retiré du PSU sur la pointe des pieds en 1963, lorsque celui-ci avait éclaté en sept tendances. Savary espérait trouver dans les clubs le nécessaire renouvellement d'une SFIO sclérosée. Mais il était également prêt à tout pour « sauver les chances » de la « vieille maison », pour peu que l'occasion se présentât. Il se prête donc en mai 1969, en même temps que diverses autres personnalités, à la constitution du nouveau parti socialiste, qui remplace officiellement la SFIO au congrès d'Alfortville. Ses troupes de l'UCRG lui emboîtent le pas, Pierre Bérégovoy au tout premier rang.

Ce congrès s'est aussi réuni pour désigner le candidat socialiste à l'élection présidentielle, rendue nécessaire par la démission du général de Gaulle, et Bérégovoy est de ceux qui défendent l'idée qu'Alain Savary peut être un bon candidat, au lieu et place du candidat déclaré Gaston Defferre. Ce dernier ayant néanmoins été choisi, il se décide, résigné, à le soutenir, d'autant que le maire de Marseille a l'appui de Pierre Mendès France. Ce dernier a même accepté d'être en quelque sorte candidat, à côté de lui, au poste de Premier ministre.

Par fidélité, Pierre Bérégovoy seconde donc activement Mendès dans sa campagne. Cela lui vaut quelques difficultés avec ses amis de la CFDT, d'autant qu'il a quitté FO pour adhérer à la nouvelle centrale. Ceux-ci reprochent à Defferre, qualifié une fois pour toutes de « centriste », d'être le candidat d'un parti qui a refusé une candidature unique de la gauche. Mais, lucide et bien informé, Pierre voit aussi venir le désastre. Celui-ci dépasse cependant en ampleur ce qu'il avait imaginé. Defferre n'arrive qu'en quatrième position, avec le score humiliant de 5,4 pour cent des voix, très loin derrière le candidat communiste, Jacques Duclos, qui obtient plus de 21 pour cent des voix, et tout juste devant Michel Rocard qui n'atteint pas les 4 pour cent. La gauche non communiste atteint son étiage. Elle est ridiculisée, inexistante.

Si Bérégovoy avait fini par apporter son soutien à la candidature Defferre, c'était aussi pour éviter de voir le candidat du PCF arriver en seconde position et mettre ainsi son parti en position hégémonique à gauche. Le résultat, qui dément cruellement cet espoir, semble lui donner raison de ne pas être optimiste pour l'avenir de la gauche, du moins à court terme. Cependant, au soir de la défaite, il est l'un des seuls à venir soulager le vaincu dans sa solitude. Lorsque Pierre Mauroy [1] se rend de son côté au quartier général de Defferre, il se trouve en face d'une nuée de journalistes. Defferre est retranché dans une pièce voisine avec Michèle Cotta, qui l'a vu tellement seul qu'elle s'est proposée pour lui faire du café.

« Dans toute la soirée, nous n'avons vu arriver que quatre personnes dont Bérégovoy, comme représentant de Pierre Mendès France. C'était terrible, se souvient Pierre Mauroy. Nous avons voulu préparer un communiqué. Aussitôt Bérégovoy, toujours prêt à rédiger – c'était vraiment caractéristique chez lui – a sorti son stylo et nous avons travaillé au texte. Mais Defferre ne l'a même pas lu. Quand il s'est décidé à affronter les perches des journalistes, il s'est contenté de dire quelques mots, avant de refermer la porte sur lui. En substance : " La politique, c'est comme le bateau, un jour on gagne, un jour on perd. Aujourd'hui, je perds. " »

« De cette soirée inoubliable, je me rappelle aussi la longue conversation que j'ai eue avec Bérégovoy, qui me parlait avec toute la force de sa conviction de la nécessité de constituer un grand parti socialiste [2]... »

En décembre 1968, Guy Mollet avait officiellement quitté son poste de secrétaire général de la SFIO et remis, à titre provisoire, les clés de la maison à Pierre Mauroy. Ayant choisi lui-même le nouveau patron de la cité Malesherbes, il entendait continuer à contrôler le nouveau parti par personne interposée et ne s'attendait pas sans doute à voir son protégé prendre la relève avec autant de célérité. En avait-il pris ombrage? En juillet 1969, au congrès national constitutif du Nouveau Parti socialiste, à Issy-les-Moulineaux,

1. Alors secrétaire national à la coordination du Nouveau Parti socialiste créé à Alfortville.
2. Entretien du 21 septembre 1993.

Mauroy voit en tout cas ses élans coupés. C'est son challenger, Savary, qui est élu premier secrétaire. De justesse il est vrai, par trente et une voix contre vingt-neuf.

Que Bérégovoy se trouve parmi les proches du nouveau secrétaire et ait déjà acquis une certaine réputation, personne ne peut en douter. Savary exige en effet sa présence dans les instances dirigeantes. Élu au comité directeur, puis au bureau national aux côtés de son ami Marcel Champeix, sénateur de la Corrèze, Bérégovoy peut être considéré comme l'un des deux principaux lieutenants de Savary, son alter ego étant Jacques Enoch. Là encore il est chargé des affaires sociales et des rapports avec les syndicats. Il est aussi le porte-parole de la nouvelle formation.

Le changement d'homme à la tête du Nouveau Parti socialiste traduit un changement de stratégie. Pierre Mauroy avait été l'un des premiers à se rallier à la candidature Defferre et il avait souvent paru plus désireux que d'autres de garder ses distances vis-à-vis des communistes. Or, depuis l'échec cuisant de Defferre, ces positions ne sont plus à l'ordre du jour. L'effondrement du maire de Marseille étant attribuée au refus de l'union de la gauche, Pierre Mauroy est écarté au profit d'Alain Savary qui, lui, déploie de longue date le drapeau unitaire.

Renversement spectaculaire à vrai dire. Deux mois seulement après avoir refusé une candidature unique de la gauche, celle d'Alain Savary, parce qu'à ce moment-là on méditait chez les socialistes sur les résultats catastrophiques des élections dont étaient rendus responsables à la fois le rapprochement avec le PCF et François Mitterrand (qu'on continuait à appeler « le corsaire », cité Malesherbes). Alain Savary se trouve à la tête du nouveau PS, lequel admet désormais que « l'Union de la gauche constitue l'axe normal de la stratégie des socialistes » et rejette toute forme d'alliance avec le centre.

Mais le nouveau parti tarde à se distinguer de l'ancienne SFIO. De plus, il continue à être déchiré par de profondes divergences ; le problème le plus profond reste celui des rapports avec le PC. Alain Savary et Guy Mollet, favorables à un rapprochement, continuent à être combattus par Pierre Mauroy, André Chandernagor, et ceux que l'on appelle les « réformateurs ».

Bérégovoy estime pour sa part important d'ouvrir un débat sérieux avec le PC, « auquel il ne faut pas laisser le monopole de l'opposition ». Il soutient Savary lorsque celui-ci se décide à engager avec lui un dialogue dit « idéologique » en décembre 1969, et, comme porte-parole du parti, il est l'un de ceux qui mènent ce débat. Mais l'audience du nouveau PS reste de toute évidence très limitée. Son rêve de parvenir à équilibrer la puissance du PC au sein de la gauche paraît être loin de pouvoir se réaliser et la droite aura de bonnes raisons aux prochaines élections de proclamer que l'opposition non communiste n'existe pas.

La gauche elle-même croit-elle en son avenir ? Bérégovoy est en tout cas un de ceux qu'habite le doute. « Il y a quelques semaines encore, confie-t-il à Pierre Mendès France [1], j'avais le sentiment que le pouvoir issu des présidentielles demeurait fragile et que la crise de Mai 68 n'était pas close. Aujourd'hui, j'en suis moins sûr. La classe dirigeante semble capable de digérer une contestation qui n'offre aucune perspective politique... La division persistante de la gauche non communiste, son éparpillement, les incertitudes de la CFDT, l'intégration de FO à la politique de Chaban laissent le champ libre au PC et à la CGT et assurent au pouvoir le répit dont il a besoin... »

François Mitterrand s'apprête cependant, une fois de plus, à relever le gant et à ranimer la flamme qui avait brillé de 1965 au printemps 1968. Lui aussi a connu sa traversée

1. Lettre du 21 juillet 1969.

du désert après Mai 1968 et la disparition de la FGDS [1]. Ses seuls compagnons restaient ses vieux amis de la Convention des institutions républicaines (CIR) : Georges Dayan, Roland Dumas, Charles Hernu, Louis Mermaz, Pierre Joxe... Cette Convention avait été l'élément le plus jeune et le plus dynamique de la FGDS, mais la déroute électorale subie en juin 1968 l'avait entraînée elle aussi inexorablement sur la voie du déclin.

Entre la CIR qui s'étiole et un PS toujours à la recherche de son renouveau, la fusion s'impose. C'est la conclusion à laquelle arrive François Mitterrand et c'est ce qu'il propose à Château-Chinon le 8 novembre 1970, au cours des journées de la CIR.

N'est-ce pas le seul espoir de sortir les formations de gauche de leur léthargie? Le PS et la CIR se décident donc enfin à unir leurs maigres forces. Une commission dirigée par une conseillère d'État inconnue, Nicole Questiaux, prépare le congrès d'unification.

Ce congrès d'Épinay qui s'ouvre le 11 juin 1971 prend pour les savaristes des allures de « Main basse sur la Cité » (Malesherbes). Depuis un moment déjà, l'accord s'est fait entre François Mitterrand, Pierre Mauroy et Gaston Defferre sur la nécessité, pour rénover le PS, d'écarter Guy Mollet et les hommes qu'il a laissés en place, mais aussi Alain Savary et ses amis. Si les raisons pour lesquelles François Mitterrand a rangé Alain Savary parmi ses adversaires ne s'imposent pas d'emblée, une chose est cependant sûre, Savary doit être balayé par la vague qui emportera Mollet.

Pour agir de concert, ils doivent aussi définir une position commune sur les rapports avec le PC. Depuis 1965, Mitterrand a fait de l'Union de la gauche l'un des grands axes de son combat politique, mais Defferre et Mauroy se sont tou-

1. En juin 1968, seul François Mitterrand avait réussi à sauver son mandat législatif. Il en avait tiré la conclusion logique, en reprenant sa liberté le 7 novembre suivant. La conclusion était que la FGDS était condamnée à disparaître. Coalition de partis, sans noyau central, elle avait échoué dans sa tentative de dépasser les clivages des vieux partis.

jours montrés très réticents. C'est pourtant Defferre qui, le premier, déclare que puisqu'il faudra gouverner avec les communistes, il paraît nécessaire de se mettre d'accord auparavant sur ce qu'il sera possible de faire avec eux.

Il se rallie donc à François Mitterrand qui est hostile au dialogue « idéologique » entamé avec le PC par les soins de Bérégovoy, à la demande de Savary, en vue de la discussion d'un véritable programme de gouvernement. Alors que Savary parie sur l'évolution interne du PC, voulant l'amener à donner des assurances sur l'exercice de la liberté et sur la démocratie politique, Mitterrand entend prendre les communistes tels qu'ils sont. Il mise sur le renforcement du PS et propose de traiter loyalement, à égalité avec le PC.

Les objectifs définis, il faut penser aux moyens de s'assurer la majorité. Les règles du PS, grâce auxquelles Mollet a assis son pouvoir, prévoient l'élection des organes directeurs selon un mode de scrutin majoritaire qui favorise le mouvement dominant.

Il s'agit donc de retourner ce système contre Guy Mollet : conventionnels et minoritaires barreront systématiquement, lors du scrutin, les noms des savaristes et des mollettistes. Chacun présentera sa motion, ce qui permettra de « ratisser plus large ». La première, signée par Defferre et Mauroy, rassemblera les voix des opposants à Mollet et des notables modérés, la seconde issue de la Convention attirera les mandats « novateurs » des mitterrandistes et des nouveaux militants. L'amalgame ne se fera qu'au cours du congrès. Mais comme les conventionnels à eux seuls ne sont pas assez nombreux pour éviter le couperet du scrutin majoritaire, on les renforcera de quelques voix socialistes. C'est ainsi que la motion des Clubs sera présentée conjointement par Louis Mermaz et par le socialiste Pontillon [1].

Cette alliance tactique est cependant peu de chose à côté

1. Même si ce rapprochement inattendu a fait grincer quelques dents. Pontillon est en effet un atlantiste impénitent alors que chez les conventionnels le courant neutraliste a ses partisans.

du mariage contre nature qui se prépare. La marge de manœuvre paraît en effet un peu juste, il faut trouver d'autres renforts. On ira les chercher, toujours en grand secret, à l'autre extrémité de l'échiquier socialiste : du côté de Jean-Pierre Chevènement, Didier Mochtane, Georges Sarre et leurs jeunes amis du CERES. Ceux qui passent pour des « gauchistes », des « cryptos ». Tout, ou presque, les oppose à Mauroy et Defferre, et seul François Mitterrand, en raison de l'attention bienveillante qu'il a toujours montrée pour les travaux du CERES, est capable de réaliser cette alchimie.

Savary ne se doute de rien. Lui et ses amis semblent convaincus qu'en toute logique les partisans de l'union de la gauche se retrouveront contre les « droitiers ». Guy Mollet lui-même ne voit pas venir le danger. Tout le monde se prépare à un affrontement sur le problème de l'union, alors que le véritable enjeu sera ailleurs.

Le vendredi 11 juin, jour de l'ouverture du congrès, les divers camps en présence s'observent. L'exposé de Savary, froid, calme, terne, a valeur d'appel à la vertu. « Il n'y a pas de rénovation véritable sans adoption d'une ligne politique. Ceux qui prétendraient dissocier l'orientation politique de la rénovation me paraissent accomplir une opération de confusion dont le parti serait victime. »

Même calme, même absence d'envolée oratoire pour un plaidoyer exactement inverse de Louis Mermaz : l'union de la gauche, aussi nécessaire soit-elle, doit passer par la rénovation du parti.

D'un bord à l'autre, les orateurs vont se répondre, sans que Pierre Bérégovoy, pourtant l'un des savaristes les plus notoires, intervienne lui-même. Pendant toute la durée du congrès, il restera muet et se contentera de jouer les spectateurs engagés.

Déjà, lorsqu'il faut choisir le mode de scrutin pour l'élection du comité directeur, on voit les mitterrandistes, faute de scrutin majoritaire et pour éviter un succès de Guy Mollet, se rallier au scrutin proportionnel intégral souhaité par le CERES. Déjà, à l'occasion de ce vote, les majorités se sont inversées. Mitterrand, Mauroy, Defferre et le CERES totalisent 51 231 mandats contre 38 783 à Alain Savary.

Lassés par un débat trop technique qui les dépassait souvent, la plupart des congressistes ne se sont pas aperçus qu'une nouvelle majorité, où se retrouvent les plus modérés des socialistes et les plus « gauchistes » d'entre eux, vient de se constituer – et de gagner. Il reste aux conjurés à mettre au point l'assaut final et à s'entendre définitivement sur les modalités de leur accord.

Ils s'y emploient dans la soirée du samedi, dans un petit hôtel à peine terminé, en lisière de la forêt de Montmorency. Les dernières hypothèses sont levées lorsque Mauroy, après Defferre, se livre à une critique en règle du « dialogue idéologique » :

– Cette procédure vise à gommer les différences, elle est donc inacceptable. Socialistes et communistes, sont fondamentalement différents. En revanche, ajoute-t-il, l'alliance électorale, parlementaire et même gouvernementale entre les communistes et nous est raisonnable.

C'est ce que Chevènement et Mochtane, pour le CERES, souhaitaient entendre.

Il est 3 heures du matin lorsque, leurs notes sous les bras, ils partent rejoindre leurs amis dans une brasserie proche de la gare de l'Est, pour rédiger le brouillon de ce qui deviendra la « motion d'Épinay ».

Jusque-là, Mitterrand s'était contenté d'avoir des contacts en marge du congrès et d'indiquer à ses partisans la marche à suivre. C'est à lui de jouer maintenant, et le discours qu'il prononce le dimanche matin tient ses promesses. Visiblement au mieux de sa forme, face à un auditoire qu'il sent bien, il mêle avec habileté passion et ironie, avec un brin de phraséologie classique et d'effets de congrès à l'intention de ceux qui apprécient ce style. La rénovation du parti, qui conditionne tout, il y fait à peine allusion, comme pour mieux en souligner l'évidence. Puisqu'on met en doute sa capacité de rassembleur et sa sincérité de socialiste, c'est sur ces thèmes qu'il passe à l'offensive, successivement modeste, persuasif, avec un mot pour toucher chaque tendance, puis éloquent, chaleureux, enthousiaste à mesure que la température monte et que les raffales d'applaudissements lui indiquent qu'il est sur la bonne voix.

– Celui qui n'accepte pas la rupture [...] avec la société capitaliste, celui-là, je le dis, il ne peut pas être adhérent au Parti socialiste [...]. Il n'y aura jamais de société socialiste sans propriété collective des grands moyens de production, d'échanges et de recherche [...] ; le véritable ennemi [...] c'est le monopole, [ce qui signifie] toutes les puissances de l'argent, l'argent qui écrase, l'argent qui tue, l'argent qui ruine et l'argent qui pourrit jusqu'à la conscience des hommes...

Il conclut sur le terrain où ses adversaires le guettent :

– Quel est celui d'entre nous qui pense que nous ne serons pas les alliés électoraux des communistes ? [...] Il n'y aura pas d'alliance électorale s'il n'y a pas de programme électoral. Il n'y aura pas de majorité commune s'il n'y a pas de contrat de majorité. Il n'y aura pas de gouvernement de gauche s'il n'y a pas de contrat de gouvernement.

Le congrès, debout, lui fait une ovation. Guy Mollet lui-même s'est cru obligé de se lever pour l'applaudir. Il avait tout fait pour ne pas parler avant Mitterrand, afin de ne pas lui laisser le dernier mot. Mais cette manœuvre, qu'il croyait habile, se retourne contre lui. Pour tenter de reprendre en main la salle, il choisit un discours idéologique, sans reculer devant les excès du genre : « La marche au fascisme s'annonce prochaine », proclame-t-il face à un auditoire qui se languit. Rien n'y fait. Il est solidement applaudi, mais sans passion et pas plus que nécessaire.

Avant de passer au dernier acte, la préparation des motions finales, le congrès élit le futur comité directeur, selon la règle de la proportionnelle, comme il se doit désormais. Sur les 81 sièges, 28 vont à Savary et Mollet, 23 à Mauroy et Defferre, 13 à Mermaz et Pontillon, 10 à Poperen et 7 au CERES. Rien de surprenant jusque-là. Presque tous les congressistes calculaient que les partisans des contacts avec le PC (Savary, Mollet, Poperen, CERES) auraient 45 sièges – soit la majorité. Seuls ceux qui sont dans le secret additionnent les voix des amis de François Mitterrand à celles des « Bouches du Nord » (la fédération des Bouches-du-Rhône [Defferre] et celle du Nord [Mauroy]) et celles du CERES. Ce qui fait 43 membres, capables d'imposer leur loi aux 38 partisans de Poperen, Savary, Mollet. Constituée sur les mêmes bases, la commission des résolutions, cette sorte de congrès en miniature qui fixe la façon dont vont se faire les débats, se réunit après déjeuner, dans un sous-sol étroit du cercle sportif. Au bout d'une demi-heure de discussion, François Mitterrand se décide à se découvrir.

– Le texte que je soutiens et celui du CERES sont très proches, annonce-t-il. Nous allons les fusionner

Ce coup de théâtre surpasse tous les autres. Guy Mollet, qui sait maintenant le danger mortel, tente une ultime démarche auprès de Mitterrand :

– Nous sommes d'accord sur l'Union de la gauche. Faisons un texte tous ensemble et laissons Defferre et Mauroy se débrouiller tout seuls.

Le refus de Mitterrand est sans appel.

– Nous n'avons pas la même conception de la manière dont ce parti doit être dirigé, lui lance-t-il. C'est avouer que l'enjeu du congrès n'est pas la stratégie politique à adopter, mais le choix des hommes qui seront à la tête du nouveau parti.

Lorsque les débats reprennent c'est avec stupeur et incrédulité que les congressistes découvrent ce qu'on leur avait prudemment caché. La fête de l'unanimité à laquelle ils croyaient assister va se solder par un affrontement du texte Mitterrand contre le texte Savary. Pour beaucoup cela paraît inadmissible. Quand Claude Estier monte à la tribune pour présenter les conclusions de la commission, il est accueilli aux cris de : « Unité ! Unité ! » scandés avec fureur.

Defferre, qui a compris que tout peut encore basculer, prend un micro et propose une synthèse entre les deux textes, qui rétablirait l'unanimité. Savary, fatigué, blessé, écarte ce cadeau empoisonné et ironise sur la conjonction d'une aile gauche qui veut l'unité de la gauche, et d'une fédération des Bouches-du-Rhône qui ne veut un dialogue avec le PC que pour mieux le faire échouer.

– Si à la fin de cette soirée il y a des dupes, nous n'en serons pas, lance-t-il amer. Il faut construire le socialisme dans la clarté et non par de fausses alliances.

C'est l'homme de rigueur qui a parlé, fidèle à sa réputation.

L'heure du vote a sonné. Le duel touche à sa fin. Blêmes, François Mitterrand et Alain Savary – le premier assis au neuvième rang à droite, le second à l'avant-dernier rang à gauche – sont suspendus au décompte des voix. 43 296 pour Mitterrand, 41 757 pour Savary [1]. Mollet à son banc replie ses dossiers. Ses voisins l'entendent murmurer : « Ah, c'est du beau boulot ! »

Le congrès qui avait commencé comme un « happening » sur les pelouses du centre sportif Léo-Lagrange, de rebondissements en coups de théâtre, s'achève donc sur la note grave d'un moment « historique ». Le nouveau venu, François Mitterrand, vient d'éliminer l'ancien, Alain Savary. Avec cette conséquence logique : puisqu'il l'a éliminé, il doit prendre sa place à la tête du parti. Lui qui n'avait même pas la carte du PS le 10 juin, en devient premier secrétaire le 15. Quoi qu'il ait dit, il n'avait sans doute pas tout à fait exclu d'assurer cette fonction, même si ses obligations administratives ne l'attiraient guère.

Le 16 juin, à 22 heures, dans les escaliers sombres de la cité Malesherbes, Pierre Bérégovoy aide Alain Savary à déménager discrètement ses dossiers, hâtivement ficelés. Un

1. Mais aussi 3 925 abstentions, 83 refus de vote et 1 028 absents.

homme s'en va, un autre s'installe, une histoire vieille d'un demi-siècle, celle de la SFIO, s'achève.

Le nouveau premier secrétaire arrive entouré de collaborateurs amis et installe aux commandes une nouvelle équipe où figurent Jean-Pierre Chevènement, Pierre Joxe, Pierre Mauroy, tandis que les savaristes, dont Pierre Bérégovoy, se trouvent relégués dans l'aile minoritaire et quasiment dépourvus de tout pouvoir.

La partie ne semble pourtant pas facile à jouer pour François Mitterrand. La minorité ne lui fera pas de cadeaux et les troupes qui l'ont porté au pouvoir sont trop hétéroclites pour ne pas lui poser de problèmes. Il le sait.

Le plus gros problème du premier secrétaire est de réussir à s'imposer comme « socialiste », de se faire reconnaître comme tel par le militant de base, ce qui, en raison de son passé, n'est évident ni historiquement, ni socialement. Pour y parvenir, il lui faudra lutter, sans relâche et avec obstination.

Mais il a les qualités pour cela. Il a déjà montré à maintes reprises qu'il est un battant. Sa hardiesse et son habileté ne sont plus à démontrer. Homme de métier, homme d'État aussi, il a déjà joué de main de maître à Épinay. Avec le même brio, il réussira à s'imposer comme leader incontesté du PS et lui donnera un élan inespéré, présidant en quelques années à une remontée décisive, que Bérégovoy, comme beaucoup d'autres, était loin d'imaginer pouvoir être aussi rapide.

Les assises nationales que le nouveau parti tient en 1972 à Suresnes pour se donner un programme sont l'occasion de quelques affrontement significatifs. C'est ainsi qu'en séance publique un amendement présenté par Denis Cépède et qui tend à permettre la nationalisation d'une entreprise si son personnel en émettait le vœu à la majorité, reçoit l'appui du

CERES. Ce soutien donné par Chevènement et ses amis montre les limites de la coalition d'Épinay et révèle l'ambiguïté des liens les unissant aux mitterrandistes.

« Une autre question, se souvient Claude Fuzier [1], un des proches de Guy Mollet, était de savoir quel sort le nouveau parti allait réserver à la Constitution et à la place qu'elle donnait au président de la République. Une réunion nocturne, ultrasecrète (nous étions quatre ou cinq) permit d'assister au paradoxe d'un Guy Mollet, coauteur de la Constitution de 1958 mais qu'il considérait comme entièrement défigurée par la réforme de 1962 faisant l'élection du Président au suffrage universel direct, pourfendant le texte constitutionnel et demandant une éclatante dénonciation par le parti de son caractère antidémocratique, et d'un François Mitterrand qui n'avait jamais cessé depuis 1958 de la condamner avec talent, montrant une réserve si prononcée que son refus de toucher aux compétences et aux pouvoirs acquis par le Président devenait une évidence.

« À l'issue de cette folle nuit, poursuit Claude Fuzier, je retrouvai Pierre Bérégovoy qui tint à me racompagner à ma voiture, garée à quelques centaines de mètres dans une rue de la cité-jardin. Notre conversation dura une heure. Nos analyses sur le déroulement du congrès étaient identiques, et nous pensions l'un et l'autre que la possibilité de renverser la majorité était très faible et que la perspective de l'accession, tôt ou tard, au pouvoir devenait d'autant plus réelle que les successeurs du général de Gaulle n'avaient pas les atouts du fondateur de la Cinquième République.

« Que faire donc? Pierre Bérégovoy, après quelques phrases convenues, fut net en me demandant si je ne pensais pas que nous serions plus utiles dans la majorité pour y faire pénétrer nos idées qu'en restant dans une opposition sans avenir et dont les chefs de file potentiels, Alain Savary et Guy Mollet, étaient considérablement diminués. Nous avons

1. Témoignage de Claude Fuzier publié dans *Le Journal de l'Ours,* juin-juillet 1993.

discuté une dizaine de minutes de cette idée, sur laquelle notre désaccord devenait sans ambiguïté. »

Ce qui ressort en effet, après plus d'un an d'existence du nouveau PS, c'est que François Mitterrand est passé maître dans l'art de se concilier les différentes « sensibilités » de son parti et qu'il semble capable de le porter à lui seul. L'afflux des militants montre la nouvelle vitalité qu'il a su lui donner. De 80 000 en fin 1971, ils passeront à 107 000 fin 1973. Beaucoup sont jeunes et parmi ces nouvelles recrues figurent des éléments brillants : les énarques Laurent Fabius et Jacques Attali, le polytechnicien Paul Quilès, pour ne citer qu'eux.

L'effort de renouvellement doctrinal qui a été entrepris se concrétise dans l'adoption du programme « Changer la vie » qui se veut l'équilavent pour la gauche de la « Nouvelle Société » de Jacques Chaban-Delmas.

Même si la direction s'est arrangée pour en contrôler la rédaction finale et en écarter les propositions les plus irréalistes, il mêle projets sérieux et propositions plus inaccessibles. François Mitterrand devait en résumer le sens général de l'ensemble, sans craindre une comparaison historique ambitieuse :

« Je dirai que si la révolution de 1789 a fondé la démocratie politique en France, la victoire des socialistes en 1973, à travers le programme de gouvernement du Parti socialiste, jettera les bases de la démocratie économique... ce que les philosophes, les encyclopédistes du XVIIIe siècle ont conçu pour le citoyen de la politique détenteur des libertés fondamentales, le Parti socialiste le conçoit d'une façon originale pour l'avènement du citoyen de l'économie. »

Parmi tous les thèmes majeurs abordés, le PS a entamé, pour la première fois depuis Jaurès, une réflexion originale en matière militaire, notamment sur l'opportunité du maintien de la « force de frappe », et deux camps se sont affrontés. Comme responsable de la commission de la Défense nationale lors de l'élaboration du projet, Charles Hernu préconise le maintien d'« une force de dissuasion nucléaire minimum », faisant valoir qu'il s'agit de préserver l'indépendance nationale dans l'édification de la société socialiste tant que l'équilibre des forces mondiales restera tel qu'il est, et que les blocs continueront de s'affronter. Mais en dépit de la solidité des arguments qui la justifiaient, cette position choque beaucoup d'esprits au sein du PS, notamment chez les anciens de la SFIO. Pierre Bérégovoy, comme chef de file des minoritaires, prend la tête de la croisade contre la force de frappe, « ligne Maginot nucléaire », qu'il juge « inefficace sur le plan militaire, illusoire sur le plan diplomatique, et coûteuse sur le plan économique ». En conséquence, il réclame l'arrêt pur et simple de sa construction et sa reconversion dans le nucléaire civil, les mutations nécessaires devant être étalées dans le temps « de manière à ne pas compromettre les progrès techniques envisageables à court terme dans les domaines de l'électronique et de l'étude des phénomènes atomiques ».

Devant le tollé provoqué par la proposition de Charles Hernu, on voit d'ailleurs François Mitterrand lui-même se rapprocher – pour une fois – des thèses défendues par la minorité savariste, alors que sur tous les autres points importants du projet il a rejoint les options présentées par la majorité du parti, sa majorité.

Ce n'est donc pas le problème de la « force de frappe » qui pourra soulever des difficultés dans l'éventualité de la reprise du dialogue avec le PCF. Derrière le débat sur la force de frappe, comme derrière beaucoup d'autres, se trouve en effet la question essentielle qui hante depuis Épinay les couloirs de la cité Malesherbes : faut-il un accord de gouvernement avec les communistes ou doit-on se contenter à nouveau d'un simple accord électoral? Aussi, bien des thèses du progamme sont-elles soutenues avec l'arrière-pensée plus ou moins nettement formulée de le rendre facilement compatible avec celui du PC, d'accumuler ou au contraire de déblayer les obstacles à la conclusion d'un accord de gouvernement avec Georges Marchais.

Le président de la République, Georges Pompidou, a senti le danger. En annonçant le 11 mars 1978 un référendum sur l'entrée de la Grande-Bretagne dans la Communauté européenne, il espère enfoncer un coin entre les deux forces de gauche qui se rapprochent. Georges Marchais, qui compte voir son parti profiter de l'alliance, veut éviter le piège. Dès le lendemain, il propose une entrevue secrète à Mitterrand. Épisode rocambolesque, le tête-à-tête a lieu dans une chambre de bonne de l'île Saint-Louis, chez l'avocat communiste Jules Bozker. Mais cette concertation se révèle sans grand effet. Le PC fera voter « non » et le PS prônera le vote blanc ou l'abstention. Le chef de l'État – tout le monde l'en félicite déjà – croit avoir réussi sa manœuvre.

« Bien joué », écrit Pierre Bérégovoy, au lendemain de l'annonce du référendum, dans l'hebdomadaire *Agri-sept*, avant de poursuivre, facilement moralisateur : « Se servir de l'Europe pour camoufler l'échec de sa politique intérieure, utiliser les sentiments favorables à la constitution de l'Europe de la grande majorité des Français, pour obtenir un vote de confiance de type plébiscitaire, c'est bien joué en effet. Mais la démocratie, est-ce un jeu aux cartes truquées où l'habileté prévaut nécessairement sur la sincérité ? »

Deux semaines plus tard, il a la satisfaction de pouvoir se dédire : « En définitive, c'était mal joué », annonce-t-il dans son éditorial du 26 avril. Les Français ne sont guère passionnés en effet pour l'enjeu, quoi qu'on ait pu leur dire, et on a dénombré 45 pour cent d'abstentions et de bulletins blancs ou nuls. Le PS pavoise. Un tiers des votants a déposé un vote négatif. Le PC affiche sa satisfaction : un obstacle important à la reprise du dialogue entre les deux formations vient d'être levé.

Pour avoir déjà négocié avec les communistes en 1970 et pour avoir défendu un point de vue proche de leurs thèses sur la force de frappe, Pierre Bérégovoy est l'un des hommes les mieux placés pour traiter avec le PC. Aussi est-il appelé à prendre une part active aux négociations, lorsque le PS se décide à tenter un accord de gouvernement avec son puissant partenaire. C'est à ce moment qu'il décide de quitter la CFDT, jugeant ses nouvelles responsabilités politiques incompatibles avec un engagement syndical.

Si François Mitterrand place Bérégovoy en première ligne dans la négociation à venir, c'est parce qu'il est toujours considéré comme le meilleur spécialiste des dossiers sociaux et du monde syndical où, de par son passé, il continue à posséder réseaux et relais. Or le premier secrétaire a peu de correspondants dans ce milieu. Ses collaborateurs, aussi bien à l'UDSR qu'à la FGDS, n'avaient guère ce profil. À la CIR également, il était surtout entouré d'hommes de loi, d'humanistes, de journalistes, d'élus locaux, d'hommes d'affaires; tout un tissu de relations sociales très riche, mais qui ne touchait guère au monde du travail. Pierre Bérégovoy a, sur ce terrain, une compétence incontestable qu'il va s'empresser d'utiliser.

Il le fait d'autant plus facilement que Bérégovoy a déjà commencé à s'éloigner de Savary. Il s'est convaincu que cet homme, par ailleurs estimable et rigoureux, n'a pas l'étoffe d'un grand leader ni d'un bon organisateur. Et il envisage de plus en plus ouvertement son ralliement à François Mitterrand. Maurice Benassayag, alors jeune membre du comité directeur, est le premier à être informé de ses intentions. À l'issue d'une réunion dans les premiers jours de l'année 1972, Pierre Bérégovoy le prend à part pour lui dire : « Je me suis opposé à François Mitterrand, mais je constate maintenant que la manière dont il dirige le parti me convient. Au fond il n'y a aucun doute, il cherche l'Union de la gauche, et j'y suis moi-même favorable. Il faudra dire au premier secrétaire que je n'ai pas l'intention de rester longtemps dans une opposition stérile [1]. » C'est bientôt ouverte-

1. *Témoignage* du 15 juin 1993.

ment qu'on l'entend préconiser le ralliement à l'équipe d'Épinay.

Maintenant que les socialistes sont décidés, il s'agit de mettre les communistes au pied du mur, et de savoir si ce programme commun est possible. Georges Marchais a certes donné son feu vert à l'ouverture des négociations, mais c'est visiblement méfiant et circonspect qu'il reçoit dès le lendemain du référendum la délégation socialiste, dans le décor futuriste qu'a sculpté, place du Colonel-Fabien, l'architecte de Brasilia.

Les négociations politiques sont menées de chaque côté par un groupe central. Pour le PS ce sera le bureau exécutif, élargi à un certain nombre de membres du comité directeur, afin que soient largement représentés tous les courants du parti. Parallèlement, des groupes d'experts, au niveau du comité directeur du PS et du comité central du PC, confrontent les positions de deux partis sur tous les grands sujets et déterminent les points de convergence possibles.

Cela ne va pas sans mal. Sur les quatre groupes de travail, trois avancent péniblement. Pierre Joxe et Robert Ballanger débattent sans fin des pouvoirs du président de la République, et sur le contrat de législature, Jean-Pierre Chevènement et Henri Jourdain ont de profondes divergences sur le champ des nationalisations, mesurant le fossé qui sépare l'autogestion de la « gestion démocratique ». En politique internationale, les désaccords sont également profonds : Gérard Jacquet et Jean Kanapa remettent cent fois sur le chantier le problème de la dissolution simultanée des blocs et le problème de la construction européenne, à laquelle le PS reste favorable alors que le PC y est hostile. Seul le groupe de travail chargé de déterminer les objectifs sociaux aboutit assez vite, grâce à Pierre Bérégovoy qui le dirige au nom du PS, face à Madeleine Vincent pour le PC.

Déjà reconnu comme homme de conseil et d'appareil, il vient également de faire la preuve de ses grands talents de négociateur. Courtois, calme, parfaitement maître de lui, il a la qualité de laisser parler ses interlocuteurs et d'écouter. Il est aussi, très « ukrainien sur un marché, il sait faire l'article », ajoute Michel Charasse. Et lorsque les positions se révèlent trop divergentes pour pouvoir se rejoindre, il montre une habileté exceptionnelle pour faire apparaître les contradictions du partenaire ou de l'adversaire et lui faire admettre les avantages et les défauts de sa position. À partir de là, il arrive à faire se rejoindre des conceptions différentes et à trouver un concensus dont il tire les ficelles, et qui n'est pas forcément un concensus mou.

Le PC n'a pas à s'inquiéter longtemps des négociations que le PS a engagées parallèlement avec les radicaux. La nouvelle de leur échec parvient bientôt. Et si le désappointement est grand chez ceux qui ne veulent pas d'un face-à-face avec les communistes « par crainte de ne pas faire le poids », c'est en revanche un grand soulagement place du Colonel-Fabien.

Dès lors les négociations s'accélèrent, des compromis s'ébauchent, chacun fait l'effort nécessaire pour aboutir. Seules trois grandes questions continuent à créer de réelles difficultés : la définition du « contrat de législature [1] », l'étendue des nationalisations, la sécurité et l'Europe. Le 27 juin, les obstacles sont levés, les derniers points de désaccord trouvent une solution ou un semblant de solution. Le Programme commun de gouvernement de la gauche unie est signé et les commentateurs ont dès lors tout loisir de débattre sur l'ampleur des « concessions » faites de part et d'autre, pour tenter de déterminer de quel côté a penché la balance.

Chacun compte en tout cas en profiter au mieux pour lui-même. Mais, quelles que soient les arrière-pensées de part et

1. Les communistes voulant, entre autres, des garanties contre un renversement de majorité à l'Assemblée nationale au cours de la législature.

d'autre [1], un certain nombre d'objectifs ont été fixés : l'extension des pouvoirs des travailleurs dans l'entreprise, le resserrement de l'éventail des revenus, l'impôt sur le capital, la retraite à soixante ans, le redressement de la Sécurité sociale, la mise en place d'une planification démocratique, l'extension du secteur public.

Du côté socialiste, la ratification du progamme a été acquise avec une rare unanimité. On compte deux abstentions seulement. Mais ce consensus apparent ne doit pas faire illusion. Chez les amis de Defferre et de Mauroy on parle déjà « d'imprudence, d'irréalisme ». Ils ne sont pas les seuls à s'alarmer, Alain Savary lui aussi, croit que le PS sera inévitablement débordé : « Engrenage » avertit-il. Il a cependant dû se résigner à voir son ancien homme-lige, Pierre Bérégovoy, s'engager intensément dans la négociation.

Tout le monde a du moins compris que c'est pour les législatives de 1973 que vaut le Programme commun. Ces élections de mars 1973, le PS les aborde pourtant dans un esprit de compétition totale avec son cosignataire du Programme commun. La grande question est de savoir qui des deux arrivera en tête. Le seul fait qu'on puisse se la poser est déjà une grande victoire pour François Mitterrand. Sous la Quatrième République en effet, les socialistes avaient toujours eu plus de dix points de retard sur les communistes, alors premier parti de France par le nombre de ses électeurs comme de ses militants.

1. L'encre est à peine sèche, deux jours plus tard, que François Mitterrand, lors d'une réunion de l'Internationale socialiste à Vienne, confie : « Notre objectif est de refaire un grand Parti socialiste sur le terrain occupé par le PC. Sur les cinq millions d'électeurs communistes, trois peuvent voter socialiste. » Le même jour dans un rapport au comité central, Marchais recommande que les communistes ne se fassent pas la moindre illusion sur la sincérité des socialistes. La seule différence est que la déclaration de Mitterrand sera aussitôt connue, alors que le rapport de Georges Marchais sera tenu secret pendant trois ans.

Pour la seconde fois, Pierre Bérégovoy s'essaie au suffrage universel. Il avait un moment pensé à tenter sa chance dans l'Eure-et-Loir et, pour s'intégrer localement, avait acheté à Nogent-le-Phaye, non loin de Chartres, un ancien café désaffecté qui était devenu sa maison de campagne. Mais François Mitterrand coupe court à ses projets en lui demandant d'aller défendre ses couleurs dans la deuxième circonscription de la Corrèze, à Brive-la-Gaillarde.

Il s'agit donc d'un parachutage typique de la Cinquième République. Il avait rêvé d'autre chose. Il aurait souhaité, on l'a dit, une carrière classique, type Troisième République, avec implantation locale avant d'aborder la députation. Fidèle en cela aux conceptions politiques de Mendès France qui aimait « l'élu » et réprouvait ces promotions par le haut. Cependant il ne peut être question de refuser. Accepter, c'est entrer dans l'entourage de Mitterrand.

Le fief qui lui est imparti est celui de Jean Charbonnel, député UDR, maire et conseiller général, et depuis juillet 1972 à nouveau ministre du Développement industriel et scientifique. Être choisi comme challenger d'un ministre est sans aucun doute une promotion, mais en aucun cas un cadeau lorsqu'on est soi-même encore un inconnu. Il ne se fait aucune illusion sur ses chances, voyant seulement dans cette campagne électorale l'occasion d' « une belle bataille, sans espoir, mais intéressante ». D'autant que la situation qu'il trouve à Brive est pour le moins délicate à gérer. Il a le soutien actif de la fédération socialiste de la Corrèze, animée par un enseignant, Gérard Denecker, et bénéficie aussi d'un autre appui local, celui de son suppléant, François Daurat, un exploitant agricole, maire et conseiller général de Jaillac. Les radicaux minoritaires, en particulier l'ancien maire de Brive, Jean Labrunie, seront également à ses côtés [1]. Robert Fabre et Maurice Faure viendront le soutenir.

1. En revanche, les radicaux « réformateurs » de Jean-Jacques Servan-Schreiber sont dans l'ensemble acquis à Charbonnel.

Pierre Mendès France acceptera aussi de le parrainer, en le présentant au corps électoral de Brive en termes élogieux :

– Dans toutes ses responsabilités, c'est une profonde volonté de renouveau qu'il a manifestée. Persuadé que, pour répondre aux aspirations populaires, une réflexion loyale et au besoin courageuse est toujours nécessaire, Pierre Bérégovoy a participé à toutes les rencontres socialistes pour aider à dégager peu à peu les lignes d'un socialisme moderne adapté aux besoins de notre temps. C'est ce qui l'a conduit aussi à m'apporter son soutien et son aide. Je n'oublie pas la collaboration active – et aussi affectueuse – qu'il m'a souvent donnée, notamment dans les colonnes de notre *Courrier de la République*. Malgré sa modération, son sourire et sa modestie, il a contribué aux efforts entrepris pour la reconstruction de la gauche et le redressement de la pensée de la gauche. Il a rejeté chaque fois la démagogie; son énergie, sa vigueur ont toujours été au service de positions compétentes et longuement réfléchies.

Mais il se heurte en sous-main à Roland Dumas, ancien député de la circonscription jusqu'en 1968, date à laquelle il a dû s'effacer devant Jean Charbonnel. Dumas, proche de Mitterrand – ce n'est pas pour simplifier les choses –, éprouve sans doute quelques regrets d'avoir accepté que Bérégovoy soit candidat. Il ne cache pas que sa sympathie personnelle va au candidat communiste, Guy Besse [1], au point de sembler inviter à voter pour lui. Or il a gardé l'oreille d'un certain nombre de personnalités brivistes.

Le principal problème de Pierre Bérégovoy est précisément de réussir à devancer le candidat communiste, mais il mesure en même temps combien le Programme commun conclu avec le PC suscite de réserves dans la droite de l'électorat socialiste. « Avec le Programme commun, l'union de la gauche a changé de nature. Il s'agit d'amener des commu-

1. Membre du bureau politique.

nistes au gouvernement et cela fait encore peur », constate-t-il [1].

Pour mieux mener sa campagne, il s'est installé pour deux mois à Brive, avec sa famille. Face à Charbonnel qui a l'image d'un notable sûr de lui et parle peu de politique, il tente de donner à la campagne un caractère national, en dénonçant la politique du pouvoir en place, incarnée par son adversaire. Charbonnel décline sa proposition de débat public et la presse parisienne, que Pierre Bérégovoy essaie d'intéresser au cas de Brive, ne réagit pas comme il l'aurait souhaité. Il en découd néanmoins sans ménagement avec son principal rival, mais reconnaîtra avoir trouvé en lui un homme d'une correction exemplaire, un « parfait gentleman ».

Il a du moins la satisfaction de voir François Mitterrand se déplacer jusqu'à Brive pour un meeting de soutien. Le théâtre de la ville est plein à craquer, tandis que, dehors, deux à trois mille personnes sont massées devant des haut-parleurs. Pierre Monclaire, directeur de la SDIG, qui a fait le déplacement de Paris par amitié pour son adjoint [2], a alors la surprise d'assister à sa métamorphose en homme public.

– J'ai découvert, à ma grande surprise, un orateur étonnant. Il a d'abord fait son discours de candidat. Mais Mitterrand n'a pas manqué à sa réputation en arrivant avec une heure de retard, et, en l'attendant, Pierre Bérégovoy a improvisé. Il a été excellent aussi bien sur le fond que dans la forme, si bien qu'il a réussi à tenir la salle en état de surchauffe et que Mitterrand a pu arriver souriant et détendu, devant un auditoire prêt à vibrer.

La performance est d'autant plus remarquable qu'il n'est ni un tribun, ni un Jaurès. Il ne connaît pas les effets de voix, encore moins les envolées de manches, et donne toujours

1. Lettre à Pierre Mendès France du 19 novembre 1972.
2. Pierre Monclaire est directeur de la SDIG depuis 1972, tandis que Pierre Bérégovoy est adjoint au directeur.

l'impression de s'écouter pour s'assurer qu'il parle sérieux et qu'il a trouvé le mot juste.

– Après la réunion, je l'ai félicité pour son talent oratoire et la façon dont il avait su faire monter la température de la salle, reprend Pierre Monclaire. Mais, lui ai-je dit, je vous signale que, pendant près de deux heures, vous ne vous êtes jamais adressé à votre électorat féminin. »

Il n'en avait pas eu conscience.

– Je vais croire que vous êtes misogyne », ai-je ajouté.

Sa candidature aux législatives n'est pas passée inaperçue à Gaz de France. À la SDIG, on connaît depuis longtemps ses activités syndicales et politiques, mais il reste un inconnu dans les sphères dirigeantes de GDF, à tel point que c'est Jean Charbonnel lui-même qui apprend à Pierre Alby, alors directeur général, l'existence de Pierre Bérégovoy et ses ambitions électorales. Aussitôt Pierre Alby prend son téléphone pour s'informer auprès de Pierre Monclaire :

– Dites-moi, je viens d'avoir un coup de téléphone du ministre, il m'a dit que quelqu'un de Gaz de France se présentait contre lui à Brive. Qu'est-ce que c'est que ce Bérégovoy? Il paraît qu'il est chez vous?

Il ne faut pas oublier que Charbonnel est alors le ministre de tutelle de GDF. Rien ne peut empêcher Bérégovoy d'aller chasser sur ses terres, mais il peut craindre que cela lui complique les choses sur le plan professionnel et que sa carrière en souffre. Il n'en sera pourtant rien. Très fair-play, Charbonnel ne cherchera pas à lui créer le moindre ennui. Bérégovoy lui en saura gré. Cependant, le verdict des urnes est cruel. Pour ses collègues de Gaz de France, Mitterrand avait envoyé Bérégovoy au massacre. Comment en effet aurait-il pu faire le poids devant un homme au faîte de sa carrière, bien implanté localement et bénéficiant d'une fonction ministérielle? Que Charbonnel obtienne 47,12 pour cent des voix au premier tour ne peut le surprendre. Sa grande déception est d'arriver en troisième position

(20,25 pour cent des voix) derrière le candidat communiste (23,72 pour cent [1]).

Il peut tenter de se consoler en constatant qu'en définitive son score est honorable puisque, sur l'ensemble de la France, le PS recueille 20,5 pour cent des voix. Il peut se dire aussi qu'il est loin d'être le seul à s'être incliné devant le candidat communiste puisque, globalement, le PC atteint 21,4 pour cent des suffrages. Cette avance permet à Marchais, magnanime, de proposer le lendemain du premier tour quelques « cadeaux » là ou des leaders socialistes sont devancés par des candidats communistes. Mais le rétrécissement de l'écart qui sépare socialistes et communistes – et qui est également un des grands enseignements du scrutin – autorise Mitterrand, majestueux, à décliner l'offre.

Au second tour, Jean Charbonnel l'emportera sans difficulté (55 pour cent des voix), face au candidat communiste qui, comme le pensait Bérégovoy, ne fera pas le plein des voix de la gauche.

L'effervescence électorale à peine retombée, le PS se prépare activement à une autre échéance, mais de caractère interne cette fois : le congrès de Grenoble, prévu pour les 22, 23 et 24 juin, et qui s'annonce comme une seconde bataille d'Épinay. Pour François Mitterrand et ses amis conventionnels, il s'agit, après avoir pris la direction du parti, de se donner les moyens de rénover l'ensemble de l'appareil; en achevant la vieille SFIO de Guy Mollet, lequel n'a jamais admis l'espèce de hold-up perpétré contre sa maison à Épinay et continue à animer la tendance la plus hostile à Mitterrand. Mais il ne représente plus que 15 à 20 pour cent des militants du PS, dont plus d'un tiers des effectifs

1. Tandis que les radicaux réformateurs obtiennent 6,9 pour cent et Lutte ouvrière 2 pour cent.

ont été renouvelés depuis Épinay. La victoire de Mitterrand est en définitive assez facile.

Elle se fait en deux temps : la première étape, la plus spectaculaire, est le ralliement officiel d'Alain Savary. Coiffé sur le poteau à Épinay, Savary faisait alors pâle figure. Mais si beaucoup de choses le séparaient de Mitterrand, leurs différends n'étaient pas insurmontables. La rancœur passée, les deux hommes s'étaient vus et avaient passé accord. Ses troupes ainsi renforcées, Mitterrand a désormais les mains libres pour asseoir définitivement son autorité sur le parti et le transformer en parti moderne.

L'hypothèque savariste levée, il s'attaque à un deuxième front, l'aile gauche du parti, celle des jeunes loups du CERES qui l'ont aidé deux ans plus tôt à s'assurer de la majorité à Épinay. Leur activisme, qui est un aiguillon et a amplement contribué à renouveler le PS, peut aussi se révéler dangereux pour la cohésion de ses militants. Mais le CERES redoute le divorce. Jean-Pierre Chevènement et ses amis font le gros dos. Ils sont jeunes, ils ont l'avenir devant eux. Ils décident d'attendre, mais à l'intérieur du parti. Après une nuit et une matinée de discussions, ils ratifient la motion finale, largement mitterrandiste ; le premier secrétaire a gagné.

Il peut donc se permettre de choisir lui-même son « équipe gouvernementale », en l'occurrence les douze secrétaires nationaux du PS. Des hommes « capables de gérer l'État et de tenir les postes clés, sans cesser pour autant de se poser à eux-mêmes les problèmes de la société », comme il le déclare dans une interview au *Nouvel Observateur* (octobre 1973). Il s'impose cependant certains dosages, et c'est ici que se produit un incident révélateur : Mitterrand pense que Savary souhaite mettre Bérégovoy à l'un des postes qui sont réservés à son courant. Savary, mécontent que son ancien disciple se soit éloigné de lui, a un geste de dénégation :

– Non, lui dit-il, prenez Bérégovoy sur un autre

contingent si vous voulez, mais je le considère plus comme un de mes amis [1].

Il n'a pas tort, Bérégovoy s'est déjà rallié à la majorité. De façon significative, dans les lettres qu'il échange avec Pierre Mendès France, il parle de « Savary et ses amis », ce qui signifie bien qu'il estime lui aussi ne plus en faire partie. S'il appartient cependant au « Shadow Cabinet », à côté du savariste Jean-Pierre Cot, mais aussi de Jean-Pierre Chevènement et de Georges Sarre, eux aussi appelés à figurer au secrétariat national sous condition de tenir compte de l'avertissement de Grenoble, il le doit toujours à sa réputation de meilleur spécialiste des dossiers sociaux et du monde syndical. Il aura donc en charge les affaires sociales en même temps que Dominique Taddei.

Le voici promu, par le bon vouloir de Mitterrand, à un poste de responsabilité, alors que le nouveau PS poursuit une ascension apparemment irrésistible. La cohorte de ses collaborateurs se résume cependant à deux personnes, car le PS n'a encore ni moyens ni structures considérables. Jean-Paul Bachy, un ancien de la Convention des institutions républicaines où il avait la réputation d'avoir, ce qui était assez rare comme on l'a dit, une assez bonne connaissance du monde du travail, devient son adjoint, son poste de professeur au Conservatoire des arts et métiers lui laissant quelque souplesse d'emploi du temps. Lucette Michaud, qui a longtemps travaillé avec Guy Mollet, sera leur secrétaire.

– Bérégovoy était un bourreau de travail, se souvient Jean-Paul Bachy. Pendant ces deux années où j'ai travaillé avec lui, il commençait ses journées à 6 h 30 ou 7 heures. À 6 h 45 tous les jours, il me téléphonait de son bureau à GDF pour me donner ses consignes : « Voilà, il faut terminer telle ou telle note. – C'est pour quand? – Pour la fin de la semaine? – Ah non, me disait-il, là, tu comprends je suis au boulot, je repasse au parti entre 9 h 30 et 10 h 30, alors cela m'arrangerait que dans l'intervalle la note soit rédigée et que

1. Témoignage de Gilles Martinet, 27 mai 1993.

tu aies pu la dicter, de façon que je puisse la relire, la corriger et qu'elle parte à midi. » J'ai été dressé sur ce rythme de travail. Mais s'il était exigeant pour les autres, il l'était aussi pour lui-même. Il a toujours eu le souci de la précision, de trouver le mot juste, la formulation des choses qui exprimaient au mieux ce qu'il voulait dire...

Bérégovoy pratique alors volontiers ce que Jean-Paul Bachy – à l'exemple des Belges – appelle les « textes martyrs », qui consistent à rédiger une première version, puis à la corriger et à l'ajuster. Mais il fait toujours part des modifications ou des améliorations qu'il souhaite apporter.

– C'est ainsi qu'on apprend à mieux travailler. De ce point de vue, il m'a beaucoup apporté. »

Il a aussi chargé son collaborateur de former une équipe restreinte d'une douzaine de personnes, de sensibilité et de milieux très divers, qu'il réunit tous les quinze jours pour nourrir sa réflexion et son travail. On trouve parmi eux des cadres d'entreprise, comme Bernard Biassette, alors jeune cadre du Comptoir des entrepreneurs, des syndicalistes, des fonctionnaires, tel Jacques Delpy, inspecteur général de l'UNEDIC, un des fonctionnaires les mieux rodés dans la connaissance de l'indemnisation du chômage en France, des journalistes aussi, tel son ami Régis Paranque. Il les fait parler sur les événements sociaux et économiques de la quinzaine, avant d'en tirer ses propres conclusions et éventuellement de prendre des décisions.

– Il avait lui-même ses idées sur les questions abordées, reprend Jean-Paul Bachy, mais il a toujours cherché à s'entourer d'avis et à écouter les opinions de gens assez divers. Il était pragmatique, sûrement pas doctrinaire. Il avait des valeurs et des convictions très enracinées, mais en même temps savait adapter son point de vue à l'épreuve des faits. Il ne cherchait pas à dicter aux autres une espèce de vérité révélée. Il les écoutait d'abord. Il tenait compte de leur avis et ajustait son propre cheminement, ou sa propre démarche à ce qu'il avait vu ou entendu. Mais il avait toujours le souci de ne pas faire de la philosophie pour elle-même. Écouter, mais aussi agir. Écouter mais en tirer les conclusions pour l'action. Ce type de démarche lui a beaucoup rendu service. Il en a tiré beaucoup d'expérience [1].

À ce poste, il est également appelé à collaborer étroitement avec l'équipe du premier secrétaire. Son engagement personnel auprès de lui ne viendra cependant que plus tard. C'est vers les anciens de la SFIO et celui qui gère leur patrimoine, Pierre Mauroy, qu'il se tourne instinctivement. Le maire de Lille n'incarne-t-il pas la tradition la plus populaire du socialisme français à laquelle lui-même reste très attaché? Avec sa silhouette massive et débonnaire, sa voix chaude, son large sourire, il sait parler aux cœurs des petits et des humbles. Tribun dans l'âme, il se laisse facilement aller à des envolées lyriques et sentimentales et sacrifie volontiers aux mythes de la gauche. Mais il est aussi un travailleur opiniâtre, qui dirige avec sérieux sa bonne ville de Lille. Fils d'instituteur, il est enfin, comme Bérégovoy, un homme issu du peuple, qui a réussi à se hisser au plus haut niveau. Pendant plusieurs années, Bérégovoy pourra donc être considéré comme un proche de Mauroy, à cette nuance près qu'il ne sera jamais vraiment un des hommes de son réseau. François Mitterrand lui en voudra pourtant longtemps d'avoir préféré un temps le maire de Lille. « Bérégovoy devra l'expier pendant toutes les années soixante-dix », se souvient l'un de ses alter ego au secrétariat national.

Mauroy coordonnant l'activité de tous les secrétaires nationaux, Bérégovoy le côtoie d'ailleurs régulièrement. « Très souvent, il venait faire des communications au secrétariat national sur le " front " des luttes, c'est-à-dire sur le front syndical », se souvient le maire de Lille. Et comme il n'a pas perdu son goût des communiqués, il conclut tou-

1. Entretien du 20 septembre 1993.

jours les réunions quelles qu'elles soient par un petit texte qu'il distribue à ses interlocuteurs. Mais, avec son côté déjà très politique, il montre en même temps une assez grande prudence vis-à-vis de propositions qui, à ce moment-là, sont parfois lancées de manière un peu rapide dans les rangs du PS.

Il passait pour être sérieux, solide, pondéré et fiable. Sa nouvelle fonction parachève sa réputation. Lui qui, étant enfant, était toujours en retard, se montre en toutes occasions d'une ponctualité légendaire. On le dit aussi homme de parole, droit et sans détours, et il est de ceux dont on peut vanter la rigueur intellectuelle, ce qui est loin d'être toujours la règle dans un parti trop ouvert aux débats d'idées pour ne pas se laisser aller à certains débordements et à quelques facilités. Son image est donc sympathique et rassurante. Elle ne convainc pourtant pas tout le monde car beaucoup le considèrent aussi comme terne, sans grand relief et sans brio. Il n'a pas l'éclat d'un Jacques Attali, bûcheur comme lui mais vif-argent, bardé de diplômes et de premiers prix, mais spécialiste des analyses non conformistes. À bien des égards il semble même son contraire.

« Personne n'aurait parié sur lui pour une grande carrière, poursuit ce même compagnon de route du secrétariat national. Il avait un discours robinet d'eau tiède. Sa volonté de puissance était cachée; peut-être n'était-elle pas révélée. Il faisait modeste, raisonnable, bosseur, mais c'était un homme de bon sens. Il était utile avec sa sagesse populaire, on le consultait et, petit à petit, il est devenu un homme de conseil. »

Qu'elle soit appelée à être grande ou plus modeste, personne ne doute cependant parmi ses collègues de Gaz de France que Pierre Bérégovoy ait l'intention de poursuivre sa carrière politique. Et cette situation crée quelques problèmes. Ceux-ci ne se posent pas au niveau de la SDIG. Son supérieur immédiat, Pierre Monclaire, fait partie de la génération qui a été séduite par Pierre Mendès France. Ce point les rapproche et rend leurs relations très libres. Mais la direction générale de Gaz de France, elle, est marquée politiquement à droite. Théoriquement, elle est tenue à une stricte neutralité et s'efforce de s'y tenir. Mais celle-ci n'est pas toujours facile à respecter, ou à faire respecter dans un moment où la montée du courant socialiste dans les sphères administratives – et autres – inquiète le gouvernement. Cette neutralité n'est d'ailleurs pas aisée à définir. Il s'agit de ne pas le favoriser, encore moins de le sanctionner.

– Il ne fallait pas l'empêcher de se réaliser, dira Pierre Alby, tout en prenant garde que ses collègues ne trouvent pas qu'on lui faisait la vie trop facile [1].

Dans les dernières années de sa carrière à Gaz de France, une certaine souplesse d'horaires lui sera accordée, l'arrivée de plus en plus probable de la gauche au pouvoir et son poids politique personnel n'y étant pas étrangers. Ces aménagements personnels n'offriront pas d'inconvénient car il ne traîne pas dans les couloirs et abat en trois heures le travail habituel d'une journée entière. Très efficace dans son travail, il est aussi autoritaire et exigeant. Il peut même se montrer cassant et, dans le cercle de ses collaborateurs, un surnom lui a immédiatement été trouvé : « Napoléon ». Son autorité est cependant admise dans l'ensemble, car sa compétence est reconnue, et malgré la rudesse dont il peut faire preuve, il inspire souvent de la sympathie à ceux qui le côtoient car ils le perçoivent comme droit et honnête.

Il impressionne aussi ses collaborateurs par la qualité de sa plume. En dehors de l'ensemble des éditions, il est plus particulièrement responsable de la sortie de deux revues. La première, la *Revue du Gaz dans la Construction*, (RGC), est une publication de prestige destinée aux partenaires professionnels de Gaz de France. Il est également le maître d'œuvre de *Gaz Actualités*, revue annuelle qui fait le point sur toutes les nouveautés et est un peu le vade-mecum de tous les cadres de Gaz de France. La plupart des articles

1. Entretien du 25 février 1992.

sont rédigés par des ingénieurs des différents services de la maison. Mais très souvent il les réécrit partiellement, quand il ne les refait pas totalement s'il considère qu'ils ne sont pas bons.

– Cela me valait des coups de téléphone des rédacteurs qui ne reconnaissaient absolument pas leur article et venaient s'en plaindre », dit Pierre Monclaire. « C'est encore Bérégovoy », disons-nous entre nous.

En dépit de cette activité boulimique, celui-ci trouve encore le temps de continuer à lire et à apprendre. On voit s'accumuler sur son bureau les livres d'économie et de finances. Il les lit pour apprendre, alors qu'il aime l'histoire par goût. On ne peut en tout cas pas lui reprocher de ne pas assurer son emploi normalement, et, de son côté, il ne pourra pas se plaindre d'avoir vu ses responsabilités politiques nuire à sa carrière professionnelle. Ce genre de mésaventure ne lui avait pas été épargné dans ses débuts. En 1962 notamment, lorsque, tout jeune cadre, il postulait pour un poste à la communication, celui-ci lui avait été refusé parce qu'il était trop marqué politiquement. Désormais, il n'aura plus à pâtir de ce genre de discrimination et, plus tard, on l'entendra même se féliciter, en public comme en privé, de la qualité des relations qui s'étaient nouées entre le président de Gaz de France, Pierre Alby, et lui-même.

En réalité, s'il se sent freiné dans la carrière professionnelle qu'il aurait dû faire compte tenu de ses qualités, ce n'est pas en raison de son étiquette d'homme politique ou de syndicaliste, mais c'est parce qu'il est autodidacte. Être un autodidacte lui a servi et lui servira plus tard pour se positionner, se faire une image politique. Mais il considère que cela lui crée un handicap pour sa carrière professionnelle. Avant même d'être nommé adjoint au directeur de la SDIG, il redoutait de ne pas obtenir ce poste, en partie parce qu'il était socialiste, mais plus encore parce qu'il était autodidacte. Pierre Monclaire avait cependant accepté sans difficulté de le prendre comme collaborateur immédiat et la haute hiérarchie de Gaz de France ne s'était pas opposée à sa nomination. Mais il avait le sentiment d'avoir décroché avec ce poste son bâton de maréchal et avait confié à Pierre Monclaire : « Je ne sais pas combien de temps vous resterez directeur, mais je sais que je ne vous succéderai pas parce que je suis autodidacte. »

La collaboration entre les deux hommes n'est pas sans nuages. Ils s'apprécient cependant et s'estiment, et les accrochages, même sévères, sont vite oubliés. Le soir, vers 7 heures, lorsqu'il n'est pas appelé par une réunion politique, Pierre Bérégovoy prend l'habitude de venir passer un moment dans le bureau de son directeur et la conversation débouche inévitablement sur la politique.

– Il avait déjà cette habitude de se frotter les mains tout en parlant, d'une voix mezzo-voce qui me faisait dire : « Vous avez l'onctuosité d'un chanoine. – Détrompez-vous, me répondait-il. »

Il avait raison, le pouvoir n'avait pas encore arrondi les angles de l'homme. Il était même assez sectaire. Mais quand il sentait à ma réaction qu'il allait trop loin, il avait l'intelligence de terminer sa péroraison d'une façon plus enveloppée. Un jour cela m'a amené à cette réflexion : « Écoutez, je ne sais pas ce que l'avenir vous réserve et si vous serez longtemps au pouvoir, mais moi je vous vois finir dans la peau d'un ministre *Rad-Soc* de la Troisième République. » Ce n'était pas fatalement péjoratif. Même si la Troisième République n'avait pas laissé que de bons souvenirs, il y avait eu d'excellents ministres Rad-Soc. Mais ça ne lui avait pas plu du tout. « Vous n'êtes pas flatteur, m'avait-il répondu. – Ce n'est pas cela, mais votre physique, votre façon de prendre finalement le recul sur vos opinions... »

Il est en revanche certains principes sur lesquels il n'accepte pas la moindre concession.

– Il n'aimait pas les tricheurs, les gens qui biaisent », dit encore Pierre Monclaire qui eut l'occasion de s'en apercevoir.

Pierre Bérégovoy avait donné un travail urgent à faire à un dessinateur industriel, habituellement plutôt paresseux et de plus très fantaisiste avec ses horaires. Le travail terminé, celui-ci envoie une feuille d'heures supplémentaires à Bérégovoy qui refuse de la signer : « Pour une fois que tu fais un boulot en dehors des horaires, je regrette, je ne signe pas tes heures supplémentaires. » Le dessinateur vient alors présenter sa feuille à la secrétaire de Monclaire, sans mot dire. Ce dernier n'a pas le réflexe de s'informer plus avant et signe. Bérégovoy l'apprend et, le lendemain, Monclaire trouve sur son bureau une lettre confidentielle : Bérégovoy lui donne sa démission en douze lignes. « Le problème n'est pas entre vous et moi, lui explique-t-il plus tard. Ce garçon a été malhonnête. Il a voulu tricher. Il a triché vis-à-vis de moi, vis-à-vis de vous, vis-à-vis de ses collègues, s'il les a mis au courant. On est tous ridiculisés. »

L'affaire finira par s'arranger. Bérégovoy reprendra sa démission.

– C'est le seul qui m'ait fait ça pendant toute ma carrière, reprend Pierre Monclaire. J'ai trouvé que c'était un peu théâtral, mais cette affaire éclairait malgré tout l'aspect moral de l'homme [1].

Pierre Alby suit désormais avec attention le cursus de ce cadre dont il ignorait jusqu'à l'existence un an plus tôt. Mais il est encore un des seuls en dehors du PS à s'intéresser de près à la carrière politique de Pierre Bérégovoy, qui reste un homme de l'ombre en ce début d'année 1974. Son rôle dans la campagne présidentielle qui voit Valéry Giscard d'Estaing l'emporter de peu sur François Mitterrand est des plus discrets, sans être cependant négligeable.

– À cette occasion je me suis aperçu, confie Maurice Benassayag, que si cet homme supportait apparemment les

1. Entretien du 14 octobre 1993.

vicissitudes de la vie politique, il était en réalité plus sensible que d'autres. Le lendemain de la défaite, François Mitterrand réunit l'ensemble de ses collaborateurs pour la campagne, dans les locaux de son état-major de la tour Montparnasse. Juste avant son arrivée, je croise Pierre Bérégovoy qui est en train de déménager ses dossiers. Il a les larmes aux yeux. « C'est terrible ce qui nous arrive, me dit-il, sans pouvoir maîtriser son émotion. Perdre de si peu... Si on avait été mieux organisés, on aurait pu gagner. Et maintenant nous voilà repartis pour une longue marche... »

Le seul journal où par ailleurs figure régulièrement sa signature est un hebdomadaire socialiste, destiné au monde agricole, *Agri-Sept*, dont il est assez curieusement un des éditorialistes et dans lequel il livre régulièrement ses analyses et ses commentaires sur l'actualité politique. Mises en cause assez brutales du pouvoir en place, ses articles, très polémiques et sans concessions, dénoncent tour à tour « l'affairisme » du régime pompidolien et son « immobilisme », en dépit des promesses de « nouvelle société » faites par Chaban-Delmas. Il se fait le censeur non moins sévère du « présidentialisme à la française », avec son pouvoir exécutif « sans contrôle et sans contrepoids ». Un instant il se laisse séduire par la présence de Valéry Giscard d'Estaing et ses premières réformes (vote à dix-huit ans, contraception...) mais pour estimer aussi que le « new look » giscardien masque le silence du pouvoir sur l'essentiel, en l'occurrence, l'inflation, et la gravité de la situation économique. (La France comme tous les pays occidentaux subit de plein fouet le premier choc pétrolier.)

Dire que sa qualité de polémiste politique s'arrête là serait toutefois mentir. On lui doit aussi quelques articles politiques dans *Combat* ou le *Monde*. Ses prises de position commencent même à faire les titres des grands journaux, mais ce n'est que de façon ponctuelle, sur des points très précis, et personne ne songerait à le comparer à l'étincelant Michel Rocard, au « marxien » Christian Goux ou au « stendhalien » Jacques Attali.

5

Lieutenant de Mitterrand

Si Pierre Bérégovoy n'est pas encore cité parmi les « grosses têtes » du PS, il s'est imposé comme un rouage indispensable dans l'appareil socialiste et sa position est déjà très solide. Tout en continuant à refuser de devenir un permanent du parti – pour poursuivre sa carrière à Gaz de France, mais aussi par esprit d'indépendance –, il en est devenu un des hommes clés. Personne ne lui conteste plus ses qualités de grand organisateur et d'excellent négociateur, qu'il avait en bonne partie acquises à Gaz de France.

– GDF a été pour lui une école de négociation, remarque Jean Clavel. Ce n'était qu'un microcosme par rapport à l'ensemble des partenaires avec lesquels il allait être appelé à négocier par la suite, mais ce fut pour lui un véritable laboratoire.

Ses talents trouvent une nouvelle fois l'occasion de s'exercer lorsque, dans la foulée du résultat des élections présidentielles de 1974, des militants du PSU et des responsables de la CFDT, qui ont participé avec ardeur à la campagne, songent à rallier le PS, les premiers derrière Michel Rocard, les autres à titre strictement individuel, la CFDT ne s'engageant pas en tant qu'organisation. L'objectif est encore et toujours de tenter de regrouper dans une seule organisation toutes les forces socialistes et les Assises du socialisme, qui se tiennent le 12 et le 13 octobre 1974 dans les salons moquettés du PLM Saint-Jacques à Paris, voient donc Rocard et le tiers du PSU, mais aussi des syndicalistes CFDT, des militants chrétiens et des personnalités comme Jacques Delors, ancien conseiller de Jacques Chaban Delmas, ou encore Edgard Pisani, ancien ministre du général de Gaulle, rejoindre le giron du PS.

Ces Assises ont pour ambition de présenter parallèlement un projet de société, un objectif de civilisation, une stratégie à longue portée. La variante communiste autoritaire étant rejetée autant que le socialisme réformateur appliqué en Europe de l'Ouest et qualifié de « laxiste », les socialistes se trouvent sans modèle valable à imiter pour répondre à deux aspirations de la société industrielle : le refus de la croissance sauvage, à laquelle est substitué le « développement », qui doit intégrer de multiples dimensions relatives à l'éducation, la santé, la science, la culture... ; et la recherche d'une plus grande autonomie professionnelle grâce à l'autogestion et à la participation aux décisions à tous les niveaux.

Ces ralliements spectaculaires dont bénéficie le PS confirment sa nouvelle crédibilité [1]. On est encore en plein âge d'or de l'union de la gauche et, pour les socialistes, le pouvoir semble « à portée de la main ». Cependant, l'homogénéité du parti semble fragile. Lors de la convention nationale, en décembre, devant laquelle Pierre Bérégovoy est chargé de présenter le rapport sur la situation économique et sociale, le « courant des Assises » se heurte à l'hostilité de la Bataille socialiste (où militent Claude Fuzier et Guy Mollet), ainsi que de certains amis de Jean Poperen et surtout des « guérilleros » du CERES qui tiennent des propos peu amènes sur Michel Rocard et Jacques Delors, dénonçant ouvertement la tentation qualifiée par eux de « gauche américaine ». Dès ce moment sont jetées les bases du débat interne tel qu'on le retrouvera cinq ans plus tard, en 1979, dans la phase de préparation du congrès de Metz. Face aux

1. Il peut se targuer de progrès impressionnants lors des élections législatives partielles du 6 octobre.

majoritaires qui insistent sur la nécessaire continuité d'Épinay, le CERES évoque le danger de la sociale-démocratisation du parti et réaffirme la valeur du Programme commun de la gauche.

Dans ce climat troublé, François Mitterrand paraît encore seul de taille à juguler les tensions internes et à assurer la cohésion et le dynamisme de l'ensemble. Il le fait savoir au congrès de Pau de février 1975 où, fort des 68 pour cent de mandats qu'il obtient, il rompt cette fois avec le CERES, chasse de la direction du parti Jean-Pierre Chevènement et ses amis et y intègre en revanche Michel Rocard. Appuyé sur le courant Mauroy-Defferre, Mitterrand dirige désormais l'exécutif du PS qu'est le secrétariat national, sans partage avec le CERES.

Bérégovoy a pour sa part été réélu au comité directeur et au bureau exécutif sur la motion majoritaire, et il fait à nouveau parti du secrétariat national. Seul autodidacte parmi tous les énarques et les universitaires de la nouvelle génération qui montent à l'assaut du parti et prennent les leviers de commande, tels Pierre Joxe, Jean-Pierre Cot, Jacques Attali, Lionel Jospin, Laurent Fabius, il se voit chargé cette fois des relations extérieures, ce qui représente pour lui une nouvelle promotion. Certes, son nouveau poste comporte des besognes peu gratifiantes, comme le suvi des réponses au courrier adressé au parti. Mais il assure aussi le contact avec les autres partis politiques, les syndicats et les multiples associations qui gravitent autour de la nébuleuse socialiste. Il est en quelque sorte le « ministre des Affaires étrangères » du PS.

Place du Palais-Bourbon, où le PS vient juste de s'installer, il a d'abord pour assistant Serge Lustac, mais très vite celui-ci est remplacé par une jeune femme, Birgitta Hessel, à laquelle son poste de professeur d'anglais permet de se consacrer à mi-temps au militantisme politique.

– Il était très réticent, se souvient Birgitta Hessel. Il ne voulait pas d'une femme comme assistante. Il était à cet égard très traditionaliste, son état d'esprit datait même beaucoup. Cela ne signifiait pas qu'il n'appréciait pas la présence des femmes. Mais pas dans le travail. A l'inverse de beaucoup d'autres secrétaires nationaux, il avait l'expérience de l'entreprise et avait déjà acquis des habitudes de travail remarquables. Il fonctionnait beaucoup par notes, revoyait tout et marquait son passage par un simple mot : « vu », « oui », « non », ou encore « merci ». C'était un homme assez secret, peu bavard. Il était perçu comme énigmatique. Je ne l'ai jamais entendu dire du mal de quelqu'un, ce qui est très rare chez les hommes politiques. Il avait par ailleurs un profond souci de respectabilité qui tendait parfois au conformisme. Ce conformisme ne correspondait pas à son investissement physique et intellectuel et à son dévouement à ses idées, qui n'avaient pas de limites [1]. Son bureau est voisin de celui de Gilles Martinet, un des nouveaux venus au secrétariat national. Cette période où s'amplifient les débats au sein du PS, où les projets de réforme foisonnent, de façon parfois désordonnée, car le parti veut être prêt le Jour J, sera un moment de grande amitié entre eux.

– Nous avions des vues très proches, dit Gilles Martinet, nous nous retrouvions en quelque sorte dans notre ligne « moderniste », qui était celle du PSU [2].

Mais bientôt les clivages se marquent, notamment autour du thème de l'autogestion. Le colloque de l'*Expansion*, à l'automne 1976, où les principaux dirigeants du PS sont confrontés aux interrogations du patronat, est la manifestation la plus significative du début de désaccord au sein de la direction sur les orientations à donner à la politique économique d'un gouvernement de gauche. « Le système de régularisation restera le marché : j'attire votre attention sur le fait qu'ici le raisonnement socialiste a changé [...] ; on ne biaise pas avec le marché, sa logique est globale », déclare Michel Rocard dans une intervention remarquée, qui est à cent lieues des thèses du CERES. Ce débat, souvent tendu,

1. Entretien du 17 novembre 1993.
2. Entretien du 27 mai 1993.

se poursuivra, et on le retrouvera au moment de l'actualisation du Programme commun.

Au moment d'aborder cette seconde moitié des années soixante-dix, qui allait se révéler décisive pour le PS, Bérégovoy avait confié à celui qui restait son interlocuteur privilégié, Pierre Mendès France, son bilan personnel et ses espoirs.

« À l'heure où la politique occupe plus que jamais l'essentiel de mon temps, à un certain degré de responsabilités, que puis-je vous en dire? vous exprimer ma reconnaissance pour ce que vous m'avez appris, cela va de soi. À votre contact, à vous lire je me suis fait une certaine idée de la chose publique. J'essaie d'y conformer mes choix et mes actes. Sans doute plus que vous et plus que je ne le souhaiterais moi-même, je suis mêlé aux appareils politiques et j'en mesure tout le poids. Mais je m'efforce de ne pas en être prisonnier et de sauvegarder mon libre arbitre. C'est à vous aussi que je dois ma volonté d'indépendance.

« Les espérances sont supportées maintenant par le développement du PS. Je disais l'autre jour à Defferre que nos projets actuels étaient en germe dans ce que vous aviez tenté en 1969. Le rééquilibrage de la gauche, la nécessité du programme – avancée par vous bien avant –, la vision de l'avenir socialiste, l'autogestion inscrite dans la *République moderne*, tout cela est le résultat d'une longue maturation que vos idées ont largement orientée.

« C'est en ce sens que je milite, essayant de négliger l'accessoire pour m'en tenir à l'essentiel. En matière économique, nous faisons plus sérieux qu'autrefois. Face aux communistes, nous sommes désormais assez solides, au plan des idées et au plan militant.

« Enfin, il est positif que nos militants aient l'esprit plus ouvert. Reste le gauchisme. C'est un phénomène contagieux, d'inspiration chrétienne pour l'essentiel. Mon expérience du PSU me permet d'en saisir la portée. Il est riche au niveau des idées, de l'action. Mais il prend, dans nos rangs, le visage de l'intolérance, du sectarisme, de l'arrogance intellectuelle [1]... »

Dire que le PS se sent désormais « assez solide » face au PC n'est pas exagéré, et ce dernier en a pris ombrage.

Une formidable polémique s'est même engagée entre les deux formations à l'automne 1975, dans laquelle, de par son poste, Bérégovoy se trouve directement impliqué.

Dans les couloirs du congrès de Pau circulait déjà cette histoire : « Un explorateur socialiste est fait prisonnier dans un village communiste anthropophage. On le plonge dans une marmite, il se défend :

« – Je suis socialiste, allez le dire au chef du village.

« Un messager revient quelques minutes plus tard :

« – De quelle tendance es-tu ?

« – Pressez-vous, l'eau commence à bouillir.

« – Quelle importance ? C'est le chef qui veut savoir pour l'inscrire sur le menu. »

Omniprésente à Pau dans les discussions et les discours, la querelle socialo-communiste devient vite obsédante et François Mitterrand lui-même se voit attaqué sans ménagement par un PC très agressif. On se souvient de l'expression de Georges Marchais : « Mitterrand, sûr de lui et dominateur. »

Il faut dire que les communistes ont raison de s'alarmer. Tout a précisément commencé avec les élections partielles d'octobre 1974, où les communistes sont allés de désagréments en mauvaises surprises. Non seulement ils n'ont progressé que dans une circonscription, en Dordogne, mais au second tour le report des voix socialistes s'est mal opéré et le candidat du PC a été battu. Aussitôt les socialistes se sont vu accusés par leur allié de mollesse dans la défense de l'Union de la gauche et, renversement de tendance specta-

1. Lettre du 9 janvier 1976.

culaire, le vingt et unième congrès du PC, congrès extraordinaire réuni à Vitry le 24 octobre pour lancer officiellement l'Union du peuple de France, a opéré un réajustement stratégique : priorité a été donnée au renforcement et à l'implantation du parti sur la prise du pouvoir. Les commentaires communistes sur le congrès socialiste de Pau ont confirmé cette nouvelle orientation. Comme représentant du PS au comité de liaison des partis signataires du programme commun (PS, PCF et Radicaux de gauche) Pierre Bérégovoy a déjà eu à subir les premiers assauts de l'ire communiste, et sa nouvelle fonction de chargé des relations extérieures le place décidément au centre névralgique d'une querelle qui n'est pas près de cesser.

Les chiffres sont là en effet : en janvier 1975, la SOFRES annonce 30 pour cent d'intentions de vote pour le parti socialiste, tandis que l'ensemble de la gauche (dans un éventuel scrutin présidentiel) est crédité de 48 pour cent des suffrages exprimés. L'IFOP confirme : 34 pour cent pour la gauche socialiste contre 18 pour cent pour le PC.

Ce renversement du rapport de forces électorales avec le PS, les communistes ne peuvent s'y résoudre. Au moment de la signature du Programme commun, en 1972, au moment des élections législatives de mars 1973, socialistes et communistes, à quelques exceptions près, ne se concurrençaient pas véritablement : là où le PS était fort, le PC était relativement faible, et inversement. Cette situation commode de non-concurrence ne pouvait se prolonger que si un certain seuil de rééquilibrage du PS par rapport au PC n'était pas atteint ou dépassé. Or ce seuil semble désormais largement franchi, ce qui ouvre la perspective d'un véritable raz de marée d'élus socialistes et une hécatombe de sortants communistes aux élections législatives de 1978, qui sont depuis de longs mois déjà au centre des préoccupations des états-majors politiques.

À défaut d'être déjà le pouvoir pour la gauche, ce serait l'amorce de ce processus de réduction du communisme en

France que Gaston Defferre avait rêvé d'entamer par la création en 1964 de sa grande Fédération centriste et que François Mitterrand va entreprendre à son tour – et réussir – grâce aux seules forces d'un PS rénové par lui-même. Aussi ne peut-on s'étonner que le PC perde la foi dans les vertus de l'Union de la gauche et le fasse savoir haut et fort. D'autant qu'il sent fort bien que l'arrivée du « courant Rocard », avec son modernisme, a toutes chances de se révéler un atout supplémentaire pour le PS : son influence sur les cadres, les techniciens, les réformistes du centre ne peut que s'en trouver accrue. « Objectivement le PS, par son comportement, va dans le même sens que les grands monopoles contre le PC », gronde Georges Marchais, reprenant à son compte les doléances de nombreux militants de base.

Un échange résume le formidable antagonisme qui est en train de se développer entre les deux alliés. Le 18 juin 1975, à peine les portes refermées sur une rencontre PC-PS, où les dirigeants des deux partis se sont concertés sur la révolution qui secoue le Portugal, dite « révolution des Œillets » – où les communistes soutiennent le stalinien Alvaro Cunhal –, Marchais attaque :

– Il est insupportable aux militants communistes d'être soupçonnés de vouloir porter atteinte aux libertés.

– Il est insupportable aux militants socialistes, rétorque Mitterrand, d'être soupçonnés de vouloir trahir leurs engagements.

Revanche des partielles de l'année précédente, en octobre 1975, à Châtellerault, ce sont des voix communistes qui manquent pour faire élire Édith Cresson :

– C'est un avertissement dont le PS a intérêt à tenir compte, menace Marchais.

Mais si le PC défend ses intérêts, le PS ne veut pas renoncer aux siens et entend renforcer toujours et encore le rapport de forces en sa faveur. Comme le dit Lionel Jospin, alors secrétaire général : « Notre parti (qui est unitaire) ne peut se fondre dans l'Union de la gauche, sous peine de disparaître. » Pierre Bérégovoy va encore plus loin : « Aujourd'hui, à cause de l'attitude ferme du PC, ce n'est pas la dynamique unitaire qui fait avancer l'Union de la gauche, c'est la dynamique socialiste. »

La préparation des élections municipales de mars 1977 est l'occasion d'une pause générale. À l'intérieur même du PS la polémique s'apaise. Au congrès extraordinaire de Dijon réuni en mai 1976 pour préparer ces élections, la commission des résolutions aboutit en un temps record – un quart d'heure – à un accord unanime majorité-CERES : les socialistes choisissent la stratégie de l'Union de la gauche pour les villes de plus de trente mille habitants, à quelques exceptions près. Ailleurs, la recherche de cette union sera le principe.

Les relations avec le PC se détendent elles aussi. Le vingt-deuxième congrès qui définit la nouvelle ligne du parti – « Le socialisme aux couleurs de la France » – en février 1976 n'y est certainement pas pour rien. En fait, et peu nombreux sont ceux qui s'en rendent vraiment compte, les communistes voient dans l'union le moyen de pénétrer dans des municipalités qui jusque-là leur étaient interdites. Mais c'est le PS qui marque les points. D'élection en élection, il reprend sa marche en avant. Les élections cantonales de mars 1976, lui donnent 26,5 pour cent des voix. François Mitterrand se croit autorisé à déclarer :

– Nous nous posons en successeur [...]. Pour le PS, le pouvoir est à l'ordre du jour.

Les législatives partielles de l'automne 1976 paraissent lui donner raison. Le PS gagne deux sièges et progresse partout au détriment du PC et de la majorité en place. Et, aux municipales de mars 1977, cette poussée se fait impressionnante : si la France entière est fascinée par le coup d'éclat de Jacques Chirac à Paris, plus révélatrice est la percée du PS qui rafle quatre-vingts des deux cent vingt et une mairies de plus de trente mille habitants. Reims, Bourges, Saint-Étienne, Rennes, Angers, Brest, Lorient, Villeurbanne, Angoulême passent à la gauche.

Mais Pierre Bérégovoy n'est pas de ceux qui peuvent fêter leur toute nouvelle victoire. Toujours en quête d'un fief électoral, il avait pensé en toute logique se présenter à Clichy. Le maire, Georges Levillain, ancien SFIO comme lui, était en place depuis trente ans... Âgé, il voulait se retirer et Pierre Bérégovoy envisageait de prendre sa succession. La mairie n'était cependant à ses yeux qu'un tremplin pour devenir député. Or la place était occupée par le maire communiste de Levallois, Parfait Jans, et en raison de l'alliance PC-PS, il ne pouvait aller contre lui. Aussi avait-il renoncé à se présenter.

Sur les conseils de Pierre Mauroy qui, pour lui faciliter les choses, lui avait fait dès 1975 une place à la commission exécutive de la fédération du Nord-Pas-de-Calais, il se porte alors candidat à Maubeuge. Le vieux maire socialiste de Maubeuge, Pierre Forêt, âgé de soixante-dix-sept ans lui aussi, semble avoir accepté l'idée que le siège revienne à Pierre Bérégovoy, tandis que lui-même conserverait la mairie. Mais Bérégovoy estime que, n'étant pas de la région, il ne pourra être sûr de son affaire que s'il s'assure également – et d'abord – la mairie. Aux élections municipales, il prend donc d'autorité la tête de la liste d'Union de la gauche, à la grande fureur du maire qui, par dépit, décide de se présenter lui aussi sur une liste concurrente avec la droite. Les choses se compliquent encore du fait que le député communiste Albert Maton, un vieux routier de la politique locale et son second sur la liste de l'Union de la gauche, ne voit pas d'un très bon œil l'élection à la mairie de Pierre Bérégovoy, qui serait devenu un rival sérieux pour la députation. Le résultat de cet imbroglio est que Bérégovoy est battu et que Pierre Forêt conserve sa mairie. La vengeance étant un plat qui se mange froid, l'année suivante, pour les législatives,

Bérégovoy aura la désagréable surprise de voir le maire, tout en figurant sur sa liste, faire presque ouvertement campagne pour le candidat communiste, et il sera là encore battu.

Il n'en est pas surpris. A quelques mois des élections, il a confié pour la première fois un sondage à Jérôme Jaffré, président de la SOFRES. Celui-ci le donne nettement devancé par le PC. Ce n'est pas du tout le résultat qu'il espérait et il a du mal à accepter cette donnée politique qui ne correspond pas à une situation où, presque partout, le PS a le vent en poupe. Quelque temps après, il fait faire un sondage de contrôle par un institut concurrent qui donne le même résultat. Il appelle alors Jérôme Jaffré qui appréciera ce « comportement loyal » : « Vous aviez raison. Mais il faut que je continue. Quand on est engagé dans un combat politique, on va jusqu'au bout [1]. »

Il n'avait pourtant pas ménagé ses forces au cours de la campagne, ni ses efforts pour convaincre de son désir d'enracinement local. Estimant nécessaire de partager la vie de la population dont il sollicitait les suffrages, il s'était installé deux ans avant les élections à Maubeuge, avec toute sa famille. L'appartement de Clichy avait même été vendu, ainsi que la petite maison de Nogent-le-Phaye, pour lui permettre d'acheter une maison spacieuse sur place. Plus d'une fois on l'avait vu, après avoir tenu un meeting tard le soir, sauter le lendemain matin, à l'aube, dans le premier train en provenance d'Amsterdam, pour aller reprendre son travaill, à 7 heures, à son bureau de la rue Philibert-Delorme.

– Papa est décidément fâché avec le suffrage universel, constate sa fille Catherine, avec une tendre ironie.

Mauroy en conclut lui aussi que Bérégovoy, par ailleurs plein de talent, a manqué d'un certain savoir-faire électoral :

– Il voulait une terre. Il n'oubliait pas que son père avait été un déraciné. D'une certaine façon, il y avait sans doute au fond de lui-même une sorte d'inquiétude, d'angoisse sur

1. Témoignage du 24 juin 1993.

ce plan-là. D'où cette précipitation à acheter une maison alors que rien n'était joué face à ce vieux maire, ancien chirurgien, qui connaissait bien sa ville et la tenait solidement. Mais il lui fallait prendre racines, être quelqu'un du terroir français. Et lui qui était par ailleurs si réfléchi y a mis une telle précipitation, une telle vigueur qu'elles se sont un peu retournées contre lui. Pour réussir, il a investi toute la force de son travail, de son caractère, de son intelligence, mais cela s'est traduit par une assurance un peu excessive, une sorte de bousculade des uns et des autres qui n'a fait que compliquer la situation. Les choses se seraient certainement mieux passées s'il s'était montré moins pressé. Je lui avais conseillé d'être plus patient, d'être dans un premier temps l'adjoint du maire. Il ne m'a pas écouté.

Pierre Bérégovoy lui, analyse cette cuisante expérience de toute autre façon. Il reproche à Pierre Mauroy de l'avoir entraîné dans une impasse et de l'avoir lâché, d'avoir laissé Forêt se servir de lui pour se rapprocher de la droite giscardienne et d'avoir ainsi rendu la situation intenable pour lui. De là naît entre les deux hommes un contentieux dont François Mitterrand, avec le regard aigu qu'il porte sur les hommes et sur les choses, saura tirer parti. Jusque-là, Bérégovoy faisait partie de l'appareil socialiste, mais sans occuper le devant de la scène. Il se verra offrir cette fois la possibilité de jouer un rôle de premier plan, à condition de se rallier sans réserve au groupe mitterrandiste, ce qu'il fera.

Il a accusé le coup, mais ne se pose pas longtemps la question de savoir s'il doit rester sur place. Mitterrand lui ayant conseillé de revenir à Paris pour travailler avec lui à la préparation du congrès de Metz, toute la famille réintègre Clichy et l'appartement de la rue des Chasses. Deux ans plus tôt, Bérégovoy l'avait vendu à Gaz de France pour acheter la maison de Maubeuge, et cette fois, c'est comme locataire de Gaz de France qu'il occupe son ancien appartement, tandis que l'argent procuré par la vente de sa résidence de Maubeuge est consacré à l'achat, l'année suivante, d'une vieille maison normande – une ancienne étable – à Saint-Martin-aux-Buneaux, en pays cauchois. Le choix des époux s'est naturellement porté sur cette Normandie à laquelle l'un et l'autre restent très attachés. Criquetot-l'Esneval, le pays où le père de Gilberte Bérégovoy était maréchal-ferrant, n'est pas loin, et ils ne seront jamais considérés comme des « horsains », de banals occupants de résidence secondaire. Cette maison, Pierre Bérégovoy l'améliorera et l'agrandira au fil des années, faisant notamment rehausser la toiture et changer l'ardoise pour du chaume, avant de faire l'acquisition en 1991 de cinq mille mètres carrés mitoyens qu'il plantera de sycomores et de frênes pour tenter de se protéger du vent, le lieu étant très exposé. En dépit de ces embellissements, la propriété ne sera jamais qu'une chaumière normande sans grandes prétentions. Loin du tumulte politique de la capitale, elle deviendra son refuge et il aimera y rassembler, lorsqu'il sera devenu un homme politique de premier plan, « la tribu » de ses enfants et petits-enfants, partageant son temps entre les livres, le cross, le vélo, les promenades dans les chemins creux ou sur la plage, à l'air du large, ou encore la lecture de Babar, en grand-père attendri devant l'objectif du photographe James Andanson, qui deviendra un ami de la famille en 1986.

En choisissant de regagner Paris, plutôt que de tenter de persévérer dans l'enracinement local, Bérégovoy a pris une de ces décisions qui engagent l'orientation d'une vie. François Mitterrand est d'autant plus enclin à faire de Bérégovoy un de ses plus proches lieutenants qu'il a montré une nouvelle fois son savoir-faire et prouvé sa loyauté sur le dossier si difficile du Programme commun.

Le premier secrétaire a été surpris lui-même par l'ampleur de sa propre victoire aux élections municipales. Cet homme habituellement si maître de lui a semblé un moment dépassé par l'événement. Assis au bureau de sa mairie de Château-Chinon, on l'a tout à coup vu, en entendant tomber les résultats, lever les bras et s'exclamer :

– C'est fou ! C'est un véritable raz de marée. Je n'ai jamais vu cela pour la gauche depuis la fin de la guerre. Nous avons doublé notre mise !

Et après avoir embrassé son adjoint qui venait de gagner le ballottage, il est allé sabrer le champagne à l'hôtel du Vieux-Morvan, le complice de toutes les grandes étapes de sa carrière politique, échecs comme succès.

Mais il ne prend pas le temps de savourer longtemps sa victoire. Il pense immédiatement à ce qu'il faut encore changer dans son parti pour en faire un parti responsable et homogène. La gauche vient tellement de se rapprocher du pouvoir qu'il lui faut compter sur son parti, non seulement pour conquérir mais aussi – et surtout – pour le garder. C'est ce qu'il explique quelques jours plus tard dans le salon bibliothèque du restaurant du « Coupe-Chou », devant le gouvernement du parti : Georges Dayan, Claude Estier, Louis Mermaz, Lionel Jospin, Pierre Mauroy, Gérard Jacquet, Robert Pontillon, Charles-Émile Loo, Roger Fajardie, Jean Poperen, et enfin Pierre Bérégovoy. À quelques marches du pouvoir, après un si long chemin, il sait l'importance de ce pari historique et engage le combat sur trois fronts.

Il s'agit tout d'abord d'homogénéiser un parti qui tire trop souvent à hue et à dia, de resserrer les boulons, en faisant une place de choix à des amis sûrs, mais aussi à la nouvelle génération des élus socialistes, ce qui ne va pas sans grincements de dents. Comment en effet faire de la place aux inconditionnels mitterrandistes et à la relève, sans réduire l'influence des caciques ? Gaston Defferre et Pierre Mauroy, les patrons des puissantes fédérations de Bouches-du-Rhône et du Nord, font grise mine à cette perspective, et le contrat tacite qui liait Mauroy et Mitterrand depuis le congrès d'Épinay commence à battre de l'aile.

Il entend aussi rappeler à l'ordre ceux qui prétendent à une trop grande autonomie. Michel Rocard est le premier visé. Ce n'est un secret pour personne que les relations personnelles entre les deux hommes sont parfois tendues. Mitterrand lui reproche, depuis son entrée au PS en 1974, de vouloir jouer trop ouvertement sa carte personnelle.

– La succession n'est pas ouverte ! précise-t-il à son intention.

Le second front contre lequel il s'est décidé, non sans hésitations, à engager le fer est le CERES, la minorité du parti, à laquelle il entend faire respecter l'article quatre des statuts, un article qui interdit les tendances organisées. Il estime en effet que le CERES, avec ses finances propres et ses publications diverses, se comporte de plus en plus comme un parti dans le parti, et qu'il a tendance à transformer certaines sections en « petits comités de salut public », ce qui n'encourage pas toujours les adhésions.

– On ne peut pas être à la fois au parti et en dehors, prévient-il.

Il condamne enfin le suivisme de beaucoup de minoritaires à l'égard du PC. Un suivisme idéologique :

– Parlons clair, déclare-t-il lors d'une réunion du bureau exécutif, il y a une tendance cryptocommuniste dans notre parti. Dès que les communistes développent un thème, il est repris chez nous.

Un suivisme électoral aussi : les amis de J.-P. Chevènement ont, selon lui, fait trop de cadeaux au PC lors des municipales.

Dans un style très gaullien, il impose sa loi au PS en juin au congrès de Nantes, s'affirmant comme son chef incontesté et taillant à sa mesure le « parti de gouvernement » dont il rêvait. Cette fermeté ne s'adresse pas seulement à ses troupes. Il lance aussi un avertissement au PC : « J'invite très fermement les négociateurs socialistes à faire comprendre à nos partenaires radicaux de gauche et communistes que la France n'est pas en mesure d'entendre des débats, interminables prétextes à des manœuvres de propagande. » Quelques jours après les municipales en effet, le 1er avril, Georges Marchais, au vu des résultats des élections qui, à son avis, ont marqué l'arrêt de l'effritement des voix communistes, a voulu reprendre l'initiative et, à la surprise générale, a fait parvenir à ses partenaires une lettre demandant, « dans les plus brefs délais et au plus haut niveau », une actualisation du Programme commun, notamment dans le domaine des nationalisations (le PC en souhaitant l'extension à la sidérurgie, au pétrole, à l'automobile), mais aussi de la politique étrangère et de la défense.

Non sans réticences, car il en connaît les risques, François Mitterrand a dû se résoudre à accepter cette mise à jour, qui s'engage d'emblée dans un climat conflictuel. Georges Marchais croit que le leader socialiste se sert de lui comme force d'appoint pour arriver au pouvoir et il le soupçonne de vouloir s'entendre avec Valéry Giscard d'Estaing à ses dépens. Quant aux socialistes, ils sont nombreux à penser qu'un stalinien sommeille encore dans le cœur de chaque communiste.

Le premier secrétaire socialiste aurait préféré laisser les choses en l'état, ce dont, soi dit en passant, les communistes s'étaient eux aussi très bien accommodés pendant cinq ans. Le Programme commun n'était qu'un canevas ? Cela lui suffisait. Il se gardait ainsi une marge de manœuvre appelée à disparaître si le programme devenait trop précis, donc contraignant.

Rendez-vous est pris entre les trois partenaires de l'Union de la gauche, pour le 17 mai. Cinq jours plus tôt, le 12 mai, Mitterrand doit affronter à la télévision le Premier ministre Raymond Barre. Mais l'orage éclate le 10 mai. Ce jour-là, *l'Humanité* publie « les comptes du Programme commun mis à jour ». Sous-entendu mis à jour par le seul PC, puisque l'actualisation n'a même pas commencé. C'est dire si le chiffrage est maximaliste. La Bourse remonte aussitôt, car elle voit là un signe que le PC ne veut pas de la victoire, et

Raymond Barre y trouve un terrain en or pour mettre à mal son adversaire d'un soir.

Le sens de cette opération « chiffrage » lancée par le PC est clair : il lui faut apparaître plus « social », plus « audacieux », bref, plus « à gauche » que le PS. Des deux côtés, on se prépare donc à la rencontre dans une atmosphère de veillée d'armes, et c'est à Pierre Bérégovoy, toujours en raison de son talent de fin négociateur, que François Mitterrand fait appel pour conduire la délégation socialiste, face à Charles Fiterman pour le PC.

Lors de la réunion au sommet du 17 mai, le premier secrétaire a d'emblée marqué sa détermination de ne pas se laisser déborder : « Il n'y aura pas de deuxième Programme commun », mais une mise à jour. C'est dans cette atmosphère déjà tendue que, tant bien que mal, les négociateurs se mettent au travail. Fin juillet ils semblent pourtant avoir trouvé un laborieux compromis sur la défense. Satisfait, François Mitterrand croit pouvoir partir en vacances. Mais l'accord à peine esquissé est désapprouvé par Marchais. C'est le célèbre : « Quand j'ai entendu ça, j'ai dit à ma femme : Liliane, fais les valises ! » Il revient de Corse comme une bombe et clame tonitruant.

– Mitterrand a porté un coup à la gauche.

Tout le mois d'août retentit de la polémique.

Celle-ci ne fait que s'amplifier en septembre lorsque sont approfondis les dossiers économiques et l'épineuse question des nationalisations. Pierre Bérégovoy a reçu un mandat précis et limité : supprimer ce qui est devenu caduc, adapter les chiffres aux conditions de l'inflation, tenir compte de l'évolution de la crise et de ses répercussions internationales, tout cela en respectant les équilibres politiques et économiques du programme signé en 1972. « Tout le programme commun, mais rien que le Programme, l'idée était simple et fixait bien notre position », devait écrire Pierre Bérégovoy, quelques années plus tard, le 24 mai 1980, dans un article du *Monde* relatant la négociation.

Parmi les objectifs déjà fixés en 1972, figurent l'extension des pouvoirs des travailleurs dans l'entreprise, le resserrement de l'éventail des revenus, l'impôt sur le capital, la retraite à soixante ans, la restauration de la Sécurité sociale, la mise en place d'une planification démocratique et l'extension du secteur public.

Tous ces dossiers sont repris un à un, et sur les mesures quantitatives, donc coûteuses, les discussions sont rudes. Charles Fiterman est pourtant loin de conserver un mauvais souvenir de son dialogue avec Bérégovoy.

– Sur le plan personnel nos relations ont vite été bonnes. Ce n'était pas un brutal. Il y avait chez lui de la chaleur humaine. Les négociations étaient de ce fait agréables, mais efficaces aussi. Nous nous comprenions vite. On décelait rapidement chez lui ce qui était essentiel et ce qui ne l'était pas.

La délégation socialiste se range à un certain nombre des propositions faites par les communistes : augmentation des allocations familiales de 50 pour cent dès la première année (25 pour cent immédiatement, 25 pour cent à l'exercice budgétaire suivant) ; impôt sur les grandes fortunes, supérieures à deux millions de francs, aux taux de 0,5 à 2 pour cent, avec une majoration du taux pour les fortunes supérieures à dix millions de francs, atteignant 8 pour cent au-delà de cinquante millions de francs ; augmentation des retraites et des pensions suivant un calendrier défini avec les partenaires sociaux, pour corriger les méfaits de l'inflation. Aucun de ces points ne crée de réelles difficultés entre les deux délégations. Si des réserves se font entendre, c'est au sein même du parti socialiste, en particulier chez les amis de Michel Rocard. Comme secrétaire de la commission économique du PS, François-Xavier Stasse, un des proches de Michel Rocard, est amené à débattre à différentes reprises de ces dossiers avec Pierre Bérégovoy :

– Je le ressentais alors beaucoup plus comme un négociateur politique que comme un spécialiste des questions économiques, se souvient-il. Son objectif était que cette actualisation réussisse pour ne pas risquer la rupture et maintenir la stratégie de l'Union de la gauche voulue par Mitterrand. En ce qui me concerne, j'émettais des réticences vis-à-vis de ces propositions. Je les trouvais excessives; j'estimais qu'elles faisaient courir un risque à l'évolution de l'inflation et, à terme, au franc [1].

Mais le Parti communiste veut aussi étendre le champ des nationalisations et le Parti socialiste refuse. Avec Pierre Joxe, Jacques Attali et Antoine Laurent, Bérégovoy s'emploie à réunir les éléments du dossier qui fera pièce à la volonté communiste d'aller au-delà de la liste arrêtée en 1972. Et sur l'affaire des mille quatre cent cinquante filiales que veut également nationaliser le PC, c'est à partir d'une démonstration de François Mitterrand, indiquant qu'il s'agit de transférer à la puissance publique ce qui appartient aux groupes, et rien d'autre, qu'est établie l'argumentation socialiste.

Pour les socialistes la question décisive est celle du contenu démocratique des nationalisations et de la politique industrielle que celles-ci permettent d'impulser. « Nous ne voulions en rien compromettre la réussite de notre entreprise en donnant une image déformée de la gauche, devait plaider Bérégovoy dans le même article du *Monde*, du 24 mai 1980. Nos propositions de compromis concernant les filiales stratégiques, faites pour sortir la négociation de l'impasse, dans la nuit du 22 septembre, répondaient au même objectif, et une fermeté semblable s'est exprimée à propos de l'élection des présidents des entreprises publiques. »

Le SMIC donne lieu lui aussi à des difficiles tractations. En 1972, il avait été dit dans le Programme commun qu'aucun salaire ne serait inférieur à mille francs, position commune à la CFDT et la CGT. Cette fois les deux centrales revendiquent deux mille deux cents francs au 1er avril 1977. Le Parti communiste propose d'inscrire la date de référence

1. Entretien du 5 janvier 1993.

dans le Programme, ce qui signifie un SMIC de deux mille quatre cents francs le 1er avril 1978.

« Nous nous interrogeons sur les conséquences d'une telle revalorisation pour les petites et moyennes entreprises, poursuivait Pierre Bérégovoy dans ce même article, et nous sobordonnons notre réponse au chiffrage de nos engagements et à un dialogue avec les syndicats. Au sommet de septembre la délégation socialiste indique que, dans l'hypothèse d'une victoire de la gauche, le SMIC serait fixé sur la base de deux mille deux cents francs en tenant compte de l'évolution des prix d'ici au 1er avril 1978. »

Dans cet article où il relatait les grandes péripéties de cette négociation ratée, Pierre Bérégovoy exprimait toute sa conviction d'avoir raison et sa passion de convaincre, deux traits complémentaires de sa personalité qui ne devaient jamais le quitter et qui n'excluaient pourtant pas une assez large tolérance à l'égard de ceux qui ne partageaient pas ses opinions. François-Xavier Stasse étant décidément de ceux-là, se souvient encore de conversations en tête à tête, avec lui, « assez tendues sur le fond, mais certainement pas sur le plan personnel », qui les opposaient, là encore, à propos de cette revalorisation du SMIC.

– Je lui disais que les propositions qu'il s'apprêtait à faire au PC risquaient de mettre en danger les équilibres économiques de la France. Il m'a répondu que mon argumentation était secondaire par rapport à la nécessité politique d'aboutir. Il pensait, à l'époque, qu'il fallait faire des avancées importantes dans le domaine des prestations sociales et du pouvoir d'achat des salariés du bas de l'échelle pour avoir une chance de gagner les élections de 1978. Ce faisant, il semblait s'écarter singulièrement des conceptions de Pierre Mendès France, qui avait toujours dit que, pour pouvoir faire du social, il fallait d'abord être rigoureux sur le plan économique. Mais ce qu'il avait également appris à son contact, ce qu'il admirait le plus chez lui, c'était la volonté politique et, en l'occurrence, c'était le volontarisme qu'il retenait de lui, plus que sa rigueur économique : l'autorité d'un homme qui peut entraîner un pays et faire en quelque sorte plier les réalités et les contraintes. Il oubliait, conclut François-Xavier Stasse, que si, en certaines circonstances, ce qui fait un homme d'État, ce qui le caractérise, est le refus de se laisser guider par les circonstances au jour le jour, il y a néanmoins certaines réalités économiques incontournables.

Les dernières péripéties politiques de cette négociation, sur laquelle quinze experts auront planché en vain, sont vécues sur la place publique, par télévision interposée. Le premier à surgir, le mercredi 14 septembre, devant les caméras, au Journal de 20 heures, au siège du PS où les discussions se sont poursuivies tout au long de la journée, est Georges Marchais. Mais Robert Fabre le bouscule et le devance devant les objectifs :

– Les communistes veulent instaurer une société collectiviste. Nous disons non, déclare-t-il, traduisant sa déconvenue de n'avoir pu modérer les appétits du PC en matière de nationalisations.

Une semaine plus tard, le 21 septembre, c'est cette fois François Mitterrand qui profite de son passage à « Cartes sur table » pour frapper un grand coup. Deux fois candidat unique de la gauche, il se présente comme le premier garant de l'union et, crime impardonnable aux yeux du PC, il s'adresse directement aux militants communistes, comme pour les prendre à témoin contre leurs propres dirigeants.

Le 22 septembre enfin, il revient à Georges Marchais de clôturer cette folle semaine. De 10 heures à 19 heures l'épuisante discussion a marqué le pas, la fatigue creuse les traits, les rares moments de détente – au déjeuner Marchais et Mitterrand ont échangé leurs recettes contre la calvitie – n'ont pas atténué la tension.

Invité du « Journal de 20 heures », Marchais, les larmes aux yeux, se fait pathétique : « Il dépend de vous, François Mitterrand, que l'accord soit signé ce soir. » Il ne le sera pas. À 1 h 30 du matin, l'Union a vécu. Le vendredi matin –

donc dessiné et imprimé avant l'heure de la rupture –, un dessin de Wolinski orne la une de l'*Humanité*. Giscard pince l'oreille de Mitterrand et de Fabre : « Je suis content de vous », leur dit-il.

On se doute que Mitterrand n'apprécia guère cet humour. Il peut se montrer satisfait en revanche de son principal collaborateur, Pierre Bérégovoy, qui a su maintenir le cap qu'il lui avait fixé, quitte à assumer la responsabilité de la rupture. Il a eu tout loisir d'évaluer à nouveau ses talents de négociateur, de tester son sang-froid, sa discrétion aussi.

– Jusque-là, il appréciait chez lui ses qualités d'organisation, sa méthode, sa régularité de coureur de fond, mais il se demandait s'il pouvait lui accorder une confiance totale, se souvient un ancien secrétaire national.

Comment oublier en effet qu'il avait voté contre lui à Épinay et qu'il passait pour être plus proche de Mauroy que de lui ? Mais sa fidélité s'est révélée sans faille au milieu des aléas d'une négociation qu'il a menée sans faiblir parce que François Mitterrand le lui demandait, mais dont il estimait les chances de succès réduites.

– Comme François Mitterrand , il avait mesuré, plus facilement que d'autres, que la réactualisation du Programme commun n'était que prétexte à rupture de la part du Parti communiste, estime Michel Charasse [1].

– Pierre Bérégovoy et moi, nous étions d'accord, remarque de son côté Charles Fiterman, y compris pour ne pas être d'accord sur deux points : le nombre des nationalisations, avec le problème annexe des filiales, mais aussi les structures du pouvoir. Le Parti communiste souhaitait engager de profondes réformes de décentralisation et de démocratisation, par exemple en faisant éclater le ministère de l'Économie et des Finances... De toute façon, François Mitterrand et Georges Marchais n'ont pas voulu aller plus loin [2].

1. Entretien du 2 novembre 1993.
2. Entretien du 22 décembre 1993.

La rupture consommée, on feint cependant de part et d'autre de croire encore à l'Union, et c'est à qui brandira le plus haut sa bannière, mais tout en dénonçant « l'autre ». Tandis que les communistes clouent au pilori les socialistes, soudain suspectés de « droitisme » et autres noirs péchés, les seconds clament leur innocence et accusent les premiers d'avoir rompu. Bérégovoy résume bien la contre-attaque socialiste au pilonnage communiste lorsqu'il déclare avec sa voix appuyée :

– Nous n'avons pas changé, nous sommes toujours pour le Programme commun. Mais nous refusons toujours la société communiste.

Des tracts « argumentaires » distribués à des dizaines de milliers d'exemplaires et destinés aux militants socialistes développent et détaillent cette réfutation. Le 25 octobre, une grande journée de formation apporte à tous les adhérents la bonne parole pour qu'ils la dispensent dans le pays et, les jours suivants, les socialistes organisent ce qu'ils appellent une « semaine d'explications » en multipliant les meetings dans tous les départements.

Cependant, face aux attaques communistes proprement dites, les socialistes se contentent dans un premier temps de répondre point par point.

– Nous refusons de nous engager plus loin dans une dispute qui désespère les Français, déclare François Mitterrand.

Et d'ajouter :

– Si les autres veulent parler tout seuls, qu'ils le fassent.

De la même manière qu'il avait refusé d'entrer dans la polémique déclenchée par le PC en 1974 et 1975, il entend se tenir comme à distance du « grand débat démocratique » lancé par Georges Marchais et préfère attaquer ses adversaires de droite plutôt que de réfuter les accusations de ses ex-partenaires. Cette modération n'a pourtant qu'un temps.

Le premier secrétaire passe bientôt à une riposte plus musclée et, tout en gardant la main tendue, entreprend de définir sa propre stratégie face à l'« Union du peuple de France » dont se réclament les communistes. Ce sera celle du « Front de classe », concept suffisamment mystérieux au premier abord pour que Bérégovoy soit chargé de l'expliciter dans les colonnes du *Monde* du 12-13 juin. « C'est, écrit-il, une réponse théorique et pratique à l'analyse des rapports de forces dans notre société industrielle. Lesquels ont bien changé, depuis le XIXe siècle, avec d'une part la croissance des personnels d'encadrement, du nombre des ingénieurs et des techniciens qui, poursuit-il, ne peuvent être rejetés du côté des " profiteurs ", et d'autre part le caractère envahissant du capitalisme dans toutes les sphères de la production et de la vie sociale, qui pousse de plus en plus des professions jadis indépendantes au salariat et à la dépendance financière et bancaire :

« Contrairement à la conception communiste qui accorde un rôle prépondérant à la " classe ouvrière " traditionnelle et au parti qui s'en réclame, il s'agit donc de " repenser une alliance large de toutes les couches qui sont victimes de l'exploitation capitaliste... "

« Cette stratégie, explique-t-il encore, respecte pleinement le principe affirmé du pluralisme des organisations syndicales et politiques. Elle prend en compte la diversification de la classe ouvrière et permet d'unifier le mouvement général des travailleurs et de tous ceux qui subissent directement ou indirectement les séquelles du capitalisme. Dans ce cadre, aucune des catégories sociales concernées ne s'attribue le droit de diriger à la place de l'autre.

« Le " Front de classe " est ainsi élargi à tous les opprimés : les luttes féminines, le chômage des jeunes, l'intelligensia en voie de déclassement, les immigrés, les écologistes qui émergent aujourd'hui sur la scène sociale parfois en dehors de toute référence à une lutte historique. C'est dans la mesure où tous ces mouvements, encore marginaux et, pour certains d'entre eux, non exempts de contradictions, viennent sur des positions de classe qu'ils ont vocation à s'intégrer dans le Front de classe. »

Celui-ci s'inscrit donc dans le mouvement historique d'une rupture avec le capitalisme et dans la droite ligne des options alors défendues par Mitterrand et Jospin, tandis que Mauroy et Rocard se montrent moins pressés d'entamer cette rupture avec le capitalisme. Il n'empêche. Les plus perspicaces peuvent en conclure que la grande bataille, qui se soldera en 1981 pour le PC par une cuisante défaite avec la perte d'un quart de son électorat, est cette fois engagée.

Mais la perspective des législatives de 1978 invite à faire taire momentanément les armes. Même s'il est clair que François Mitterrand n'a plus aucune illusion sur la possibilité de réunir les partis de gauche sur un même programme, il lui faut entretenir, autant que faire se peut, le mythe de l'Union, rassurer les communistes sur l'engagement à gauche du PS. La voie qu'il leur propose, à défaut de mieux, est celle d'un « contrat de législature », et il prend soin de préciser que son parti est prêt à gouverner avec eux.

Pour preuve de sa bonne volonté, il se rallie à ce qu'il avait refusé jusque-là : le SMIC à deux mille quatre cents francs. Accompagnant ce « pas en avant », son engagement de nationaliser la sidérurgie, en cas de victoire de la gauche, se fait plus précis : « Dans les dix-huit mois. »

Sur la question du SMIC, la commission économique du PS, toujours conduite par Rocard, Boulloche et Attali, a pourtant multiplié les études et les chiffres, pour le convaincre de ne pas trop charger la barque, arguant notamment que les 9 pour cent d'écart entre deux mille deux cents francs et deux mille quatre cents francs « pourraient bien être la marge qui sépare les bases de la réussite des conditions de l'échec ».

Et François Mitterrand a longtemps balancé avant de se ranger aux arguments essentiellement « politiques » avancés par un certain nombre de dirigeants nationaux du PS, peu désireux de laisser au PC le monopole de la revendication très populaire du SMIC à deux mille quatre cents francs. Bérégovoy est à la tête de ce courant, qui a l'appui de Defferre et Mauroy. Son principal argument est que les syndicats proches de la gauche font des deux mille quatre cents francs un de leurs objectifs essentiels.

Les tenants du SMIC à ce niveau escomptent aussi que cette mesure relancera fortement la consommation populaire et, par voie de conséquence, des investissements qui en ont bien besoin dans le climat de crise économique que connaît le pays. À terme, pensent-ils, l'expansion créera un volume important de recettes fiscales, de ressources sociales et d'emplois, très bénéfique pour l'économie et même, selon eux, pour la structure des prix de revient des entreprises, puisque la relance incitera les firmes à réduire leur marge bénéficiaire par produit (ou service) rendu.

Mais, en même temps, comment éviter un dérapage rapide vers l'inflation, le déficit commercial et la dépréciation monétaire? Compte tenu de l'effet d'« accordéon » à attendre d'une telle mesure, celle-ci, d'après les experts, entraînerait un gonflement de la masse totale des salaires en France de l'ordre de 11 à 13 pour cent, voire même peut-être 15 pour cent. Et comme la loi indexe alors toute une série de prestations sur le SMIC (salaire des apprentis, indemnités de formation professionnelle, allocations d'emploi-formation, allocations militaires) et que la gauche elle-même prévoit d'accrocher au salaire minimum des prestations nouvelles (pensions, allocations-chômage), c'est en fait une masse largement supérieure à ces chiffres qui serait introduite dans l'économie, avec tous les dangers inhérents à une injection aussi massive. Comment éviter alors que cette option politique puisse être interprétée comme un abandon du souci de rigueur économique manifesté depuis 1974 et qui était apparu comme une rupture heureuse avec le laxisme habituel de la gauche en la matière?

Aussi le premier secrétaire s'empresse-t-il d'une part de

publier un recueil intitulé les *Comptes fantastiques de MM. Giscard d'Estaing, Barre et Chirac* qui se veut un réquisitoire à la mesure des échecs et des illusions entretenues par la droite depuis 1974 et, d'autre part, de demander aux économistes de son parti de « resserrer les boulons » afin que les deux mille quatre cents francs promis ne soient pas « payés en monnaie de singe » si la gauche arrive au pouvoir.

Au premier tour des élections législatives, le PS, allié aux Radicaux de gauche, fait à nouveau un bond en avant (24,8 pour cent) et – moment historique – devance le PC (20,6 pour cent). Mais, au deuxième tour, la gauche donnée gagnante est battue. Et si, devant les écrans de télévision, la plupart des porte-parole du PS s'efforcent de dissimuler leur déception, Michel Rocard, lui, ne mâche pas ses mots.

– La gauche, déclare-t-il, vient de manquer un nouveau rendez-vous avec l'Histoire, le huitième depuis le début de la Cinquième République. C'est une immense tristesse qui nous atteint ce soir.

Situation paradoxale entre toutes, le PS sort en effet de la consultation électorale plus fort physiquement (c'est-à-dire en nombre de suffrages) qu'il ne l'avait jamais été, et pourtant presque aussi affaibli moralement qu'au lendemain de la catastrophe qu'avait été pour lui l'élection présidentielle de 1969 où Defferre n'avait recueilli que 5 pour cent des suffrages.

Ce paradoxe s'explique essentiellement par le phénomène de douche froide qu'a représenté le premier tour des Législatives : lorsqu'on pense recueillir près de 30 pour cent des voix et qu'on n'en a que 22 pour cent, le choc est difficile à encaisser, du moins sur le moment. Les socialistes se voyaient caracoler largement en tête du peloton des partis français et assurés de diriger les affaires du pays. Non seulement ils sont condamnés à rester dans l'opposition, mais la première place en nombre de voix leur est disputée par le RPR.

La déception est si rude qu'elle se traduit par une sorte d'éclatement moral du parti qui va se déchirer pendant dix-huit mois dans un enchevêtrement de querelles confuses.

À l'entente cordiale succèdent les explications franches, voir même brutales. Rien ne va plus entre le premier secrétaire et celui qui pendant longtemps avait été son premier lieutenant inconditionnel, Pierre Mauroy. Assuré de la force que lui donne son fief du Nord, le député maire de Lille peut se montrer critique sur la façon dont François Mitterrand dirige le PS en s'appuyant sur un état-major et un appareil qui sont cooptés plus qu'élus, et demander qu'il en aille autrement.

Il obtiendra gain de cause, Mitterrand acceptera la réforme des statuts qu'il réclame, pour éviter de se retrouver seul face à Michel Rocard et ses amis du courant « autogestionnaire ».

Au cours d'une réunion des dirigeants de la majorité du PS, précédant le comité directeur du 28 avril, on entend ainsi Pierre Joxe critiquer vertement les articles que Martinet et Rosanvallon viennent d'écrire dans le numéro d'avril d'une revue : *Faire*, qui reflète largement les thèses du courant autogestionnaire. Pierre Joxe y voit une contestation ouverte de la « ligne d'Épinay » sur laquelle le PS avait fondé sa doctrine et sa pratique depuis 1971. Les remous provoqués par ces articles ne s'arrêtent pas là. Le 19 mai suivant, six dirigeants socialistes, dont Pierre Bérégovoy, démissionnent du comité d'orientation de la revue. L'affaire devait rester discrète. En réalité, elle fait grand bruit, amenant Pierre Bérégovoy à s'en expliquer dans les colonnes du *Matin* du 26 mai 1978 :

« [...] À la lecture du numéro qui suit les élections, il me semble évident que *Faire* prend une autre direction. L'idéologie habille une opération politique. Ce qui est écrit et que l'on retrouve un peu partout ailleurs s'inscrit dans une perspective très claire : mettre Michel Rocard en position de successeur pour la direction du parti et la présidentielle.

« Que Michel Rocard aspire à être candidat en 1981 est parfaitement légitime. Il en a la capacité et le talent. D'autres aussi peuvent y prétendre, et je pense à Pierre Mauroy, dont le nom a déjà été cité, comme celui de Rocard, par François Mitterrand lui-même.

« Nos amis de *Faire* ont le droit de soutenir tel candidat plutôt que tel autre. Je me refuse pour ma part à m'engager dans cette campagne. Pour la bonne raison que chaque chose doit venir en son temps. Le parti a autre chose à faire en ce moment et j'ai eu l'occasion de le dire à Michel Rocard après les élections. À mes yeux la succession de François Mitterrand n'est pas ouverte. »

À l'issue du comité directeur du 8 juillet suivant, le PS affiche d'ailleurs un bel unanimisme derrière François Mitterrand qui, une fois de plus, a fait le ménage dans son parti. L'unité n'est cependant que de façade.

Quatre courants sont en fait en présence : le premier de style léniniste, avec le CERES, qui constitue la minorité ; le second, de tradition sociale-démocrate, reposant sur les vieilles fédérations Nord-Pas-de-Calais avec Pierre Mauroy ; le troisième, d'inspiration autogestionnaire avec Michel Rocard, et renforcé par l'apport de nouveaux élus « régionalistes » comme Louis Le Pensec, Charles Josselin ou Jean-Pierre Cot. Quant aux partisans de François Mitterrand, ils constituent autour de la personne du premier secrétaire une nébuleuse assez disparate de notables, de militants, d'intellectuels où, à côté du noyau dur des anciens de la Convention des institutions républicaines, figurent des recrues plus récentes, comme Lionel Jospin et Jacques Delors. Ou encore Pierre Bérégovoy qui, devant le différend qui s'est installé entre Mitterrand et Mauroy, a dû cette fois choisir nettement son camp. Au risque d'être accusé par certains de « lâchage », il s'est rangé définitivement derrière le premier secrétaire. « C'était un tempérament majoritaire, constate pour sa part Pierre Mauroy. Il faisait partie de ces gens qui se sentent plus à l'aise dans la majorité, c'est-à-dire du côté du pouvoir que dans une minorité. Il ne se complaisait pas dans la contestation répétée, permanente. Il préférait être dans l'action et du côté de ceux qui gagnent. »

Les liens qu'il noue alors avec François Mitterrand sont en cas de tout autre nature que ceux qu'il avait avec Pierre Mauroy. Mitterrand attache aux rapports personnels une importance inhabituelle chez un homme politique. Il exige de ses proches une loyauté parfaite et la fidélité à son égard est bien le lien le plus solide de tous ces hommes que, par ailleurs, bien des « nuances » séparent. C'est ainsi que Pierre Bérégovoy, tout en ayant rallié sa bannière, peut être classé parmi les partisans d'une stratégie autogestionnaire, à l'égal de Pierre Mauroy ou de Gilles Martinet, alors que des hommes comme Poperen ou Mermaz, proches de Mitterrand eux aussi, n'y sont guère favorables. Mais ce choix de Pierre Bérégovoy ne saurait étonner. Il est le résultat d'une longue matruration que les idées de Pierre Mendès France et notamment la lecture de *la République moderne* ont largement orientée.

Le pacte signé non sans mal entre les trois courants majoritaires, le 8 juillet, se révèle en tout cas bien fragile. « Mitterrand-Mauroy : guerre ou paix ? » s'interroge Robert Schneider dans *l'Express* du 11 septembre, tandis que l'on voit s'esquisser une alliance entre le maire de Lille et Michel Rocard. De son côté François Mitterrand, sachant que, historiquement, au sein du PS les congrès se gagnent toujours en débordant par la gauche, tient un discours volontairement doctrinal et « marqué à gauche » et semble se rapprocher du CERES. Le texte de sa motion en vue du congrès de Metz d'avril 1979, auquel travaille de très près Pierre Bérégovoy puisqu'il en sera le rapporteur, confirme cette tendance. Paraissant renoncer au socialisme pragmatique et unificateur qui avait été le sien depuis 1971, il rejoint certaines thèses du CERES. Son option postule qu'il faut disputer le terrain au parti communiste là ou celui-ci est traditionnellement le meilleur, c'est-à-dire celui des luttes sociales, de la défense des plus défavorisés, dans le dessein d'une société socialiste radicalement différente du monde capitaliste tel qu'il est alors vécu.

Une tout autre idée sous-tend la démarche proposée par Michel Rocard. Elle repose sur la conviction que la société et l'économie française ne supporteraient probablement pas un changement brutal. Le projet restant théoriquement le même, il conviendrait de n'engager le processus de socialisation qu'en ménageant les transitions et en respectant le rôle régulateur du marché.

Où se situe réellement Pierre Bérégovoy dans ce débat? La question peut être posée. Au congrès de Metz il défendra les couleurs de François Mitterrand – et donc sa motion à laquelle il a largement contribué. Et pourtant, s'il faut en croire Birgitta Hessel, il tient dans le privé des propos qui le rattachent beaucoup plus au « droitisme économique » défendu par Michel Rocard : « Il allait encore au-delà. Son discours correspondait à ce qu'il est devenu par la suite lorsqu'il a été ministre des Finances. »

La réponse à cette apparente contradiction, il faut peut-être la chercher dans la lettre qu'il adresse à Pierre Mendès France, le 7 janvier 1979, pour déplorer de voir une nouvelle fois le parti s'enfiévrer dans ses querelles, où questions d'orientation politique et problèmes de pouvoir se trouvent inextricablement mêlés, alors que la crise économique est toujours préoccupante et que bien des événements extérieurs, notamment en Iran et au Proche-Orient, devraient mobiliser son attention et son énergie. « La vie interne du PS nous stérilise un peu tous, lui écrit-il, presque amer. Nous sommes enfermés dans une inutile guerre de succession. Il ne vous étonnera pas que je reste fidèle à Mitterrand en ce moment pénible pour lui. Je suis pour le respect des contrats et de la parole donnée. Je n'appartiens ni à la couvée des conventionnels ni à celle d'Épinay, et pourtant je n'ai nulle envie de nouer contre lui la coalition des anciens et des modernes. Que d'énergie perdue une fois de plus ! »

Faisant allusion à la rupture du Programme commun, il ajoute : « C'est vrai que les choses ont changé depuis un an. Tout le monde en est d'accord, mais en se déchirant on ne fait le jeu que du PC. Fiterman me le disait en octobre 1977 : " Vous finirez bien par virer à droite ! " »

Mais c'est pour défendre une bien mauvaise cause, l'entrée des troupes soviétiques en Afghanistan, en décembre 1979, que les communistes, en réponse aux protestations énergiques des socialistes, les accuseront ouvertement d'avoir « viré à droite ». Montrant une nouvelle fois que, s'il avait toujours cherché l'entente avec eux, il n'avait jamais été pour autant de ceux qui « passeraient sous la table », selon l'expression de François Mitterrand, Pierre Bérégovoy leur reprochera d'avoir, eux, « viré à l'Est ». Cet échange verbal ne devait évidemment pas passer inaperçu.

Une victoire à la Pyrrhus. Tel est bien pour François Mitterrand le bilan du tumultueux congrès de Metz d'où il sort vainqueur encore, mais apparemment diminué. À l'ouverture des assises, le vendredi 6 avril 1979, il disposait de 40 pour cent des mandats et, à la faveur des débats, il espérait au moins en glaner quelques autres qui, avec l'appui de Gaston Defferre (7,7 pour cent), lui auraient permis de réunir une majorité absolue. Malgré le renfort du maire de Marseille, il n'en totalise que 46,9 pour cent, tandis que la motion de Pierre Mauroy obtient 16,8 pour cent, celle de Michel Rocard 21,2 pour cent et celle du CERES 15 pour cent. Il n'a donc pas atteint son objectif. Surtout, peut-être, et pour la première fois depuis Épinay, il a dû se justifier, argumenter, plaider devant un auditoire houleux, et aucune synthèse n'a pu aboutir.

Comme rapporteur de sa motion, Pierre Bérégovoy a

donc été chargé de défendre ses couleurs le 6 avril. On l'a entendu dénoncer la « menace d'un travaillisme » et l'abandon de la « ligne d'Épinay », c'est-à-dire de l'Union de la gauche, que Michel Rocard et son allié Pierre Mauroy sont accusés de préparer. Tout ceci a été dit d'une voix ferme mais posée, sans éclats.

Tout autre est l'intervention, le samedi matin, de celui qui incarne, bien plus que lui, la « légitimité » mitterrandienne, Laurent Fabius. Que dit-il ? Il attaque directement Michel Rocard sur la stratégie de l'échec (échec que Michel Rocard impute à François Mitterrand), sur les déclarations vexatoires de Rocard à l'égard d'un mitterrandisme du troisième âge, sur le débat du Plan et du Marché, sur les relations parti-syndicats. Sur le fond, rien de vraiment nouveau. Mais la forme et le ton employés sont ressentis chez les rocardiens et les mauroyistes comme une agression. Pour y répondre, Mauroy ressoude ses troupes. Michel Rocard affûte ses amendements. Tous deux sont cette fois décidés à jouer ensemble.

Le dimanche à 2 heures du matin, la maison de Woippy, dans la banlieue de Metz, est close comme une forteresse. C'est là que les soixante et un membres de la commission des résolutions planchent depuis plus de quatre heures. En vain. L'objet des travaux est l'examen des cinq amendements à la motion Mitterrand, déposés par Rocard et Mauroy : le Bilan et le Marché ; l'Union de la gauche ; la rigueur économique ; le fonctionnement du parti et l'Europe.

Sur le Plan et le Marché – pourtant la principale divergence entre Mitterrand et Rocard, le député de la Nièvre reprochant à celui des Yvelines le rôle trop important à ses yeux qu'il accorde au Marché par rapport au Plan –, l'accord semble un moment pouvoir se faire.

À peine aborde-t-on le chapitre de l'Union de la gauche que se produit l'incident qui provoquera l'ajournement sine die des tentatives de négociations. Pierre Joxe fronce le sourcil et demande la parole :

– Je viens de lire le texte de Patrick Viveret, je le trouve totalement injurieux.

De quoi s'agit-il? D'un texte proposé par le rédacteur en chef de la fameuse revue *Faire* et qui stipule : « Le Parti socialiste n'a besoin ni de dogme, ni de grand prêtre... » Mitterrand réagit à son tour. Il se sent personnellement mis en cause. Gilles Martinet a beau lui faire remarquer que cette phrase est reprise du texte de sa propre motion, les amis de Michel Rocard ont beau proposer de la retirer, rien n'y fait.

– Ne trichons pas, leur réplique Mitterrand. Dans ce contexte, il me vise directement.

Il maintient son refus de continuer la discussion dans ces conditions.

À 14 heures, c'est dans une atmosphère survoltée, au milieu des ovations et des sifflets, que Mitterrand fait son entrée dans la salle du congrès pour la dernière séance. Il apparaît moins à l'aise qu'à l'ordinaire, dépourvu de son souffle oratoire, sur la défensive.

Il ne sort pas indemne de ce congrès de tous les excès, qui inspire à Jean Pronteau, mitterrandiste bon teint, cette réaction : « C'est le PSU !, tandis que Pierre Bérégovoy, qui sait ce dont il parle, profère lui aussi cette mise en garde : « Attention à ce que le PS ne devienne pas un gros PSU ! »

Le premier secrétaire continuera certes à gouverner le PS, mais en étant pour la première fois minoritaire. Et il mesure sans aucun doute les sacrifices personnels et politiques qu'il lui a fallu consentir pour conserver le contrôle complet de l'appareil du parti, lorsque, le mercredi suivant, il met en place sa nouvelle équipe. Les secrétaires nationaux sont choisis parmi ses seuls partisans ; ils constitueront une garde solide sur laquelle il pourra compter à tout moment. Il sait en effet que même s'il a été réélu à l'unanimité par le comité directeur, Michel Rocard et Pierre Mauroy, passés dans la minorité, vont constituer un « cartel d'opposition » qui ne le ménagera pas. Parmi ces secrétaires, quelques anciens pour assurer la continuité, au premier rang desquels Pierre

Bérégovoy (reconduit dans la même fonction), à côté de Jean Poperen, Gérard Delfau et Lionel Jospin qui devient en fait numéro deux du parti. Mais on compte aussi des nouveaux dans le sérail : le syndicaliste Claude Germon, le sénateur Michel Debarges et Michel Pezet pour « plomber » des secteurs clés comme les entreprises, les collectivités locales et l'environnement. Viennent enfin les « sabras », Paul Quilès, trente-sept ans, Laurent Fabius, trente-deux ans, pour assurer la relève.

Pierre Bérégovoy se trouve cette fois définitivement intégré dans la mouvance du premier secrétaire. En défendant à Metz la motion Mitterrand contre la motion Mauroy, il a rendu son choix irréversible. Il souffrira dans une certaine mesure de cette situation parce que, comme il le confie à Pierre Mendès France, il n'est pas tout à fait sur le même plan ni dans la même sensibilité que l'entourage de Mitterrand, ceux qu'on continue d'appeler les « conventionnels ». Mais surtout parce que ses anciens amis l'accusent d'avoir trahi :

– Il a toujours été dans le sillage de quelqu'un, et chaque fois il en est parti au bon moment, dira de lui avec humeur un ancien dirigeant du PSU.

Jugement parfaitement injuste en cette circonstance précise. Bérégovoy embrasse la cause de Mitterrand dans un moment difficile pour ce dernier, où beaucoup ne donnent pas cher de son avenir. Après Metz en effet, ses troupes semblent abandonner le premier secrétaire. Croyant sa perte venue, la meute commence à gronder que l'homme, la stratégie, ses méthodes et même son style trop littéraire sont dépassés. Bérégovoy est bien le seul à rejoindre sans esprit de retour, dans un tel moment, un camp qui a tout l'air d'être celui des futurs vaincus, face à un Michel Rocard en pleine ascension. Mitterrand pourra s'en souvenir.

« Béré » n'a pas choisi le camp de Mitterrand par simple opportunisme. La nouvelle lettre presque désenchantée qu'il adresse le 3 septembre 1979 à Pierre Mendès France le fait clairement entendre. Avec quelque morosité, il constate que les questions d'intérêt personnel prennent souvent le pas sur l'intérêt profond d'un parti au service duquel il s'est mis depuis si longtemps :

« Je reste un militant politique, en proie aux contradictions de l'action, dont la réflexion et l'inspiration ne coïncident pas toujours avec la nécessité des solidarités d'équipe. Au sein du PS, au lendemain de mars 1978, il a fallu choisir et j'ai opté pour le soutien à Mitterrand qui n'avait pas démérité à mes yeux... et qui reste le seul fédérateur d'un parti dont la diversité fait la richesse dans les bons moments et rend difficile la cohésion dans les moments de reflux.

« Je m'efforce de faciliter, à défaut de rapprochements que je souhaite, la compréhension qui s'impose. Sans me faire trop d'illusions : nous sommes dans un régime présidentiel, que vous avez fort justement dénoncé parce qu'il a été fait contre la gauche, et aussi contre la démocratie. D'où ces conflits d'hommes et cette idée que se font trop de jeunes gens qui croient avoir dans leurs dossiers l'image (ou le destin) présidentiel... »

Le premier secrétaire a toujours exigé qu'on vienne à lui « sans armure et sans écuyer », pour reprendre la formule de Gilles Martinet. Il veut des hommes dévoués inconditionnellement et qui ne cherchent pas à constituer leur propre clan, leur propre tendance. « À partir de ce moment là, poursuit Gilles Martinet, se crée d'une certaine manière un rapport de type féodal : Mitterrand fait la carrière de ses fidèles, il les soutient, il les défend; mais il exige la réciproque. » Cela ne signifie pas qu'ils ne peuvent pas avoir leur franc-parler, exprimer leurs désaccords; mais ils restent liés personnellement au premier secrétaire.

Bérégovoy a choisi d'être un de ces hommes. Avec ce que cela comporte de solitude. Il n'aura jamais d'équipe politique, de courant autour de lui; mais assez d'indépendance d'esprit pour ne pas en souffrir. Il aura seulement certaines personnes avec lesquelles il entretiendra individuellement des rapports plus cordiaux, plus amicaux qu'avec d'autres, ou encore des collaborateurs, lorsque, devenu ministre, il se constituera des cabinets ministériels.

Il a donc mis ses pas dans ceux du premier secrétaire, devenant un de ses hommes de confiance, celui qui n'aura pas son pareil pour déchiffrer et interpréter, toujours à bon escient, les messages en clair-obscur dont est coutumier le « Sphinx », comme l'a déjà surnommé son vieil ami radical, Maurice Faure, celui aussi dont la loyauté et la fidélité ne se démentiront jamais.

Et s'il est vrai que François Mitterrand fera beaucoup pour lui, il ne faut pas oublier que, de son côté, il l'a déjà aidé et l'aidera encore de façon décisive dans sa longue marche jusqu'au pouvoir. Pendant toute la période cruciale, de 1974 à 1981, où se prépare avec des hauts et des bas, on l'a vu, l'accession de François Mitterrand à la présidence de la République, il est, comme secrétaire national chargé des relations extérieures, son principal négociateur, avec le PCF bien entendu, mais aussi auprès de tous les interlocuteurs possibles, syndicats, partis politiques, aussi bien que « motards en colère » ou « royalistes de gauche »... Son rôle ne s'arrête pas là. En février 1979, c'est également à lui que Mitterrand confie la mission bien délicate de présider un groupe de réflexion sur la sidérurgie, dans le but de lui donner « une ambition pour 1985 ». On sait ce qu'il allait advenir de cette ambition. Mais, pour l'heure, Bérégovoy ajoute à son palmarès le titre de « M. Sidérurgie » du PS.

Il passe pour avoir un flair politique hors du commun. C'est pour cette raison qu'entre 1979 et 1981 il fait partie, aux côtés de Fabius, Joxe, Mermaz, de la douzaine de personnes que François Mitterrand réunit régulièrement une fois par semaine pour des petits déjeuners, afin d'établir sa stratégie de reprise en main du PS. « Au cours de ces réunions, les interventions de Bérégovoy étaient très écoutées par Mitterrand », se souvient Françoise Seligman qui ajoute :

« À ceux qui disent que Mitterrand a fait sa carrière, je répondrai qu'il n'avait pas à se sentir redevable de quoi que ce soit, car Mitterrand lui doit beaucoup plus encore. Bérégovoy a été un formidable appoint pour lui [1]. »

Bérégovoy est bien entendu présent lorsque, dans un bel élan d'unanimité retrouvée, le PS élabore à la fin de l'année 1979 son « Projet socialiste » qui reprend, mais pour les « prolonger », l'essentiel des engagements du Programme commun. Il travaille à ce document d'où sera extraite la plate-forme électorale du futur candidat du PS à l'élection présidentielle de 1981. Ce projet qui tend à faire apparaître le PS comme la « force d'animation » de l'alliance de la gauche ne lève pourtant pas, tant s'en faut, toutes les interrogations sur la stratégie de cette gauche ni sur les moyens de ses ambitions économiques.

Lorsque, relevant la tête, Mitterrand défie Rocard et lance le duel pour la candidature à la candidature, Bérégovoy est encore là. Même s'il déclare refuser de se « laisser prendre au discours des bons et des mauvais », il le soutient solidement tout au long de cette « guerre des deux roses » qui n'en finit pas et se cristallise notamment sur la question de la participation – ou non – des communistes au gouvernement.

Dès l'année 1976, voyant que ses fonctions politiques l'absorbaient de plus en plus, Pierre Bérégovoy avait franchement abordé le problème avec Pierre Monclaire :

– Monclaire, lui avait-il dit, le jour où ça deviendra un handicap pour vous d'avoir un adjoint qui mène parallèlement une carrière politique, il faudra me le dire.

Il était entendu entre eux que Bérégovoy quitterait alors la SDIG. À la fin de l'année 1978, ce moment était venu et, avec le feu vert de Pierre Alby, Pierre Bérégovoy avait abandonné son poste pour être attaché au directeur commercial de Gaz de France, Jacques Cognet.

1. Entretien du 11 mars 1993.

Un an plus tard enfin, en septembre 1979, il était nommé au Conseil économique et social par le gouvernement Barre, selon une tradition qui veut que l'opposition ait toujours droit à un poste dans cette instance.

Deux noms avaient été soumis au président de la République : le sien et celui de Christian Goux. Ayant été retenu, il avait téléphoné lui-même la nouvelle à Christian Goux, qui avait apprécié ce geste venant d'un homme plus ancien et plus haut placé au PS que lui.

La course de lenteur tactique entre François Mitterrand et Michel Rocard ayant finalement tourné au profit du premier, qui annonce officiellement sa candidature en janvier 1981 tandis que Rocard se retire, Bérégovoy se voit confier un rôle clé dans la période cruciale qui s'ouvre. Aux côtés de Jacques Attali, Jean-Pierre Chevènement, Jack Lang, il est de ceux qui sont invités par Mitterrand à lui présenter des suggestions pour son manifeste électoral. La plate-forme présidentielle ainsi élaborée, dont le projet ambitieux, « changer la vie », se concrétise dans les « 110 Propositions pour la France », mise notamment sur une réduction du temps de travail pour diminuer le chômage qui est le grand thème – déjà – de la campagne électorale, et parmi les réformes de structures, prévoit la nationalisation du secteur bancaire et de neuf groupes industriels (Marchais en proposait vingt-huit).

Mitterrand préfère cependant Jospin à Bérégovoy pour assurer son « intérim » à la tête du PS, mais « Béré » est numéro deux dans l'équipe mise en place et, tout en regrettant « l'américanisation de la vie publique [qui] conduit à lancer les candidats comme des marques de savonnettes », il prend une part active à la campagne électorale. Il se donne à fond, comme il sait le faire, mais avec sang-froid. « Dans le tourbillon de cette campagne de 81, il est l'un des seuls à montrer un flegme inaltérable », se souvient Françoise Seligman. Mitterrand l'a chargé de répondre à son courrier qui est évidemment considérable. Il le fait avec calme et méthode, rédige lui-même les réponses, va jusqu'à relire les lettres des dactylos, sans se laisser gagner par l'ambiance survoltée qui règne autour de lui.

Il intervient aussi aux moments cruciaux. C'est ainsi qu'on lui devra pour une bonne part la lettre de François Mitterrand du 1er mai 1981, rédigée in extremis pour répondre aux rumeurs alarmistes annonçant que sa victoire entraînerait la suppression des crédits aux écoles privées, voire leur fermeture, et l'intégration autoritaire des maîtres du privé dans le secteur public. La tâche est délicate. Il s'agit de rassurer des catholiques enclins à voter à gauche sans pour autant décevoir les fidèles tenants de l'école laïque. On retiendra de cette lettre l'objectif réaffirmé d'un « grand service publique unifié et laïque de l'Éducation nationale », mais en tenant compte de « toutes les expressions pédagogiques », et le souhait que sa mise en place « soit le résultat d'une négociation et non d'une décision unilatérale ». « J'entends convaincre et non contraindre. Je souhaite rassembler et non diviser » affirme le candidat socialiste.

Les Français commencent seulement à penser que Valéry Giscard d'Estaing n'est pas imbattable. Il s'agit de les convaincre que Mitterrand peut gagner et de garder les nerfs solides pour parcourir la longue ligne droite avant les dates butoirs du 26 avril et du 10 mai.

À la fin de l'été 1980, Giscard était crédité d'environ 35 pour cent des intentions de vote. Depuis il subit une érosion régulière et inexorable. Les derniers sondages publiés dans la semaine du 10 avril le placent toujours en tête, mais avec seulement 27-28 pour cent des suffrages. Mitterrand est en revanche en progrès de quatre points, depuis août 1980, avec 23-24 pour cent des intentions de vote. Marchais est en général donné troisième, autour de 17-18 pour cent, devançant Chirac d'à peine un point. Tout peut encore se gagner ou se perdre.

Le 26 avril, première surprise, Giscard (28,31 pour cent des suffrages exprimés) ne devance Mitterrand (25,84 pour cent) que de 715 000 voix. La seconde surprise, décisive pour la suite, est le recul spectaculaire du PC dont le candidat arrive près de trois points derrière Chirac, avec 15,34 pour cent de voix. Le PS est en voie de gagner « la bataille historique » qui l'opposait au PC. « Quand nous l'aurons définitivement gagnée, les chances de l'alternative en France seront restaurées », écrivait Bérégovoy à Pierre Mendès France le 10 janvier 1980, à un moment où l'avenir de la gauche paraissait bien incertain...

La plupart des experts électoraux donnent Mitterrand gagnant pour le second tour, compte tenu des reports écologistes et des réticences d'une partie de l'électorat RPR à l'égard de Valéry Giscard d'Estaing.

Depuis longtemps, Mitterrand a son opinion sur le sujet. Dès octobre 1980, il avait chargé Pierre Bérégovoy de prendre contact avec Bernard Pons. À deux ou trois reprises, les deux hommes s'étaient rencontrés dans un hôtel particulier du 16e arrondissement. Aucun rapprochement politique n'était à prévoir, contrairement à ce qu'avaient un moment imaginé certains membres du CERES et les gaullistes de gauche proches du « Front travailliste » comme Georges Gorse ou Jean Méo, mais Bérégovoy était revenu convaincu que « Chirac jouait l'échec de Giscard ».

Quelques jours avant le second tour, Pierre Monclaire croise Bérégovoy qui l'aborde avec le sourire :

– Monclaire, je crois que c'est dans la poche. Normalement, Mitterrand devrait passer. Ce sera du 51 ou 52 pour cent !

– Alors, vous allez être ministre?

Il ne répond pas.

– Vous savez, lui dit-il, ce n'est pas moi qui vais me plaindre, parce qu'il y en a d'autres (il pensait à Mitterrand) qui souhaitaient cela depuis longtemps. Mais, j'ai cinquante-six ans. Pour moi, j'arrive un peu tard. Regardez l'équipe de Mitterrand. Ce sont quasiment tous des jeunes, des énarques. Et moi là-dedans?

– Visiblement, ajoute Pierre Monclaire, son âge et son « profil » d'autodidacte lui semblaient un handicap. Face à des hommes plus jeunes et titulaires des diplômes les plus prestigieux, ils lui posaient problème pour le déroulement de la carrière auquel il pouvait penser.

Les experts ne se sont pas trompés. Mitterrand est élu avec 51,75 pour cent des voix contre 48,25 pour cent à Giscard d'Estaing.

Pierre Bérégovoy a appris la nouvelle, rue de Solférino où attendent avec lui les principaux dirigeants de la campagne : Jospin, Quilès, Poperen, Fabius, Estier, Mauroy, Attali. Jérôme Jaffré, le président de la SOFRES, a été le premier à téléphoner, bien avant 20 heures : « François Mitterrand est élu : 52 pour cent. Aucune erreur possible. » Le temps d'assimiler la formidable nouvelle, tous se congratulent, s'embrassent, unis dans la joie de la victoire. À 23 heures, Mitterrand arrive enfin de Château-Chinon où il attendait les résultats.

« Il s'isole avec Pierre Mauroy, après avoir pointé son doigt sur Pierre Bérégovoy.

– Vous, je vous vois demain... à 11 heures.

« Tout est dit : les deux principaux rôles de la nouvelle République sont distribués [1]. »

1. Jacques Attali, *Verbatim 1*, 1981-1986, Fayard, Paris, 1993, p. 16.

6

La sortie de l'ombre

Depuis un moment déjà, Bérégovoy savait à quoi s'en tenir. Depuis ce jour où Mitterrand lui avait demandé, quelque temps avant le scrutin du 10 mai : « Bérégovoy, si on gagne, vous voudrez travailler avec moi? »

Le 11 mai, vers 8 h 30, Pierre Monclaire le rencontre à nouveau à Gaz de France devant les ascenseurs, alors que lui-même se rend comme tous les lundis matins à la réunion des directeurs de la direction économique et commerciale. Il le félicite. Bérégovoy le remercie.

– Je vous annonce que je vais être secrétaire général de l'Élysée, ajoute-t-il.

– Ah bon? s'étonne Monclaire car, depuis des années, Bérégovoy lui disait : « Moi, si la gauche arrive au pouvoir – vous me connaissez, je suis un gars concret – je voudrais avoir des responsabilités, être ministre. Compte tenu de ce que j'ai fait jusque-là, j'aimerais avoir le ministère des Affaires sociales. » Il ne m'a pas présenté ce poste de secrétaire général comme une grande satisfaction, note Pierre Monclaire. Il a d'ailleurs très vite ajouté, avant de s'engouffrer dans l'ascenseur : « Mais, vous savez, de toute façon, je serai rapidement ministre. Et pourquoi pas plus haut? »

Il allait prévenir Pierre Alby de sa nomination et aussi « ce qui n'était pas courant », précise ce dernier –, le remercier pour ses années passées à Gaz de France.

– Cela décrit l'homme : honnête et fidèle, ajoute Pierre Alby. D'une fidélité totale, ce qui peut être dangereux car il n'est pas capable de désobéir.

Il quitte donc Gaz de France avant l'âge de la retraite et au dernier niveau supérieur des cadres. Dans le calcul des annuités qui restaient à courir, Pierre Alby et son directeur général, Pierre Delaporte, veilleront à ce que les choses se passent au mieux pour lui et, sur leurs instructions, et non à sa demande, il partira avec une retraite de contrôleur général (soit immédiatement en dessous de directeur).

Ils n'auront pas à regretter de s'être montrés sans parti pris vis-à-vis d'un homme qui n'était pourtant pas de leur bord politique. Pierre Bérégovoy sera pour beaucoup dans la nomination de Delaporte comme président d'EDF, et lorsque Pierre Alby sera menacé de ne pas être renouvelé, il interviendra pour lui conserver son poste de président-directeur général de Gaz de France

À 11 heures, dans son « bureau-pigeonnier » de la rue de Bièvre, Mitterrand confirme à Bérégovoy qu'il sera secrétaire général de l'Élysée. « Nous l'attendions dans un café. Il est revenu de l'entretien avec le Président tout déçu, confirme un de ses équipiers de la campagne présidentielle. Il ne s'était pas rendu compte que c'était, vu la période politique qui s'annonçait, le deuxième poste de la République ! » Un poste suffisamment prestigieux pour avoir été convoité par Jacques Delors et Jacques Attali...

La première décision du nouveau Président est aussi de lui confier – ce qui dès lors s'impose – la responsabilité de l'équipe qui préparera la passation des pouvoirs et les premières mesures à prendre, et assurera les liaisons entre les administrations en place, les partis politiques et les syndicats. Un local est prêté par la FEN au 5 de la rue de Solférino, à côté du siège du PS. Bérégovoy prend immédiatement possession des lieux avec ses collaborateurs, Jacques Fournier, Jacques Attali, Alain Boublil, Hubert Védrine, Nicole Questiaux, Nathalie Duhamel, Michel Vauzelle, Christian Goux, Régis Debray, André Rousselet et Jean-Claude Colliard. L'appartement est vide. L'essentiel du mobilier consiste en quelques tables et les dossiers sont entreposés dans des caisses. Seuls les téléphones sont en nombre. C'est dans cette sorte de campement que sont reçus les premiers visiteurs, illustres ou non. Au journaliste de l'AFP, Lucien Simon, qui lui demande quel nom donner à cette structure insolite, Bérégovoy répond :

Je n'en sais rien, disons que c'est une antenne présidentielle. »

La passation des pouvoirs s'organise avec Jacques Wahl, l'ancien secrétaire général de l'Élysée. Dans une lettre adressée à Mitterrand, Giscard d'Estaing exprime le souhait qu'elle ait lieu le mercredi 20 en fin de journée, car il veut tenir son ultime Conseil des ministres le matin à l'heure habituelle. Sur les conseils de Bérégovoy, mais aussi de Lang et de Rousselet, Mitterrand répond qu'il préfère que la cérémonie ait lieu un matin et donc, constitutionnellement le 20, les pouvoirs de l'ancien président de la République expirant le 20 à 0 heure. Il suggère que le Conseil des ministres soit exceptionnellement avancé d'une journée. Mais Giscard réitère sa demande, qui est finalement acceptée. La passation des pouvoirs sera finalement repoussée au jeudi 21 mai au matin. Mitterrand a suivi l'avis de Bérégovoy qui lui a fait valoir qu'il ne doit pas s'attacher à des litiges secondaires.

Il y a plus urgent et plus grave en effet. Dès l'annonce du résultat, le franc est tombé à son cours plancher au sein du SME. En vingt-quatre heures, un milliard de francs ont passé la frontière. Mais comment intervenir pour enrayer la chute du franc et la fuite des capitaux, en une période de passation des pouvoirs et dans un climat d'affrontement politique très dur entre l'équipe sortante et la nouvelle équipe, issue d'une élection dans laquelle beaucoup voient l'amorce d'un changement de société? Personne n'est prêt à assumer les décisions qui s'imposent. Ni Raymond Barre l'ancien Premier ministre qui déclare être là pour « expédier les affaires courantes » et refuse de sembler sanctionner lui-même sa propre politique du franc fort. Ni François Mitterrand qui a donné une consigne formelle à son « antenne » : « Tant que nous ne sommes pas aux commandes, c'est le gouvernement en place qui doit assumer les responsabilités. »

Pour des raisons politiques évidentes, il ne veut pas être associé à la moindre décision tant qu'il n'est pas officiellement investi. Certains de ses conseillers l'ont par ailleurs mis en garde : toute démarche du nouvel élu auprès de Raymond Barre pour lui demander de soutenir le franc pourrait avoir l'effet inverse et aggraver au contraire sa chute. Cet immobilisme coûtera à la France le tiers de ses réserves en devises. Entre le 11 et le 21 mai, cinq milliards de dollars seront dépensés pour tenter de maintenir le franc. Convaincre les puissants milieux financiers moyen-orientaux de ne pas retirer leurs pétrodollars de France relève également de la plus grande urgence. Pour mener à bien cette mission, François Mitterrand fait appel à un viel ami, Claude de Kémoularia, ancien chef de cabinet de Paul Reynaud devenu banquier sous la Cinquième République. Pour avoir mis en place le réseau moyen-oriental de Paribas, celui-ci peut se prévaloir de disposer de précieuses relations personnelles dans les émirats. Il a par ailleurs une compétence professionnelle indéniable.

Il ne connaît pas Pierre Bérégovoy. Il n'a même jamais entendu parler de lui jusque-là. Comme la plupart des Français, il n'a appris son existence que le 12 mai lorsque les journaux ont annoncé la constitution de l'« antenne présidentielle ». Mais les 17 et 18 mai, c'est en sa compagnie qu'il fait le tour des ambassades arabes de Paris pour les rassurer sur les orientations économiques et diplomatiques du nouveau régime. Hubert Védrine, qui a dirigé la cellule diplomatique de la campagne, complète le trio.

– Mitterrand veut une politique d'équilibre au Proche-Orient, explique Kémoularia, et un bon contact de la France avec Israël sera dans votre intérêt.

Dans la voiture qui les emmène dans les rues de Paris, « Kémou » et « Béré » font connaissance.

– Votre nom, c'est Bérégovoy? C'est russe? s'informe Kémoularia.

– Non, c'est ukrainien, mon père a émigré en France en 1923.

– Ah oui, je suis moi-même d'origine géorgienne [1].

Le lien qui peut créer la sympathie entre deux hommes que bien des choses séparent, vient d'être trouvé. Leurs relations deviendront vite cordiales et même amicales.

Deux jours plus tard, lors du dernier Conseil des ministres du septennat, Raymond Barre présente son *Rapport sur l'état économique et social de la France au 30 avril 1981* dont experts et commentateurs reconnaîtront l'honnêteté. Tout est chiffré : croissance, revenus, prix, emploi, commerce extérieur, situation budgétaire, monétaire, énergétique, bilan social, Europe. En revanche rien n'est dit des grandes faiblesses struturelles dont souffre l'économie française et qui se trouvent aggravées par la crise : inflation proche de 14 pour cent, faiblesse marquée des investissements, et, corrélativement, retards considérables pris par des secteurs entiers de l'industrie française.

La nouvelle équipe socialiste est tentée un moment par l'idée d'un contre-rapport, qui insisterait évidemment sur les côtés négatifs de l'héritage. « Bérégovoy suggère d'en confier la rédaction à Pierre Mendès France, note Jacques Attali. Il en parle à François Mitterrand. Pas de réponse. Le président élu travaille seul, toute la nuit, à son discours de demain [2].

À 9 heures le lendemain, celui-ci gravit le perron de l'Élysée, suivi de Pierre Bérégovoy qui a dans sa poche le dis-

1. Témoignage du 18 mai 1993.
2. *Verbatim, op. cit.*, p. 20-21.

cours d'investiture du premier président socialiste depuis Vincent Auriol. Tout le personnel du palais est aux fenêtres, tandis que la centaine de journalistes qui piétinaient dans la cour d'honneur bombardent de leurs flashes ce moment historique.

Aussitôt introduit par l'ancien secrétaire général, Jacques Wahl, dans le salon bleu du rez-de-chaussée, François Mitterrand a un tête-à-tête de trois quarts d'heure avec son prédécesseur. Trois cents invités – corps constitués, amis et compagnons de route du nouvel élu – patientent dans la salle des fêtes.

Tandis que se déroule le tête-à-tête au sommet, Jacques Wahl, qui aura montré jusqu'au bout une correction et une courtoisie exemplaires, fait faire le tour du propriétaire à André Rousselet, Paul Legatte et Pierre Bérégovoy. « Nous avons donné l'image d'une transition paisible et régulière », note l'ancien secrétaire général qui se souvient d'avoir regagné avec ses trois hôtes la salle des fêtes où, ensemble, ils serrent de nombreuses mains [1].

Il est 11 heures lorsque François Mitterrand apparaît enfin. C'est en jaquette qu'il prête serment devant Roger Frey, président du Conseil constitutionnel. Puis, le général de Boissieu étant démissionnaire, le nouveau chancelier, le général Biard, présente au nouveau chef de l'État le collier de grand maître de la Légion d'honneur, qui lui revient de droit. Tout s'est déroulé selon le cérémonial traditionnel que Valéry Giscard d'Estaing, sept ans plus tôt, avait voulu « dépoussiérer ». En revanche, le discours d'investiture du nouveau président, celui qu'il rêvait de prononcer depuis vingt ans, s'inscrit dans une autre tradition, celle de Jaurès et de Blum.

« En ce jour où je prends possession de la plus haute charge, je pense à ces millions de femmes et d'hommes, ferment de notre peuple, qui, deux siècles durant, dans la paix

1. Pierre Favier – Michel Martin-Roland, *La Décennie Mitterrand*, t. 1 : *Les Ruptures*, Le Seuil, 1990, p. 55.

et dans la guerre, par le travail et par le sang, ont façonné l'histoire de France sans y avoir accès autrement que par de brèves et glorieuses fractures de notre société.

« La majorité politique des Français vient de s'identifier à la majorité sociale. Dans le monde d'aujourd'hui, quelle plus haute exigence pour notre pays que de réaliser la nouvelle alliance du socialisme et de la liberté. »

Ce sont ces phrases qui seront retenues, beaucoup plus que la suite :

« Pour cela j'avancerai, sans jamais me lasser, sur le chemin du pluralisme [...]. Président de tous les Français, je veux les rassembler pour les grandes causes qui les attendent et créer en toutes circonstances les conditions d'une véritable communauté nationale. »

On retiendra aussi l'émotion de Pierre Mendès France qui a les larmes aux yeux. Gilberte Bérégovoy se trouve derrière lui lorsque François Mitterrand arrive à sa hauteur et elle l'entend lui murmurer, après l'avoir embrassé : « Sans vous tout cela n'aurait pas été possible. »

Peu après, Pierre Bérégovoy inaugure sa nouvelle fonction en annonçant la nomination de Pierre Mauroy comme Premier ministre. Son installation dans l'appartement de fonction réservé au secrétaire général de l'Élysée, quai Branly, marque son nouveau statut officiel. Côté plus personnel, Claude de Kémoularia demande au couturier Nina Ricci de bien vouloir habiller Mme Bérégovoy pour les réceptions officielles, en lui prêtant des robes.

– Il faut aider Béré, lui dit-il, il montera.

Il ne se trompe pas. Son ascension est pourtant déjà impressionnante et lui-même semble avoir du mal à y croire.

– Quel chemin parcouru ! remarque-t-il, apparemment absorbé dans la contemplation du jardin qui s'offre à ses yeux, lorsqu'il reçoit pour la première fois son « petit frère » Michel dans le grand bureau d'angle du premier étage de l'Élysée qu'il occupe désormais.

Cette phrase, ses premiers visiteurs l'entendront souvent la répéter.

Les fêtes de l'intronisation à peine terminées, il faut affronter la dure réalité monétaire. Contre l'avis de Michel Rocard, partisant de dévaluer « tout de suite et sec » afin de solder la gestion précédente et de se donner une marge de manœuvre, la décision avait été prise collectivement avant le 10 mai par Mauroy, Delors, Bérégovoy, Deflassieux et Mitterrand lui-même, de ne pas commencer le septennat par une dévaluation. Après avoir réuni à nouveau pour consultation le directeur du Trésor, Jean-Yves Haberer, le banquier Jean Deflassieux, l'économiste Jean Peyrelevade, le futur ministre des Finances Jacques Delors et enfin Pierre Bérégovoy, Mauroy s'en tient à cette décision. Mais, pour enrayer la fuite des capitaux, le contrôle des changes est renforcé.

Le lendemain 22 mai, Pierre Bérégovoy accomplit sa première mission officielle à l'étranger. Dès l'installation du nouveau président à l'Élysée, le roi Hassan II a demandé au nouveau ministre du Commerce extérieur, Michel Jobert, qu'il connaît de longue date, depuis le moment où celui-ci était ministre des Affaires étrangères de Georges Pompidou, de venir le voir au plus vite dans son palais de Fez.

Le roi du Maroc a accueilli avec réserve l'arrivée au pouvoir des socialistes en France. Il ne croyait d'ailleurs pas à leur succès. Il n'oublie certes pas qu'en septembre 1953 François Mitterrand, alors jeune ministre de la Justice, avait démissionné du gouvernement Laniel pour protester contre la déposition et l'exil de son père, le sultan Mohammed Ben Youssef, futur Mohammed V, et éprouve de ce fait un respect sincère pour le nouveau président français. Mais il redoute en même temps les positions nettement proalgériennes affichées par le PS et ses déclarations en faveur du peuple saharaoui qu'il combat dans l'ancien Sahara espagnol, au sud de son royaume.

Il propose de mettre un avion à la disposition de Michel

Jobert. Celui-ci, très embarrassé, se voit obligé de décliner l'invitation.

– Ce n'est pas possible, je suis ministre et je ne peux pas aller voir Sa Majesté à titre amical, explique-t-il à son ami l'ambassadeur du Maroc à Paris, Youssef Ben Abbès.

Il lui suggère d'inviter un proche de Mitterrand.

– Pourquoi pas le nouveau secrétaire général de l'Élysée Pierre Bérégovoy ? Le roi pourrait appeler le Président pour le lui proposer.

Chose dite, chose faite. Bérégovoy s'envole pour Fez et rencontre Hassan II. Le voici reçu en audience par le dernier descendant de la dynastie chérifienne. Il peut mesurer là aussi le chemin parcouru. Le contact entre les deux hommes est bon et il le restera. Tout en se montrant très critique à l'égard des méthodes de gouvernement d'Hassan II, Pierre Bérégovoy gardera une certaine amitié pour lui.

À son retour commence le défilé des rencontres officielles. Il est, avec Jacques Fournier, aux côtés de François Mitterrand pour recevoir les différentes délégations. Lorsque viendra le tour du CNPF le 29 mai, le climat ne sera pas à l'ouverture. À une rapide déclaration de François Ceyrac répondra un exposé très complet du président de la République sur la politique qu'il entend mettre en œuvre. Mais il n'y aura pas de dialogue et, pour bien des questions, la délégation du CNPF sera renvoyée à sa prochaine visite au Premier ministre. Yvon Chotard aura du moins informé le président de la République que le CNPF est, comme FO, hostile à la politique tripartite, c'est-à-dire avec participation du gouvernement, que Georges Séguy et Edmond Maire souhaitent substituer à la politique contractuelle habituelle.

Jusqu'au printemps 1982, les rapports entre le pouvoir et les organisations patronales traditionnelles – CNPF et CGPME – seront tendus, les affrontements assez durs. Et la décision prise par Pierre Bérégovoy, pour tenter de les déstabiliser et de les affaiblir, d'accorder la représentativité au Syndicat national des petites et moyennes industries

(SMPMI), une organisation pourtant bien modeste et menée de surcroît par un néopoujadiste, Gérard Deuil, ne sera pas de nature à améliorer les relations. Ce ne sera certainement pas la meilleure mesure à mettre à l'actif du secrétaire général de l'Élysée. Elle sera d'ailleurs sans lendemain.

Le 23 mai, François Mitterrand convoque les membres de l'« antenne présidentielle » qui formeront l'ossature de sa nouvelle équipe élyséenne : André Rousselet, Jean Glavany, Jean-Claude Colliard, Hubert Védrine, Michel Vauzelle, Nathalie Duhamel, Alain Boublil, Jacques Fournier et Pierre Bérégovoy. « Le cabinet n'existe pas, déclare-t-il. Chacun de vous est mon collaborateur direct. » Dès lors, les postes sont distribués et bien définis. Rousselet sera directeur de cabinet, Glavany chef de cabinet et Pierre Bérégovoy aura pour adjoint Jacques Fournier.

En d'autres temps les rôles auraient été inversés. Le conseiller d'État Jacques Fournier aurait eu le pas sur Pierre Bérégovoy. Par tradition en effet, le secrétariat général était habituellement confié à un membre des grands corps de l'État. Il est vrai que certains d'entre eux – tels François-Poncet, Jobert ou Balladur – avaient fait une carrière politique, mais celle-ci n'était venue que plus tard. C'était la seule voie de la haute fonction publique qui les avait amenés au secrétariat général. Le Conseil d'État ne manquera pas d'ailleurs de relever l'anomalie que constitue la subordination de l'un des siens à un secrétaire général dépourvu du moindre titre, mais il s'inclinera devant la décision du chef de l'État.

Une décision mûrement réfléchie, à n'en pas douter, et qui procède d'un autre raisonnement. Son accession à la présidence de la République représentant une « rupture » après vingt-quatre années de domination sans partage de la droite, François Mitterrand sait qu'il va se heurter à des problèmes politiques majeurs. Aussi juge-t-il préférable que son bras droit soit un politique aguerri plutôt qu'un grand technocrate ou un haut fonctionnaire.

Ce profil inhabituel n'empêche pas Bérégovoy de se couler parfaitement dans son rôle. Il le fait avec la gentillesse et la rondeur un peu « chanoinesque » dont il sait faire preuve lorsque tout va bien, mais aussi, le cas échéant, avec la fermeté et l'autorité dont il est capable. Ignorant à peu près tout du poste qu'il allait occuper, il n'a pas hésité, avant la passation des pouvoirs, à poser les questions les plus élémentaires à Jacques Wahl. Mais les explications et les conseils de son prédécesseur ont été assimilés en peu de temps. Très vite il fait comprendre à tous que le pilotage d'ensemble lui revient. Il verrouille étroitement les affaires internationales, tandis que Jacques Fournier prend en charge les rapports avec Matignon et la préparation du Conseil des ministres hebdomadaire et assure la coordination des travaux des conseillers.

Même s'il a toujours le secret regret de ne pas être ministre, Bérégovoy semble pleinement heureux dans sa nouvelle fonction. Toujours présent pour les tâches obscures ou glorieuses, d'une loyauté parfaite, il épaule le Président sans l'ombre d'une défaillance, montrant une exceptionnelle capacité à embrasser les problèmes de tous ordres, une astuce et une efficacité remarquables pour organiser les affaires après tant d'années de non-exercice du pouvoir. Il ne partage qu'avec trois hommes, André Rousselet, Jacques Attali et François de Grossouvre, le privilège de pouvoir le voir quand il veut.

Parallèlement à ces tête-à-tête informels, il le rencontre aussi au rythme d'un calendrier hebdomadaire immuable. Chaque lundi soir, il vient présenter au Président, avec le secrétaire général du gouvernement, l'ordre du jour du Conseil des ministres du mercredi. Il participe surtout avec Lionel Jospin et Pierre Mauroy au petit déjeuner organisé par François Mitterrand tous les mardis, qui devient le principal centre de décision de l'État. On y débat des grands projets et des futures nominations des dirigeants sur lesquels l'État a une faculté de contrôle. C'est enfin là que se prépare le Conseil des ministres du lendemain. Le mercredi, à 9 heures, juste avant le Conseil, a lieu une nouvelle réunion à quatre pour confirmer l'ordre du jour. Sont présents le Premier ministre, le secrétaire général de l'Élysée et celui du gouvernement. Puis les deux secrétaires généraux laissent Pierre Mauroy et François Mitterrand en tête à tête. Après le Conseil, Pierre Bérégovoy retrouve le Président pour un déjeuner devenu rituel, lui aussi, auquel participent les principaux dirigeants socialistes : Mauroy, Joxe, Quilès, Jospin, Defferre, Mermaz, Estier.

Les Français apprennent à connaître son visage et sa voix, car c'est également à lui qu'il revient par tradition d'assurer le compte rendu du Conseil des ministres. Il prend un visible plaisir à disséquer ainsi chaque mercredi, devant les micros et les caméras, les décisions qui viennent d'être prises, ne laissant que les miettes au porte-parole en titre, Michel Vauzelle.

On a désormais pour lui les égards dus à un homme clé du nouveau pouvoir. Que peut-il éprouver, lui, l'ancien cheminot, à voir les hommes les plus éminents et les plus haut placés faire antichambre à la porte de son bureau ? L'accueil reste le même pour ceux qu'il connaissait déjà. Tout au plus éprouve-t-il une petite satisfaction d'amour-propre à faire attendre un quart d'heure un homme comme Pierre Alby, l'un des premiers à lui rendre visite. Mais lorsque celui-ci se croit, très protocolairement, obligé de lui donner son titre de secrétaire général, il l'interrompt :

– Je vous en prie, appelez-moi Bérégovoy, comme avant.

Si Rousselet, Glavany ou Fournier avaient été immédiatement désignés comme lui pour occuper leur poste, Attali était resté pendant quelques jours à se demander si on allait faire appel à lui, et pour quelle fonction. Cette attente avait été difficile à vivre, d'autant qu'il aurait souhaité être secrétaire général. Bérégovoy, comprenant le « drame humain » que vivait le jeune homme, avait lui-même suggéré à François Mitterrand de lui proposer le poste de « conseiller personnel ». Mais Mitterrand avait écarté ce terme pour celui de « conseiller spécial », « comme Henry Kissinger l'avait été auprès de Richard Nixon », avait-il précisé à l'intéressé. Un problème s'était alors posé, celui du partage des responsabilités. Bérégovoy ne pouvait évidemment pas accepter la moindre subordination à l'égard d'Attali. À celui-ci avait été confié l'organisation des sommets internationaux, tandis que Bérégovoy gardait le contrôle des affaires courantes internationales. Attali avait aussi été chargé de la prospective, d'avoir, pour tout dire, des idées pour l'avenir, tandis que Pierre Bérégovoy avec l'aide de Jacques Fournier, gérait plus prosaïquement les rapports avec l'Administration et le gouvernement. Leurs compétences étant néanmoins parfois appelées à se chevaucher, une certaine rivalité opposera bientôt les deux hommes et leurs équipes. Quatre collaborateurs entoureront bientôt Jacques Attali : un conseiller d'État, Jean-Louis Bianco, Pierre Morel, un homme du Quai d'Orsay, et deux jeunes conseillers de tribunaux administratifs, François Hollande et Ségolène Royal. L'équipe du secrétariat général s'étoffera de son côté avec l'arrivée de Christian Sautter, Alain Boublil, Henri Nallet. Elle comptera également une cellule diplomatique assez fournie autour d'Hubert Védrine, tandis que le truculent Michel Charasse, un proche de Gaston Defferre, abandonnera le secrétariat administratif du groupe socialiste à l'Assemblée pour devenir conseiller auprès du secrétariat général de la présidence, chargé des questions constitutionnelles et électorales.

Jacques Fournier qui avait occupé pendant quelques jours le bureau des aides de camp, attenant à celui du Président, a donc dû le quitter pour le laisser à Jacques Attali et s'installer dans un grand bureau, bas de plafond, situé au premier étage de l'aile ouest du Palais. « Sans regrets », assure-t-il pourtant, car il s'y trouve beaucoup mieux pour travailler. Une chose agace cependant prodigieusement Pierre Bérégovoy, c'est de devoir traverser le bureau du conseiller spécial pour se rendre dans celui du Président. Il y voit le symbole de la distance qui le sépare du chef de l'État.

Les rapports de travail entre Bérégovoy et Mitterrand sont certes excellents. Mitterrand apprécie plus que jamais la méthode, la rapidité, l'efficacité de son premier collaborateur, capable de faire en quelques lignes la synthèse d'un problème, de son écriture ronde, appuyée. « Bérégovoy et Mitterrand travaillaient de la même manière, avec la même force de caractère, parlant peu, préférant l'écrit aux réunions, adeptes d'un système de notes brèves, synthétiques, obligeant leurs collaborateurs à la clarté, à la rigieur intellectuelle », explique un de ses anciens directeurs de cabinet. Un sujet, même le plus compliqué, doit y trouver une formulation simple, débarrassée de toute fausse technicité. Le texte doit aller à l'essentiel : le problème, l'objectif et les solutions à proposer. Ils répondent dans les vingt-quatre heures par une simple annotation : « vu », « oui », « non ».

C'est donc surtout par ces notes écrites que fonctionne désormais l'Élysée, d'autant que Mitterrand, on l'a dit, préfère travailler en tête à tête plutôt qu'en groupe. « Tout attroupement est interdit et sera dispersé. » C'est ainsi, note André Rousselet, que ses collaborateurs perçoivent le mode de travail qui leur est imposé par le chef de l'État. Bérégovoy ne s'en plaint pas. Il emploie lui-même depuis longtemps cette méthode. Il a toujours travaillé ainsi. Mais il reste un homme convivial et c'est dans son bureau qu'en fin de journée, autour d'un whisky, l'habitude se prend de se retrouver pour un bavardage amical après une journée d'isolement relatif.

Il sait par ailleurs tirer le meilleur profit personnel de son travail journalier aux côtés de l'homme auquel il a décidé de se dévouer : « François Mitterrand m'a appris à raisonner toujours à distance, à anticiper de manière à être capable de savoir ce qui va se passer dans les deux ou trois ans et pas seulement dans l'immédiat, confiait-il. Il m'a aussi appris la volonté, cet axiome simple : quand on veut, on peut. »

Il racontait souvent que Mitterrand lui disait : « Il faut oser dans la vie », et il admirait ceux qui savaient oser. La capacité stratégique qu'avait montrée le président de la République tout au long de sa carrière politique l'impressionnait :

– Ah, Mitterrand, il a du culot, il est fort, il rebondit toujours, s'exclamait-il.

– Il lui a fait découvrir comme à tous ses proches collaborateurs une autre chose essentielle, ajoute Laurent Fabius, à savoir qu'il faut porter une attention extrême aux petites choses comme aux grandes. Le sens de la stratégie est important mais il ne suffit pas [1].

« Mendès France m'a appris la précision et la concision; Mitterrand m'a appris à gérer le temps », affirmera aussi, plus d'une fois, Pierre Bérégovoy.

Mais s'il est le premier collaborateur du Président, il ne fera jamais partie de ses intimes. Mitterrand le respecte et leurs relations sont amicales. Il y a entre eux une grande confiance, une grande complicité au meilleur sens du terme, mais on ne peut pas parler de véritable amitié. Il ne sera pas des dîners de la rue de Bièvre, des week-ends à Latche ou de l'escalade rituelle de la roche de Solutré.

Sans doute les deux hommes sont-ils culturellement trop différents. Bérégovoy est issu d'un père que l'émigration a fait passer de la bourgeoisie à la classe ouvrière, Mitterrand au contraire vient d'une famille modeste qui a récemment accédé à la bourgeoisie. Ce dernier, ancien avocat, s'évade souvent de la politique pour parler littérature, peinture, cinéma ou histoire. C'est une de ses forces, et tout est synchrone dans sa forme de culture. Ce qui s'est passé il y a vingt siècles a même valeur opératoire que ce qui a été écrit la veille. Il ne cherche pas à faire étalage de ses connaissances. C'est un réflexe chez lui de faire venir des textes anciens à l'appui de l'analyse qu'il va faire. Mais Bérégovoy ne se sent pas à l'aise face à ces échappées culturelles. Homme d'action ayant tout, il n'a pas le tempérament spé-

1. Entretien du 10 juin 1994.

culatif du chef de l'État et il lui manque sans doute certaines références, littéraires entre autres, pour se sentir de plain-pied avec lui. Le Président aime aussi se détendre en écoutant les histoires humoristiques ou gauloises dont Michel Charasse et Roger Hanin semblent avoir une réserve inépuisable. Pierre Bérégovoy lui se laisse rarement aller, sans doute parce qu'il a horreur du laisser-aller. Les grosses plaisanteries n'ont jamais été son fort. Il est capable d'humour, porte un regard un peu ironique sur les gens et les choses, mais de façon discrète, en finesse. Il semble aussi habité par sa fonction. Il s'est construit à la force du poignet et cet effort l'a tellement absorbé que la politique semble être, avec sa famille, le pôle presque exclusif de sa vie. S'il a par ailleurs une très grande confiance en lui-même et en ses capacités, il donne aussi l'impression d'avoir toujours besoin d'être rassuré, reconnu, de prouver ce qu'il est. Avec lui, François Mitterrand parle essentiellement affaires de l'État, ce qui ne l'empêche pas de se confier souvent à lui.

Que Bérégovoy souffre secrètement d'être tenu à l'écart de l'entourage immédiat du Président ne fait guère de doutes. Mais il ne cherchera jamais à forcer son cercle d'intimes, de même qu'il ne cherchera jamais vraiment à se créer lui-même un entourage personnel. Il reste politiquement un homme assez seul, avec la grande liberté que cela pourrait lui donner s'il n'y avait ce lien personnel très fort à l'égard du chef de l'État.

Avec la période très politique qui s'annonce, le poste de secrétaire général est plus que jamais un poste carrefour, un poste relais. On le constate au soir du triomphe électoral du 21 juin, qui donne 285 sièges au PS-MRG, soit 39 de plus qu'il n'en faut pour atteindre la majorité absolue [1], tandis que la représentation parlementaire communiste connaît une chute elle aussi historique, passant de 86 à 44 députés, et que le RPR tombe de 154 à 88, l'UDF de 124 à 63.

1. Ils étaient 117 dans l'Assemblée sortante.

Ce soir-là, Mitterrand confirme à Mauroy, Jospin et Bérégovoy sa décision de proposer aux communistes de participer au nouveau gouvernement. L'Union de la gauche, cet objectif annoncé de longue date et constamment réaffirmé, va entrer dans les faits, mais dans des conditions de faiblesse du PC telles que, loin de faciliter les choses, elles semblent au contraire les compliquer.

Le lundi 22 au matin, Jacques Fournier est chargé de prendre contact avec le PC, par l'intermédiaire de Guy Braibant, un de ses amis – communiste – du Conseil d'État. François Mitterrand peut se permettre de poser ses conditions, quant au nombre et à la nature des portefeuilles que pourra obtenir le PCF. Il ne veut ni de personnalités battues aux législatives, ni de responsables syndicaux, ni de femmes, ceci pour ne pas s'attirer les foudres des femmes de son propre parti, qui n'ont obtenu pour elles que six maroquins ou demi-maroquins. Georges Marchais se voit enfin signifier qu'il ne pourra prétendre à un ministère, même s'il abandonne le secrétariat du parti.

Dans son livre programme, publié un an plus tôt, *Ici et Maintenant*, Mitterrand avait posé un autre critère : le nombre des ministères revenant aux communistes serait calculé en fonction du nombre de leurs élus. Avec quarante-quatre députés ils ne peuvent donc prétendre qu'à 10 pour cent des postes gouvernementaux, soit quatre tout au plus.

L'accord de gouvernement au niveau du programme est conclu sans trop de difficultés entre les délégations socialistes et communistes conduites par Jospin et Marchais. Mais le PC réclame cinq ministères. Commence alors un marchandage interminable, qui donne une impression de désordre dont les journalistes ne manqueront pas de s'emparer.

Les communistes souhaitent avoir l'Énergie, les Transports, les PTT, la Culture, la Santé et éventuellement le Travail. Mais Pierre Mauroy, sous la pression de certains de ses amis, ne veut plus leur confier que deux ministères. L'Équipement et les Transports iront à Fiterman [1], le second ministère ira à Anicet Le Pors. Il a été un moment question de lui donner les PTT, mais ce projet est bientôt abandonné, les socialistes ne voulant pas abandonner au PC une administration qui brasse de grosses sommes d'argent. Marchais, furieux, parle de rupture. Bérégovoy et Fournier sont alors chargés de débloquer la situation avec Braibant. « Béré », qui avait déjà été en grande partie le maître d'œuvre du premier gouvernement Mauroy sous la haute surveillance du président de la République, se voit là encore confier un rôle important. A 18 heures les efforts des trois hommes sont près d'aboutir. L'Élysée donne son accord pour quatre ministères, avec la Formation professionnelle à Marcel Rigout et la Santé à Jack Ralite. Mais il faut encore négocier le portefeuille qui sera attribué à Anicet Le Pors. On lui propose la Consommation. Marchais refuse tout net.

Bérégovoy mène cette ultime négociation. À 19 heures, il appelle la place du Colonel-Fabien pour suggérer la Fonction publique. Cette proposition est mieux accueillie, mais les communistes demandent que soient rattachées à ce ministère les « Réformes administratives ». Bérégovoy cède à cette exigence. Il annonce en revanche que Fiterman devra se contenter des Transports. Il aura du moins le titre flatteur de ministre d'État et pourra donc prendre part aux Conseils restreints à l'Élysée.

Une heure plus tard est rendue publique la composition du second gouvernement Mauroy et la France apprend qu'elle aura quatre ministres communistes.

A droite, c'est la consternation, l'inquiétude et une condamnation sans appel. Les spécialistes ne sont pas surpris, mais les électeurs conservateurs ne voulaient pas y croire. Ils sont par ailleurs frappés par la réaction très vive

1. Celui-ci a pourtant été battu dans le Val-de-Marne. Mitterrand accepte cette exception car il a de son côté nommé à l'Environnement un chef de parti, Michel Crépeau, président du Mouvement des radicaux de gauche (MRG).

de la centrale FO à cette nouvelle : « La confédération ne pouvait demeurer muette étant donné ses origines et son histoire », explique André Bergeron [1]. Le 24 juin, vers 17 heures, tombe la déclaration que le bureau confédéral vient de voter à l'unanimité :

« Nous sommes respectueux des institutions de la République qui donnent au Président et au Premier ministre la responsabilité de constituer le gouvernement de la France. S'agissant de la participation des communistes, nous affirmons avec solennité, et pour l'Histoire, notre désaccord.

« Cette réaction ne repose pas sur des considérations de politiques électorale, elle est fonction de l'attachement de Force ouvrière aux grands principes qui ont été autrefois et qui continuent d'être à la base de sa constitution et que les communistes ont bafoués partout où ils sont parvenus au pouvoir. Il ne sera pas fait d'autre commentaire. »

Quelques instants après la publication de ce document – « un sacré pavé dans la mare », note Bergeron –, Pierre Bérégovoy appelle le secrétaire de FO au téléphone :

– Alors, c'est la guerre?

– Non, lui répond-il, c'est la morale!

Dans cette négociation, Bérégovoy, une fois de plus, a su jouer de la confiance du Président, sans la trahir, à la satisfaction semble-t-il des deux partis en présence. Ceux qui doutaient encore de son poids personnel ont dû admettre qu'il s'est confirmé habile politique. Sa position au PS s'en trouve confortée. Au comité directeur de synthèse du 12 septembre, on le voit même monter en première ligne, face aux rocardiens, avec l'aval sans aucun doute de François Mitterrand. Plus que jamais, enfin, il apparaît comme « l'homme du Président », lors du fameux congrès de

1. André Bergeron, *1 500 jours, 1980-1984*, Flammarion, Paris, 1984, p. 38.

Valence, les 22 et 23 octobre, premier congrès de la victoire socialiste.

Pour la première fois depuis Épinay, les socialistes ont semblé enterrer à Valence leurs querelles internes. À la différence du congrès de Metz en 1979, les rocardiens ont renoncé à livrer bataille et abandonné toute prétention sur le parti. Tous, rocardiens et mitterrandistes, marchent au même rythme : celui de la solidarité gouvernementale. Derrière Lionel Jospin, désormais leur premier secrétaire, ils confirment d'une seule voix leur volonté « d'engager le processus de rupture avec le capitalisme » tout en se cherchant « une situation de compromis avec le pouvoir économique ».

Cette ambivalence, pour ne pas dire plus, se retrouve dans le message que Mitterrand adresse aux congressistes depuis Mexico, première halte sur la route du sommet de Cancun. Dans une allusion à la violence de l'affrontement idéologique qui a secoué l'Assemblée nationale du 13 au 20 octobre autour des projets de nationalisations, jusqu'à atteindre le ridicule et le mauvais goût, il déclare : « Je comprends votre impatience devant certaines lenteurs et certaines résistances, mais puisque nous avons la durée, il faut savoir la gérer. » Mais les congressistes ont surtout retenu la première partie de la phrase. Oubliant que la fièvre révolutionnaire est mauvaise conseillère, ils ne résistent pas à la tentation de commencer, avec huit années d'avance, la commémoration de 1789, ou plutôt de 1793. La France n'en croit pas ses oreilles d'entendre à la tribune du congrès des discours de coupeurs de têtes et des déclamations à la Fouquier-Tinville. Version moderne heureusement, Robert Badinter, garde des Sceaux, ayant déjà aboli la peine de mort.

Jean Poperen, numéro deux et idéologue du parti, a pourtant ouvert les débats par un discours plutôt mesuré. S'il dénonce « la politique du pire » menée par l'opposition à l'Assemblée, il ajoute aussi « qu'il ne servirait à rien de faire couler le bateau en le chargeant trop d'un coup ». Mais tout bascule lorsque Paul Quilès, l'organisateur de la campagne de François Mitterrand, polytechnicien pourtant rigoureux, monte à son tour à la tribune.

– Pas de chasse aux sorcières, je ne veux pas de l'élimination systématique d'hommes et de femmes en raison de leurs opinions, commence-t-il par déclarer.

Pour ajouter aussi :

– La naïveté serait de laisser en place des gens déterminés à saboter la politique voulue par les Français, recteurs, préfets, dirigeants d'entreprises nationales, hauts fonctionnaires. Il ne faut pas non plus dire : « des têtes vont tomber », comme Robespierre à la Convention, mais il faut dire lesquelles et le dire rapidement. C'est ce que nous attendons du gouvernement et il en va de la réussite de notre politique.

Mais en ne citant pas de noms, il provoque ce qu'il avait affirmé vouloir éviter. L'effet de ses propos est désastreux dans l'opinion. Mitterrand, craignant sans doute des dérapages, avait pourtant dépêché Bérégovoy de Mexico pour tenter de calmer le jeu. Cela n'a pas été suffisant. Le ministre de l'Intérieur lui-même. Gaston Defferre, n'a-t-il pas chauffé la salle avec des phrases du style : « Les banquiers, c'est eux ou nous ? »

Le chef de l'État contacte lui-même Jospin et Mauroy. Lorsque ce dernier monte à la tribune, le lendemain, le changement de ton est total : « N'oubliez pas qu'au-delà des affrontements de la vie politique et des péripéties de la vie parlementaire, nous sommes désormais responsables de la France devant tous les Français. Je ne ferai aucun geste, je ne prendrai aucune initiative qui puisse remettre en cause notre communauté nationale. N'oublions jamais que nous sommes le gouvernement de la force tranquille. »

À l'issue du congrès, Pierre Bérégovoy a beau préciser en souriant, l'air bonhomme que « tout cela est conforme à la tradition socialiste, qui veut que sur trois jours de congrès, on assiste à la thèse, à l'antithèse et à la synthèse », les diatribes de Paul Quilès resteront dans les esprits, tout comme celles du président de l'Assemblée nationale, Louis Mermaz, qui a lui aussi appelé à se mobiliser contre cette « droite qu'il faut débusquer et chasser des pouvoirs qu'elle exerce indûment ». Plus grave, même s'il a pris la précaution de dire que l'alternance est « un droit imprescriptible et sacré », il a pourtant semblé prêt à verser dans le totalitarisme en déclarant aussi : « Il dépend de nous que l'alternance s'exerce désormais entre les seules forces de l'avenir. »

À la grande irritation de François Mitterrand qui, le 28 octobre, lors du déjeuner habituel qui suit le Conseil des ministres, les tancera tous vertement : « Vous êtes tombés dans le piège de la droite. Vous n'avez pas trouvé le ton juste, maintenant c'est moi qui vais payer cela pour longtemps[1]. »

À l'épicentre de cette guerre civile idéologique se trouve, on l'a dit, le dossier brûlant des nationalisations, contre lequel la droite mène une bataille sans espoir et brûle à l'Assemblée ses dernières cartouches. Dès l'installation de Pierre Mauroy à Matignon, il avait été annoncé que les engagements du programme et de la campagne seraient scrupuleusement tenus, ce qui signifiait l'entrée de grands groupes industriels dans le secteur public et la nationalisation totale du crédit. Mais si le principe en est acquis, certains désaccords se font jour à l'intérieur même du PS, sur l'étendue, les modalités, la méthode des nationalisations. Le débat est notamment ouvert sur le nombre des banques à nationaliser et la part que détiendra l'État – 100 pour cent ou 51 pour cent – dans les entreprises qui vont rejoindre le secteur public.

Le ministre des Finances, Jacques Delors, préconise un profil bas : « Pour les banques, je trouvais qu'on en faisait trop, il aurait fallu se contenter de quelques-unes. Pour les entreprises industrielles, 51 pour cent auraient suffi », devait-il déclarer en 1989. Rocard, son rival de la « deuxième gauche », partage ce point de vue et le fait nette-

1. Jacques Attali, *Verbatim, op. cit.*, p. 124.

ment savoir au Conseil des ministres face à un Mitterrand silencieux. Pierre Dreyfus, Robert Badinter et Claude Cheysson sont eux aussi réservés. Ils mettent en garde contre le coût élevé d'une nationalisation à 100 pour cent, qui risque de priver l'État de capitaux à investir dans les entreprises. Ils s'inquiètent aussi des risques de procès, recours, mises sous séquestres encourus de la part des actionnaires étrangers et des multinationales, par définition hostiles à l'expérience socialiste française. Ils font enfin remarquer que la France nationalise à un moment où ses partenaires occidentaux mènent une politique diamétralement opposée de libéralisation et de privatisation.

Mais ils restent prudents. Ils savent que Mauroy n'ira pas contre l'avis de Mitterrand. Ils savent aussi que la majorité du PS est contre eux et qu'il s'agit avant tout d'un choix politique : le maintien des communistes au gouvernement est en jeu. Tout l'été 81 retentit cependant de ce différend et, sur ce dossier, Pierre Bérégovoy s'est immédiatement rangé dans le camp des maximalistes. Pour des raisons idéologiques autant que politiques, mais aussi parce qu'il voit là un moyen de priver le grand capital de ses moyens d'action politique. Il est persuadé, comme beaucoup du PS, que les nationalisations permettront à l'État d'avoir une vision cohérente des problèmes et de mener enfin une politique industrielle volontariste et moderne [1]. Il estime avec eux que les libéraux qui les ont précédés ont trop souvent soutenu les grandes entreprises privées « à fonds perdus », sans avoir la possibilité de guider les investissements lourds et d'établir une véritable stratégie industrielle. C'est ici qu'apparaît une certaine forme de dogmatisme : ce qui aurait été possible en période prospère, avec une industrie dynamique, l'est beaucoup moins dans un contexte de crise et de difficultés économiques.

1. À cela s'ajoute un dernier argument d'ordre tactique : la nationalisation à 100 pour cent devra se faire par voie parlementaire, ce qui évitera d'avoir à traiter avec les grands patrons des sociétés nationalisées.

Pierre Bérégovoy se félicite donc de voir le chef de l'État trancher le débat dans le sens qu'il souhaite et de l'entendre déclarer :

– Si nous sommes ici, ce n'est pas pour faire plaisir aux autres pays, ni pour gérer ce qui existe, mais pour préparer une société nouvelle, attendue par ceux qui nous ont élus et par tous ceux qui attendent notre succès en Europe et dans le monde. C'est la loi de nationalisation qui marquera le plus le septennat.

Le 9 septembre, Pierre Mauroy confirme donc les 100 pour cent. Avec toutefois cette réserve que le seuil retenu pour les nationalisations des banques est de un milliard de francs de dépôts, alors qu'il avait été initialement prévu à quatre cents millions. Cela signifie tout de même qu'avec trente-six banques nationalisées, l'État contrôlera 94 pour cent des dépôts. En revanche, le monde de la finance internationale peut respirer. Le souci de ne pas nationaliser les banques étrangères a beaucoup pesé dans la décision de fixer la barre à un milliard de dépôts. François Mitterrand, Pierre Mauroy, Pierre Bérégovoy et Jacques Attali ont passé leur soirée du 7 septembre à étudier la place des banques étrangères sur la liste des banques classées selon leur volume de dépôts.

« Si l'on avait placé le curseur à quatre cents millions, devait expliquer Jacques Attali, une puissante banque d'affaires comme Lazard, fortement implantée aux États-Unis, aurait été nationalisée et nous aurions eu tout Wall Street contre nous. Or nous n'aurions nationalisé que des bureaux et des machines à écrire. Lazard aurait illico refondé une banque à Londres [1]. »

Théoriquement tenu à l'écart de l'organisation des sommets internationaux, Pierre Bérégovoy fait cependant plus

1. La *Décennie Mitterrand, op. cit.*, p. 127.

d'une fois acte de présence lors de ces rencontres. À sa demande, il a assisté les 20 et 21 juillet à la première réunion du club des Sept Pays les plus riches du monde à Ottawa, où François Mitterrand a été plus ou moins « mis en observation » par ses six partenaires, à tout le moins circonspects. Le 10 septembre, il participe aussi au premier sommet annuel franco-britannique à Londres. Celui-ci ne sera pas un franc succès, tout au plus l'amorce d'un rééquilibrage des liens de la France avec tous les pays de l'Europe occidentale, et l'axe Paris-Bonn restera le moteur de la construction européenne.

Pour la première fois, un communiste, Charles Fiterman, est du voyage, et la tâche délicate d'avertir de ce détail Robert Armstrong, le bras droit de Margaret Thatcher au 10, Downing Street, reviendra à Pierre Bérégovoy. Huit jours avant la rencontre, Armstrong vient déjeuner avec lui à l'Élysée pour mettre au point les modalités de la rencontre, et la composition des délégations est évoquée au dessert. Bérégovoy se lance alors, indiquant que le ministre des Transports sera présent. Son vis-à-vis reste de marbre. Pour être certain d'avoir été compris, le secrétaire général lit alors la liste nominative des ministres qui seront présents et cite donc Charles Fiterman. « Vous amenez qui vous voulez », se contente de dire Armstrong, au grand soulagement de son interlocuteur. Charles Fiterman dira avoir conservé un très bon souvenir de son homologue britannique, le très conservateur Norman Tebbitt...

L'approche très « politique » qu'a Pierre Bérégovoy des grands dossiers de réformes traités au cours de la première année du gouvernement Mauroy se confirme lorsque s'ouvre le débat sur la réduction hebdomadaire du travail. Comme beaucoup de socialistes, le secrétaire général estime nécessaire de mettre en œuvre sans plus attendre les « avancées sociales » promises en mai 1981. Il lui semble important de régler ces problèmes avant les élections cantonales de mars 1982, d'autant que la reprise économique espérée par le gouvernement n'est toujours pas au rendez-vous. Mais la bataille de harcèlement que livre la droite au Parlement contre les lois de nationalisations et de décentralisation, à coup de centaines d'amendements, freine le mouvement des autres réformes, et les projets de lois s'empilent sur le bureau de l'Assemblée.

Le 18 novembre 1981, en Conseil des ministres, Pierre Mauroy propose donc de recourir à la voie des ordonnances pour accélérer les réformes sociales.

– Le calendrier est encombré. Or, la situation sociale presse, nous avons dépassé le seuil des deux millions de chômeurs et, en dehors des réponses économiques, le gouvernement peut d'ores et déjà contribuer à la solution de ce problème en agissant sur le partage du temps de travail, annonce-t-il.

Il n'oublie pas que les réformes sociales s'inscrivent dans le vaste projet socialiste de « changer la vie », mais elles peuvent être également un moyen de lutter contre le chômage. En répartissant mieux le travail et en faisant tourner davantage les machines, il doit être possible d'améliorer la situation de l'emploi. Avec l'appui de François Mitterrand, il décide donc de faire adopter par ordonnances la réduction de la durée hebdomadaire du travail, l'abaissement à soixante ans du droit à la retraite, la cinquième semaine de congés payés pour ceux qui ne l'ont pas encore, la réglementation plus stricte des cumuls emploi-retraite et certains aspects de la formation professionnelle des jeunes de seize à dix-huit ans [1].

Le 13 janvier 1982 est donc adoptée l'ordonnance réduisant à trente-neuf heures la durée hebdomadaire du travail. Elle doit prendre effet dès le 1er février, et d'emblée beaucoup d'entreprises lui donnent une interprétation restrictive. Elles cessent de payer la quarantième heure. Les réactions

1. En revanche les projets établis par le ministre du Travail Jean Auroux pour étendre les droits des travailleurs et moderniser les relations sociales dans l'entreprise seront présentés devant le Parlement.

ne se font pas attendre. Les débrayages se multiplient, avec le soutien de la CGT et de FO qui, une fois n'est pas coutume, se retrouvent d'accord pour exiger que les trente-neuf heures soient payées quarante. Krasucki et Bergeron viennent l'un et l'autre protester à Matignon et à l'Élysée. La CFDT en revanche ne se joint pas au mouvement. Edmond Maire est d'accord avec les rocardiens pour estimer qu'une réduction de la durée du travail avec réduction correspondante des salaires peut être un moyen efficace de lutte contre le chômage. Pierre Mauroy et le ministre du Travail Jean Auroux semblent partager ce point de vue.

Mais le mercredi 10 février, à l'issue du Conseil des ministres, tombe de la bouche de Pierre Bérégovoy le verdict présidentiel :

– Pas un seul travailleur ne doit craindre pour son pouvoir d'achat à la suite de l'application des trente-neuf heures.

La traduction est immédiate : personne ne doit perdre un sou; les trente-neuf heures seront payées quarante.

Il semble que Pierre Bérégovoy ait été largement à l'origine de cet arbitrage présidentiel : celui-ci n'avait d'ailleurs pas été tout à fait aussi net que le laissaient entendre les propos de Pierre Bérégovoy, puisque François Mitterrand avait en réalité déclaré : « Pour tout ce qui dépend de notre autorité (c'est-à-dire le secteur public), nous ne pouvons offrir la réduction du temps du travail contre une réduction des salaires. Pour ce qui sort de notre autorité, il faut veiller au grain et éviter que les employeurs ne reprennent ce qu'ils ont perdu. Les travailleurs ne peuvent avoir l'impression qu'ils vont perdre en rémunérations ce qu'ils perdent en temps de travail. »

Au moment décisif, le secrétaire général a donc un peu « gauchi » la présentation de la décision prise en Conseil des ministres. Parce que, à ses yeux, la question est sociale avant d'être économique et qu'elle est politique avant d'être sociale. Il s'agit de tenir les promesses de mai 1981 et de ne pas créer trop de distances avec la CGT et le PC, très durs sur cette revendication.

Mais les rocardiens sont atterrés.

– Ce n'est pas possible. C'est l'erreur majeure du septennat, s'exclame François-Xavier Stasse, le conseiller économique rocardien de l'Élysée, alors que Bérégovoy le croise à la sortie du salon Murat et lui annonce la nouvelle.

« Béré » garde le sourire.

– Mais, mon cher François, cette politique a été décidée au congrès de Metz, lui répond-il avant d'aller rejoindre les journalistes pour leur lire son communiqué.

Edmond Maire considère lui aussi que c'est « le premier grand faux pas » du président de la République. Il marque publiquement sa désapprobation par un éclat qui fera date : c'est la première fois qu'il prend ouvertement ses distances avec le pouvoir socialiste. Bérégovoy aura beau plaider plus tard qu'il s'agissait d'un problème de vocabulaire, que dans son esprit le terme de « travailleurs » ne désignait pas tous les salariés, mais seulement, dans la connotation un peu ancienne du terme, les travailleurs de base, les « travailleurs aux manettes », et qu'il avait été abusivement élargi à tous les salariés, le mal est fait.

– Du fait de cette décision, le débat sur la durée du travail s'est trouvé bloqué pendant des années, estime Edmond Maire [1].

À peine l'arbitrage connu, les quelque trois cents négociateurs de branches sur la réduction progressive de la durée du travail à trente-cinq heures avec diminutions salariales correspondantes se trouvent en effet stoppées.

– À partir du moment où la réduction du temps de travail n'avait aucune conséquence sur le salaire, compte tenu de l'évolution économique ultérieure, on se condamnait à ne pas aller plus loin, constate de son côté Jacques Fournier [2].

On pouvait du moins espérer – c'est ce que laissaient pré-

1. Entretien du 20 octobre 1993.
2. Entretien du 8 octobre 1993.

voir les études du commissariat au Plan – que le passage aux trente-neuf heures permettrait la création de cent mille emplois. En réalité, d'après une enquête réalisée en 1983 par l'INSEE, seuls vingt mille emplois environ seront « créés ou préservés » grâce à la semaine des trente-neuf heures.

Il ne faudrait cependant pas en conclure que Pierre Bérégovoy avait une fois pour toutes décidé de privilégier l'aspect politique des problèmes aux dépens de toute autre considération. François-Xavier Stasse, qui fut pourtant souvent en désaccord avec lui, est là pour en témoigner. « Comme conseiller économique, je n'étais pas comme lui sur la ligne du Programme commun et des 110 propositions. Pendant toute cette période, nous avons donc eu de nombreuses discussions et je dois dire que c'était extraordinairement agréable. Il écoutait toujours très attentivement, d'autant plus attentivement que ce que je lui disais n'était pas son sentiment initial et, en de nombreuses occasions, il lui est arrivé de modifier son point de vue de départ pour tenir compte de mes remarques. J'avais en face de moi un supérieur hiérarchique et il n'était pas acquis d'avance que, n'étant pas économiste de formation, il comprendrait immédiatement les arguments que j'avançais. Nous avons cependant pu avoir des conversations très intéressantes, très techniques. Ce qui m'a le plus frappé, c'était sa capacité exceptionnelle à intégrer des sujets difficiles et en grande partie nouveaux pour lui. Il en a fait la démonstration encore plus brillante lorsqu'il est devenu ministre des Finances [1]. »

Sa réaction sur un sujet qui lui tient à cœur, la régionalisation d'EDF-GDF, montre que s'il a alors un profil plutôt politique, « sur la ligne des 110 propositions », le réflexe du gestionnaire existe aussi chez lui. Le projet de régionalisation à outrance d'EDF, tel qu'il est élaboré par le groupe de travail de la gauche du PS, avec le soutien de la CFDT, lui paraît incompatible avec l'intérêt de l'entreprise. Le principe

1. Entretien du 5 janvier 1993.

qu'ils veulent faire prévaloir est que EDF-GDF, comme entreprise régionale, devra dépenser et investir dans la région ce qu'elle aura gagné. Il juge cette façon de voir irréaliste. Pour lui certains domaines, en particulier la gestion de la trésorerie, doivent rester centralisés. Aussi prend-il soin d'avertir la direction d'EDF : « Attention, on risque de casser l'entreprise. Préparez un contre-feu. Faites vous-mêmes des propositions ! »

Il demande à être tenu informé de l'évolution de ces projets et, pour qu'on ne puisse pas dire qu'il a des contacts avec la direction de l'entreprise, il prend un interlocuteur unique. Ce sera Lucien Tanguy, un autodidacte lui aussi, devenu cadre par la promotion interne, qui travaille à la direction générale d'EDF. Pierre Bérégovoy le connaît depuis longtemps pour lui avoir déjà demandé des prestations sur la réglementation du travail dans les années 1973-1975, lorsque lui-même était secrétaire national du PS.

Lui qui a acquis la réputation de n'avoir pas son pareil pour décrypter les souhaits et les stratégies de François Mitterrand commet cependant, semble-t-il, une erreur d'appréciation sensible sur un dossier important et qui le concerne de près comme ancien « gazier », puisqu'il s'agit de la vente du gaz naturel soviétique à la France – ainsi qu'à la RFA et à l'Italie – et de la construction du gigantesque gazoduc euro-sibérien entre le gisement d'Uzengoï et les sites industriels ouest-européens. Sofregaz et Creusot-Loire doivent être associés à cet énorme chantier pour des stations de compression et de réfrigération, et Thomson pour des systèmes de télécommunication et télégestion.

Les négociations sont déjà assez avancées, un accord de principe vient d'être signé lorsque l'Occident apprend avec consternation la répression qui s'abat sur la Pologne, mettant fin au processus de « renouveau socialiste » amorcé un an plus tôt avec la création du premier syndicat libre, Solidarnosk. Aussitôt, les Américains annoncent leur volonté de riposter par des sanctions technologiques et commerciales contre l'URSS, accusée d'être responsable de ce durcissement du gouvernement polonais. Ils s'emploient notamment à dissuader leurs alliés de signer les contrats gaziers, et Claude Cheysson, le ministre des Affaires étrangères, semble sensible à leurs arguments, faisant valoir que l'achat de gaz à l'URSS lui fournira de quoi accroître un arsenal militaire déjà considérable. Les réserves qu'il formule sont consignées par Gérard Renon qui, avant d'être nommé à la direction générale chargée des relations internationales de Gaz de France, avait appartenu au secrétariat général à l'Énergie atomique. C'est avant tout pour cette dernière raison que Bérégovoy l'avait appelé à l'Élysée, à un moment où le programme nucléaire qu'il estimait personnellement vital était fortement contesté, Mitterrand lui-même y étant alors hostile. Pierre Bérégovoy annote en ces termes les commentaires de Renon : « Il me semble que le Quai d'Orsay est très sensible à la pression américaine. » François Mitterrand ajoute de son côté, de sa main, cette appréciation : « Il faut régler le contrat avec les Soviétiques avant le 30 novembre sur une base sérieuse mais positive. Toute autre attitude serait dilatoire et ne saurait être approuvée. »

Pourquoi cette date du 30 novembre? Parce que, ce jour-là, le Président doit se rendre en Algérie, avec laquelle la France a également un contrat gazier, et qu'il n'est pas souhaitable que les négociations des deux contrats viennent à s'interférer. Bérégovoy se croit en tout cas autorisé à transmettre directement à Gaz de France l' « accord de principe » de François Mitterrand.

Mais les Russes font le raisonnement inverse. Ils veulent attendre le résultat des conversations franco-algériennes avant de signer. L'accord n'est donc pas paraphé à la date voulue, et la situation se bloque à nouveau avec la proclamation le 13 décembre 1981 de l' « état de guerre » en Pologne.

Immédiatement, Washington hausse le ton et annonce des mesures de « rétorsion ». Non seulement ses alliés sont invités à suspendre sine die les négociations sur le gaz soviétique, mais le secrétaire d'État aux Affaires économiques, Myer Rashish, entreprend une tournée des capitales européennes pour faire savoir que si les contrats gaziers devaient être malgré tout signés avec l'URSS, les Américains ne se croiraient plus obligés de protéger les approvisionnements pétroliers des pays signataires dans le golfe Persique.

Mitterrand récuse ce qu'il considère comme un chantage. Il laisse se poursuivre la difficile négociation franco-russe. Le 4 janvier 1982, avant de reprendre les discussions avec les Soviétiques, Renon demande par note le feu vert de l'Élysée. La note passe dans les mains de Pierre Bérégovoy avant de revenir avec ce nouveau commentaire manuscrit du Président : « Consulter Claude Cheysson. » Dans l'esprit de Renon, cette formule signifie qu'il faut suivre l'avis de Cheysson. Or celui-ci semble moins réservé. Il estime que puisque Mitterrand refuse de se plier aux injonctions américaines, on aurait tort de renoncer, d'autant que, compte tenu des circonstances, il sera peut-être possible d'obtenir un meilleur prix des Russes, ceux-ci pouvant craindre une rupture.

Renon en informe Bérégovoy qui, semble-t-il, n'en reparle plus à Mitterrand. S'appuyant toujours sur l'accord de principe donné par le Président avant le coup de force du 13 décembre, il laisse se faire la signature, lorsque celle-ci lui est donnée pour imminente. Et le 23 janvier au matin, l'information tombe sur les téléscripteurs : le contrat vient d'être signé dans la nuit. Il porte sur huit milliards de mètres cubes par an à partir de 1984 pendant vingt-cinq ans, qui s'ajoutent aux quatre milliards annuels du précédent contrat [1].

C'est en écoutant Europe 1 que François Mitterrand apprend cette nouvelle, qui tombe au plus mal car la France a par ailleurs adopté une attitude très ferme dans la question

1. Dans cette affaire, Harris Puisais, qui fait alors partie de l'entourage de Claude Cheysson au Quai d'Orsay, a, semble-t-il, usé de son influence pour limiter la réaction française au coup de force du 13 décembre.

polonaise [1]. Furieux, conscient de l'effet désastreux qu'elle peut avoir sur l'opinion, il tente immédiatement de joindre Cheysson ou Delors. Sans résultat. Il trouve enfin Jobert à son bureau : « Qu'est-ce que c'est que cette histoire, je l'apprends par la radio. Qui a fait ça? me demande-t-il, très en colère devant l'inopportunité de l'accord... Mitterrand était d'accord pour signer poursuit Michel Jobert, mais il voulait faire traîner les choses car l'affaire polonaise était toute fraîche. Peut-être même voulait-il en profiter pour en tirer davantage de concessions des russes. »

La charge délicate de défendre la position française revient à Pierre Mauroy :

– Il n'y a pas de dépendance à l'égard de l'URSS, qui n'a pas changé de nature avant et après les événements de Pologne. Nous avons, en signant le contrat, échappé à une autre dépendance, celle du pétrole et du dollar, déclare-t-il au Conseil des ministres.

L'affaire est encore plus délicate à gérer, le lendemain, devant l'Assemblée. Face aux quolibets qui pleuvent dru, il fait front, déclarant que le gouvernement ne voulait pas « entrer dans une logique de blocus économique » ou de « guerre » risquant de conduire à la rupture avec l'Est. Il est soutenu par Lionel Jospin – en toute logique – mais aussi par Michel Jobert – au nom du réalisme – et par Raymond Barre qui avait été à l'origine de la négociation.

François Mitterrand ne tiendra pas rigueur à Gérard Renon d'avoir été mis devant le fait accompli dans une affaire aux fortes implications internationales. Renon quittera l'Élysée trois mois plus tard, mais pour retrouver d'importantes fonctions dans le secteur public industriel, avant d'entrer au gouvernement en 1988 comme secrétaire d'État aux risques majeurs puis à la Défense. Quant à Pierre Bérégovoy, il deviendra ministre cinq mois plus tard.

1. Tout en ayant conscience, comme tous les pays occidentaux, que la dictature militaire que vient d'imposer Jaruzelski constitue peut-être, comme le dira le chancellier autrichien Bruno Kreisky, « la dernière tentative pour éviter le pire, c'est-à-dire les chars soviétiques à Varsovie ».

Le *Financial Times* avait salué en François Mitterrand « l'homme de l'année » 1981. En ce début d'année 1982, force est pourtant de constater que la grande ambition qui l'avait porté à la présidence de la République, promouvoir un modèle nouveau de société au-delà des applications précédentes du socialisme, ne s'est pas marquée dans les faits autant que les socialistes l'auraient souhaité. Des réformes importantes ont été menées avec énergie, mais la reprise économique qui aurait pu en soutenir le rythme n'a pas été au rendez-vous. La « politique de relance pour l'emploi » n'a pas donné les effets souhaités. Certes, comme l'écrit Jean-Baptiste Duroselle dans l'*Année politique* [1], « la catastrophe que certains annonçaient avec l'arrivée de la gauche au pouvoir n'a pas eu lieu, mais le redressement promis tarde à se manifester malgré la reprise des activités ». Celle-ci est d'ailleurs moins sensible qu'on ne l'avait cru tout d'abord. Elle est aussi fondée essentiellement sur la consommation. Or, pour que la croissance revienne, il faudrait que les investissements prennent le relais. Ce n'est pas le cas.

Le courant de désenchantement ou de scepticisme hostile qui traverse l'opinion débouche sur l'avertissement politique du 17 janvier 1982 où, dès le premier tour, les quatre candidats de l'opposition gagnent les quatre élections législatives partielles organisées après l'annulation des scrutins de juin 1981 par le Conseil constitutionnel.

Conscient de ne pouvoir à la fois accroître les dépenses et juguler l'inflation s'il ne bénéficie pas d'une reprise économique, le pouvoir socialiste est amené à des révisions déchirantes. Pendant quelques mois encore il se refuse à procéder à la pause qu'a réclamée le ministre de l'Économie et des Finances, Jacques Delors, dès le 29 novembre 1981, mais devant la cascade de mauvais indices – stagnation de la production industrielle, dérapage des prix, progression régulière du chômage qui atteint la barre des deux millions, aggravation du déficit extérieur – et la mauvaise tenue du

1. Éditions du Moniteur, Paris, 1982, p. 14.

franc, en dépit d'une première dévaluation le 4 octobre 1981 [1], le retour à l'orthodoxie monétaire devient inéluctable. Les réalités, ces « choses qui ont l'inconvénient d'être », selon la formule de Georges Clemenceau, imposent de rétablir les équilibres, d'adopter une politique plus classique et donc de ralentir le rythme du changement.

Les économistes de Matignon, Jean Peyrelevade, Hervé Hannoun, Daniel Lebègue, qui travaillent en cheville avec Philippe Lagayette au ministère des Finances, préparent donc dans le plus grand secret un plan économique de rigueur. Ils ont un allié à l'Élysée en la personne de François-Xavier Stasse, et il apparaît que désormais Pierre Bérégovoy lui-même n'est plus un adversaire de la rigueur.

En témoigne une lettre que Christian Goux adresse sur son conseil, le 22 avril, au président de la République, et qu'il s'empresse de transmettre dès réception. Cette lettre, qui fait suite à une longue conversation qu'ont eue les deux hommes sur la situation économique, préconise déjà un plan de rigueur. Elle « mérite toute notre attention », écrit le secrétaire général dans son commentaire. Christian Goux insiste sur la nécessité d' « enrayer un processus [...] qui conduirait à la rupture des équilibres économiques globaux sur lesquels se juge toute une politique, et, par là, à de graves conséquences sur le plan social ».

« Notre monnaie est malade, poursuit-il, parce que la hausse des prix en France est double de celle des grands pays industriels, Allemagne, Japon, et maintenant États-Unis. Le ralentissement des prix dans notre pays est moins net qu'ailleurs, et l'écart entre nos prix et ceux de nos concurrents n'a jamais été aussi élevé depuis dix ans. Cet écart est particulièrement préoccupant puisqu'il correspond à un écart des coûts nominaux, notamment salariaux. C'est là que se situe la cause fondamentale de la baisse du franc. »

1. Il est vrai que cette dévaluation de 8,5 pour cent du franc par rapport au mark n'a fait que neutraliser provisoirement l'écart d'inflation entre les deux pays, qui atteignait aussi 8,5 pour cent.

Second sujet d'alarme, « la relance de la demande n'a pas entraîné de reprise significative de la production intérieure française. Pour l'essentiel, le relèvement du pouvoir d'achat salarial et social a profité aux importations... L'accroissement pourtant considérable des dépenses budgétaires n'a pas eu l'effet escompté... Dans ces conditions auxquelles s'ajoute le niveau excessif des taux d'intérêts et une situation financière dégradée des entreprises, la reprise de l'investissement n'a pas lieu ».

Il remarque enfin que « le déficit budgétaire prévisionnel est appelé à se creuser, faute d'une reprise de l'activité suffisante » avant d'insister sur « le danger d'un endettement extérieur incompatible avec la nécessaire indépendance économique de notre pays et d'un endettement intérieur de nature à remettre en cause la confiance issue de l'élection présidentielle et à réduire la marge de manœuvre ultérieure nécessaire à l'application de notre politique dans un environnement international qui sera difficile ».

Aussi recommande-t-il avant toute chose un blocage des prix et des salaires sur six mois : « Il n'y a en matière de lutte contre l'inflation ni demi-mesure ni demi-résultat. Notre objectif doit être de ramener l'évolution des prix au même rythme que chez nos concurrents. La condition du succès réside dans un blocage s'appliquant à l'ensemble des revenus et non aux seules rémunérations des salariés. »

Christian Goux appelle aussi de ses vœux une meilleure maîtrise de l'évolution du déficit public « au sens large, en y incluant le coût de la protection sociale ».

Ses suggestions rejoignent en partie les mesures que préparent les conseillers économiques de Matignon : blocage des prix et des salaires (moins draconien, il est vrai), restrictions budgétaires. Mais ceux-ci préconisent aussi une dévaluation, que Christian Goux aurait aimé éviter, et un resserrement du crédit. Le 28 mai, la note de Matignon est prête. Signée par Mauroy elle est aussitôt remise à François Mitterrand avec copie pour Lionel Jospin (pour le PS), Pierre Joxe (pour le groupe parlementaire) et Jacques Delors.

Sans être contredit cette fois, ce dernier a déclaré publiquement le 20 mai, veille du premier anniversaire de l'installation de Mitterrand à l'Élysée, que le moment est venu « de passer à la phase suivante de notre politique qui consiste à mettre l'accent sur l'effort » et qu'il « faudra que chacun renonce à une partie de ses droits ».

Au cours de sa deuxième conférence de presse, le 9 juin 1982, le Président commence à son tour à préparer l'opinion au tournant d'une rigueur qui ne dit pas encore son nom, avant qu'elle n'intervienne dans sa brutalité.

Le 12 juin, à Bruxelles, les ministres des Finances des dix procèdent à un réajustement monétaire : le franc est dévalué de 5,5 pour cent, la lire de 2,75 pour cent, tandis que le mark et le florin gagnent 4,25 pour cent. En neuf mois, le franc a perdu près du cinquième de sa valeur par rapport au deutsche mark.

Mais, cette fois, la dévaluation se double d'un plan d'accompagnement draconien [1]. Le dimanche 13 juin au matin, un bref Conseil restreint, réuni à l'Élysée, entérine le plan préparé à Matignon. Celui-ci est enfin présenté au Conseil des ministres du 16 juin : blocage des prix pendant quatre mois, à l'exception des produits énergétiques et des prix agricoles fixés à Bruxelles ; blocage également des salaires pour la même durée, à l'exception du SMIC, et mesures sévères pour que le retour à une liberté limitée (après le 31 octobre) se fasse sans une flambée des prix ; limitation du déficit budgétaire de 1983 à 3 pour cent du PIB ; volonté enfin de « rééquilibrer » les budgets sociaux.

Le chef de l'État donne son aval à ce plan. Mais, avant de lever la séance, il lance un avertissement à Mauroy et à Delors : « Si nous échouons dans cette deuxième phase, une troisième pourrait nous conduire à sortir du SME. » C'est tout à la fois un encouragement à réussir donné au gouvernement et une ouverture en direction des adversaires

1. Cela n'avait pas été le cas, lors de la première dévaluation en octobre 81.

de la politique classique de déflation qui, en cas d'échec, pourraient être appelés à mettre en œuvre une « autre politique ».

Pierre Mauroy est décidé en tout cas à se battre pour engager le pays vers l'effort, vers l'étape de « montagne », annoncée par le chef de l'État lors de sa conférence de presse. Et en réussissant à prendre le virage de la rigueur, il apportera un démenti à cette idée, toujours résurgente depuis le Front populaire, même parmi certains socialistes, selon laquelle la gauche ne peut « durer » au pouvoir.

7

Enfin ministre

Parmi les priorités qui s'imposent, figure le remplacement du ministre de la Solidarité nationale, Nicole Questiaux. « Je ne serai pas ministre des comptes », avait-elle eu l'imprudence de dire en prenant son poste. Et elle avait en bonne partie tenu parole. Ministre de l'action sociale avant tout, elle avait laissé filer les déficits qui, au terme d'un an de gestion, s'étaient transformés en trous impressionnants.

Le jeudi 8 avril 1982, s'était tenu un Conseil restreint – le second – consacré à la Sécurité sociale. Jacques Delors s'était lancé dans un exposé financier qui avait fait l'effet d'une douche glacée :

– Les perspectives sont catastrophiques, avait-il annoncé. Pour la Sécurité sociale, le déficit sera de huit milliards en 1982, de quinze milliards en 1983, de cinquante à soixante milliards en 1987, même dans le cas où on réussirait à réduire la croissance des dépenses à 4,5 pour cent au lieu du rythme actuel de 7 pour cent, qui est supérieur à celui de tous les pays développés. Pour l'UNEDIC il faudra, au plus tard en juillet, trouver dix milliards pour 1982, qui passeront à vingt-sept milliards pour 1983. Nous sommes dans un engrenage diabolique...

Dans un entretien accordé au *Monde* en date du 9 juin, Nicole Questiaux, en réponse à une déclaration de Michel Rocard, affirme pourtant encore que « la France n'a pas une garantie sociale au-dessus de ses moyens ». Mais Laurent Fabius, ministre du budget, tire bientôt à son tour la sonnette d'alarme. Le 21 juin, il adresse une note très alarmiste à François Mitterrand : « Le besoin de financement du régime général, évalué avant la dévaluation à trente-cinq milliards d'ici la fin 1983, peut être estimé aujourd'hui à quarante-cinq voire cinquante milliards. C'est dire l'étendue du problème posé. » Le Président renvoie le document à Jacques Attali, accompagné de ce commentaire : « Remettre une photocopie de cette note à M. Bérégovoy et garder celle-ci pour un prochain Conseil restreint. » Pour le conseiller spécial, cela signifie que François Mitterrand a déjà choisi le successeur de Nicole Questiaux. Il semble pourtant encore hésiter, envisageant même un changement de gouvernement.

Mais le 29 juin, en rentrant du Conseil européen de Bruxelles, il trouve un autre message, cette fois de la main de Pierre Mauroy : « Nicole Questiaux doit partir. C'est urgent maintenant. » Cette fois, la décision ne se fait plus attendre. Bérégovoy est immédiatement convoqué dans son bureau. Il en ressort titulaire du ministère qu'il convoitait depuis longtemps.

– Je suis ministre des Affaires sociales, annonce-t-il à Jacques Attali, en traversant son bureau.

Celui-ci ne croit déceler chez lui aucun enthousiasme. Il se trompe. C'est avec joie que Pierre Bérégovoy abandonne son costume passe-muraille de secrétaire général pour celui de ministre, malgré la difficulté de la tâche qui l'attend.

À l'occasion de cette « restructuration » gouvernementale qui se veut aussi discrète que possible à la veille de la grande migration estivale des Français, Pierre Bérégovoy voit ses compétences singulièrement élargies. Il se retrouve à la tête d'un grand ministère des Affaires sociales et de la Solidarité nationale, auquel se trouve désormais rattaché le Travail, Jean Auroux, jusque-là ministre du Travail, devenant ministre délégué auprès du ministre des Affaires sociales, chargé du Travail [1]. Bérégovoy n'est toutefois pas le seul à bénéficier de ce remaniement technique qui est annoncé comme « la première phase d'un réaménagement plus large ». Jean-Pierre Chevènement, jusque-là ministre de la Recherche et de la Technologie, voit aussi ses attributions élargies à l'Industrie.

Que Mitterrand et Mauroy aient pensé à Bérégovoy pour remplacer Nicole Questiaux ne peut surprendre. Il a été longtemps le spécialiste incontesté des questions sociales au PS et ils ne doutent ni l'un ni l'autre de sa capacité à assumer une fonction ministérielle. Il lui reste en revanche à démontrer qu'il est apte également à négocier le difficile virage d'une rigueur à laquelle il semble se rallier lui aussi sous la pression des chiffres.

Pierre Bérégovoy s'installe donc dans un premier temps au ministère des Affaires sociales avenue de Ségur. Mais, très vite, il souhaite prendre du recul par rapport à ses services, être autonome physiquement, et occupe avec son état-major un petit hôtel particulier de la rue de Varenne, l'hôtel de Clermont. Enfin, lorsque, à l'occasion du remaniement ministériel de mars 1983, il verra ses attributions encore élargies puisqu'il prendra directement en charge le Travail (qu'abandonnera Jean Auroux [2]) et récupérera l'Emploi (Jack Ralite devenant ministre délégué à l'Emploi auprès du ministre des Affaires sociales), il déménagera à nouveau pour le 27, rue de Grenelle. L'usage veut en effet qu'un ministre titulaire du secteur social classique s'installe toujours au ministère du Travail lorsqu'il en a directement la charge car c'est là que, depuis toujours, par tradition, se déroulent les négociations syndicales. Pierre Bérégovoy sera donc appelé à occuper le bureau qui avait été celui de

1. On lui retire en même temps ses compétences Emploi pour les confier à Jean Le Garrec, qui est rattaché directement au Premier ministre.

2. Sur la première période, Jean Auroux continuait à exercer ses attributions, avec un correspondant juridique au sein du cabinet. La plupart des problèmes étaient donc traités directement par lui et la connexion n'allait se faire qu'à partir de mars 1983.

Robert Boulin avant son suicide en 1979. Et il n'en prendra pas possession sans laisser paraître son émotion, mais avec une retenue et une sobriété qui révèlent sa sensibilité et sa densité humaine, et prennent aujourd'hui une résonnance dramatique. A son vieil ami Henri Ducrot, venu lui rendre visite peu après, il déclare en parcourant du regard le bureau, tandis que sa main s'attarde sur le sous-main qu'il a devant lui : « Je ne changerai rien sur ce bureau. C'est là qu'il a écrit sa dernière lettre... »

Pour tout nouveau ministre, la préoccupation la plus immédiate est de se constituer un cabinet composé d'éléments compétents et sûrs attachés à sa seule personne, sur lesquels il pourra se reposer. Ils représenteront à l'occasion un contrepoids efficace à l'influence des hauts fonctionnaires des directions avec lesquels le nouveau venu doit compter, d'autant qu'ayant pour eux la durée, ces derniers, en cas de conflit, peuvent opposer une force d'inertie redoutable. Comme toujours dans ces cas-là, le hasard et la recherche systématique ont leur part. Le choix se fait en quelques jours entre les personnes qu'on connaît depuis longtemps, celles qu'on découvre ou qui vous sont recommandées et enfin celles qui sont proposées par les directions du ministère en raison de leurs compétences particulières. Passer d'une direction de ministère à un cabinet ministériel fait en effet partie de la règle du système, ces passerelles et interactions contribuant à huiler les rouages et faciliter le travail en commun.

Pour bien des raisons, il n'est pas facile pour Pierre Bérégovoy de trouver un bon directeur de cabinet : il n'a pas encore fait ses preuves comme ministre; la succession qu'il prend est difficile et les choix ne sont pas absolument clairs. Il lui faut par ailleurs un homme qui ait des connaissances techniques indéniables. Aussi oriente-t-il ses recherches vers le ministère des Finances. François-Xavier Stasse lui recommande un jeune inspecteur des Finances de la direction du Trésor, Jean-Charles Naouri [1], un homme discret, réservé, mais un « surdoué des mathématiques », diplômé de Normale sup, de l'ENA et de Harvard. Il s'est fait remarquer par un rapport sur l'assurance-maladie rédigé pour Raymond Barre. Seul problème, Chevènement l'a également pressenti pour être directeur-adjoint de son cabinet.

– Écoutez, voilà les conditions, lui dit Bérégovoy. Vous serez numéro deux chez Chevènement ou numéro un chez moi. Comme il était toujours premier de la classe, j'étais sûr qu'il préférerait être numéro un. Il est donc venu aux Affaires sociales.

Pierre Bérégovoy a trouvé en lui un collaborateur de premier ordre qui saura lui débroussailler les dossiers sur le plan technique et lui proposer les options entre lesquelles l'homme politique qu'il est sera appelé à trancher.

Le cabinet comptera deux autres économistes de formation : Guy Worms, qui vient de la direction de la prévision, et André Gauron, un centralien proche de la CFDT, qui a travaillé au Plan, notamment sur la Sécurité sociale. Il aura un rôle de réflexion et d'imagination et, en raison de ses qualités de rédaction, sera le « conseiller-plume » du nouveau ministre. Deux matheux de haut vol les seconderont : Claude Rubinowicz, un camarade de Normale sup de Naouri, qui aime lui aussi le chiffre juste, et une polytechnicienne, énarque de surcroît, Marie-Laurence Pitois. Auteur d'une thèse remarquée sur le destin des étoiles, copilote de Mirage, elle vient de la direction de l'Action sociale. Elle s'occupera plus particulièrement de la vieillesse.

Une autre femme, Christiane Dollander, prendra en main le secteur difficile des handicapés.

François Laumonier, un ancien fonctionnaire du ministère des Affaires étrangères détaché en 1981 au service du proto-

1. Il s'occupait, au Trésor, de l'aspect financier des affaires industrielles.

cole de l'Élysée, que Bérégovoy a donc eu le loisir de connaître et d'apprécier lorsqu'il était lui-même à l'Élysée, sera son chef de cabinet et le restera jusqu'en avril 1993. Sûr, fidèle, il est chargé de « gérer le quotidien », comme il le dit lui-même. Il agira avec courtoisie et savoir-faire. Pour la gestion du ministère et en particulier de la décentralisation, il fait appel à Charles Renard, qui lui a été conseillé par Michel Charasse. C'est un gros poste car c'est la période où il faut mettre en œuvre la grande réforme de la décentralisation de l'action sociale. Un certain nombre de collectivités locales vont en effet être investies de compétences pleines, alors que jusque-là elles les partageaient avec l'État et les départements. Il s'agira donc de définir les modalités de cette décentralisation et cela ne manquera pas de susciter un certain nombre d'interrogations et de remous dans l'armée des Affaires sociales.

De l'ancienne équipe de Nicole Questiaux demeurent cinq personnes. François-Xavier Bordeaux est attaché parlementaire. Gérard Moreau, un administrateur civil Équipement, déjà en fonction aux Affaires sociales lorsqu'il avait intégré le cabinet de Nicole Questiaux, est l'homme de la Santé, de l'assurance-maladie et des relations avec les professions de santé. François Mercereau s'occupe du financement de la Sécurité sociale et du gros dossier de la retraite à soixante ans. Hubert Lesire-Ogrel, un syndicaliste CFTC puis CFDT, sera l'inspirateur des premiers plans de lutte contre la pauvreté et la précarité, des plans d'urgence d'hiver. Dominique Charvet enfin, l'un des fondateurs du syndicat de la magistrature, devient le spécialiste des problèmes de drogue.

Face à tous ces brillants diplômés, « Pierre Bérégovoy s'impose très vite comme "patron" de manière évidente », dit de lui Jean-Charles Naouri [1]. Ils découvrent en lui un homme qui peut être simple, direct, chaleureux, sensible et

1. Entretien du 13 mai 1993.

ouvert aux êtres, mais qui sait aussi se montrer exigeant et autoritaire, tout en restant très courtois.

– L'homme est d'une humeur égale, dit de lui François Laumonier, à tel point que l'on sent à la seule intonation de sa voix ou à un sourire un peu figé que ça ne va pas du tout et qu'il faut refaire la copie...

Mais, s'il demande énormément à ses collaborateurs, il délègue aussi beaucoup. Son esprit très clair, sa capacité de synthèse étonnante, sa mémoire exceptionnelle font par ailleurs l'admiration générale. Il sait aller à l'essentiel, sentir les grands axes d'un dossier sans s'encombrer de détails, et trancher très vite.

Le fait d'être un autodidacte ne le rend-il pas malgré tout plus vulnérable que d'autres, même s'il en tire par ailleurs une évidente fierté?

– Il aurait pu l'être, mais ne l'était pas, répond Jean-Charles Naouri. Il en a fait au contraire une grande force parce qu'il s'est souvent révélé plus compétent que ses collaborateurs apparemment plus qualifiés. Il traitait les gens très diplômés, énarques ou inspecteurs des Finances, avec une certaine ironie amicale.

Il éprouve cependant le besoin d'appeler auprès de lui comme conseiller technique son vieux complice de Gaz de France, Lucien Tanguy. Celui-ci hésite à accepter sa proposition de prendre en charge les relations avec les organisations syndicales et les questions de personnel du ministère [1]. Ce sont des domaines où il a acquis une certaine expérience mais la vie d'un cabinet ministériel lui est totalement étrangère et il n'est pas certain de s'y trouver à l'aise. Pierre Bérégovoy précipite alors les choses. C'est ainsi que Lucien Tanguy apprend un jour que la direction de Gaz de France a donné son accord pour qu'il soit détaché chez le ministre des Affaires sociales.

1. Il sera aussi chargé des relations avec les deux fédérations mutualistes, la FNMF (communiste) et la FNMT (socialiste) dont le président est René Teulade.

Il revient à François Laumonier de lui présenter le cabinet. Après en avoir énuméré les membres ainsi que leurs bagages universitaires, il lui demande :

– Et toi, quelle est ta formation?

Après l'avoir écouté retracer son parcours d'autodidacte, il conclut, avec son doigté habituel :

– En somme, tu as la même formation que le ministre.

Lucien Tanguy est persuadé que si Bérégovoy l'a fait venir, ce n'est pas seulement parce qu'il peut lui être utile. C'est aussi parce qu'il se sent un peu seul et apprécie de se retrouver avec quelqu'un qu'il connaît bien.

– Les gens sont quand même bizarres ici, lui confie Bérégovoy les premiers jours. Moi, le midi, au début, j'allais à la cantine. Mais les gens du ministère ont l'air de trouver anormal ce ministre qui vient manger à côté d'eux. Pourtant chez nous, au Gaz, les cadres supérieurs vont bien à la cantine [1].

Alors, dans les débuts, comme il n'est pas encore vraiment connu et que son agenda n'est pas très rempli, il partage souvent une omelette avec Lucien Tanguy. Mais il aura très vite l'emploi du temps habituel d'un ministre, et les occasions de déjeuner en tête à tête avec son ancien camarade de GDF se feront de plus en plus rares.

Il prend le ministère dans un climat d'échec et de traumatisme. Il arrive un peu comme un pompier appelé pour éteindre un feu de broussailles qui a pris tout à coup l'ampleur d'un véritable incendie. Mais il n'accable pas Nicole Questiaux, même en privé.

– Il n'était pas rancunier et n'a jamais cherché à faire porter par d'autres les responsabilités, se souvient François Laumonier. C'était un homme de très grande ambition, mais cette ambition n'était pas servie par des moyens médiocres.

Il ne s'attarde pas à regarder derrière lui. Il a reçu un man-

1. Témoignage de Lucien Tanguy, le 21 octobre 1993.

dat précis et se fixe des priorités. Son maître mot en matière de méthode de travail lui a été inspiré par Mendès France : « Agir vite et appliquer ce qu'on a décidé de faire. » Il ne s'agit pas d'agir dans la précipitation. Il faut prendre le temps de réfléchir, mais une fois la décision prise, ne plus hésiter à aller de l'avant.

– Une bonne décision prise trop tard n'est plus une bonne décision, se plaît-il encore à répéter.

– Cet homme nous plaisait par son allant, sa volonté, reprend François Laumonier. Il incarnait une gauche à la fois « historique », du fait de son parcours personnel, moderne, parce qu'il ne voulait pas faire n'importe quoi à n'importe quel prix. Il nous a été reconnaissant de nous jeter à l'eau avec lui.

Il a donc su d'emblée susciter l'adhésion de son équipe qui le suit dans ce qui a tout d'une aventure.

– C'était à la fois terrifiant, triste et terriblement enthousiasmant, confie Marie-Laurence Pitois [1].

Dans les jours qui suivent son arrivée, il doit défendre devant l'Assemblée le projet de loi préparé par Nicole Questiaux qui met fin à la gestion paritaire des organismes de sécurité sociale instituée par les ordonnances de 1967. Désormais les représentants des salariés seront élus à la proportionnelle sur présentation des listes établies par les organisations syndicales représentatives. C'est un « retour aux sources de la démocratie sociale » pour le rapporteur Jacques Guyard (PS). Ce projet doit mettre un terme à la « gestion patronale de fait » ajoute Jean Combarteil pour le PC. L'opposition, par la voix de Jean Briane (UDF) et Étienne Pinge (RPR), dénonce le monopole de représentation attribué à « certains syndicats ». Mais l'ensemble du projet est adopté sans coup férir dès le 8 juillet.

Comme l'urgence absolue est de redresser les comptes, le nouveau ministre sera moins un ministre de l'action sociale

1. Entretien avec François Laumonier et Marie-Laurence Pitois, le 16 novembre 1993.

que ne l'avait été Nicole Questiaux. Mais il n'aime guère qu'on parle de rigueur et préfère dire qu'il sera l'homme de la « bonne gestion ».

Le premier travail consiste à décortiquer les comptes, à les mettre à plat pour voir, poste par poste, ce qui se passe et donc agir en amont sur les mécanismes au lieu de « pédaler » dans le vide et se contenter d'agir au coup par coup. Vient ensuite le temps des études, des discussions autour des projets soigneusement élaborés, et, après un été de travail intensif, il est en mesure de présenter au Conseil des ministres du 29 septembre un plan de redressement des comptes de la Sécurité sociale, qui couvre l'ensemble du système de protection sociale et qui est l'un des plus audacieux jamais sortis du ministère des Affaires sociales.

Son projet de loi-cadre passe la paille de fer sur tous les déficits afin de dégager les trente milliards de francs qui permettront aux recettes d'équilibrer les dépenses (538 milliards de francs en 1983). Sa stratégie répond à une contrainte : à Figeac, le 27 septembre 1982, François Mitterrand vient de promettre que la priorité ira désormais à la stabilisation des prélèvements obligatoires. En vertu de ce principe, la Sécurité sociale doit rechercher son équilibre par le contrôle des coûts et des dépenses plus que par l'accroisement des recettes. Invité pour la première fois à participer au « Club de la presse » d'Europe 1 le 3 octobre, au moment même où la politique de la Santé (dont Jack Ralite est responsable) se trouve également sous le feu des projecteurs après le succès de la manifestation des professions de santé le 30 septembre, Pierre Bérégovoy justifie son action en ces termes : « J'ai la volonté de défendre la Sécurité sociale, de préserver et de consolider cette conquête issue de la Libération, et je suis convaincu qu'elle serait menacée si nous laissions un déficit s'établir. » Ce qui signifie qu'il faut revenir sur certains acquis sociaux pour sauver l'essentiel.

Deux semaines plus tard, le 20 octobre, l'hôtel Matignon

confirme son intention de déposer un projet de loi prévoyant le remboursement de l'interruption de grossesse (IVG). La CGT, la CFDT, FO approuvent. La CFTC condamne cette mesure. Ce qu'on ignore, c'est que le sujet trouble profondément Pierre Bérégovoy qui, sur bien des points, reste attaché à une morale traditionnelle. Ce n'est qu'après mûre réflexion qu'il s'est résolu à cette mesure. Pour une raison de justice sociale et de santé publique. Ne pas la prendre était maintenir une distinction entre les femmes qui ne se trouvaient pas sur un pied d'égalité face à ce problème selon leurs revenus. Mais il disait en même temps : « De toute façon, l'avortement est un échec. »

Les dépenses et les prestations sociales ne devront pas augmenter plus que l'inflation en 1983 (8 pour cent). Sur cette base, six à dix milliards de francs d'économie pourront être dégagés [1]. Surtout les hôpitaux seront invités eux aussi à resserrer leur gestion par la généralisation de la dotation globale, plus connue sous le nom de budget global. Chaque année, l'État fixera pour chaque établissement un taux d'augmentation de l'enveloppe de ses dépenses dans laquelle il devra se tenir. C'est une nouveauté historique dans la politique hospitalière française, mais qui ne manque pas de choquer le corps médical par son aspect rationnement et provoque de multiples protestations.

Côté recettes, une promesse est faite. Aucun effort de cotisation supplémentaire ne viendra grever à nouveau les salaires. Les non-salariés en revanche font les frais de l'affaire. Les exploitants agricoles verront leurs cotisations augmenter de 16 pour cent, tandis que l'assiette des cotisations des autres travailleurs indépendants sera elle aussi sen-

1. Certaines améliorations sont notamment repoussées à juillet 1982, au mieux : réforme des prestations familiales, meilleur remboursement de certains soins (lunettes, prothèses dentaires, etc.).

siblement majorée. Est également prévu à partir du 1er avril 1983 un alignement des cotisations des préretraités sur celle des salariés, sauf pour ceux dont le revenu est inférieur au SMIC. L'État accepte par ailleurs de prendre à son compte l'allocation aux adultes handicapés, ce qui allège d'autant le budget social. Ce plan comporte deux autres innovations majeures : la création d'une vignette exceptionelle sur les alcools et les tabacs, et surtout l'instauration d'un « forfait hospitalier », d'abord appelé « forfait hôtelier ». Chaque personne hospitalisée devra acquitter, par jour, vingt francs non remboursables au titre des frais d'hôtellerie. Enfin, la Sécurité sociale reçoit l'autorisation de céder une partie de son patrimoine. Parmi ce train de dispositions il en est deux qui provoquent un tollé : l'alignement des préretraites sur les autres salaires et plus encore le forfait hospitalier.

Pierre Bérégovoy a eu le courage de prendre à son compte un certain nombre de mesures déjà envisagées par ses prédécesseurs, mais que la droite elle-même n'avait pas osé prendre. Ce dispositif est-il pour autant suffisant? Certains observateurs en doutent, s'appuyant sur la double constatation qu'en France comme dans tous les pays industrialisés la progression des dépenses sociales est plus rapide que celle du revenu national. Dans une conjoncture où l'aggravation du chômage et le ralentissement de l'activité, accentué par l'alourdissement des charges supportées par les entreprises, privent la Sécurité sociale de recettes considérables, ils doutent du succès durable d'un plan qui reste lié à une conjoncture pour le moins imprévisible.

Du côté des partenaires sociaux et des milieux politiques, l'heure est à la polémique. S'alignant sur le PS, la CFDT voit dans les mesures proposées par Pierre Bérégovoy une « étape positive » avant la réforme globale qu'il faudra bien envisager un jour. La Mutualité française (FNMP) apporte elle aussi son soutien à la politique du nouveau ministre. Mais la CGT ne ménage pas ses critiques, dénonçant des choix qui amputent le pouvoir d'achat des travailleurs, alors que, selon elle, le patronat est épargné bien qu'il ait (évidemment) une responsabilité écrasante dans la situation. La position du PC est plus délicate : ayant des ministres au gouvernement, il doit en principe être solidaire de décisions auxqelles ceux-ci ont donné leur aval. Néanmoins, dans les jours qui suivent, Mireille Bertrand, membre du bureau politique du PC, prend vivement à parti Pierre Bérégovoy, ciblant principalement le « forfait hospitalier » et les cotisations des préretraités. *Le Dernier mot n'est pas dit* : tel est le titre que choisit de son côté pour son éditorial de l'*Humanité* Roland Leroy, que l'on voit réapparaître en travers du chemin de son ancien ami de jeunesse.

Pierre Bérégovoy affirme comprendre ces réserves. Mais, ajoute-t-il, « le gouvernement de la République n'est pas le gouvernement des partis » et il rappelle que l'ensemble du Conseil des ministres a approuvé le plan, y compris les quatre ministres communistes, dont Jack Ralite, ministre de la Santé. La réponse ne tarde guère.

– Comme membre du gouvernement, déclare Jack Ralite, je respecte les règles de son fonctionnement qui impliquent la solidarité gouvernementale et le droit que j'utilise de faire connaître en son sein mon sentiment personnel.

Mais, il ajoute aussi :

– Personne n'est autorisé, jusqu'à plus ample informé, à faire état publiquement des délibérations gouvernementales, à plus forte raison de manière inexacte.

On peut croire la cohésion gouvernementale menacée...

Si cette querelle occupe le devant de la scène, d'autres critiques se font entendre. Tandis que Jacques Barrot, ancien ministre de la Santé et député UDF, estime que le plan Bérégovoy peut permettre un équilibre temporaire, mais qu'il ne s'agit pas encore d'une « véritable politique de redressement », le MRG ne cache pas ses vives réserves devant de la majoration des cotisations des travailleurs indépendants, et la CFTC rejoint la CGT pour dénoncer le préjudice dont sont victimes les préretraités.

Lorsque commence le 18 octobre devant l'Assemblée nationale la discussion du projet de loi, dont le rapporteur est Claude Évin, d'emblée, par la voix de Joseph Legrand, le groupe communiste annonce qu'il ne votera pas les dispositions mettant à la charge des assurés sociaux exonérés du ticket modérateur le « forfait journalier ». À l'initiative des différents groupes de la majorité, la cotisation assise sur les préretraites se trouve par ailleurs limitée à l'assurance-maladie [1]. Neuf députés socialistes refusent enfin de voter la nouvelle taxation des alcools de degré élevé et du tabac. Pour le reste, l'ensemble du projet est adopté dès le 19 octobre.

Qu'une mesure qu'il estime être de bons sens, comme le forfait hospitalier, ait suscité une telle levée de boucliers a surpris Pierre Bérégovoy.

– Je ne comprends pas. Vous voyez, je pensais que ça allait être considéré comme une mesure de bonne gestion, que j'allais être approuvé par tout le monde, confie-t-il à Lucien Tanguy.

– Après, il s'est blindé, ajoute ce dernier. Je ne l'ai plus entendu faire ce genre de réflexion.

Mais, sur ce dossier, le ministre n'est pas au bout de ses désillusions. On l'entendra notamment s'insurger lorsque, quelque temps plus tard, le congrès de la MGEN acceptera de couvrir le « forfait hospitalier ». Cette décision retire en effet tout son intérêt à la mesure qu'il a prise puisque, pour compenser ce surcoût, la MGEN sera contrainte d'augmenter ses cotisations. Les assurés feront donc en définitive les frais de l'opération, ce qui était l'inverse du but recherché.

Il ne sera pas à l'abri d'autres surprises du même ordre au sein même de son ministère. Lorsque, croyant bien faire pour améliorer les conditions de travail du personnel, il décide de transférer la direction des Affaires sociales et de la

1. La perte de recettes qui en résulte est compensée par une augmentation de la taxation de la publicité pharmaceutique.

Santé dans des locaux neufs de l'autre côté de la porte de Vanves, il se trouve aux prises avec les protestations des intéressés et voit la CFDT prendre notamment fait et cause contre cet « exil ».

Afin de revaloriser le ministère des Affaires sociales, longtemps considéré comme un parent pauvre, de le rendre plus attractif et d'améliorer ainsi son encadrement, il prend l'initiative un peu plus tard de mettre les primes des cadres au niveau de autres ministères, ce qui revient à les augmenter. La CFDT sort immédiatement un tract incendiaire qui l'accuse d'augmenter les gros salaires et de rogner les petits. Il en est meurtri. « Il y avait un peu de candeur chez lui dans les débuts, reprend Lucien Tanguy. Il était persuadé que tout le monde l'aimait bien au ministère et quand il recevait un coup de griffe, il ne comprenait pas... »

Le 19 octobre il a donc quitté le Palais-Bourbon avec en poche son plan de redressement de la Sécurité sociale. Mais deux gros dossiers, non moins difficiles, l'attendent : la retraite à soixante ans et l'assurance-chômage. La retraite à soixante ans figurait en bonne place parmi les cent dix propositions du candidat François Mitterrand en mai 1981, et le gouvernement avait la ferme volonté de la voir entrer dans les faits dans les meilleurs délais. Mais, pour y parvenir, il fallait là encore « faire des comptes », contrairement à ce qu'avait dit Nicole Questiaux.

Pour quelques catégories de salariés, la retraite à soixante ans existait déjà et un certain nombre de mesures avaient été prises instituant une sorte de préretraite. Appelée « garantie de ressources » pour les salariés privés d'emploi à soixante ans (accord u 27 mars 1972), puis étendue en 1973 et en 1978 aux départs volontaires, elle était financée par l'UNEDIC, ce qui contribuait à grever son budget.

Pour aller de l'avant et généraliser le principe de la

complémentaires. Créée pour sept ans [1], gérée paritairement, elle sera financée par deux points des cotisations versées auparavant à l'UNEDIC (soit vingt milliards en 1983). Quant à la participation financière de l'État, elle se montera à dix milliards de francs par an.

Ce compromis est accueilli avec soulagement par le gouvernement qui voyait avec inquiétude se rapprocher l'échéance du 1er avril fixée par l'ordonnance de mars 1982. Mais, les tractations ont été là encore laborieuses. La dernière d'entre elles, qui portait sur l'engagement financier de l'État, laissera à Yvon Chotard « un goût de marchandage inhabituel... ». « À l'interruption de séance pour un dîner froid, je me trouvais auprès du ministre, et je lui dis mon pessimisme, car le compte n'y était pas pour la structure financière. Il me demanda " mon prix " comme sur un champ de foire. Je fus sans doute raisonnable puisque dans le courant de la nuit, il me fit savoir que " le compte était bon " [2]. »

La retraite à soixante ans est le plus spectaculaire de tous les dossiers dont il assure le suivi. Mais il n'est pas le seul. Lorsque le ministère du Travail passe directement sous sa compétence, il s'emploie de la même façon à porter jusqu'à son terme les réformes en cours, notamment le chantier de démocratisation du secteur public mis en route par Jean Auroux, qui a pour but de donner une représentation plus forte aux salariés dans les conseils d'administration [3].

1. Le CNPF aurait souhaité dix ans mais Pierre Bérégovoy s'en était tenu à sept ans.
2. Yvon Chotard, *les Patrons et le patronat*, Paris, Calmann-Lévy, p. 104.
3. Rappelons que l'essentiel des réformes mises en place par l'ancien ministre du Travail, les « lois Auroux », sur les « droits nouveaux des travailleurs, votées d'août à décembre 1982, portaient respectivement sur les libertés des travailleurs dans l'entreprise, des institutions représentatives du personnel, de la négociation collective et des conflits du travail, des comités d'hygiène, de sécurité et des conditions de travail.

La dernière grande négociation de son ministère s'annonce particulièrement délicate. On est dans ce domaine en pleine impasse. L'ampleur des pertes à combler est telle – trente milliards de déficit sont prévus pour 1983 – qu'elle nécessite un effort de tous, mais chacun entend que l'autre prenne à son compte la plus lourde charge.

Les syndicat proposent un plan comportant sept à neuf milliards de francs d'économie et une majoration des cotisations patronales (un demi-point, soit quatre à cinq milliards). Ce dispositif doit permettre de dégager au total quinze à vingt milliards de francs. Tout en admettant que l'effort des syndicats est important, le patronat refuse tout alourdissement des cotisations versées par les employeurs. Pierre Mauroy ne s'est-il pas engagé au printemps 1982 auprès d'Yvon Gattaz, le nouveau président du CNPF, à ne pas alourdir pendant dix-huit mois les charges sociales des entreprises pour préserver leur compétitivité? En septembre, à Figeac, François Mitterrand n'a-t-il pas promis lui aussi de ne pas alourdir les prélèvements obligatoires?

Arguant de cela, Yvon Gattaz reste sur sa position. Il ne partage pas l'avis d'Yvon Chotard et de l'UIMM [1] qui auraient préféré négocier une révision du régime par un effort de solidarité commun des salariés et des entreprises. Il choisit d'aller à l'épreuve de force et de mettre le gouvernement devant ses responsabilités. Le 8 octobre, les négociations sont rompues; les deux parties s'en remettent aux pouvoirs publics.

Voici Pierre Bérégovoy contraint de se substituer aux partenaires sociaux. C'est ce qu'il aurait voulu éviter. Mais il n'a plus le choix, et, le 12 octobre, il commence ses consultations, après avoir pris soin de faire savoir qu'il considère le patronat comme responsable de la rupture. Rien n'y fait. Patronat et syndicats campent sur leurs lignes de défense.

Pour débloquer la situation, le ministre propose le

1. Union des industries métallurgiques et minières.

28 octobre un compromis. La contribution de l'État au financement de l'UNEDIC sera maintenue; les cotisations patronales et salariales seront relevées de 1,2 pour cent à partir du 1er novembre mais, en compensation, il prend au nom du gouvernement l'engagement d'alléger dans un avenir proche les taux d'intérêt et les cotisations patronales d'allocations familiales. Il pense ainsi avoir donné satisfaction à la fois aux syndicats et au patronat, et le 1er novembre les cotisations patronales et salariales sont donc relevées unilatéralement.

Fureur d'Yvon Gattaz, le « patron des patrons » qui n'accepte pas de voir l'État reprendre sa parole sept mois après l'avoir donnée. Une ultime tentative d'accord, sur la base d'un compromis élaboré par Pierre Bérégovoy échoue. Le 17 novembre, c'est la rupture. Le CNPF et la CGPME dénoncent la convention qui régit l'assurance-chômage.

L'émotion est grande. On entend Pierre Bérégovoy promettre aux chômeurs qu'ils ne seront pas « victimes de la mauvaise volonté » du patronat et continueront de recevoir leurs prestations grâce à l'action de l'État. Le secrétaire général de la CGT, Henri Krasucki, accuse de son côté le patronat de persister à vouloir « reculer sur la voie du progrès social ».

La plus grande inquiétude règne dans les rangs syndicaux.

– Il ne faut pas se mettre la main devant les yeux, on va maintenant revenir en arrière, prévient André Bergeron, qui est aussi président de l'UNEDIC, le 22 novembre, à l'occasion de réunions organisées par l'union départementale de l'Ain. Sans doute le système de l'UNEDIC et des ASSEDIC devra-t-il être revu, mais je crains que le gouvernement ne profite du désarroi actuel pour aller plus loin que ce qu'aurait pu être un accord raisonnable... Je ne veux pas me mêler de ce qui ne me regarde pas, ajoute-t-il, mais je dirai tout de même que le gouvernement aurait mieux fait de rester tranquille plutôt que de chercher à déstabiliser certaines organisations traditionnelles, provoquant ainsi des réactions d'autodéfense qui expliquent, au moins en partie, ce que nous vivons actuellement [1]...

Acculé à intervenir par voie réglementaire, ce qu'il avait tout fait pour éviter jusque-là, le gouvernement ne vit pas cette situation sans désarroi. Plusieurs ministres s'insurgent à l'idée de devoir prendre des mesures nécessaires, mais qui seront humainement douloureuses et fatalement impopulaires.

– Je ne veux pas provoquer une révolution, proteste Jean Le Garrec, qui ne peut se résoudre à voir tailler dans les indemnités versées aux chômeurs.

La tâche d'instruire se dossier difficile revient naturellement à Pierre Bérégovoy. Il le fait avec l'aide d'une jeune technocrate attachée officieusement à son cabinet, Frédérique Bredin, futur ministre de la Jeunesse et des Sports du gouvernement Bérégovoy d'avril 1992... Quelques jours suffisent. Le 29 novembre tombe un décret qui fixe « à titre exceptionnel et provisoire » les conditions de fonctionnement de l'assurance-chômage. Elles resteront en vigueur jusqu'à ce que les partenaires sociaux soient parvenus à un accord assurant l'équilibre financier de l'UNEDIC. En l'absence d'un accord le 19 novembre 1983, date à laquelle prend fin en principe la convention en cours, les pouvoirs publics légifèreront. Le régime est maintenu dans ses principales dispositions jusqu'à cette date. Douze milliards de francs d'économie brute sont par ailleurs dégagés. Par la réduction du montant de certaines prestations, ce qui se traduit par une baissse moyenne de 12 pour cent des indemnités de chômage, et par la détermination d'une date à partir de laquelle les allocations de chômage sont interrompues, ce qui signifie leur suppression totale pour quelques deux cent trente mille personnes en 1983.

Pierre Bérégovoy, qui était toujours très attentif à ceux qui se trouvaient dans des situations difficiles, ne se résout

1. C'est faire allusion à la représentative accordée en 1981 au SNPMI, à l'initiative de Pierre Bérégovoy.

pas de gaieté de cœur à des mesures aussi brutales. « Mais c'était cela ou le naufrage de l'UNEDIC », plaide-t-il. Il n'en est pas moins vrai que, dès le mois de janvier 1983, cent mille chômeurs basculeront dans la catégorie des « fins de droit ». « Au-delà des chômeurs eux-mêmes, c'est l'installation dans la pauvreté de dizaines de milliers de familles supplémentaires qui se profile », s'indignent deux hauts fonctionnaires qui ont bravé le droit de réserve en signant « XXX » un article dans la revue *Droit social.* On saura qu'il s'agissait de Jean-François Colin, futur directeur de l'ANPE, et de Wenceslas Baudrillart, qui sera conseiller social d'Édith Cresson à Matignon. Le thème des « nouveaux pauvres » remplit dès lors les colonnes des journaux, et Pierre Bérégovoy traînera ce décret comme un boulet pendant des années, avec un certain sentiment d'injustice dans la mesure où il avait pris soin de « prendre la température » des partenaires sociaux et où ceux-ci étaient apparemment conscients de la nécessité de tailler dans les budgets. Dans la mesure aussi où, en comité interministériel, le ministre des Finances lui avait dit que ce qu'il faisait était ridiculement bas et où le Premier ministre lui-même penchait pour des économies plus importantes. Il a l'impression que tout le monde, sur cette affaire, s'est défaussé sur lui. « C'est la première fois qu'il se trouve confronté à une telle situation à cette échelle et cela le trouble profondément », se souvient Marie-Laurence Pitois.

La réouverture de la négociation ne se fait que plus impérative. Au-delà de l'épreuve de force avec un gouvernement durement confronté aux réalités, c'est toute la politique contractuelle qui est en jeu et qu'il s'agit de sauver. La négociation reprend donc très vite et elle se poursuivra pendant toute l'année 1983, non sans connaître regains de tension et rebondissements tumultueux.

Les économies décidées en novembre se révèlent en effet insuffisantes pour rétablir les finances de l'UNEDIC. Faute d'une solution concertée, le Conseil des ministres du 29 juin décide à nouveau unilatéralement de relever de 1 pour cent les cotisations à compter du 1er juillet (0,60 pour cent à la charge des entreprises et 0,40 pour cent à celle des salariés). Nouveauté importante, pour la première fois les fonctionnaires, qui ont la chance d'avoir la garantie de l'emploi, sont assujettis à cette « contribution de solidarité ».

Là encore, la réaction d'Yvon Gattaz ne se fait pas attendre. Le CNPF, estimant que ces mesures constituent un « contresens économique » qui accroît de plus de huit milliards de francs la charge des entreprises, décide le jour même de se retirer du conseil d'administration de l'UNEDIC « jusqu'à la conclusion d'un accord instituant un nouveau système d'indemnisation du chômage. »

Les conséquences ne sont pas graves dans l'immédiat. Les représentants des employeurs continuent à siéger dans les ASSEDIC et également au bureau de l'UNEDIC. Mais, pendant plusieurs mois, la plus grande incertitude règne sur l'avenir de l'UNEDIC.

Les négociations reprennent enfin le 21 octobre et très vite les discussions portent sur l'examen des propositions faites par Yvon Chotard, qui a été chargé de rouvrir les pourparlers pour le CNPF. Au titre de l'assurance, il propose, à la place des multiples prestations du moment, un système d'indemnisation unique qui pourrait comprendre une allocation journalière complétée par une indemnité proportionnelle au salaire antérieur. Il défend surtout l'idée selon laquelle il convient de distinguer ce qui doit relever de la solidarité professionnelle ou interprofessionnelle, donc d'un système d'assurance, et ce qui doit faire appel à la solidarité nationale, donc à l'État. Son raisonnement, « extrêmement simple », souligne-t-il [1], consiste à dire à ses interlocuteurs : « Lorsque des jeunes ne trouvent pas d'emploi et qu'on décide de leur donner une indemnisation, celle-ci n'a rien d'une assurance puisqu'ils n'ont jamais travaillé. C'est une subvention que leur donne l'État, la manifestation d'une

1. Entretien du 5 novembre 1993.

solidarité natrionale. En revanche, pour ceux qui ont travaillé et qui perdent leur emploi, le financement doit être assuré par les partenaires sociaux car il s'agit d'un système d'assurance. Mais il faut dans ce cas trouver un équilibre entre les cotisations et les prestations versées. Et lorsque la durée de l'indemnisation devient excessive et que l'on tombe dans les fins de droits, les subventions accordées à ces chômeurs de longue durée ressortissent à nouveau de la solidarité nationale. »

Il faut cependant se rendre à l'évidence, un accord ne pourra être trouvé avant la fin de l'année, et les partenaires acceptent le 20 décembre de proroger le système en cours jusqu'au 31 janvier 1984. Mais on est loin d'aboutir. Le 5 janvier, les discussions reprennent, avec une volonté d'ouverture du CNPF vers FO, et elles débouchent enfin le 10 janvier sur un accord de principe entre le patronat et trois confédérations syndicales, (FO, CGC et CFTC).

C'est une première victoire pour le CNPF et la CGPME qui ont tiré notamment avantage de l'affaiblissement de la CFDT à la suite de sa débâcle dans le conflit Talbot à Poissy. Tout en conservant la gestion paritaire entre les employeurs et les salariés, les organisations patronales imposent le principe d'une gestion équilibrée de l'UNEDIC, sur la base de quarante-trois milliards de francs en 1984, sans augmentation de la cotisation des entreprises, alors que les cotisations des salariés subissent une hausse – modeste il est vrai – de 0,2 pour cent. Surtout, Yvon Chotard a réussi à faire admettre le principe d'une durée d'attribution des indemnités en fonction du nombre d'années de cotisations avant la perte de l'emploi [1], et la grande nouveauté est la prise en charge financière par l'État, au nom de la solidarité,

1. Les garanties offertes favorisent les titulaires de salaires élevés. Elles sont en revanche beaucoup moins favorables aux travailleurs occupant un emploi précaire ou un contrat à durée limitée, ainsi qu'aux chômeurs âgés de plus de cinquante ans. De même, les licenciés économiques perdent l'allocation spéciale qu'ils touchaient.

des jeunes à la recherche d'un premier emploi et des préretraités.

Les syndicats se résignent à ces mesures limitatives pour sauver la politique contractuelle.

Dans la nuit du 8 au 9 février est signé un second accord qui porte sur le dispositif de solidarité à la charge de l'État. Ce dernier prend également à son compte une partie du déficit de l'ex-UNEDIC [1].

Yvon Chotard a réussi à imposer son point de vue. Désormais, le système d'indemnisation sera fondé sur deux régimes différents : d'un côté l'assurance, financée par les cotisations et réservée aux seuls chômeurs ayant déjà cotisé ; de l'autre une formule d'assistance au nom de la solidarité où l'État prend en charge les préretraités, les chômeurs de longue durée et les personnes n'ayant pas encore travaillé. « Ce fut ma plus belle négociation », devait écrire le vice-président du CNPF. Dans cette affaire, il s'était vu critiqué sur sa droite par son président Yvon Gattaz, mais il avait su trouver l'oreille de Pierre Bérégovoy et le convaincre du bien-fondé de l'idée-force qu'il soutenait. À tel point que celui-ci allait reprendre et défendre durant toute sa carrière ministérielle ce principe de la stricte séparation des logiques d'assurance et de solidarité ainsi que celui d'une durée d'indemnisation du chômeur proportionnelle à celle de sa cotisation. Mais en rompant ainsi avec ce qui avait été longtemps un tabou, le ministre des Affaires sociales prenait le risque d'être contesté sur sa gauche.

L'UNEDIC est du moins remise sur les rails, même si elle n'est pas pourtant tirée d'affaire avec les dix-huit milliards de dettes qu'elle a accumulées et le chômage qui continue de progresser.

1. Ayant obtenu deux garanties nouvelles – l'allocation d'insertion et l'allocation de solidarité –, la CFDT estime pouvoir souscrire à la convention le 24 février. Elle est suivie par l'ensemble des partenaires sociaux, y compris la CGT, le 29 février, et la nouvelle UNEDIC entre en application le 1er avril pour une durée de deux ans.

Tout en menant cette négociation, Pierre Bérégovoy garde un œil vigilant sur le tableau de bord de la Sécurité sociale où, malgré son plan de redressement, les clignotants sont encore à l'orange. Le 23 juin, un nouvel effort s'impose pour financer à court terme les déficits. Mais les choix sont limités. Alors que François Mitterrand s'était engagé en 1981 à limiter à 42 pour cent du PIB les prélèvements obligatoires ceux-ci atteignent déjà 45 pour cent du PIB en 1983. De tous les pays industrialisés, c'est même en France que le mouvement de hausse a été le plus marqué. La seule solution est de procéder à de nouvelles économies.

Le nouveau plan annoncé par Pierre Bérégovoy le 6 juin porte sur quatre milliards de francs [1]. Il ne touche ni aux cotisations ni aux prestations. Report de l'amélioration de certaines prestations et de la hausse des médicaments, nouvelle contribution à la charge des pharmaciens d'officine, réduction de la participation de la Sécurité sociale aux investissements, réduction de la cotation des actes radiologiques, telles sont les principales mesures adoptées. Mais pour ramener à un rythme annuel de 12,2 pour cent en 1983 la progression des dépenses de santé, contre 18,5 pour cent en 1982, Pierre Bérégovoy compte surtout sur une régression des dépenses hospitalières.

C'est enfin le 14 septembre 1983 que le gouvernement examine précisément le projet de réforme hospitalière. En 1982, l'hospitalisation publique a coûté cent milliards de francs à la collectivité et elle a absorbé plus de la moitié des dépenses de l'assurance-maladie. Il s'agit donc, on l'a dit, de revenir au strict contrôle des dépenses hospitalières, afin d'inverser la machine infernale qui consistait à « faire du lit d'hôpital », puisque c'était en fonction du nombre de ces lits que s'établissait jusque-là le budget de chaque établissement. Le but est de stopper l'augmentation diabolique de ce coût

1. Il est cette fois bien accueilli par le CNPF, selon les déclarations d'Yvon Gattaz, à l'issue de son entretien avec Pierre Bérégovoy le 18 mai.

hospitalier par rapport au produit national. Les lits devront être désormais utilisés au meilleur escient, sans gaspillage, et, pour ce faire, les hôpitaux seront totalement désintéressés de la durée du séjour des malades. Tel est l'esprit du projet de loi qui substitue au système des prix à la journée le principe du budget global pour chaque hôpital. Tout en admettant que les dépenses hospitalières pourront progresser plus vite que les prix. Bérégovoy espère voir s'amorcer une réelle décélération dans ce domaine. Est également prévue une nouvelle organisation de l'hôpital autour de départements et non plus de services (ceux-ci datant de 1943), ainsi qu'une meilleure définition des responsabilités.

Cette réforme hospitalière, jointe à l'instauration du « forfait hospitalier », vaut à Pierre Bérégovoy un courrier énorme et ininterrompu de protestations, tant il est vrai qu'il se fait l'artisan dans ce domaine d'une espèce de « révolution culturelle ». À tous il répond que c'est la survie de l'hôpital qui est en jeu. « Il ne suffit pas de dépenser pour croire qu'on a fait ce qu'il fallait pour le social », se plaît-il à répéter. Et il continue dans la voie qu'il s'est tracée avec détermination, surveillant les dépenses des hôpitaux presque hôpital par hôpital.

Ses efforts se trouvent bientôt récompensés. Le 8 novembre 1983, les premières données du rapport de la commission des comptes de la Sécurité sociale font apparaître le rétablissment de la situation du régime général des salariés. L'exercice 1983 se soldera même par un excédent de 11,8 milliards de francs, supérieur aux prévisions initiales, après les déficites de 7,6 milliards en 1982 et de 6,7 milliards en 1981.

Ces perspectives favorables – qui se confirmeront en 1985 – permettront à Pierre Bérégovoy de proposer le 16 juillet 1984 la suppression de la contribution sociale de 1 pour cent, dans le cadre de la politique de réduction des prélèvements obligatoires.

L'essentiel a donc été gagné. Il a rempli la difficile mission qui lui avait été assignée et peut de ce fait être considéré comme le troisième homme de la rigueur (même s'il n'aime pas ce mot) après Mauroy et Delors. « Les déficits de la Sécurité sociale et de l'UNEDIC atteignaient une telle ampleur qu'ils étaient un facteur important du passif du commerce extérieur, souligne Hervé Hannoun [1]. Celui qui parvenait à les résorber contribuait à résorber le déficit extérieur [2]. »

Mais l'action de Pierre Bérégovoy ne s'arrête pas aux mesures spectaculaires, celles qui font la une des quotidiens. Avec Bengamin Ifergan, brillant financier propulsé par Jean-Charles Naouri à la tête de l'ACOSS, l'agence de trésorerie de la Sécurité sociale, Claude Rubinowicz gère de façon révolutionnaire et subtile les énormes flux financiers qui circulent dans la « mégamachine » sociale. Sur leurs conseils, Pierre Bérégovoy introduit des mesures très techniques qui, aux yeux de certains, relèvent de la manipualtion : modification des règles d'indexation des prestations, des dates de versement des cotisations, placements fianciers des excédents de trésorerie... Claude Rubinowicz, qui vient de la Caisse des Dépôts, oblige notamment celle-ci à mieux rémunérer les masses financières que l'ACOSS lui confie lorsque sa trésorerie est excédentaire. « Les banques n'ont pas à faire des bénéfices à partir de la gestion laxiste de l'État », explique le ministre. Le résultat de cette politique habile est spectaculaire : les produits financiers de l'ACOSS passent de 600 millions en 1983 à 2,4 milliards en 1984.

Mais force est de constater que le premier plan de rigueur n'a pas donné dans tous les domaines les résultats espérés. Il n'a pas suffi à freiner l'emballement. Aussi un grand débat

1. Entretien du 14 octobre 1993.
2. En étant supérieures aux recettes, les prestations augmentaient la demande intérieure, ce qui se traduisait par davantage d'importations.

s'est-il ouvert à l'automne 1982 sur le chemin à suivre pour sortir de la crise.

Fidèles à leurs choix, Pierre Mauroy et Jacques Delors persistent à estimer que seule la discipline imposée par les règles du jeu monétaire européen permettra à la France de tenir son rang dans la compétition mondiale. Ils restent partisans du retour aux grands équilibres par une réduction de la demande intérieure, seule susceptible de réduire les importations, donc de limiter le déficit des échanges extérieurs. Mais ils ne font pas l'unanimité dans les rangs socialistes, tant s'en faut. Aux tenants de cette « rigueur » s'opposent les partisans d'une « autre politique ». Pour eux, le véritable antidote de la crise est la « modernisation » des entreprises, le passage le plus rapide possible d'une industrie vieillie et frileuse à une industrie « musclée », tournée vers les marchés de l'avenir. Le seul moyen de leur « donner de l'air » pour qu'elles investissent davantage, se modernisent et parviennent à reconquérir le marché intérieur est de se libérer des contraintes monétaires internationales.

Cette « autre politique » a la faveur d'un certain nombre de ministres, conseillers, économistes, chefs d'entreprise. Ceux que Pierre Mauroy a baptisés « les visiteurs du soir », car il les croise souvent à l'Élysée en fin de journée lorsque lui-même quitte le Président après avoir mis au point avec lui les modalités de la politique de rigueur qui reste la ligne officielle du gouvernement. « Le jour, Mitterrand travaillait avec un gouvernement qui menait la politique décidée en juin 1982. Le soir, il recevait une concubine qui lui proposait une tout autre politique [1]. »

À vrai dire, ces « visiteurs », encore appelés « albanais » par leurs adversaires, qui soulignent que la sortie du SME obligerait à fermer les frontières pour protéger le franc, donc à choisir la « voie suicidaire » de l'autarcie économique, ne sont pas tous sur la même ligne idéologique. Ils forment même un conglomérat assez hétéroclite. Au pre-

1. *La Décennie Mitterrand, op. cit.*, p. 141.

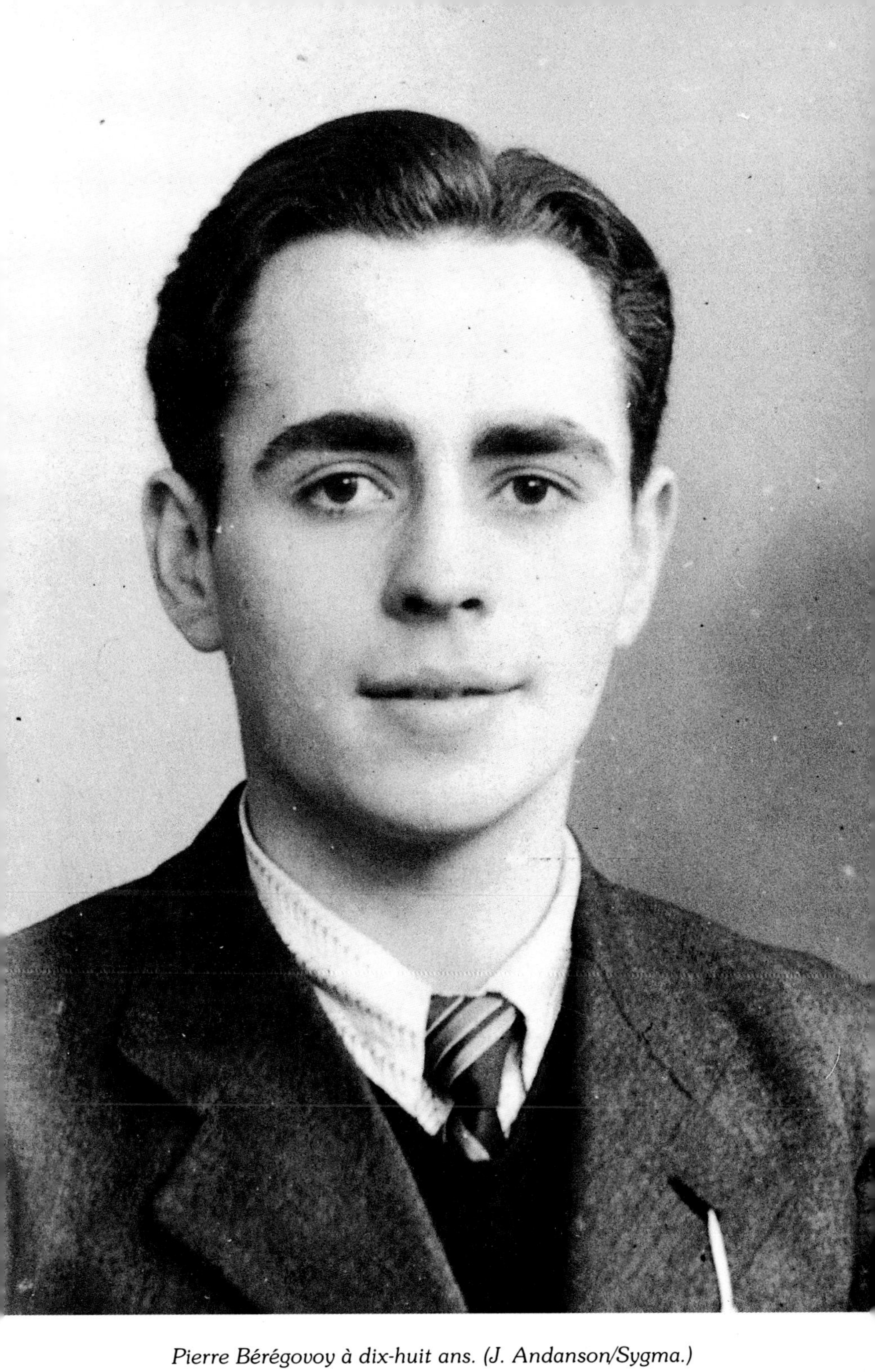

Pierre Bérégovoy à dix-huit ans. (J. Andanson/Sygma.)

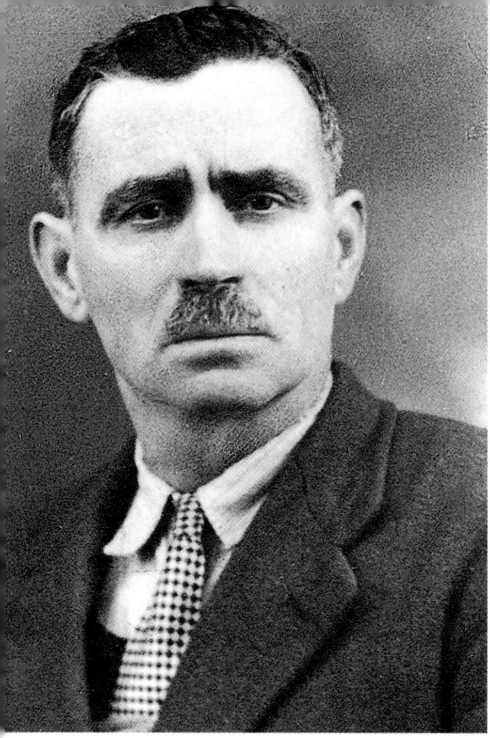

Son père, Adrian Bérégovoy, rêvait d'un destin américain après avoir fui les Bolcheviks. (Sygma.)

Dans les bras de sa mère, Irène Bérégovoy, avec laquelle il se sentait des « liens très forts ». (Sygma.)

Avec son frère Marcel, au temps heureux de l'enfance normande. (Sygma.)

Le 13 novembre 1948, il épouse Gilberte Bonnet à Rouen. (J. Andanson/Sygma.)

Pendant la guerre, avec ses amis de Rouen. (J. Andanson/Sygma.)

A Lyon, après la Libération. (J. Andanson/Sygma.)

En père comblé, avec deux de ses trois enfants, Pierre et Lise, à Ermenonville. (J. Andanson/Sygma.)

Entouré de sa femme, Gilberte, et de trois de ses petites-filles, Lucie, un an, Marie, trois ans et Anne, dix-huit mois, pour son premier dimanche de Premier ministre à Matignon. (J. Andanson/Sygma.)

Avec sa « famille de Nevers », devant son fleuron municipal, le palais ducal, réhabilité par ses soins. De gauche à droite : sa fille aînée Catherine, ses deux petites-filles, Claire et Julie, sa femme Gilberte et son gendre Georges Cottineau. (J. Andanson/Sygma.)

Banquet du congrès de la SFIO à Lille en 1956. (Sygma.)

En compagnie de Pierre Mendès France, en mai 1968, un des rares moments où ils se uvèrent en désaccord : Bérégovoy ne jugeait pas la présence de Mendès France souhaitabl à la manifestation du stade Charléty. (France-Soir.)

En 1985, visite du chantier du futur ministère des Finances à Bercy. (P. Ledru/Sygma.)

Dernière rencontre avec Antoine Pinay à Saint-Etienne en décembre 1992. (Coll. part.)

Ci-dessus : Retour aux sources. Tête à tête avec Boris Eltsine à Moscou le 7 septembre 1991. (A. Noguès/Sygma.)

8 avril 1992. Le ministre Bérégovoy pose pour la photo officielle.
(Le Segrétain/Sygma.)

Avec son successeur Edouard Balladur, le 2 avril 1993, un an jour pour jour après sa propre arrivée à l'hôtel Matignon.
(T. Orben/Sygma.)

Séance de travail dans le bureau de François Mitterrand, à deux semaines du référendum sur le traité de Maastricht.
(J. Andanson/Sygma.)

Au côté de Didier Boulaud, son député suppléant. Sur le chemin de halage qu'il avait choisi comme cadre pour l'affiche de sa dernière campagne électorale et où il allait mettre fin à ses jours. (J. Andanson/Sygma.)

mier rang d'entre eux se trouve l'homme d'affaires Jean Riboud, qui a su hisser l'entreprise familiale Schlumberger au rang de multinationale ; et ses ténors politiques sont Jean-Jacques Servan-Schreiber, Laurent Fabius et surtout Jean-Pierre Chevènement, déjà à la recherche pour la France d'une « voie indépendante ». Mais Pierre Mauroy a aussi la surprise de trouver parmi eux Pierre Bérégovoy.

– J'en ai été très étonné, se souvient-il. Très franchement, j'attendais Béré pour leur faire barrage et j'avais Attali.

Si les « visiteurs du soir » sont relayés à l'Élysée par Charles Salzmann et surtout Alain Boublil, le conseiller pour l'économie, ils trouvent en effet en face d'eux, bien décidés à les tenir en échec et à ôter de l'esprit de Mitterrand toute idée de sortie du SME, Jean-Louis Bianco, Christian Sautter, François-Xavier Stasse, Élisabeth Guigou et enfin Jacques Attali.

Dans le secret de l'Élysée, Jacques Attali a mis au point une stratége qui tente de combiner les avantages des deux options concurrentes, tout en limitant leurs inconvénients. Il s'agit de convaincre le chef de l'État qu'une politique hardie d'industrialisation à marche forcée, de « sortie structuelle de la crise », est possible sans décrocher de l'Europe, en maintenant le franc dans les contraintes du SME. Mais la réussite de ce schéma est suspendue à la solidarité européenne, notamment au bon vouloir de l'Allemagne fédérale, principal fournisseur et client de la France. Il n'est en effet susceptible de réussir que si Bonn accepte un réaménagement des parités deutsche mark – franc, dans lequel l'Allemagne consentirait à réévaluer suffisamment pour que la France évite de dévaluer et puisse même, dans l'idéal, réévaluer légérement sa devise.

Tout le monde sait que Jacques Attali a de l'influence sur le Président, mais Jean Riboud ou Pierre Bérégovoy en ont également et, de discussions en déjeuners autour du chef de l'État, les deux écoles s'affrontent jusqu'au printemps 1983.

Pierre Bérégovoy se démarque donc, dans ce débat, de

Pierre Mauroy et Jacques Delors. Mais s'il plaide pour la sortie du SME, la voie qu'il préconique passe elle aussi par une politique de rigueur. Il juge humiliant que la France soit obligée d'aller « quémander » à ses partenaires, et notamment aux Allemands, une dévaluation qui sera encore une fois le fruit d'un compromis et qui ne correspondra donc que très imparfaitement à ce qu'il serait souhaitable de faire. Il y a chez lui un vieux réflexe du sentiment national : la France doit se donner la liberté de choisir sa politique.

Une sortie du SME permettra de baisser fortement des taux d'intérêt devenus insupportables. Mais elle devra s'accompagner d'un plan de rigueur, d'une mobilisation du pays pour relever le défi de la modernisation industrielle. Une fois celle-ci bien engagée et le franc redevenu une monnaie solide, la France pourra réintégrer le SME.

– J'étais partisan d'une sortie du système avec une politique de rigueur extrêmement rude. Politiquement, nous avions la possibilité de désigner les adversaires du dehors. Nous aurions ainsi eu les communistes avec nous pour dire : c'est la faute des Allemands et des Américains, déclarera-t-il avec des accents très chevénementistes.

Mais cette démonstration très théorique est loin de convaincre Pierre Mauroy.

– Ça, c'est rouler sur le verglas. Moi, je ne sais pas conduire sur le verglas, répondit-il. Et avec Delors comme copilote, il persiste à vouloir suivre la voie plus sûre qu'il s'est tracée.

Mitterrand finira par se ranger à leur point de vue. Il choisira le SME et l'Europe, et la continuité de la politique d'assainissement et d'effort entreprise depuis juin 1982. Le 25 mars 1983 sera annoncé un plan de rigueur parfaitement orthodoxe, totalement débarrassé des mesures protectionnistes imaginées un moment par les partisans du « Nouvel Élan ». Plus drastique aussi que le premier, puisqu'il vise à rétablir l'équilibre de la balance des paiements en deux ans par une ponction de soixante-cinq milliards sur la consommation des ménages et les dépenses de l'État en 1983.

Tout s'est joué dans la « décade prodigieuse » qui a suivi les élections municipales de mars 1983. Ces élections ont constitué un sévère avertissement pour la majorité au pouvoir. Celle-ci les a d'ailleurs abordées avec un certain manque de combativité, la polémique qui s'était ouverte en son sein entre partisans et adversaires du SME ayant notamment contribué à l'affaiblir et à la placer en position défensive.

Dès le soir du premier tour, le 6 mars, la sanction s'inscrit dans les résultats. La gauche n'est plus majoritaire en voix. Elle perd seize villes de plus de trente mille habitants, tandis que Jacques Chirac triomphe à Paris, manquant le « grand chelem » de deux arrondissements, et que Jean-Marie Le Pen fait irruption sur le devant de la scène politique en dépassant 10 pour cent des voix dans le 20e arrondissement de la capitale. Une meilleure mobilisation de son électorat et de bons reports de voix entre communistes et socialistes lui permettent de limiter les dégâts huit jours plus tard, le 13 mars. Ce sont néanmoins au total trente villes de plus de trente mille habitants qui passent à l'opposition, tandis que Jacques Chirac confirme son triomphe à Paris où il remporte les vingt arrondissements.

Après ce revers, les jours de Pierre Mauroy semblent comptés et le choix définitif entre les deux grandes orientations économiques ne peut plus attendre. Le chef de l'État prend cependant le temps de la réflexion : dix longues journées durant lesquelles il consulte et sollicite de si nombreux avis qu'il donne l'impression du doute et de l'hésitation, et donc d'une certaine vacance du pouvoir alors qu'on est en pleine tourmente monétaire, une nouvelle dévaluation paraissant inévitable si la France reste dans le SME.

Le 14 mars, à 10 heures, il reçoit Pierre Mauroy et lui demande de constituer un gouvernement resserré, pour faire une politique de flottement du franc. Refus du Premier ministre : « Je ne sais pas faire, lui répond-il. Je ne suis pas l'homme d'une telle politique. Sortir du SME serait une catastrophe. Le dollar va grimper et le franc va descendre vers le précipice sans qu'on puisse le retenir. »

Puis, dans l'après-midi, après avoir déjeuné avec les deux Faure, Maurice et Edgar, il accueille dans son bureau les partisans de la sortie du SME. Bérégovoy, Fabius et Riboud, et leur demande un plan d'action concret.

À 17 heures, Mauroy est à nouveau dans son bureau. Il a dans sa poche une lettre de démission. Sa position n'a pas changé. « Votre politique est courageuse, reconnaît le chef de l'État, mais cela nous coûtera cher politiquement. » De retour rue de Bièvre, il retrouve Jospin, Mermaz et Joxe, Bérégovoy les rejoint. La conversation porte sur l'éventualité d'un changement de Premier ministre. Le ministre des Affaires sociales retient la conclusion sibylline du chef de l'État : « Je prendrai quelqu'un de sérieux et de responsable. »

Le lendemain, mardi 15 mars, la tension monte encore. Le problème à résoudre étant une affaire de gouvernement, le petit déjeuner hebdomadaire, auquel participe habituellement le premier secrétaire du PS, Lionel Jospin, est annulé.

À 10 h 30, Pierre Mauroy est à nouveau introduit dans le bureau du chef de l'État. À Bonn, le gouvernement allemand n'a fait aucune promesse. Il faut s'attendre à ce qu'il décide de refuser la réévaluation unilatérale du deutsche mark, car il estime n'avoir aucune responsabilité dans la montée spectaculaire de la devise allemande sur le marché des changes. Le mark fort n'est à ses yeux que le résultat de la politique d'austérité menée outre-Rhin. À 11 heures, Fabius, Bérégovoy et Riboud succèdent au Premier ministre.

« Ce jour-là, note Pierre Bérégovoy, l'idée de sortir du SME faisait partie des options de François Mitterrand. » Mais le ministre des Affaires sociales caresse-t-il vraiment déjà l'espoir que Matignon lui soit confié, avec Fabius aux Finances ?

Le Président semble avoir une idée a priori surprenante : faire mener la politique de flottement du franc... par Jacques Delors ! Mais l'intéressé est bien décidé à décliner l'offre et à faire front avec les autres partisans de la rigueur. « Il faut que l'un des ministres parmi les “ visiteurs du soir ” – Fabius, Defferre ou Bérégovoy – change d'avis pour que nous ayons une chance de convaincre le Président, note Jacques Attali. Je demande à Delors de convaincre le directeur du Trésor, Michel Camdessus, de communiquer le montant réel de nos réserves de devises à Fabius et à Defferre. Quand ils les connaîtront – il n'est pas loin de zéro –, ils comprendront que le franc flottant ne peut pas tenir une parité et que ce serait entrer dans une spirale infernale [1]. »

Delors accepte, mais avec réticence. Il n'aime pas abandonner ses prérogatives, à plus forte raison face au ministre du Budget.

À 15 heures, Mitterrand l'entend refuser sa proposition. Le tandem Mauroy-Delors semble tenir.

À 19 heures, selon un ballet désormaix bien orchestré, Jean Riboud, Laurent Fabius et Pierre Bérégovoy entrent à leur tour en scène. Le chef de l'État leur fait part de son incertitude. Ils peuvent croire qu'il commence à se ranger à leur point de vue. En réalité, s'il est en train de changer d'avis, ce n'est pas dans le sens qu'ils espèrent.

Le mercredi 16, tandis que la presse anticipe singulièrement les événements en annonçant pour le jour même un remaniement ministériel, à 9 heures, comme tous les mercredis matin, François Mitterrand reçoit Pierre Mauroy. Visiblement, celui-ci est très fatigué. Pendant près de deux heures encore, les deux hommes pèsent le pour et le contre des deux politiques en concurrence et, avant de redescendre dans le salon Murat où l'attendent des ministres inquiets, Mauroy accepte de rester à la tête du gouvernement, quel que soit le choix de politique économique. La force de sa relation avec Mitterrand l'a emporté. Il partagera le fardeau

1. *Verbatim, op. cit.*, p. 409.

avec lui. Il lui demande seulement, avant de décider d'un flottement du franc, de le laisser tenter d'obtenir une forte réévaluation du deutsche mark. « Stoltenberg vient à Paris demain voir Delors. Laissez-le négocier. On verra ce que cela donne. » « Mitterrand l'écoute très attentivement, rapporte Jacques Attali. Là se situe sans doute le moment de son changement : il accepte de laisser Delors négocier une dévaluation. »

À 11 heures, le chef de l'État commente en Conseil des ministres les municipales et annonce qu'il s'adressera aux Français le 23 mars, soit une semaine plus tard. De toute évidence, il ne veut pas donner l'impression de céder à la pression des journalistes. À la sortie, il prend Fabius à part :

– Avez-vous vu Camdessus? Delors voulait que vous le voyiez.

– Non. Pourquoi? Delors ne m'en a pas parlé.

– Faites vite et venez me voir.

De retour rue de Rivoli, le ministre du Budget convoque le directeur du Trésor. Celui-ci lui confirme que les réserves de change – trente milliards de francs – ne permettent pas de tenir plus de quinze jours en cas de flottement du franc. Une sortie du SME se traduirait par une dégringolade d'au moins 20 pour cent par rapport aux autres devises alors que la France a épuisé ses possibilités d'emprunts internationaux. Pour défendre le franc, la seule solution serait une hausse importante des taux d'intérêt sur les marchés monétaires et financiers. On aboutirait donc au résultat inverse de celui que recherchent les partisans de la sortie du SME : une hausse fulgurante des taux d'intérêt qui dissuaderait les entreprises de relancer leurs investissements. Apparemment convaincu, Fabius bascule en faveur du maintien dans le SME, suivi par Gaston Defferre qui, à la lecture des chiffres de Camdessus, s'est convaincu lui aussi de l'impérieuse nécessité de rester dans le SME.

Mitterrand lui-même penche maintenant pour cette solution.

– Mais si les Allemands refusent de réévaluer, faut-il accepter une dévaluation unilatérale du franc? demande-t-il à Fabius.

Il hésite aussi de plus en plus à changer de gouvernement. Sans écarter tout à fait cette éventualité. Aussi demande-t-il à Bérégovoy de « penser à la formation d'un gouvernement dans le cadre du maintien dans le SME ». Est-ce une tactique pour obtenir de Bérégovoy un ralliement implicite au maintien dans le SME? Si c'est le cas, il y réussit. Bérégovoy qui avait déjà, plume à la main, « formé » les deux premiers gouvernements Mauroy lorsqu'il était secrétaire général de l'Élysée, se met immédiatement au travail dans le bureau de Jean-Claude Colliard, le directeur de cabinet de l'Élysée. Il ne se place lui-même nulle part dans l'équipe resserrée qu'il compose. « Par modestie? Non, c'est Matignon qu'il vise », assure Jacques Atali.

Béré estime-t-il vraiment avoir ses chances? Les aléas de la crise politique et François Mitterrand lui-même peuvent le lui faire croire pendant quelques jours. Pourtant, même s'il a été amené à bercer cet espoir, tout confirme par ailleurs que son ambition du moment n'était pas encore Matignon. C'était la rue de Rivoli.

Le 22 mars 1982, alors qu'il n'était encore que secrétaire général de l'Élysée, il confiait déjà à ses voisins de table lors d'un déjeuner – le seul – auquel fut convié Mendès France à l'Élysée, son souhait de devenir ministre des Finances. Le lendemain, Laurence Soudet, qui assistait au repas, recevait un coup de téléphone de Mendès France : « Est-ce que Béré parle sérieusement? » s'enquérait l'ancien président du Conseil.

– Rien ne l'étonnait, ajoute Laurence Soudet. Mais il était tout de même un peu surpris.

Pierre Mauroy se souvient lui aussi avoir reçu la même confidence au début de l'année 1982. À la fin d'un comité interministériel, Pierre Bérégovoy lui avait déclaré tout de go :

– Tu vois, Pierre, moi, je voudrais être ministre des Finances.

– Je t'ai toujours vu t'occuper des relations avec les syndicats, s'était étonné le Premier ministre.

– Ah oui, mais c'est tout de même de ce côté-là qu'on dirige les opérations, l'avait-il entendu répondre.

Il est déjà oublié le temps où le ministre des Finances était rétrogradé protocolairement à la quatorzième place dans la hiérarchie gouvernementale. Cette mesure sans précédent depuis la Libération, prise en 1981, sera très provisoire. Dès le remaniement de mars 1983, Jacques Delors retrouvera le second rang dans cette hiérarchie. C'est reconnaître la réalité de son pouvoir, qui est omniprésent.

Pour le meilleur et pour le pire. Le samedi 19 mars 1983, c'est pour le pire, puisqu'il lui revient d'aller négocier à Bruxelles le réajustement monétaire souhaité par la France. Pendant ce temps, à Paris, François Mitterrand trompe l'attente en déjeunant avec les « poids lourds » du clan des conventionnels : Mermaz, Joxe, Hernu et Estier. Il hésite toujours à garder Mauroy et s'interroge sur le choix éventuel de son successeur?

– Il a cité Delors, Fabius et même Rocard comme possibles Premiers ministres, se souvient Claude Estier, à aucun moment il n'a parlé de Bérégovoy. Entre deux conversations téléphoniques avec Delors, Mitterrand se détend dans le bureau de Jean-Louis Bianco en regardant à la télévision, la France remporter par 16 à 9 son tournoi des Cinq Nations contre le pays de Galles. Après le match, il entre dans le bureau de Colliard où Bérégovoy continue de former avec Charasse la fameuse équipe restreinte qu'il leur a réclamée. « L'instinct plus que la raison me conduit à garder Mauroy, leur lance-t-il. Pour moi la raison plus que l'instinct me conduirait à préférer Mauroy », lui répond Béré. « À ce moment-là, ajoute Claude Estier, il me semble que

Mitterrand pensait que le temps n'était pas venu du départ des communistes. Ils resteront en grande partie parce que Mauroy sera reconduit [1]. »

À l'aube du lundi 21 mars, la négociation de Bruxelles se conclut enfin. Le franc est dévalué de 2,5 pour cent et le deutsche mark réévalué de 5,5 pour cent. L'écart de 8 pour cent est satisfaisant pour la France. Suffisant en tout cas pour rester dans le SME. L'affaire est désormais tranchée et toute la presse occidentale se réjouit de voir la France rester dans l'Europe. Non seulement elle y restera mais François Mitterrand se montrera dorénavant décidé à peser de tout son poids pour relancer la construction européenne avec l'appui de Jacques Delors [2].

Mais la question du choix du Premier ministre est toujours en suspens. Arrivé à son tour à Bruxelles, en début d'après-midi, pour un Conseil européen de transition, Mitterrand a une longue conversation avec Delors qui peut se croire « Premier-ministrable », mais lorsqu'il lui parle d'un rapprochement nécessaire avec Fabius et Bérégovoy, le ministre des Finances s'exclame :

– Nous ne sommes pas d'accord entre nous [3].

Peu après, le chef de l'État a plusieurs conversations téléphonique avec Bérégovoy (qui est à Paris). La question est la même : y a t-til possibilité d'une entente entre lui, Fabius et Delors ? « Je pense alors qu'il penche plutôt pour Delors à Matignon. Mais il craint en même temps que les communistes partent si ce dernier devient Premier ministre », remarque Bérégovoy. Le soir, le Président confie à Jacques Attali :

1. *La Décennie Mitterrand, op. cit.*, p. 475.
2. C'est en juin 1984, au sommet européen de Fontainebleau où l'Europe semblait au bord de la rupture, que la dynamique pourra être relancée grâce à une ultime concession de François Mitterrand et du chancelier Kohl à Margaret Thatcher. Dans la foulée, la France lèvera son véto à l'entrée de l'Espagne et du Portugal dans la Communauté. Le Comité Doodge pourra ce même 26 juin commencer ses travaux pour jeter les bases d'une véritable Union européenne.
3. Gabriel Milesi, *Jacques Delors*, Belfond, Paris, p. 198.

– Le prochain Premier ministre sera Jacques Delors ou Pierre Bérégovoy, pas Pierre Mauroy. C'est dommage. Mais il faut profiter de tout cela pour rebondir. Il faut même parfois fabriquer des crises pour y parer. Regardez de Gaulle à Baden-Baden [1].

Le lendemain mardi 22 mars sera la journée décisive. Pierre Mauroy et Jacques Attali affirment que Jacques Delors, qui vient de rentrer à Paris, et Pierre Mauroy se rencontrent tôt le matin, vers 8 heures. Sans pouvoir se mettre d'accord ni sur une politique économique, ni sur un partage des postes. « Delors se voit à Matignon, gardant le contrôle des Finances ; Bérégovoy s'imagine tout-puissant aux Finances. Seul point d'accord entre eux : pas de Fabius aux Finances [2] ». Mais ni Delors ni Bérégovoy n'ont le souvenir de ce rendez-vous raté.

Mitterrand, après avoir été accueilli, selon l'étiquette, à Villacoublay par Pierre Mauroy à son retour de Bruxelles, réunit pour un déjeuner bref, dans la bibliothèque de l'Élysée qui ouvre sur le parc, Bérégovoy, Fabius et Delors. Bianco est également présent : « le Président leur a parlé de tout et de rien ; il voulait voir s'ils avaient du caractère et s'ils faisaient bonne figure dans ce moment si difficile pour eux [3]. »

Puis il s'entretient successivement avec chacun d'entre eux en tête à tête. À Jacques Delors, le premier à être reçu, il offre d'être Premier ministre, mais celui-ci refuse de prendre Fabius aux Finances. Il souhaite avoir la maîtrise de la politique monétaire, sans aller jusqu'à cumuler les portefeuilles de chef de gouvernement et de ministre des Finances. Mitterrand en est visiblement très contrarié. Les choses en restent là et lorsque le président de la République voit ensuite Pierre Bérégovoy, c'est pour lui annoncer qu'il va reconduire Pierre Mauroy. Son entrevue avec Delors a suffi à le décider, ce qui tend à prouver qu'il n'avait jamais

1. Jacques Attali, *Verbatim, op. cit.*, p. 413.
2. *Ibid.*, p. 414.
3. Pierre Favier et Michel Martin-Rolland, *la Décennie Mitterrand, op. cit.* p. 440.

vraiment sérieusement pensé ni à Pierre Bérégovoy, ni à Laurent Fabius.

Peu après, dans l'après-midi, il appelle Attali dans son bureau :

– Vous vous rendez compte, Delors veut garder les Finances avec Matignon ! Je ne veux pas me mettre dans les mains d'un seul homme. Je garde Mauroy [1]...

Celui-ci est aussitôt convoqué à l'Élysée pour s'entendre annoncer la bonne nouvelle.

Lorsque Pierre Bérégovoy l'apprend à son tour, de la bouche de Jacques Attali, il lui lance dans un mouvement de dépit :

– Je l'avais prévu, François Mitterrand n'est pas prêt à prendre le risque. Tant pis ! Cette politique de rigueur échouera, on sortira du SME et, dans six mois, je serai Premier ministre.

Parle-t-il sérieusement ? Il reste en tout cas convaincu que « l'autre politique » aurait pu réussir : « Le franc aurait flotté, il aurait baissé, puis se serait redressé et l'opinion aurait surtout retenu le redressement. Une fois le franc redressé, on aurait pu réintégrer le SME. Je reste persuadé, affirmait-il encore en 1989 [2], que plutôt que de devoir accepter une discipline imposée de l'extérieur, nous aurions pu trouver nous-mêmes la force de nous discipliner. »

Toujours est-il que, même s'il est déçu, il se voit promu. Non seulement il conserve les Affaires sociale en numéro trois de la hiérarchie gouvernementale dans une équipe qui ne comprend que quinze ministres [3] mais, on l'a déjà dit, il prend directement en charge le Travail et il récupère également l'Emploi. Il n'est précédé que par Delors qui, outre l'Économie et les Finances, concentre entre ses mains le Budget et le Plan. L'autre fait important est l'élimination de Jean-Pierre Chevènement, remplacé à la Recherche et à

1. Jacques Attali, *Verbatim, op. cit.*
2. Entretien avec Pierre Favier et Michel Martin-Rolland le 25 mai 1989.
3. Il y a aussi huit ministres délégués et dix-neuf secrétaires d'État.

l'Industrie par Laurent Fabius qui abandonne donc le Budget. Deux ministères importants ont enfin disparu : celui du Plan, confié en mai 1981 à Michel Rocard qui remplace désormais Édith Cresson à l'Agriculture tandis que cette dernière reçoit le portefeuille du Commerce extérieur; et celui de la Mer, créé en 1981 au profit de Louis Le Pensec.

A travers la reconduction de Pierre Mauroy c'est la continuité, le refus de changer les grandes orientations qui prévalent et c'est sous ce signe que le nouveau gouvernement se remet au travail. Mais la longue attente de la décision du chef de l'État donne le sentiment de déboucher en réalité sur un « non-événement ». La déception s'affiche de tous côtés, y compris dans les rangs socialistes. Les syndicats manifestent un attentisme inquiet et l'opposition déplore de voir à la tête de l'équipe gouvernementale « le Premier ministre de l'échec ». L'allocution du chef de l'État, le 23 mars, ne réussit pas à dissiper le malaise. Les objectifs du gouvernement sont du moins clairement fixés : formation des jeunes, baisse de l'inflation, équilibre du commerce extérieur, soutien aux exportations, équilibre de la Sécurité sociale, maîtrise du budger et développement de l'épargne.

Le lendemain 24 mars, un Conseil des ministres extraordinaire adopte le plan de rigueur de Jacques Delors : réduction du déficit budgétaire, augmentation des vignettes et de la taxe sur l'alcool et le tabac, forfait hospitalier, emprunt forcé, réduction des stocks pétroliers, contrôle des changes et limitation des devises autorisées aux touristes français partant à l'étranger.

Tout cela aboutit à une ponction de soixante-cinq milliards sur la consommation des ménages, soit 2 pour cent du PNB. « On reprend ce qu'on avait donné en juin 1981 », note Jacques Attali.

Cet approfondissement de l'effort, Pierre Bérégovoy va l'assumer, sans faiblir, pendant un an encore à son poste des Affaires sociales. Avec le succès que l'on sait, qui assoit sa crédibilité d'homme de gouvernement et l'autorise à nourrir sa grande ambition d'occuper le fauteuil de Colbert rue de Rivoli.

Cette idée ne le quitte plus. Pierre Monclaire le découvre lui aussi, à sa non moins grande surprise, un jour où il déjeune avec lui dans un restaurant des Champs-Élysées, en mai 1984, quelques semaines avant le changement de gouvernement :

– Monclaire, lui dit Bérégovoy, je considère que j'ai fait mon boulot. J'ai refait les comptes de Nicole Questiaux. Maintenant il faut que je trouve autre chose.

– Qu'est-ce que vous voulez?

– Vous, vous me voyez où?

– Je vous verrais bien à l'Intérieur, lui répond Monclaire, qui sait que son vis-à-vis a une bonne connaissance de la carte électorale de la France.

– L'Intérieur! ça ne m'intéresse pas. Moi, ce que je veux, c'est être ministre des Finances.

– Ministre des Finances! vous vous rendez compte? s'exclame Monclaire qui voit le côté très technique du poste.

– Vous savez, c'est lui le Premier ministre.

– Mais vous allez avoir toutes les grandes directions du ministère, le Trésor, tous ces énarques...

– Non, de toute façon, l'important quand on est ministre, quel que soit le ministère, c'est d'avoir un très bon cabinet.

Il est bien décidé à prétendre à ce poste prestigieux, d'autant qu'il a enfin reçu la légitimité du suffrage universel. Assez paradoxalement en effet, c'est au moment où la gauche n'a pu éviter un vote-sanction aux élections municipales de mars 1983 que lui-même a vu ses efforts d'implantation locale enfin aboutir.

Il avait déjà pensé en 1981 se présenter à Clichy pour les législatives, mais avait bientôt renoncé à ce projet. « On laisse tomber. Je ne peux pas vous dire précisément... Mais le Président me veut auprès de lui. Je ne peux pas être candidat aux élections », avait-il alors confié à Jérôme Jaffré. Cette idée de Clichy, il la reprend lorsque s'amorce la campagne des municipales de 1983. Il est toujours sentimentalement attaché à cette ville et il y est assuré de soutiens solides. Le maire, Gaston Roche, l'ancien adjoint de Georges Levillain, est prêt à s'effacer devant lui, et lorsqu'il se présente devant la section locale il est désigné sans difficulté comme candidat à la mairie. Tout semble se présenter pour lui sous les meilleurs auspices : les conditions politiques ne sont plus les mêmes qu'en 1977, l'alliance PC-PS est devenue moins contraignante. Le député-maire de Levallois, Parait Jans, ne se représentera vraisemblablement pas aux Législatives de 1986, et les communistes ne cessent par ailleurs de perdre du terrain à Clichy. Le moment semble cette fois venu d'emporter la municipalité et d'envisager le siège de député avec toutes les chances de réussite.

François Mitterrand se charge de bouleverser ses projets. « Clichy, ce sera pour vous », confie-t-il à Delors, qui n'y a pourtant aucune attache, tandis qu'il déclare à Bérégovoy :

– Les villes de banlieue, on va les perdre les unes après les autres. Je ne vois pas votre avenir à Clichy. Je pense à autre chose pour vous.

C'est vers son propre département, celui de la Nièvre, qui lui tient toujours à cœur et dont il a été l'élu pendant trente-six ans, qu'il l'oriente. Il faut voir là une marque d'amitié et de confiance, même si à Nevers, le point de chute électoral qu'il lui a réservé, la situation politique est assez confuse. La presse nationale s'est d'ailleurs faite l'écho de l'opposition grandissante entre le maire, Daniel Benoist, et son premier adjoint, Michel Girand. Ce conflit, qui tourne autour des sociétés d'économie mixte de la ville, a notamment fait les délices du journal *Minute*. Les élections municipales approchant, on s'en est beaucoup alarmé dans les rangs socialistes. Mitterrand, qui garde un œil attentif sur la Nièvre et qui n'a jamais eu de bons rapports avec le docteur Benoist, un ancien de la SFIO qui a toujours déclaré incarner la vraie gauche, dépêche donc Pierre Bérégovoy à Nevers en service commandé. Une question se pose cependant, faut-il mettre Béré en tête de liste ou laisser encore ce privilège à Benoist ? Celui-ci a de la rondeur. Il est connu et apprécié depuis longtemps des Nivernois. Bérégovoy est l'homme imposé par l'Élysée. Comme il a par ailleurs un tempérament beaucoup plus réservé, sa rencontre avec la population, qui attend de son côté avant de donner sa confiance, n'est pas immédiate. Un accord est passé : Bérégovoy sera numéro deux derrière Benoist, mais en raison de son âge – soixante-quatorze ans –, Benoist s'effacera au bout de quelques mois en faveur de son premier adjoint. Les élections sont serrées, la liste socialo-communiste affrontant une liste de droite classique menée par Hervé de Charette, une liste socio-professionnelle, elle aussi plutôt marquée à droite, et une petite liste de tendance écologiste à vocation culturelle, dont le signe SRA signifie « Se retrouver autrement » et qui est un peu un prémice de ce qu'on connaîtra sur une plus grande échelle aux municipales de 1989.

Il y a ballottage, Bérégovoy partageant ce sort avec Defferre et Chevènement. Au soir du premier tour, Mitterrand confie, au cours d'un dîner en compagnie de Badinter, Rousselet et Estier :

– S'ils sont battus au second tour il faudra remanier dans la précipitation, dès lundi.

Heureusement pour lui, au second tour les choses s'arrangent. Les deux listes de droite ont fait cause commune, mais la mobilisation communiste est meilleure et la gauche l'emporte, de peu, atteignant tout juste 52 pour cent des voix.

Comme prévu, Benoist est réélu maire et Bérégovoy devient premier adjoint, ce qui crée une situation assez insolite car, au gouvernement, le schéma est inverse. C'est Benoist qui, en tant que secrétaire d'État aux personnes âgées [1], dépend de Pierre Bérégovoy, ministre des Affaires sociales.

En juillet 1983, toujours selon le scénario annoncé, Daniel Benoist se retire et Pierre Bérégovoy est élu maire le 26 septembre 1983. Mais l'ancien maire, qui n'est pas homme à renoncer facilement, en voudra toujours à Bérégovoy d'avoir été obligé de s'effacer devant lui. La différence de tempérament aidant, leurs relations ne seront jamais vraiment bonnes et auront même assez vite tendance à se détériorer.

Nevers a donc été conservé à la gauche et, les premières difficultés passées, le nouveau maire réussira à s'implanter solidement dans cette vieille cité fondée par les Gaulois, qui fait partie du patrimoine culturel de la France avec son église romane du XIIe siècle, sa chapelle baroque et son palais Renaissance. Il s'y attachera même très vite, achètera d'abord un petit appartement, pour venir y passer les fins de semaine, et y installera enfin une partie de sa famille, montrant par là qu'il l'a définivement adoptée.

1. Depuis décembre 1982.

8

Du rêve à la réalité

La réussite personnelle de Pierre Bérégovoy au ministère des Affaires sociales est d'autant plus remarquable que le gouvernement Mauroy s'enlise dans les difficultés. À « l'état de grâce » a succédé le temps de la « disgrâce ». Le chef de l'État lui-même n'est pas épargné. Interrogés en septembre 1983 par la SOFRES, 57 pour cent des Français jugent « plutôt négativement » son action depuis deux ans. L'hiver 1983-1984, entamé dans la morosité, n'a fait qu'apporter son lot de fardeaux et de revers supplémentaires.

C'est le terrible attentat du Drakkar, à Beyrouth [1] et bientôt le désengagement français au Liban, tandis que, épaulant militairement et financièrement l'Irak dans sa guerre contre l'Iran, la France voit se lever un redoutable ennemi en la personne de l'iman Khomeiny.

En même temps, les Français commencent à ressentir durement le prix de la rigueur. En 1983, leur pouvoir d'achat recule de 0,7 pour cent après deux années de hausses consécutives de plus de 2,5 pour cent. La France s'aligne sur la politique de modération de la demande par la baisse des revenus, déjà pratiquée par ses principaux parte-

1. Le bilan de cet attentat est terrible : 58 morts, 15 blessés. Presque simultanément, un autre attentat contre le quartier général du détachement des Marines américains de la Force multinationale a été bien plus meurtrier encore : 141 morts et 105 blessés.

naires [1]. Mais elle ne profite pas de la reprise qui commence à se dessiner chez eux. La croissance reste désespérément au niveau zéro, la courbe du chômage refuse aussi de s'inverser. Celui-ci continue même de progresser au-delà de la « crête des deux millions », alors que les licenciements massifs ne font que commencer. Ils seront le terrible corollaire de la modernisation de l'appareil industriel, qui est indispensable.

François Mitterrand s'est convaincu depuis plus d'un an de la nécessité de cette modernisation pour sortir de la crise. Mais c'est le coup de tonnerre du 21 juillet 1983 qui ouvre les yeux des Français et leur fait prendre conscience qu'en ce qui concerne le chômage le pire est encore peut-être devant eux. Ce jour-là, le groupe automobile Peugeot-Talbot annonce le plus grand licenciement collectif jamais décidé : la suppression de 7 371 emplois, pour la plupart des OS maghrébins. Le réveil est brutal. C'en est fini de ce qui avait été depuis longtemps une certitude rassurante : l'automobile, secteur de pointe, locomotive de l'économie française. Jacques Calvet, le président du groupe, annonce deux milliards de perte pour l'année et explique que l'industrie automobile française perd du terrain face aux Japonais et à l'Allemagne, qui ont devancé la France dans la modernisation des usines. Aucun plan social digne de ce nom n'accompagne ces licenciements.

Jack Ralite, sous l'œil vigilant de Pierre Bérégovoy, obtient dans un premier temps le report du plan de licenciement. Les négociations tripartites qui s'engagent (patronat, syndicats, pouvoirs publics) se poursuivent mois après mois, ponctuées de grèves et d'incidents parfois violents aux établissements Citroën à Aulnay et chez Talbot à Poissy. Tandis que l'usine de Poissy est occupée, un accord est enfin

1. À noter qu'au nom de la solidarité nationale les effets de l'austérité sont inégalement répartis. Grâce aux transferts sociaux, les ménages les plus modestes ont maintenu ou légèrement accru leur pouvoir d'achat. Par contre les détenteurs de revenus moyens ou élevés ont été les principales cibles de l'austérité.

signé, le 17 décembre, entre Calvet et Ralite, avec l'approbation soulagée de Pierre Bérégovoy, mais sans concertation valable avec les syndicats. Les licenciements sont finalement réduits à 1 905 sur les 2 905 encore demandés, et les chômeurs bénéficieront d'une formation rémunérée. La CGT, bien que contestée par sa base, se résigne du bout des lèvres à cette solution; elle ne peut se désolidariser d'un ministre communiste. Mais la CFDT, bien implantée chez les immigrés, la qualifie de « tromperie gouvernementale » et relance la grève. À l'usine même, partisans et adversaires de la reprise du travail s'affrontent devant les caméras de la télévision.

Le gouvernement semble hésiter à maintenir l'ordre et la presse s'interroge. Pierre Mauroy décide de profiter de la pause des fêtes de fin d'année pour faire évacuer les ateliers occupés. Le jeudi 29 décembre, il fait prévenir Jack Ralite par son chef de cabinet, Michel Delebarre. Pourtant signataire de l'accord avec Calvet, Ralite refuse tout à coup la force. Le soir même, un Conseil interministériel réunit autour de Pierre Mauroy, Jack Ralite, Jacques Delors, Pierre Bérégovoy, Georgina Dufoix et Joseph Franceschi, le secrétaire d'État chargé de la sécurité.

– Devant mon hostilité à faire intervenir la police contre les travailleurs, Mauroy me lance : « Jack, si tu refuses, imagine ce qui se passera, l'an prochain dans la sidérurgie et les chantiers navals. » Pour en finir, Mauroy met aux voix la décision de faire évacuer l'usine. Je suis le seul à ne pas lever la main [1].

Le lendemain, 30 décembre, Ralite rend officiel son refus dans une lettre au président de la République, obligeant Pierre Mauroy, parti à Lille pour les fêtes, à rentrer précipitamment à Paris. Une nouvelle réunion interministérielle maintient la décision d'envoyer la police dans l'usine. À

1. Entretien avec Jack Ralite, 3 juillet 1989, dans *la Décennie Mitterrand, op. cit.*, t. 2, p. 47.

2 heures du matin, le 31 décembre, les ateliers sont investis par la police.

Le soir, à 20 heures, au cours de son allocution rituelle de vœux aux Français, François Mitterrand évoque ces événements. Il se montre très ferme :

« Les mutations industrielles sont inévitables et le rajeunissement de l'industrie une priorité... C'est ainsi et pas autrement que nous relancerons l'activité économique, que nous créerons des emplois durables, que nous revaloriserons le pouvoir d'achat des salaires et que nous ferons de la France un grand pays moderne. [...] Je ne promets rien d'autre à personne que la poursuite sans faiblesse de l'effort de redressement national dans lequel nous sommes engagés », conclut-il.

La plus grande confusion règne à Poissy. Le 4 janvier, des affrontements entre des commandos du syndicat maison CSL et des militants gauchistes de la CFDT font une quarantaine de blessés, mais le travail reprend progressivement dans la semaine suivante.

Faute d'une politique d'ensemble sur la modernisation et par manque de concertation réelle préalable, cette affaire de Poissy ébranle fortement la cohésion de la majorité. Pour le gouvernement, c'est un véritable électrochoc. Il a le sentiment de se battre sur ce front le dos au mur. Des secteurs industriels fondamentaux comme l'électronique ont pris du retard, tandis que des secteurs anciens et peu dynamiques comme la sidérurgie ou le charbon engloutissent des sommes considérables (quarante milliards de francs en quatre ans). Face à cet affaiblissement de l'outil de production français, qui était déjà ancien, les pouvoirs publics s'étaient trop longtemps cantonnés dans l'immobilisme, sans parvenir à définir une stratégie appropriée. Pour y porter remède, la gauche, à son arrivée au pouvoir, avait mis tous ses espoirs dans les fruits d'une croissance volontariste et dans la constitution d'un puissant secteur public. Mais les entreprises nationales n'avaient pu jouer le rôle moteur qu'on attendait d'elles, tandis que la planification illustrait à nouveau les limites du volontarisme.

Dès l'automne 1983, les « séminaires de réflexion » gouvernementaux, auxquels participe évidemment Pierre Bérégovoy, se sont succédé à un rythme soutenu, dans le discret pavillon de chasse de la Lanterne près de Versailles, pour définir une nouvelle politique industrielle. Mais les décisions sont difficiles à prendre parce qu'il s'agit bien d'un « sale boulot ». Tout le monde sait en effet que « la nouvelle stratégie industrielle de la France » dont Laurent Fabius, le nouveau ministre de l'Industrie, doit endosser la responsabilité, va se traduire par des dizaines de milliers de suppressions d'emplois. L'État investira dans les secteurs d'avenir et, comme prix de sa nouvelle logique, recourra massivement au « traitement social » du chômage.

Pour Jack Ralite, les débats de la Lanterne marquent « le début de notre césure avec les socialistes. C'était la ligne Delors qui se mettait en place. Certes, il tenait le même langage que Mauroy, mais ses réserves morales face à la modernisation s'évanouissaient devant la réalité financière. » François Mitterrand a d'ailleurs fixé l'objectif : les restructurations avec leur cortège de « dégraissage », comme disent les technocrates, doivent se faire en 1984, et pas plus tard, pour ne pas aborder les élections législatives de 1986 dans des conditions trop difficiles. Le mardi 30 janvier 1984, au terme d'un dernier séminaire mémorable pour tous les participants, est adopté le principe des « congés de conversion » dans les bassins industriels en difficulté, l'État prenant en charge une formation rémunérée de deux ans pour les travailleurs licenciés. Enfin, dans quatorze « pôles de conversion » particulièrement touchés par la crise – Lorraine, Nord, Loire et chantiers navals de la Méditerranée –, l'État accordera des crédits et des exonérations fiscales pour encourager l'installation de nouvelles entreprises et moderniser les infrastructures locales. Les mesures décidées à la Lanterne sont adoptées huit jours plus tard par le gouvernement, au moment même où est enfin mis au point le plan de sauvetage de l'UNEDIC.

Dès lors, les conflits sociaux liés à ces restructurations vont se succéder, provoquant des réactions de plus en plus vives du PC, sans qu'il aille toutefois jusqu'à remettre en cause sa participation au gouvernement.Tout le monde a compris que sa tactique est d'attendre qu'on le mette dehors. En tant que ministre de tutelle de Jack Ralite, Pierre Bérégovoy subit de plein fouet ce climat de paix armée. La tension est devenue telle que Jack Ralite ne lui adresse plus la parole depuis le mois de février 1984.

Le nouveau conflit qui se dessine chez Citroën en avril 1984 n'est pas fait pour améliorer les rapports entre les deux hommes. Le plan de la direction prévoit encore 6 000 suppressions d'emplois dont 2 500 licenciements secs. « Le scénario Peugeot semble se reproduire, note Jacques Attali. Pierre Bérégovoy fait dire à Jacques Calvet que le responsable du dossier est Jack Ralite, ce dernier refuse de le prendre au téléphone, le cabinet du Premier ministre ne peut suivre ce dossier que de manière intermittente, Laurent Fabius se tient prudemment à l'écart, nous sommes donc à « J – 4 » de l'ouverture d'un conflit social majeur qui se présente humainement dans de très mauvaises conditions. Il est urgent qu'un interlocuteur unique et responsable soit désigné pour négocier avec Jacques Calvet les moyens d'éviter l'explosion. Le Président choisit Pierre Bérégovoy [1]. »

Contre les licenciements annoncés, la CGT a pris l'offensive en faisant occuper les usines d'Aulnay-sous-Bois (11 mai) puis les établissements de Nanterre, Levallois-Perret et Asnières. Les incidents s'y multiplient sur fond de guerre scolaire. Selon une stratégie qui lui est chère, Bérégovoy choisit de cerner l'obstacle en s'assurant des soutiens. Il obtient l'appui de Bergeron, Maire et Marchelli, avant de négocier avec Krasucki et le responsable CGT de la métal-

1. *Verbatim, op. cit.*, p. 622.

lurgie, Sainjon. Les négociations, difficiles, débouchent enfin sur un accord. Krasucki s'engage à arrêter la grève contre l'abandon provisoire du plan de licenciement qui sera remplacé par une réduction du temps de travail. Cette première étape franchie, Bérégovoy convoque Calvet pour lui annoncer le résultat de la négociation. L'entrevue est houleuse. Jacques Calvet menace de démissionner et part en claquant la porte. Mais, en prenant l'initiative de téléphoner lui-même aux actionnaires du groupe pour annoncer les propositions qu'il a faites à leur président, Pierre Bérégovoy réussit à désamorcer ce second conflit.

Jacques Calvet ne démissionnera pas. Pierre Bérégovoy a géré cette affaire avec habileté.

Si l'usure du gouvernement s'explique avant tout par les difficultés économiques, c'est la guerre scolaire qui le fait définitivement trébucher. Le pouvoir se retrouve sur la défensive dans son projet de réforme des relations entre l'État et l'enseignement privé. Une majorité de Français l'accuse de vouloir mettre en cause la liberté du choix de l'école, et le dimanche 24 juin plus d'un million de personnes défilent dans les rues de Paris contre le projet Savary. Deux semaines plus tôt, les élections européennes ont souligné la désaffection dont souffre la gauche auprès de l'opinion. Le taux record d'abstention, 43,3 pour cent, n'a pas constitué une réelle surprise, les Français étant plus préoccupés par les problèmes économiques et sociaux et plus sensibles aux controverses sur l'école ou l'immigration que par la construction européenne, qu'ils perçoivent encore de manière abstraite. La véritable surprise est venue de la liste Le Pen, qui frôle les 11 pour cent. Elle se trouve quasiment à égalité avec le PC qui, en perdant la moitié de ses électeurs, subit un revers historique. Avec 21 pour cent de voix, le PS ne recule que très légèrement par rapport au scrutin européen de 1979, mais la déroute communiste fait que la gauche est largement minoritaire dans le pays [1].

Pour endiguer l'épreuve de force sur l'école et sortir d'une situation bloquée, le chef de l'État entreprend une double manœuvre. Le 12 juillet il prend tout le monde de court. Il propose une procédure de révision de l'article 11 de la Constitution sur l'usage du référendum, pour l'élargir au domaine des libertés et donc à l'école. Il laisse aussi présager le retrait de la loi Savary, pourtant déjà votée en première lecture. Il sait que selon toute vraisemblance – et c'est ce qui se passera – le Sénat s'opposera au projet de révision de la Constitution.

Mais en choisissant cette ligne, il a conscience d'entraîner presque inévitablement la démission de Savary, puis, très probablement, celle du gouvernement Mauroy. De fait, l'annonce de la démission de Savary, le lundi 16 juillet, précède seulement de quelques heures celle du gouvernement Mauroy.

Pour sauvegarder l'essentiel, la poursuite en bon ordre du septennat, Mitterrand a donc choisi de reculer sur le terrain miné de l'école.

Pour tout Premier ministre, l'heure du départ est une période de deuil après une grande aventure. Pierre Mauroy vit à son tour ce moment pénible et le souvenir qu'il garde de ces derniers moments passés à Matignon est associé à celui de Pierre Bérégovoy.

– Une fois tout le monde parti, après les derniers adieux, Pierre est resté avec moi, et, vraiment, c'est à ce moment-là que j'ai eu peut-être la conversation la plus sentimentale, la plus humaine. On est resté là trois quarts d'heure à passer en revue tout ce qu'on avait fait ensemble. Lui me disant : cela doit être dur pour toi... mais le travail que tu as fait restera... J'ai en tout cas eu beaucoup de plaisir à travailler avec toi... Des choses agréables qui m'ont touché. Il éprou-

1. La liste d'opposition UDF-RPR, avec 43 pour cent des voix, fait elle aussi les frais de la vague « lepéniste ».

vait le besoin de les dire. J'ai senti qu'il était sincère, qu'il voulait me montrer son amitié, sa fidélité. Le geste était là et je l'ai apprécié [1].

À croire certains familiers du Président, trois noms circulaient sous le manteau pour la succession de Mauroy : Pierre Bérégovoy, Jacques Delors, Michel Rocard. Mais le président de la République crée la surprise en confiant Matignon à Laurent Fabius. Pierre Bérégovoy aura les Finances. La décision est cette fois prise tambours battants. A trente-sept ans et onze mois, Laurent Fabius devient le plus jeune chef de gouvernement de la France républicaine [2].

– Nous étions en symbiose intellectuelle et politique, dira le chef de l'État.

Mais Fabius représente aussi la jeunesse, ce qui lui permet d'incarner mieux qu'un autre l'image de modernité que le Président veut donner au gouvernement et à la gauche.

Pierre Bérégovoy est-il « consterné » de ce choix, comme certains le prétendent? Le fait d'avoir déjà figuré parmi les « papabili » en mars 1983 et la réputation personnelle qu'il s'est acquise aux Affaires sociales ont pu lui faire espérer que son heure était déjà venue. Jean Glavany se souvient l'avoir entendu dire :

– Il ne m'a pas choisi cette fois. Ce ne sera plus jamais mon tour.

Il confie également sa déception à Claude de Kémoularia, qui lui répond :

– Les Finances, ce n'est déjà pas si mal!

N'était-ce pas d'ailleurs le poste qu'il convoitait ardemment depuis plusieurs années? N'est-ce pas une première consécration, que lui envie par exemple Michel Rocard? « C'est une idée de François Mitterrand », note laconique Jacque Attali, qui n'a pas changé de sentiment à son égard. Aux technocrates chevronnés, le chef de l'État a préféré un

1. Entretien du 22 septembre 1993.
2. Il dépossède de ce titre le radical Félix Gaillard, devenu président du Conseil à trente-huit ans en 1957.

homme qui, aux yeux des Français, n'a précisément pas l'air d'un ministre des Finances et n'a *a priori* aucune formation théorique dans ce domaine. Sans doute estime-t-il qu'il pourra plus facilement faire accepter à la population la nouvelle ligne de rigueur qui doit sortir la France de l'ornière économique. Il ne se trompe pas. Pierre Bérégovoy sera l'homme de la situation. Il est toujours numéro trois dans la hiérarchie gouvernementale, derrière Gaston Defferre.

Le maire de Marseille, déjà fatigué, voulait cependant rester au gouvernement. Il devient ministre d'État, mais se contente de prendre le Plan et l'Aménagement du territoire. À l'Intérieur, Mitterrand place un homme plus jeune, qui aura deux missions, reprendre en main et moderniser la police et, plus important encore, préparer les Législatives. Cet homme est Pierre Joxe. Les autres grands ministères ne changent pas de titulaire. Cheysson reste aux Affaires étrangères, Charles Hernu a la Défense, Robert Badinter à la Justice et Jack Lang à la Culture. Deux femmes occupent des postes importants : Georgina Dufoix succède à Pierre Bérégovoy au grand ministère des Affaires sociales et Huguette Bouchardeau devient ministre de l'Environnement.

Avec la nomination de Laurent Fabius, François Mitterrand espérait jouer la carte d'un profond renouvellement de l'image du gouvernement et de la gauche. C'est pourtant le scepticisme qui domine. Le nouveau Premier ministre est perçu comme un « double du chef de l'État » plus que comme une personnalité autonome qui imprimera sa marque. « Mitterrand Premier ministre », ironise *Libération*, pour qui la principale caractéristique de Laurent Fabius est d'être « mitterrandiste ». Le départ des ministres communistes est considéré comme un événement beaucoup plus important. « Ils exigeaient pour participer au nouveau gouvernement exactement l'inverse de ce que nous voulions faire », remarque Laurent Fabius, si bien qu'aux premières heures du jeudi 19 juillet le désaccord est consommé. Une déclaration justifiant le refus de participation est adopté à l'unanimité par le comité central du PC, mettant fin à trois années d'une expérience gouvernementale d'abord sereine, puis tendue, avant de devenir conflictuelle. L'Union de la gauche est rompue.

– Les communistes ne sont pas encore dans l'opposition mais ils ne sont plus dans la majorité, avertit Roland Leroy.

Charles Fiterman ajoute :

– Nous voterons ce qui sera bien.

Trois socialistes remplacent le quatuor communiste : Paul Quilès s'installe aux Transports, Michel Delebarre cumule les portefeuilles de Jack Ralite à l'Emploi et de Marcel Rigout à la Formation professionnelle et Jean Le Garrec remplace Anicet Le Pors à la Fonction publique.

En apprenant la nomination de Pierre Bérégovoy aux Finances, André Gauron revoit le film de leur première rencontre deux ans plus tôt lorsque « Béré » avait pris sa fonction de ministre des Affaires sociales. « C'était un samedi matin pluvieux du mois de juillet. En entrant dans son bureau avenue de Ségur, j'avais essayé de lui dire quelques mots sur la Sécurité sociale, car je m'en occupais un peu au Plan. Il m'avait interrompu : " On verra ça plus tard. Nous commençons lundi. " Tout cela n'avait pas duré trois minutes. Il me raccompagnait à la porte lorsque, tout à coup, il m'avait dit : " Vous avez cinq minutes ? – Oui. – Qu'est-ce que vous pensez de la dévaluation ? "

« Nous étions alors repartis dans l'autre sens. Nous nous étions assis dans des fauteuils et pendant une demi-heure nous avions parlé des problèmes monétaires. Le social, on verrait plus tard, c'était le boulot. Il y avait plus important. L'essentiel était de définir la bonne politique monétaire [1]. »

Désormais, depuis le 17 juillet, elle est entre ses mains, cette politique monétaire et, avant même de quitter les Affaires sociales, il est psychologiquement déjà installé rue

1. Entretien du 25 octobre 1993.

de Rivoli. Quand François Laumonier lui dit : « Il y a encore des problèmes à régler avant de quitter Grenelle », il est déjà en train de constituer son équipe aux Finances. Non que les Affaires sociales ne l'aient pas intéressé. Il s'y est donné à fond, comme pour tout ce qu'il fait. Mais il a rempli son contrat et comme il a reçu un autre mandat – celui dont il rêvait –, il y va.

Il emmène avec lui le noyau dur de son équipe des Affaires sociales. Son directeur de cabinet reste Jean-Charles Naouri. François Laumonier, André Gauron, Marie-Laurence Pitois le suivent aussi et l'aident à compléter son nouveau staff. On note deux arrivées importantes : celle de Harris Puisais, l'ancien compagnon de route du PSU, qui devient chargé de mission, et celle d'Yves Mancion, le budgétaire. Ce fils d'instituteur est polytechnicien, administrateur de l'INSEE et inspecteur des Finances. Pour la conjoncture économique, il fait appel à François Monier, qui vient du cabinet de Pierre Mauroy. Est enfin recruté pour le Trésor un autre inspecteur des Finances, Gilles Guitton, dont le père a été ambassadeur à Dublin et que François Laumonier a connu lorsqu'il était lui-même en poste en Irlande. Il dispose ainsi d'une équipe solide et soudée qui l'aidera à se faire accepter par la redoutable administration des Finances.

François Laumonier se charge enfin de sélectionner sur dossier le responsable de son secrétariat particulier. Ce sera Yvette Wils. Cette jeune femme a déjà fait ses preuves dans la cabinet de Fabius et dans celui de Delors. Avant cela, elle avait appartenu au cabinet de Robert Boulin. Ses débuts auprès de Pierre Bérégovoy ne sont pas faciles.

– Je le trouvais très autoritaire, très exigeant, et je me suis même demandé un moment si je n'allais pas demander une autre affectation [1].

Avec le temps les choses s'arrangeront, et de même qu'elle avait suivi Robert Boulin dans ses différents postes, jusqu'à sa mort, une terrible coïncidence voudra qu'elle

1. Entretien du 14 juin 1993.

suive aussi Pierre Bérégovoy dan sa carrière de ministre, puis de Premier ministre, assurant encore son secrétariat lorsqu'il redeviendra simple député, jusqu'à ce jour fatal du 1er mai 1993 où il se donnera la mort, comme son ancien « patron » quatorze ans plus tôt.

L'arrivée de Pierre Bérégovoy est accueillie par les hauts fonctionnaires de la rue de Rivoli avec un scepticisme teinté de condescendance. Le jour où il prend possession des salons à lambris de la citadelle des Tuileries, les sarcasmes élitistes non déguisés pleuvent :

– Tiens, voilà le nouveau garagiste, entend-il dire sur son passage dans les couloirs gris et lugubres que cache le prestigieux palais.

C'est évidemment une allusion à René Monory, le dernier autodidacte à avoir occupé le poste envié de ministre des Finances. Avant lui Antoine Pinay, un sans-titre lui aussi, n'avait pas reçu un meilleur accueil en 1952. Mais tous deux avaient su s'imposer, et Pierre Bérégovoy n'allait pas tarder à son tour à montrer sa capacité à dominer la situation.

Pinay, Monory, Bérégovoy, tous trois étrangers au sérail, auront même été parmi les plus grands ministres des Finances. Trois ministres servis par les circonstances, mais qui auront su aussi magnifiquement s'en servir et auront imprimé leur marque rue de Rivoli, puis à Bercy.

Ses deux années passées aux Affaires sociales, dans des conditions ardues, ont préparé le nouveau venu à sa fonction. La succession est cependant difficile car Delors régnait en maître sur ses troupes, avec beaucoup de savoir-faire, et il ne considérait sans doute pas, à ce moment-là, que le choix de Bérégovoy pour le remplacer était le meilleur possible. Il ne faudra pourtant pas longtemps à celui-ci pour faire taire les sceptiques et leur montrer que s'il n'est pas aussi « brillant » qu'eux, au sens français du terme, il apprend vite, très vite, et peut maîtriser n'importe quel dossier. Non sans surprise, ils constateront qu'il est capable de digérer une douzaine de notes et d'en faire la synthèse presque immédiate. En moins de deux mois il saura « prendre ses marques », pour reprendre l'expression de Jean-Charles Naouri, et il se sentira très vite à l'aise dans son nouveau poste.

Pour le type de parcours tout à fait exceptionnel qu'il a eu – et qu'ont eu avant lui Antoine Pinay et René Monory – « deux qualités sont nécessaires, remarque Laurent Fabius. La première, sur laquelle on met toujours l'accent, est la capacité de travail et la volonté de progresser. Mais il faut aussi avoir une deuxième qualité, beaucoup plus rare, ajoute l'ancien Premier ministre. Il faut savoir ne pas souffrir du chemin particulier qu'on a suivi, savoir en tout cas le dépasser. Pierre Bérégovoy avait cette faculté. Ce n'était pas quelqu'un qui ressassait toutes les trois minutes les difficultés qu'il avait eues à surmonter dans sa vie. Il n'en parlait pas. Et une fois ministre des Finances, il n'a jamais donné l'impression de se trouver mal à l'aise, même lorsque étaient abordés les sujets les plus techniques. En revanche, à la différence des purs techniciens, il avait le sens du terrain et il en tirait une force supplémentaire [1] ».

Il arrive souvent dans un gouvernement que des conflits opposent le Premier ministre à son grand argentier.

– Ce ne fut pas le cas, reprend Laurent Fabius. Nous nous étions mis d'accord sur certains objectifs : la modernisation de l'économie, l'équilibre des comptes, la réconciliation de l'entreprise avec la société.

Et de laisser entendre qu'une fois le cadre fixé, il n'y eut jamais de heurts sérieux entre Pierre Bérégovoy et lui.

Le nouveau locataire de la rue de Rivoli reste un virtuose de la délégation des tâches, communiquant plus que jamais par notes de synthèse, courtes, qui obligent ses conseillers à être concis. Il peut ainsi toutes les lire et elles redescendent dans les services au plus tard dans les quarante-huit heures, alors qu'avec Jacques Delors les délais étaient beaucoup

1. Entretien du 10 janvier 1993.

plus longs. Le soir on voit le ministre emmener sous son bras une pile de dossiers qu'il rapporte le lendemain matin, annotés de quelques mots à l'encre rouge qui résument sa position. Cette méthode et cette rapidité dans le travail sont des éléments qui sont vite mis à l'actif du nouveau ministre. « Cela met les collaborateurs en confiance », remarque-t-il. Il travaille aussi en bilatéral : les conseillers instruisent les dossiers de leur spécialité, qui remontent jusqu'au directeur et enfin au ministre. Il n'y a pas de réunion générale du cabinet, sinon pour recevoir et donner des indications générales de température, par exemple avant une émission de télévision. Pour les questions difficiles, le ministre convoque son directeur de cabinet, le conseiller adéquat, ainsi que le directeur de l'administration centrale concernée, jamais plus de quatre ou cinq personnes, pour un échange de vues, une concertation, qui permettent de relativiser les choix de chacun. Après quoi il prend la décision en annotant là encore sur dossiers.

Les hauts fonctionnaires des Finances ont vite l'occasion de tester leur nouveau ministre. A peine installé rue de Rivoli, Naouri, aidé de Rubinowicz, entreprend une réforme du système financier français qui vise à remodeler complètement et à moderniser son paysage. Tel qu'il existait à l'orée des années quatre-vingt, le système français restait marqué par le cloisonnement avec la juxtaposition de trois marchés : le monétaire, l'hypothéquaire et l'obligataire. Sa seconde caractéristique était l'hyper-réglementation, qui était l'expression d'un dirigisme économique traditionnel en France. Son accès était réduit à un petit nombre d'agents et la concurrence était très limitée.

Mais l'environnement international avait bien changé. Dès le début des années soixante-dix s'était amorcé aux États-Unis un bouleversement des circuits qui allait bientôt gagner les grandes places financières internationales. Cette vague d'innovation sans précédent s'était marquée par le développement des euromarchés, tandis que l'instabilité monétaire qui résultait des changes flottants, la montée des taux d'intérêt et l'endettement des États contribuaient à la mise en place de produits de plus en plus sophistiqués.

Le système français était tel qu'il ne pouvait s'adapter au nouvel environnement sans procéder à des réformes de très grande ampleur. À la fin des années soixante, des mesures avaient certes été prises pour répondre aux besoins de financements plus diversifiés d'une économie en expansion rapide. Elles avaient porté sur le développement et l'orientation de l'épargne vers les activités productives. Par contre, l'organisation du système financier lui-même n'avait pas été sensiblement modifiée, en dépit de nombreux rapports d'experts [1]. Ce sera le grand mérite de Pierre Bérégovoy de faire de la mutation nécessaire son grand objectif à son arrivée au ministère des Finances.

– C'était encore son côté Mendès, remarque André Gauron. Lorsqu'il arrivait quelque part, il fallait qu'il se fixe un objectif.

Toutes les réformes qui seront entreprises, dont le grand inspirateur sera Jean-Charles Naouri et le metteur en scène Claude Rubinowicz, participent donc d'un plan d'ensemble et affirment leur cohérence. Leur but est la constitution d'un grand marché unifié des capitaux, allant du très court au très long terme, ouvert à tous les agents économiques (État, banques, entreprises etc.), tant pour prêter que pour emprunter.

Mais les initiateurs de ces mesures se gardent bien de dire qu'il y a là un grand dessein, une grande réforme.

– On ne voulait pas donner l'idée qu'il y avait un grand mouvement, parce qu'on aurait fait peur. Au contraire, on a fait cela, très éparpillé, très morcelé, pour qu'il ne se constitue pas une opposition unie contre nous [2].

Naouri et Rubinowicz, l'un au Japon, l'autre aux États-

1. Rapport Marjolin-Sadrin-Wormser, en 1968. Rapport Mayoux en 1978.
2. Entretien avec Jean-Charles Naouri.

Unis, ont pu observer le fonctionnement des marchés dans ces pays à la fin des années soixante-dix. Jeunes, modernes, ils veulent importer les innovations américaines et les mettre sur le marché français. Avec l'aval de François Mitterrand [1], Pierre Bérégovoy se rallie « passionnément » à leur projet. Dans la préface du *Livre blanc sur la réforme du financement de l'économie*, qui dressera le bilan de son premier passage au ministère des Finances, entre 1984 et 1986, il exposera l'idée centrale qui l'a déterminé : « Il faut que l'argent soit mobile pour apporter aux prêteurs et aux emprunteurs une liberté de choix et d'arbitrage essentielle à l'économie moderne. Si l'argent est plus mobile, son coût devient aussi plus faible du fait de l'élimination des rentes dont le poids est supporté par les entreprises, les particuliers et l'État. Dès lors, il devient possible de clarifier le rôle de l'État en recentrant ses concours sur les vraies priorités, en premier lieu la recherche et le développement des PME, et en limitant ses interventions réglementaires à l'organisation générale et à la surveillance du marché des capitaux. » Avec sa concision habituelle il résume sa doctrine en la matière dans une formule lapidaire : « Réduire le coût de l'argent par une grande mobilité du marché financier et une concurrence plus vive, c'est favoriser l'investissement et encourager la création d'emplois. » « Tout ce qui pouvait réduire ce qu'on appelle d'un terme un peu barbare le coût d'intermédiation, le prélèvement fait par le système bancaire sur le financement de l'économie, il y était favorable, reprend Jean-Charles Naouri. Donc toutes les réformes qui fluidifiaient le système, qui le rendaient plus concurrentiel, plus ouvert, il s'y ralliait. Certainement pas pour des raisons idéologiques libérales. Simplement parce qu'il se rendait compte que ces réformes réduisaient le coût de l'argent pour les entreprises et les ménages, leur permettant d'emprunter moins cher...

1. Une note confidentielle de novembre 1984, destinée également à Laurent Fabius, et rédigée par Naouri et Rubinowicz, l'a informé de leurs projets.

et que cela allait créer des richesses, donc des emplois. Naturellement, les taux ont monté par ailleurs, parce que les marchés mondiaux montaient, mais indépendamment de cela, le prélèvement du système financier a été réduit. C'est ce qui l'a convaincu. »

À côté de ces deux premiers objectifs : décloisonner les marchés de l'argent pour mettre en place un véritable marché unifié de capitaux et promouvoir la concurrence en donnant plus de libertés aux acteurs de ce marché unifié, la réforme vise aussi à moderniser la place de Paris à l'image de Londres et des principales places financières et à lui donner une vocation internationale. Pour cela seront lancés de nouveaux produits obligataires, tandis que la politique d'émission et de gestion de la dette publique sera modernisée [1]. Il s'agit encore de mettre fin au rationnement quantitatif du crédit, lequel sera supprimé à partir de décembre 1984.

Ces réformes avivant la concurrence entre elles, toutes les corporations de l'époque, banquiers et agents de change notamment, ne peuvent qu'y être hostiles. Mais il dit à ces derniers, non sans malice : « Vous qui êtes tellement libéraux, je suis sûr que vous allez m'appuyer. » En réalité, il ne voit pas avec déplaisir le démantèlement de ce bastion du conservatisme, régi par des structures et des privilèges très anciens. Parallèlement, dès septembre 1984, dans le cadre d'une reprise en main du système bancaire, il invite fortement les banques à moderniser leur gestion et à réaliser des gains de productivité. Ces efforts leur seront en effet nécessaires pour s'adapter à la déréglementation des marchés. Les banques ne verront pas sans inquiétude une part croissante des dépôts leur échapper au profit de produits financiers qu'elles devront gérer, comme les SICAV, à court terme, mais dont elles ne disposeront plus. Elles appréhen-

1. Seront également créés en 1985 des sociétés de contrepartie, tandis que le contrôle des changes sera peu à peu assoupli.

dront surtout une réforme qui offrira aux grandes entreprises un accès direct au marché monétaire.

Bérégovoy a très bien compris par ailleurs l'intérêt que peut avoir la France à introduire des mécanismes qui vont séduire les Américains. Dans ses premiers contacts avec les milieux d'affaires d'outre-Atlantique, Claude de Kémoularia va jouer à nouveau un rôle important auprès de lui. Kémoularia étant un homme qui vient de la banque (Paribas), c'est par son intermédiaire que Pierre Bérégovoy approche pour la première fois le monde capitaliste des affaires. Le savoir un ami personnel de Mitterrand ne peut à cet égard que le rassurer.

À peine vient-il d'être nommé ministre des Finances que « Kémou » se fait annoncer rue de Grenelle : « Il faut absolument que vous voyiez les journalistes anglo-saxons, lui dit-il sans préambule. Je vous organise ça dans la journée. Il faut qu'en quelques mots vous leur indiquiez vos grandes orientations, que vous leur annonciez ce que vous allez faire, de façon à rassurer les marchés américains. Vous n'êtes pas connu, ils ont besoin de vous connaître. Les Américains fonctionnent comme ça. Ils veulent voir les gens. Pour les ministres c'est la même chose... » Et dans l'après-midi il lui amène les correspondants du *Financial Times*, du *Wall Street Journal* et des deux grandes agences de presses américaines, *Reuter* et *United Press*.

Kémoularia, alors ambassadeur de France à l'ONU, jouera encore les *go between* lorsque Bérégovoy ira pour la première fois aux États-Unis, en avril 1985, assister à la session du FMI. Toujours opérationnel, il lui préparera un contact direct avec la presse américaine, rédactions et patrons, d'abord au *New York Times*, puis au *Washington Post*. Et en septembre 1985, lors d'un second voyage, il prendra l'initiative d'organiser un grand banquet au World Trade Center avec plusieurs centaines d'investisseurs américains intéressés par le marché français.

Pour bien des raisons, Pierre Bérégovoy ne se laissera pas convaincre facilement : ce genre de manifestation n'est pas dans les habitudes françaises, lui-même parle mal anglais et le monde dans lequel Kémoularia veut l'introduire le choque par son côté affairiste.

– À la dernière minute il est allé jusqu'à prétexter un rendez-vous chez le coiffeur pour ne pas y aller, se souvient Kémoularia.

Mais il se décidera enfin et les Américains, impressionnés par son intervention, lui feront un triomphe.

Dès lors le pli sera pris.

– Il avait très vite compris que Kémoularia avait raison, remarque André Gauron.

Deux fois par an, tant qu'il sera ministre des Finances, il s'envolera pour New York, afin d'y rencontrer, la presse et les investisseurs, et se montrera parfaitement à l'aise dans ce genre d'exercice.

– Il savait trouver la formule humoristique qui allait plaire aux Américains, poursuit André Gauron qui l'accompagnait dans ces voyages. C'était de plus le premier de nos ministres qui se donnait la peine d'aller les rencontrer et ils appréciaient.

L'habitude lui viendra d'autant plus facilement qu'il éprouvait d'instinct une grande admiration pour leur pays, berceau de la démocratie et de la liberté avec la France et l'Angleterre. S'il n'a jamais été foncièrement anticommuniste, il n'a jamais non plus été antiaméricain. À bien des égards, il est prêt à adopter ce pays où on trouve beaucoup de gens qui, comme lui, se sont faits à la force du poignet et à qui on ne vient pas demander à chaque instant : « Quelles études avez-vous faites? » mais : « Que savez-vous faire? »

Pierre Bérégovoy est sensible au fait qu'à Washington, dans une réunion de ministres, on le considère immédiatement comme tel, en partant du fait que, s'il est ministre, c'est qu'il a fait avant ce qu'il fallait pour l'être.

Les *certificats de dépôts* constituent le premier volet de la grande réforme des marchés des capitaux à venir. En donnant l'autorisation aux banques d'emprunter sur le marché des titres courts négociables, ouvert à tous les investisseurs, ils établissent un lien entre le marché monétaire et le marché obligataire, et doivent donc contribuer à l'élargissement et à l'animation du marché de l'argent. Aujourd'hui, en France, à l'instar de bien d'autres pays, ils sont entrés dans le paysage financier. Mais l'annonce de leur création, le 5 décembre 1984, fait l'effet d'une véritable révolution. Le directeur du Trésor, Daniel Lebègue, ne cache pas son hostilité à cette mesure [1]. Non seulement il la désapprouve totalement dans une note écrite, mais il omet d'avertir la place de Paris qu'elle doit s'attendre à de nouveaux produits financiers. Aussi, le discours de Pierre Bérégovoy, crée-t-il une véritable tempête, lorsqu'il annonce la création de ce nouvel instrument à l'occasion d'une remise de prix à HEC, à Jouy-en-Josas.

Toute la place de Paris est présente et le ministre est applaudi. Mais après son intervention, les commentaires reflètent l'ampleur du choc. Certains saluent son courage : « Enfin un ministre qui fait bouger quelque chose ! » Mais les réactions sont par ailleurs plutôt négatives. Le nouvel instrument de placement à court terme provoque l'inquiétude des spécialistes qui voient un redoutable concurrent pour les SICAV et donc un risque de déstabilisation du marché obligataire.

De fait, la Bourse réagit immédiatement. Dès le lendemain, la nouvelle se traduit par un minikrach sur le marché obligataire, qui perd brutalement 2 pour cent. Daniel Lebègue est vertement rappelé à l'ordre par Pierre Bérégo-

1. Ancien conseiller de Pierre Mauroy, il devait pourtant sa nomination en août 1984, pour une large part à Pierre Bérégovoy qui l'avait préféré à Philippe Jurgensen, jugé trop « raide » et à Philippe Lagayette, le candidat de Jacques Delors.

voy. Mais ce dernier sait que c'est lui qui doit assumer la responsabilité politique de cette crise. Il mesure les risques attachés aux réformes qu'il entreprend, mais il continuera à les mener avec audace, sans se laisser impressionner par les lobbies.

Quarante-huit heures après son discours de Jouy-en-Josas, le ministre aborde à nouveau le problème à l'occasion de la remise du prix du meilleur rapport financier de la *Vie française*, à la Conciergerie. Il s'emploie cette fois à calmer les esprits, à mettre les formes. La décision est irréversible, annonce-t-il, mais elle se prendra au terme d'une large concertation et il promet des garanties en faveur des obligations techniques.

Dès lors, les réformes se succéderont à un rythme rapide et ininterrompu, de l'automne 1984 au début de l'année 1986.

Devant cette avalanche de mesures, le Trésor s'en tiendra pendant plusieurs semaines à une attitude de grande réserve, sinon de désapprobation. Les choses s'amélioreront avec l'arrivée d'un ardent partisan des réformes, Philippe Jaffré, à la tête du service des affaires monétaires et, le succès aidant et la volonté du ministre ne fléchissant pas, les grandes directions du ministère vireront de bord elles aussi. Daniel Lebègue lui-même deviendra bientôt le meilleur propagandiste de la réforme du marché des capitaux.

Les certificats de dépôts auront bientôt pour corollaire la création des *billets de trésorerie* (« Commercial paper » aux États-Unis) qui donneront à leur tour aux entreprises la possibilité d'emprunter sur le marché des titres courts, négociables, ouverts à tous les investisseurs. Les *bons du trésor négociables*, qui offriront la possibilité pour l'ensemble des agents économiques de souscrire à des titres courts émis par l'État, seront un autre exemple, au-delà des aspects proprement techniques de ces mesures, de la simplicité de la démarche retenue. Un autre effort de décloisonnement significatif sera la création d'un nouveau marché hypothécaire, qui visera à assurer un financement long, simple et massif pour l'activité du logement, ouvert à tous les agents économiques, tout en diminuant son coût [1].

Toutes ces mesures sont ponctuées par la création du MATIF (Marché à terme d'instruments financiers) qui permettra aux agents économiques de se protéger contre les risques engendrés par l'instabilité monétaire et notamment contre les variations de taux d'intérêt. La technique d'arbitrage, seul moyen de se couvrir contre ces fluctuations dans un régime d'économie de marché [2], avait déjà connu un important développement à l'étranger, en particulier aux États-Unis. Le danger était grand de voir les places étrangères et, en Europe, celle de Londres satisfaire ce besoin de protection que ressentaient les agents économiques français. Le MATIF sera créé par la loi du 10 juillet 1985 pour répondre à ce risque et contribuer à faire de la place de Paris la place financière internationale souhaitée [3].

La Banque de France se voit enfin reconnaître le droit de prendre toutes mesures de régulation destinées à garantir le fonctionnement normal du nouveau système financier. Depuis le 14 novembre, elle a un nouveau gouverneur en la personne de Michel Camdessus, directeur du Trésor depuis février 1982 puis premier sous-gouverneur de la Banque

1. Jusque-là, le financement du marché du logement était caractérisé par un paradoxe : alors qu'il s'agissait par essence d'un financement à très long terme, les établissements prêteurs se refinançaient en grande partie sur des ressources courtes. Désormais une agence de droit privé sera chargée de refinancer les billets hypothécaires consentis aux particuliers par les établissements : ces billets serviront d'actif à l'agence. Avec la garantie d'État, l'agence émettra en continu des titres obligataires à très long terme (quinze ou vingt ans) cotés en Bourse.

2. Elle consistait à acheter ou à vendre à terme des contrats portant sur un produit, en réalisant simultanément l'opération inverse, la livraison proprement dite sur les marchés à terme restant l'exception.

3. La compensation est assurée par un établissement de crédit spécialisé, la Chambre de compensation des instruments financiers, à Paris (CCIFP). Cet établissement assure les fonctions classiques des organes de compensation : enregistrer les contrats, s'interposer entre acheteurs et vendeurs, définir le niveau des dépôts de garantie, appeler et verser les marges, assurer le débouclement des contrats et, plus généralement, veiller à la sécurité du fonctionnement du marché.

centrale depuis le 2 août 1984. Ce socialiste a été étroitement mêlé aux grands problèmes monétaires et aux négociations financières des quinze dernières années, et sa nomination, en période de calme monétaire, ne provoque aucun remous. Il remplace Renaud de la Génière, que le gouvernement a décidé de ne pas reconduire en raison de divergences entre le Trésor et la Banque centrale sur la nouvelle politique montaire[1].

À ce décloisonnement du marché des capitaux viennent se juxtaposer d'autres réformes, non moins importantes en 1985. Les *prêts à taux bonifiés*, qui représentaient près de la moitié de l'ensemble des prêts accordés à l'économie voient leur part relative diminuer sensiblement, tandis qu'est mis fin progressivement, à partir du 1er janvier 1985, à l'encadrement rigide du crédit tel qu'il existait depuis 1972.

Il ne s'agit pas encore d'en revenir à la liberté complète, mais du passage à des règles moins strictes.

Le but est de substituer au rationnement quantitatif du crédit, auquel on pouvait reprocher sa rigidité et son caractère trop bureaucratique, une régulation par les taux d'intérêt, à la fois plus souple et plus efficace, grâce à de nouveaux instruments qui seront mis en place en 1986. Toutes ces mesures convergeront pour donner au maniement des taux d'intérêt un rôle de plus en plus capital dans le pilotage de l'économie. En même temps, l'Institut d'émission reprendra sa politique de baisse en douceur des taux d'intérêt et la dérégulation progressive de la politique monétaire passera également par des assouplissements du contrôle des changes qui viseront à favoriser le développement du rôle du franc dans le système monétaire international.

1. Nommé en novembre 1979 par le gouvernement de Raymond Barre, Renaud de la Genière s'était montré l'homme de la rigueur bien avant le changement de cap des pouvoirs publics et s'était efforcé de maintenir constamment l'indépendance de la Banque centrale. Après avoir contribué à sauver le franc, au printemps 1981, grâce à son audience internationale, au soutien qu'il avait apporté au gouvernement et à son habileté dans la crise financière de 1983, il avait permis à Jacques Delors d'imposer sa politique d'assainissement.

– Il a fallu un an pour que les milieux professionnels réalisent qu'il y avait un grand dessein, remarque Jean-Charles Naouri. L'incompréhension est en effet quasi générale au début. Pendant plusieurs mois, les réformes se heurtent même à une opposition quasi générale. Puis c'est la surprise, l'étonnement. Tout le monde a compris qu'il se passe quelque chose, mais sans en saisir l'ampleur. Six mois plus tard enfin, à la fin de l'année 1985, c'est l'enthousiasme. Les gens avaient compris qu'il y avait une grande réforme en cours, un mouvement historique, et ils voulaient en être, ils ne voulaient pas être laissés sur le côté de la route.

Les réactions extrêmement favorables de la presse anglo-saxonne ne sont évidemment pas étrangères à ce revirement général. Les journaux américains saluent en effet chaleureusement le vent du grand large qui souffle enfin sur la France, et Wall Street ne tarit pas d'éloges sur ce « socialiste libéral » qui a su dépoussiérer la place de Paris, invitant par là les places étrangères à jouer la confiance vis-à-vis de la France.

Jugée positive sur le fond, la réforme des marchés financiers n'en développera pas moins des effets pervers induits. Les entreprises ont désormais la possibilité de financer plus facilement leurs investissements et les particuliers de trouver de plus grandes possibilités d'emprunter. Le revers de la médaille sera l'apparition d'un surendettement des ménages qui fera quelques années plus tard des dégâts assez considérables. Par ailleurs certaines entreprises gagneront parfois plus d'argent en boursicotant ou en spéculant que dans leur activité de production de biens ou de services. Cette évolution des mentalités dans certaines grosses sociétés en faveur du secteur financier et au détriment du productif, Pierre Bérégovoy ne l'avait sans doute pas souhaitée, pas plus que le développement d'un état d'esprit par trop affairiste lié à ces pratiques. Si les réformes ont certains effets pervers, elles n'ont pas non plus tout les effets souhaités. L'un des objectifs était de permettre aux petites entreprises de s'endetter plus facilement et à meilleur prix pour investir. Mais c'était compter sans la frilosité chronique de nombreux chefs d'entreprise et sans les réticences des banquiers à leur prêter, réticences que venait encourager dans une certaine mesure la loi Badinter de 1985 sur les faillites.

– Les critiques ne portent pas sur le système lui-même, mais sur ses excès (ou ses insuffisances), poursuit Jean-Charles Naouri. Depuis la création des automobiles, il y a eu des accidents. Ce n'est pas pour cela qu'il faut arrêter l'automobile. Il faut une police du marché financier, comme il y a une police de la route. Ce n'est pas pour autant qu'il ne faut pas de routes, ni de marché financier.

Il reste que cette politique financière qui crée des instruments de placement pour les grands capitalistes, plaît autant aux milieux d'affaires qu'elle peut surprendre les millieux de gauche.

– Elle n'a pas soulevé de difficultés particulières avec le PS, estime Claude Rubinowicz, aujourd'hui directeur général adjoint du Crédit lyonnais.

Elle portait cependant peut-être en germe certains malentendus futurs entre le ministre des Finances et le PS.

Pour Pierre Bérégovoy, les réformes entreprises ne répondent pas seulement à un besoin de modernisation. Elles sont le complément nécessaire de la politique de redressement économique menée par le gouvernement.

« La concurrence introduite dans le système financier, en réduisant les rentes de situation et les causes structurelles d'inflation, a contribué à accélérer la désinflation et à assurer le financement sain de la reprise de l'investissement. À l'inverse, la baisse des taux d'intérêts a permis de mener à bien la débonification d'un volume de prêts important, dans des délais très courts, sans qu'aucun emprunteur n'y perde. D'importantes économies budgétaires ont été ainsi réalisées..., écrit-il dans la préface de son *Livre blanc.* L'économie française est désormais soumise à la vérité des taux d'intérêt. Les investisseurs vont devoir y adapter leur comportement et faire preuve dans leurs choix d'une grande rigueur. L'État lui-même se doit de montrer l'exemple dans la conduite de la politique économique afin que l'évolution des prix et les déficits publics ne créent pas de tensions sur les taux d'intérêt. Le nouveau système financier sera un atout pour ceux qui sauront maintenir le cap de la désinflation et de la modernisation économique et sociale. »

Tout est dit. Les taux reflétant la plus ou moins grande confiance des marchés dans une économie, dès lors qu'ils deviennent un instrument privilégié de la politique économique, celle-ci doit se faire la plus rassurante possible, en privilégiant notamment la solidité de la monnaie. Celle-ci est en effet l'expression à la fois la plus visible et la plus symbolique de la confiance. Pierre Bérégovoy n'ignore pas non plus que si c'est la confiance dans la monnaie qui entraîne la stabilité des prix, dans l'esprit du public, c'est la stabilité des prix qui établit la confiance dans la monnaie. La lutte contre l'inflation deviendra donc très vite une de ses priorités.

Mais on aurait tort de croire qu'il ait eu besoin de se « convertir » à une politique de rigueur et de désinflation. Même s'il avait pu donner un moment l'impression de tenter d'appliquer le volontarisme de Mendès France aux réalités économiques et de vouloir faire plier des contraintes en fait incontournables, en réalité il n'avait pas oublié l'autre grand principe défendu par Mendès France, à savoir qu'il ne peut y avoir de politique sociale sans une économie solide, donc sans une monnaie forte. Il avait déjà montré dans sa gestion des Affaires sociales qu'il n'était pas un adepte du laxisme. De même la sortie du SME n'était pas pour lui, on l'a dit, une sorte de fuite en avant dans la facilité. C'était au contraire le moyen de renforcer une discipline.

– Un sou est un sou, un franc est un franc, répétait-il déjà à son arrivée avenue de Ségur.

Toute sa politique future se rattachera à ce principe de simple bon sens : « On ne peut pas dépenser plus que ce qu'on a. » Il se souvenait aussi avoir souvent entendu sa grand-mère dire que l'inflation était l'ennemi des petites gens qui voyaient fondre leurs revenus et leurs économies sans recours possible. Cet argument était essentiel à ses yeux.

– Le souci de la justice sociale était toujours présent chez lui, affirme Jean-Charles Naouri. Il se préoccupait toujours de savoir si une injustice n'était pas liée à une mesure envisagée, fût-elle minime, et dans ce cas, son premier réflexe était de la rejeter. Cela nous surprenait beaucoup, nous, hauts fonctionnaires des Finances, technocrates, un peu mécaniciens du système, à qui ces mesures paraissaient anodines.

Cette lutte contre l'inflation, il en a fait un objectif prioritaire et montre sur ce point plus de détermination que Laurent Fabius. Hervé Hannoun, devenu conseiller économique à l'Élysée à partir de l'été 1984, se souvient que Mitterrand doit, dans les premiers temps, insister auprès de son nouveau Premier ministre sur le caractère prioritaire de la désinflation. « Nous devons tomber à 5 pour cent d'inflation avant la fin de la législature », expliquait le Président. Il n'admettait pas l'argument selon lequel un peu plus d'inflation permettrait de contenir le chômage.

Dès le mois de septembre 1984, dans une interview à la tonalité très mendésiste accordée à l'*Expansion*[1], le nouveau ministre des Finances défend les principes d'une gestion orthodoxe. Il justifie la rigueur en définissant les conditions d'un retour à une croissance saine : assainissement financier par la lutte contre l'inflation et la réduction des déficits publics, modernisation de l'économie, aussi bien de l'industrie que des services, enfin formation de plus en plus poussée. Selon lui un tiers des entreprises françaises doit se moderniser et se restructurer. Il en justifie immédiatement le

1. 21 septembre–4 octobre.

prix social : « S'il est vrai qu'une restructuration peut supprimer des emplois au moment où elle s'opère, elle est très bénéfique pour l'emploi au moment où l'entreprise devient compétitive. Les PME constituent le véritable ressort de l'économie française, ajoute-t-il, car elles sont créatives d'emplois à court terme et à moyen terme. » Quant à l'intervention de l'État, elle doit rester discrète pour être efficace : « L'État doit tracer les orientations, mais ne pas se mêler de tout », ce qui l'amène à déclarer que « le socialisme moderne [...] ne doit pas être dirigiste mais créateur », et il annonce son intention de simplifier et de débureaucratiser la vie des entreprises. Il se pose là encore avant tout en homme de bonne gestion, quitte à heurter certaines oreilles par des propos qui peuvent être considérés comme un éloge du libéralisme économique. Il n'en démordra plus. Le socialiste autodidacte qui, en 1981, traitait de « barristes » – dans sa bouche ce n'était pas alors un compliment – les journalistes réceptifs aux lois du marché se fera désormais un devoir et une gloire de défendre les grands équilibres.

Son premier budget s'inscrit donc dans une démarche de discipline et de réduction de la pression fiscale. Ces objectifs ont été précisés par le Conseil des ministres du 19 juillet : diminution d'un point du montant des prélèvements obligatoires – un engagement que François Mitterrand avait pris en septembre 1983 pour inverser la pente de leur augmentation continue qui étouffait l'initiative et la production ; maintien du déficit budgétaire dans la limite de 3 pour cent du PIB et compression des dépenses publiques pour limiter leur progression à 6 pour cent.

– Le budget vise à libérer les initiatives en réduisant les charges des entreprises et des ménages, déclare Pierre Bérégovoy en présentant son projet de loi de finance, le 12 septembre, devant le Conseil des ministres.

Les choix opérés pour atteindre ces objectifs sont délicats. Comme en 1983, le seul moyen pour équilibrer le budget dans les limites voulues est de dégager des recettes de substitution. Des hausses substantielles de la fiscalité sur les carburants et les tarifs des téléphones procureront vingt-trois milliards de francs. Plusieurs ministres s'inquiétant de l'impopularité de ces mesures, Laurent Fabius croit pouvoir les rassurer. Compte tenu de la hausse vertigineuse du dollar qui grève le prix du pétrole importé, la part de la fiscalité dans le prix de l'essence à la pompe sera inférieur en 1985 à ce qu'elle était en 1980.

– Voilà un hasard heureux, sourit Mitterrand.

L'objectif de croissance est de 2 pour cent, contre 0,9 pour cent en 1983. Le projet de finances se caractérise par ailleurs par une nouvelle et forte contraction des dépenses mais aussi des recettes de l'État. Tout a été construit autour d'un objectif : les prélèvements obligatoires devront baisser de 44,7 pour cent en 1984 à 43,7 pour cent en 1985, par rapport au PIB. Cette diminution, la première depuis 1971, est obtenue grâce à une baisse de 5 pour cent de l'impôt sur le revenu, un allègement de dix milliards de la taxe professionnelle et enfin la suppression de la contribution sociale de 1 pour cent sur le revenu imposable.

Quant aux dépenses de l'État, elles sont établies à un niveau à peine supérieur à l'estimation de la hausse des prix en 1985.

Le solde général fait apparaître un déficit équivalent à 3,01 pour cent du PIB. Le chef de l'État peut donc être satisfait. L'effort d'assainissement en profondeur des finances publiques se poursuit.

À peine est il connu que ce projet de budget suscite de tous côtés les plus vives critiques. La CGT le juge « injuste socialement, inefficace et dangereux économiquement, sacrifiant le pouvoir d'achat et l'emploi », tandis que le CNPF affiche de son côté son scepticisme : s'il approuve la réduction des dépenses publiques et la baisse des prélèvements, il relève aussi que le gouvernement « ne se donne pas les moyens » de mener une politique dynamique, surtout en matière de modernisation. En revanche, les milieux financiers réagissent favorablement et remarquent que la situation des entreprises continue de s'améliorer, comme en témoigne la reprise de l'investissement industriel au cours du second semestre [1].

Même dans les rangs socialistes, l'accueil est loin d'être toujours positif. Porte-parole de la tendance CERES, Jean-Paul Planchon déplore le recul de « la place de l'État dans son rôle d'impulsion, de régulation économique et sociale ». De son côté, le président de la commission des Finances de l'Assemblée nationale, Christian Goux, fait savoir le 20 septembre qu'à la baisse des prélèvements obligatoires il aurait préféré une réduction plus sérieuse du déficit budgétaire et surtout de la dette publique.

L'effet réel du recul des prélèvements est par ailleurs contesté. Les hausses massives du prix des carburants et de l'énergie, ainsi que le relèvement des tarifs des services publics, notamment du téléphone, sont considérés par la plupart des commentateurs comme un simple transfert de fiscalité. Les prélèvements obligatoires diminuent officiellement mais les nouveaux impôts indirects alourdissent les prélèvements réels. Un certain scepticisme se manifeste aussi sur la possibilité de maintenir le déficit budgétaire dans les limites prévues. L'exécution du budget 1984 laisse en effet attendre un déficit supérieur à 3,3 pour cent du PIB et on peut craindre un dérapage plus important encore en 1985, par effet cummulatif et par l'alourdissement dangereux de la dette publique. Les commentateurs soulignent aussi que, pour masquer le déficit réel, on a procédé à la débudgétisation et au transfert de certaines dépenses [2]. Cer-

1. Si les experts divergent sur son évaluation, ils s'accordent à voir un renversement de tendance, après le recul de l'investissement en volume, au cours des dernières années : – 5,3 pour cent en 1981, – 5,4 pour cent en 1982, – 3 pour cent en 1983.

2. Par exemple les pouvoirs publics se sont déchargés sur le budget annexe des PTT d'engagements atteignant environ 15 milliards de francs contre 6,5 milliards en 1984.

tains observateurs se demandent enfin si, au-delà des apparences, on n'assiste pas à une remise en cause discrète de la politique de rigueur. Ils estiment qu'en prévoyant la reprise de la hausse du pouvoir d'achat, ainsi que la relance de la demande intérieure (avec la baisse des prélèvements et le redémarrage de la croissance), le gouvernement prend quelques libertés avec les grands principes de la politique de rigueur. Ils remarquent que cet assouplissement doit donner son plein effet en 1986, à la veille de l'échéance importante des Législatives...

Comme il est de tradition, l'examen du projet à l'Assemblée puis au Sénat exaspère les controverses. Le 10 octobre, lors de l'examen du texte par la commission des Finances de l'Assemblée nationale, les représentants communistes donnent déjà le ton en ne votant pas la première partie du document (les recettes). À cela vient s'ajouter l'offensive de l'opposition en la personne de l'ancien Premier ministre Raymond Barre. Il insiste sur le fait qu'avec la progression plus rapide que prévue des dépenses publiques le déficit budgétaire ne pourra pas être maintenue dans les limites annoncées. La polémique s'avivera encore avec ses déclarations sur les effets de l'endettement de l'État. Lorsqu'il évoquera la nécessité probable d'avoir à réaménager la dette extérieure en 1987 ou 1988, Pierre Bérégovoy réagira vivement, accusant l'ancien Premier ministre, le 11 novembre, au « Club de la presse » d'Europe 1 de « porter atteinte au crédit de la France ». Les critiques se multiplient par ailleurs au sein de la majorité elle-même, et c'est dans une ambiance lourde et désabusée que s'ouvre le 16 octobre l'examen du projet.

Pierre Bérégovoy est pourtant au mieux de sa forme pour défendre ce budget qu'il définit ainsi : « rigueur, audace et solidarité ».

– Ce jour-là, j'ai pensé à mon père et à Mendès. Ils auraient été fiers de moi, devait-il confier plus tard.

Pour répondre aux critiques formulées par Raymond Barre, il attaque durement la gestion menée sous le septennat précédent. Il établit des parallèles entre la hausse des prix en 1984 et 1980 et la croissance pour ces deux années. Pour mieux mettre en valeur l'importance « historique » » de la baisse de 1 pour cent des prélèvements obligatoires, il rappelle aussi que pendant le septennat de Valéry Giscard d'Estaing ceux-ci avaient progressé de 6,4 pour cent. Ce à quoi Raymond Barre s'empresse de répondre que cette hausse avait été acceptée pour des raisons sociales et que la majorité d'alors avait préféré la solidarité nationale au crédit et à l'endettement.

Edmond Alphandery estime pour sa part que le projet de budget est « techniquement truqué, économiquement mauvais, socialement injuste ». Quant à André Lajoinie, président du groupe communiste, il estime qu'il « ressemble de plus en plus à la politique d'austérité rejetée par la majorité des Français en 1981 ».

L'alourdissement de l'impôt sur les grandes fortunes annoncé par Pierre Bérégovoy, pour venir en aide aux « nouveaux pauvres [1] » ne suffit pas pour modifier son attitude. Pas plus qu'une autre mesure qu'il réclamait depuis longtemps : la fin du régime fiscal privilégié de l'emprunt 7 pour cent 1973 (dit « emprunt Giscard ») dont les coupons bénéficiaient jusque-là du régime des obligations et non de l'impôt sur le revenu [2].

Après un mois de discussions sans grande passion, le projet est adopté en première lecture dans la nuit du 15 au 16 novembre. Il diffère peu du projet initial et reçoit l'aval des seuls députés socialistes. Le fait le plus notable réside

1. Une tranche d'imposition nouvelle de 2 pour cent est créée à cet effet pour la fraction supérieure à vingt millions de francs.

2. Soit un abattement de cinq mille francs et le prélèvement libératoire de 26 pour cent, indexé sur le cours du lingot d'or. Le service de cet emprunt coûtait très cher à l'État.

dans l'abstention des communistes, et c'est le député-maire de Levallois, Parfait Jans, dont il avait un moment convoité le siège, que Pierre Bérégovoy trouve en face de lui pour expliquer qu'il s'agit là d'un vote d'attente qui n'exclut pas un vote négatif lors de l'examen en deuxième lecture.

Comme prévu également, le 8 décembre, l'ensemble du projet est repoussé par le Sénat, mais dans des conditions mémorables puisque, les socialistes ayant décidé de ne pas prendre part au vote, 217 bulletins sont recensés : 217 voix « contre » et 0 voix « pour ». Après quelques ultimes modifications, le budget sera définitivement adopté en seconde lecture par l'Assemblée, le 19 décembre. Mais grâce aux seules voix du PS. Les élus communistes ont finalement voté contre, aux côtés de l'opposition, pour sanctionner « l'échec du parti socialiste [1] ». La portée de ce vote n'échappe à personne. Sans rompre pour autant les amarres, comme l'avait annoncé Charles Fiterman, les communistes n'ont pas hésité à passer dans l'opposition parlementaire. L'Union de la gauche est cette fois bel et bien brisée. C'est donc en solitaire, soutenu par le seul PS, que le gouvernement Fabius – qui dispose toutefois de la majorité absolue – va poursuivre la politique réaliste mise en place en mars 1983 par Pierre Mauroy et Jacques Delors. Non sans courage, puisqu'il en est la principale victime, comme en témoigne l'effondrement de l'image de marque de ses principaux dirigeants en 1984. Il aura du moins la satisfaction d'en voir les premiers bénéfices s'inscrire dans les chiffres.

Son budget de rigueur tenant lieu de première pièce à conviction, Bérégovoy va transférer rue de Rivoli l'image de bonne gestion qu'il avait acquise aux Affaires sociales. Sa capacité à devenir l'homme du franc fort s'affirme égale-

1. À noter toutefois que la diminution de la taxe professionnelle a été votée à une large majorité (PS, RPR et UDF).

ment pendant l'année 1985. Dès les premiers mois, on peut observer que non seulement le franc résiste bien aux variations du dollar, mais qu'il fait preuve d'une étonnante fermeté vis-à-vis du deutsche mark. La persistance d'un fort différentiel d'inflation au détriment de la France n'empêche pas la monnaie française de s'apprécier lentement à des taux d'intérêt qui restent encore élevés et qui attirent les capitaux étrangers [1]. Cette tendance à la fermeté du franc se confirmera au cours des mois suivants, et Pierre Bérégovoy sera le seul ministre des Finances de la Cinquième République à n'avoir jamais dévalué.

La position qu'il adopte en juillet 1985, lorsqu'il se trouve confronté à un choix sur la politique de taux de change de la France, est à cet égard révélatrice.

Il s'oppose, avec le soutien présidentiel, à la solution de facilité qui aurait consisté à laisser un peu filer le franc. La lire italienne étant en position de dévaluer assez fortement, la question se pose en effet de savoir si la France va réévaluer par rapport à la lire autant que le deutschmark, ou s'il ne vaut pas mieux se mettre en position intermédiaire : ne pas dévaluer comme les Italiens, mais ne pas réévaluer comme les Allemands. Cette dernière solution est préconisée par certains experts du PS, de la Banque de France, et a le soutien de plusieurs ministres, qui font valoir qu'il serait sage « de se donner un peu d'air » préventivement, le franc risquant d'être attaqué avant les élections de mars 1986 [2]. Mais Bérégovoy s'y refuse. Tandis que la lire est dévaluée de 6 pour cent, le franc, lui, se trouve réévalué de 2 pour cent, lors du réaménagement des parités décidé le 20 juillet 1985 à Bâle par le comité monnétaire de la CEE.

En soi l'affaire n'est pas considérable, car toutes les monnaies européennes sont réévaluées, ce jour-là, contre la lire.

1. Mais c'est précisément cette bonne tenue du franc qui permet la réduction du coût du crédit, afin de soutenir l'activité. Dès le 3 janvier 1985, la Banque de France donne le signal en ramenant de 10 3/4 à 10 pour cent son taux d'intervention sur le marché monétaire.

2. Ce ne sera pas le cas.

Mais elle a valeur de symbole et montre, s'il fallait encore le prouver, que Bérégovoy est un homme de volonté, capable de s'accrocher au terrain. « Un très grand caractère », note Hervé Hannoun.

Parallèlement, le ministre des Finances poursuit et accélère le processus de libération progressive des prix, son objectif restant le retour au libre jeu de la concurrence. Plus des deux tiers des produits sont d'ores et déjà libérés et le succès de cette politique, confirmé par la décélération progressive de l'inflation française, permet au gouvernement de franchir une étape importante : les prix des carburants sont à leur tour libérés, ce qui clôt définitivement la « guerre des rabais » qui opposait depuis deux ans les distributeurs indépendants (Michel Leclerc et certaines grandes surfaces) aux grandes compagnies pétrolières et à l'État.

Favoriser l'investissement des entreprises est une autre grande priorité à ses yeux. À partir du 1er janvier 1985, une seule procédure est appliquée pour le financement des PME : celle des prêts spéciaux à l'investissement (PSI).

Il amorce surtout un mouvement de réduction de l'impôt sur les sociétés qui passera de 50 pour cent à 45 pour cent pour les bénéfices non distribués aux actionnaires. Les chefs d'entreprises applaudissent à cette bonne nouvelle qui devient le symbole d'un changement assez radical d'attitude à leur égard. Ils ont le sentiment d'être enfin écoutés :

– Pierre Bérégovoy est un des hommes qui ont fait le pont entre la gauche et l'entreprise, remarque Ernest-Antoine Sellières [1].

Et quand ils lui disent qu'il va dans le bon sens mais que c'est encore insuffisant, le ministre leur répond :

– Laissez-moi faire à mon rythme, ce n'est pas facile de convaincre tout le monde. Progressons par étapes successives...

Il tiendra parole.

1. Vice-président du CNPF, chargé des questions économiques.

Ce premier effort s'inscrira dans la loi de Finances 1986, laquelle se présente par ailleurs sous le signe du prolongement et du renforcement de la rigueur. Grâce au niveau d'assainissement déjà atteint, le gouvernement espère un redressement général de la situation économique en 1986. Le budget est donc construit sur la base d'une croissance de 2,1 pour cent contre 1,3 pour cent en 1985 grâce à la conjonction (espérée) de deux facteurs : la reprise de l'investissement en 1986 et l'augmentation de la demande intérieure avec une progression du pouvoir d'achat des ménages de 1,3 pour cent.

Le montant des recettes de l'État ne progresse que de 3,9 pour cent et dépasse d'un point seulement l'objectif ambitieux fixé à l'évolution des prix de détails (+ 2,9 pour cent). Ce profil bas impose une gestion de plus en plus stricte.

Pour la deuxième année consécutive, le montant des prélèvements obligatoires est en baisse : il devra correspondre à 44,4 pour cent du PIB en 1986, contre 44,6 pour cent en 1985.

Les ménages bénéficient également d'une réduction de 3 pour cent de l'impôt sur le revenu, et les entreprises profitent comme prévu de la réduction de 50 à 45 pour cent du taux de l'impôt sur les sociétés. Parallèlement, la réduction de 10 pour cent de la taxe professionnelle est reconduite et le gouvernement propose de faciliter et d'élargir le système du report en arrière des pertes [1] (technique du carry-back) au profit des entreprises qui investissent).

À cette modération de la pression fiscale correspond un nouvel effort de contraction des dépenses. Quatre priorités sont préservées : la formation, la recherche, la culture et la

1. En revanche, il maintient le prélèvement de 12 pour cent sur les bénéfices des sociétés pétrolières, mis en place en 1985, et il majore la taxe intérieure sur les produits pétroliers (TIPP), ce qui entraîne les protestations des professionnels concernés.

sécurité. Par contre la modernisation de l'économie subit un coup de frein avec un recul de 15,8 pour cent en valeur des crédits consacrés au redéploiement industriel et au commerce extérieur. De même, les concours de l'État aux entreprises nationales sont fortement réduits en raison de l'évolution des entreprises publiques vers une position d'équilibre. Le solde général du projet de loi de finances prévoit un déficit qui respecte une nouvelle fois sur le papier le niveau souhaité du chef de l'État, soit 3 pour cent du PIB. Mais personne n'ignore que cet objectif sera là encore difficile à tenir.

Les résultats définitifs des années précédentes (3,28 pour cent du PIB en 1983 puis 3,4 pour cent en 1984 et 3,4 pour cent en 1985) incitent au scepticisme. Beaucoup estiment par ailleurs que l'objectif de croissance de 2,1 pour cent n'est pas réaliste et qu'il conduit à une surestimation des recettes à venir. De même les dépenses publiques paraissent sous-évaluées et faussées par certains transferts de charges auxquels procède l'État. Comme il l'a fait en 1984, le gouvernement s'efforce en effet de débudgétiser certaines dépenses et de se procurer des ressources qui ne pèsent ni sur l'indice des prix ni sur le montant des prélèvements obligatoires [1]. Il finance par exemple la modernisation de la police par un relèvement spectaculaire du montant de amendes. Ou encore, en juin, il décide de se procurer quatre milliards et demi de francs au détriment de l'assurance automobile, pour équilibrer les comptes sociaux. De même le désengagement accru de l'État fera perdre à la Sécurité sociale environ douze milliards, ce qui revient à perdre d'une main ce que l'on gagne de l'autre, car son déficit s'alourdira en 1986.

1. Depuis plusieurs années, la Cour des comptes ne cesse de déplorer cette dérive de la gestion des deniers de l'État. Au cours de la discussion du budget devant l'Assemblée, ce phénomène suscitera également de nombreuses critiques et le fait nouveau sera que celles-ci se feront entendre au sein même du PS.

À la tribune de l'Assemblée nationale, le 16 octobre, Bérégovoy profite de la circonstance pour rappeler qu'au cours de l'année la situation du franc s'est consolidée. Il faut remarquer que sur un an le dollar a perdu 20 pour cent de sa valeur et que le franc a maintenu un rapport stable avec le mark. Quant à l'inflation, « la majorité qui soutient le gouvernement peut être fière du résultat, déclare-t-il ; en cinq ans nous aurons divisé le taux d'inflation par quatre ». Justifiant par ailleurs les grands équilibres de son budget, il considère que le poids de la dette publique est plus faible en France (10,5 pour cent du PNB) qu'en Allemagne fédérale (12,7 pour cent [1]).

De même, il défend sa stratégie de dérégulation et note que la nationalisation du secteur bancaire lui a permis de mieux contrôler les marchés financiers. Au total, il estime que si « l'État ne peut pas tout faire », la gestion menée par la gauche obtient de meilleurs résultats que celle de la droite en son temps.

C'est bien ce que lui reproche Guy Hermier au nom du PCF : pour lui, ce budget consacre « le tournant social-démocrate » du PS, tel qu'il a été ratifié par le congrès de Toulouse. À droite, c'est Valéry Giscard d'Estaing qui, cette fois, se charge de dénoncer « l'échec de la stratégie économique suivie depuis quatre ans ». Il constate que le redressement de l'économie française n'a pas restauré la compétitivité, alors que la conjoncture internationale était favorable. Au nom du RPR, Michel Noir estime à son tour que le budget ne répond pas aux grandes exigences du moment : « l'emploi, l'investissement, la croissance ».

Il s'agit d'un curieux débat, ajoute-t-il, puisque le gouvernement présente « un budget qu'il n'aura pas, selon toute vraisemblance, à appliquer ». C'est bien pour cette raison que la discussion se déroule dans une indifférence grandis-

1. Mais sa comparaison avec la situation allemande ne prend pas en compte le maintien d'un déficit budgétaire deux fois plus élevé en France et surtout d'une très grosse dette extérieure.

sante. Rares sont les députés qui sont convaincus de son utilité réelle à six mois des élections législatives, et, comme l'année précédente, le projet de loi de Finances est adopté le 14 novembre par les seuls députés socialistes.

Comme l'année précédente également, la commission des Finances du Sénat, présidée par Édouard Bonnefous, donne le 20 novembre un avis négatif sur la 1re partie (recettes) du projet de loi de finances. Mais, au terme de ce rejet, la majorité sénatoriale entreprend une critique en règle de la politique économique du gouvernement, ministère par ministère, refusant ainsi d'examiner la deuxième partie du budget.

Comme prévu aussi, le budget sera adopté par l'Assemblée en seconde lecture le 17 décembre, après l'adoption d'une série d'amendements relevant de la conjoncture électorale, au profit de nombreuses catégories de contribuables : agriculteurs (amélioration des conditions de leurs retraites), anciens combattants rapatriés, Corses (création d'entreprises, droits de succession...), entreprises (report en arrière des déficits), artistes...

Cette discussion du projet de loi de finances, telle qu'elle avait été abordée par Pierre Bérégovoy et telle qu'elle s'était ensuite déroulée, annonçait le profil qu'allait adopter le PS pour aborder la campagne des élections législatives. Devant l'Assemblée, le ministre des Finances avait avant toutes choses présenté un bilan de l'action du gouvernement pendant la législature et les députés n'avaient en définitive prêté qu'un intérêt très relatif au projet de loi de finances qui leur était soumis. La stratégie arrêtée par le comité directeur du PS le 14 décembre, à la demande du président de la République, sera à l'image de ce débat : plutôt que de se battre pour le projet de programme économique défini par le gouvernement pour l'année à venir, le PS s'efforcera de mettre en avant le bilan de son action. Il ira au-devant des électeurs avec ce plan de bataille inédit : la défense du bilan, dans lequel les résultats économiques tiendront évidemment une large place.

Ce bilan économique s'inscrit sur fond de nouveaux rapports de force dans le monde. L'année 1985 a marqué la fin du « choc dollar », qui avait exercé la contrainte majeure pendant plusieurs années sur l'ensemble des économies.

Au total, le recul du dollar en fin d'année atteint environ 20 pour cent par rapport à la plupart des monnaies.

L'effondrement des prix du pétrole brut constitue le second grand bouleversement de l'année 1985. Pendant la décennie orchestrée par les deux chocs pétroliers, l'OPEP avait imposé sa loi en même temps que ses prix et les chocs pétroliers avaient largement contribué à mettre fin à la longue période de croissance soutenue – « Les Trente Glorieuses » – entamée aux lendemains de la Seconde Guerre mondiale. À partir de 1982, on assiste à un reflux inexorable de la demande de pétrole, provoqué par les politiques d'économie d'énergie ou de substitution et surtout par la chute de la croissance. Le gonflement des stocks et l'abondance de l'offre orientent irrésistiblement à la baisse les prix de l'or noir. Les prix s'effondrent à un cours qu'aucun expert n'attendait (moins de vingt-cinq dollars de baril).

Dans l'immédiat, ce contre-choc pétrolier apporte une contribution positive aux politiques de désinflation et il constitue un atout pour stimuler la croissance. Pour la France, celui-ci peut correspondre à une économie de trente-cinq milliards de francs en un an, en combinant ses effets avec ceux de la baisse du dollar. Mais, à terme, la chute des prix du pétrole peut exercer une action dépressive sur l'économie mondiale, au moment même où l'on observe un ralentissement de la croissance, aussi bien aux États-Unis et au Japon que dans les pays de la CEE.

Cette perspective est particulièrement inquiétante pour la France où la croissance était déjà très faible. Selon les estimations de l'INSEE, le Produit intérieur brut marchand n'a augmenté que de 1,3 pour cent en 1985. Elle n'a donc pas profité de la reprise mondiale en 1984 et du redressement de ses partenaires européens en 1985 (croissance de 2,5 pour cent en Allemagne fédérale !). Cette absence de reprise s'explique en bonne partie par la tenue médiocre des exportations.

Les échanges français accusent toujours un important déficit avec les partenaires de la CEE (surtout l'Allemagne fédérale) et la plupart des pays industriels (sauf les États-Unis et la Suisse). Cette évolution traduit le caractère insuffisant de la modernisation et la perte de compétitivité des produits industriels français.

La part de la France dans le commerce mondial est ainsi passé de 8,3 pour cent en 1979 à 6,8 pour cent en 1983, et elle continue de regresser. Certes, le phénomène est général dans les anciens pays industrialisés, mais il est plus marqué en France, faute d'une capacité d'adaptation comparable à celle de l'Allemagne ou du Japon.

En revanche, la baisse du dollar a permis de diminuer mécaniquement le poids de l'endettement extérieur de la France.

On enregistre aussi une relative décrue du chômage au cours de l'année. L'effectif des chômeurs a reculé de 3,5 pour cent, alors qu'il avait fait un bond de 13,3 pour cent en 1984. Ce résultat semble d'autant plus satisfaisant qu'il contraste avec ceux de nos partenaires : le chômage a augmenté de 1,7 pour cent en Allemagne, où il frappe 9,3 pour cent de la population active contre 9,1 pour cent en 1984, et il atteint un niveau spectaculaire au Royaume-Uni où un actif sur sept est privé d'emploi (3,5 millions de chômeurs, soit 14,1 pour cent de la population active).

Toutefois, l'amélioration constatée en France doit être nuancée : si elle résulte pour une part du relatif redressement de l'activité, elle tient aussi – et peut-être surtout – aux politiques d'endiguement mises en place par le gouvernement, notamment les travaux d'utilité collective (TUC) qui, prévus au départ pour soixante-dix mille jeunes, en touchent le triple au printemps 1986, ou encore la formation en alternance, les stages d'initiation à la vie professionnelle, les contrats d'adaptation, qui rencontrent un succès plus mitigé [1]. Mais la durée du chômage ne cesse d'augmenter avec plus de trois cent trente jours en moyenne en 1985, contre trois cent neuf jours en 1984. Le nombre de chômeurs non idemnisés frôle le million et le phénomène des « nouveaux pauvres » prend des proportions alarmantes [2].

Alors que les États-Unis restent capables de créer des emplois grâce à une grande souplesse, même avec une croissance modeste, le marché de l'emploi fait preuve d'une rigidité croissante en France, ce qui explique les efforts du gouvernement pour faire aboutir son projet de loi sur l'aménagement du temps de travail.

À l'actif des nouvelles orientations économiques, il faut en revanche mettre le redressement des entreprises, qui se confirme. Les efforts du gouvernement portent leurs fruits. Modération des salaires et des charges sociales, libération des prix, ralentissement de la pression fiscale, redressement de la demande intérieure, tous ces éléments permettent de consolider la tendance favorable apparue en 1984. Leur capacité d'autofinancement s'est redressée avec vigueur : elle avoisine 75 pour cent à la fin de 1985, et pour la première fois depuis quatre ans leur investissement a progressé en volume (1 pour cent), surtout dans le secteur concurrentiel. Cette reprise est certes freinée par l'importance de leur endettement : avant l'investissement, priorité est donnée à la réduction des dettes. Elles font néanmoins preuve de vitalité, même si elles s'engagent encore avec prudence dans la voie de la flexibilité.

La politique d'assainissement menée par Pierre Bérégo-

1. L'évaluation officielle est d'ailleurs contestée à la fois par l'opposition, par le PCF et par les syndicats qui s'accordent à estimer l'effectif réel du chômage à trois millions de personnes environ.
2. À noter qu'il frappe tout aussi durement un pays comme la Grande-Bretagne qui mène une politique ultralibérale.

voy marque enfin des points. Réduction de l'inflation, arrêt de la croissance de l'endettement, retour de la balance des paiements à l'équilibre, meilleur contrôle des déficits, tous ces éléments sont à mettre à l'actif de la politique du ministre des Finances.

Même s'il a été aidé par le contre-choc pétrolier et par le reflux du dollar, Pierre Bérégovoy a su très bien « tenir la rampe » sur l'inflation qui a connu une rapide décélération. Au cours de l'année, les prix de détail n'ont augmenté que de 5,7 pour cent (contre 6,7 pour cent en 1984), soit le meilleur résultat depuis 1967 (+ 3,4 pour cent). Et cette tendance a été particulièrement spectaculaire sur le dernier trimestre. Les prix de détail ont augmenté de 0,3 pour cent seulement en octobre et 0,2 pour cent en novembre. La fin des pratiques d'indexation prix-salaires, qui avaient largement alimenté l'inflation au cours des années précédentes, a elle aussi contribué à ce bon résultat [1]. Le gouvernement a tout lieu de s'en féliciter, d'autant que s'amorce une reprise de la hausse du pouvoir d'achat après deux années de « vaches maigres ». Grâce à l'appoint des transferts sociaux, le revenu disponible brut des ménages voit son pouvoir d'achat augmenter de 1,1 pour cent. Ainsi le gouvernement est invité à poursuivre la politique de libération des prix, qui progresse avec prudence, mais avec succès. Avec la désinflation, on enregistre enfin l'atténuation progressive du différentiel de prix entre la France et ses partenaires. Seule en Europe, la République fédérale qui est, il est vrai, le premier client et le premier fournisseur de la France, continue à faire mieux (+ 2,2 pour cent en 1985).

Le franc bénéficie lui aussi de l'effort de restauration des grands équilibres. La monnaie française reste pratiquement stable par rapport au deutsche mark et elle réagit même très bien à la hausse de la devise allemande en fin d'année.

1. La désindexation des salaires, imposée par Delors en 1983, est poursuivie par Bérégovoy. Désormais, les négociations salariales doivent se dérouler par rapport à l'objectif de prix fixé par le gouvernement et exclure tout rattrapage a posteriori.

Faste pour le franc, l'année 1985 l'est également pour la Bourse. Son envolée reprend en 1985, après une phase de progrès plus lent en 1984. Au 31 décembre 1985, elle enregistre un gain de 46 pour cent. Une pluie de records s'est abattue sur le palais Brongniart.

L'internationalisation de son marché financier, la place française la doit en grande partie à la politique de déréglementation et de réforme du marché des capitaux entreprise par le ministre des Finances. Son succès n'est plus à démontrer. Pierre Bérégovoy le dérégulateur a gagné son pari. Après la sanction des « ides de mars », il quittera son bureau de la rue de Rivoli avec la considération des milieux internationaux; pour avoir osé et réussi une réforme financière sans précédent que son successeur, Édouard Balladur, entérinera et conduira à son terme; mais aussi pour avoir mené avec fermeté une politique d'assainissement et poursuivi ses efforts pour rendre à la monnaie française une place enviée.

9

Ancrage à Nevers

En France même, en dépit des difficultés économiques que continue à rencontrer le pays, l'action de Pierre Bérégovoy est largement reconnue. Cette capacité à gérer qu'il a su montrer vaut peut-être aux socialistes de ne pas subir une défaite plus sévère en mars 1986.

Il est très présent dans la campagne électorale, parce que l'économie est au cœur du débat et parce qu'il a l'habitude de donner largement de lui-même. Lorsque, au printemps 1985, Laurent Fabius avait lancé le signal de la mobilisation en organisant, le lundi de la Pentecôte, une discrète réunion au pavillon de la Lanterne, il était déjà là aux côtés des autres ministres « mitterrandistes » – Defferre, Badinter, Lang. C'est également sous son égide que se tient le 19 novembre le premier des quatre grands débats parlementaires que le gouvernement organise pour opposer ses réalisations aux projets de la droite. Ce débat porte sur les nationalisations, mais en dépit de son caractère très politique, il ne soulève que peu de passion. Certes Pierre Bérégovoy défend avec vigueur l'extension massive du secteur public auquel il a été procédé en 1982. Il dresse notamment un bilan flatteur de la nationalisation du système bancaire, estimant que cette prise de contrôle par l'État a favorisé une rationalisation des structures bancaires et permis de soutenir les secteurs influents de l'économie.

En réalité il semble, comme Laurent Fabius lui-même, plus soucieux de dénoncer les dangers d'une dénationalisation que de défendre sur ce dossier les résultats de la politique menée depuis 1981. « Notre pays et ses entreprises ont plutôt besoin de continuité que de traumatismes, déclare le Premier ministre en ouvrant le débat. Les entreprises nationales concurrentielles ont en France une solide tradition. Je souhaite qu'on ne brise pas leur avenir », poursuit-il avant de prévenir des dangers de la dénationalisation : « Alors que le marché financier est en expansion, on risquerait de la noyer sous l'offre de titres, provoquant la chute de la Bourse. »

C'est bien autour de ces problèmes de structures et sur les objectifs généraux, plus que sur la politique conjoncturelle, que portera le débat électoral entre la gauche et la droite, celle-ci affichant sa volonté de dénationaliser et de réduire le rôle de l'État dans l'économie, responsable pour une bonne part selon elle de son retard et de ses difficultés de compétitivité.

Seule, à vrai dire, la question des nationalisations ou des dénationalisations marque une coupure très nette et donne lieu à des affrontements directs. Pour les uns, il s'agit de priver les grands capitalistes de moyens d'action, pour les autres d'encourager toute la population à détenir des parcelles de capital. Revendre à des particuliers une entreprise nationalisée, c'est « brader » la richesse du peuple, disent les uns. Nullement, répliquent les autres. Nationalisation équivaut à étatisation, c'est-à-dire à une propriété anonyme qui échappe totalement à chaque citoyen. L'achat par des particuliers, en réservant légalement une part aux employés de l'entreprise et une autre aux petits porteurs, est seule capable de changer les mœurs économiques françaises en intéressant des millions de citoyens à la bonne marche des entreprises.

Cette grande question mise à part, la campagne électorale ne fait pas apparaître une contradiction absolue entre les deux camps. Elle se réduit à une interprétation opposée de phénomènes connus. La rigueur est nécessaire, disent les socialistes. D'ailleurs, l'économie va mieux. Pourquoi changer d'attelage au milieu du gué? La France avance. Pour l'opposition, les résultats de cette rigueur sont illusoires. Seul le trucage des statistiques fait croire que cela va mieux et la France avance moins vite que ses partenaires européens. L'autre point fort de la campagne est la politique sociale (législation du travail, du logement, charges sociales, syndicats...). Pour le reste, on sent que « le véritable enjeu est moins une transformation radicale de l'économie française que la conquête du pouvoir, pour les uns, et le maintien aux affaires, pour les autres [1] ».

Le PS conduit avant tout une campagne négative, axée sur la cohabitation, ses problèmes et ses dangers. Il remonte néanmoins dans les sondages. Pas assez pour l'emporter le 16 mars, car le libéralisme a le vent en poupe, mais suffisamment pour qu'on puisse qualifier sa défaite d'honorable.

Avec 43,96 pour cent des suffrages, la gauche réalise certes son plus mauvais score depuis la fin des années soixante. Mais le PS, qui dépasse la barre des 30 pour cent, peut se targuer de ne jamais avoir eu de meilleur résultat, exception faite de la « vague rose » de juin 1981, et confirme sa première place sur l'échiquier politique. Le recul global de la gauche est donc le fait du PC qui, à moins de 10 pour cent de voix, confirme son déclin observé lors des élections européennes de l'été 1984.

Avec 42 pour cent des voix, la droite parlementaire RPR-UDF emporte, mais de justesse, la majorité absolue à l'Assemblée nationale. Elle pourra gouverner sans l'appui du Front national qui, avec 9,65 pour cent des voix, obtient autant de députés (35) que le PC.

Avec 215 députés, le PS reste le premier groupe parlementaire, en dépit de la perte de 70 élus par rapport aux

1. *L'Année politique 1985,* Éditions du Moniteur, Paris, p. 494.

élections de 1981. Mais la coalition majoritaire en regroupe 291 (145 pour le RPR, 129 pour l'UDF qui parvient ainsi à doubler sa représentation, auxquels il faut ajouter 14 élus « divers droite » et les trois députés de Saint-Pierre-et-Miquelon, Wallis-et-Futuna et Tahiti). Sa victoire est encore plus complète à l'échelle régionale. Elle dispose de 60 conseils généraux sur 96, et surtout elle obtient la présidence de 20 régions sur 22 grâce à un arbitrage favorable du Front national dans 5 régions. Malgré un système électoral qui ne la favorisait pas, la droite s'est imposée et elle se sent bien armée pour affronter l'épreuve de la cohabitation.

Pour sa part, Pierre Bérégovoy peut se prévaloir d'un succès confortable dans la Nièvre, où il s'est présenté pour la première fois à la députation. Deux listes seulement étaient en compétition : la liste de rassemblement de la gauche, qu'il menait, a obtenu 40,8 pour cent des voix contre 35,9 pour cent à la liste d'opposition conduite par le giscardien Hervé de Charette. Deux sièges reviennent donc au PS, Hervé de Charette, au demeurant conseiller municipal de Nevers, remportant le troisième.

Pour Bérégovoy, cette victoire marque son implantation définitive à Nevers, d'autant qu'il avait failli l'année précédente être battu lors des élections au conseil général, où il ne l'avait emporté que de six courtes voix au second tour. Cela lui avait valu le surnom dans la région de « Béré-six-voix ». Sa réussite aux Législatives, qui contraste avec le revers général que subit la gauche, assoit sa légitimité locale, et les élections suivantes seront faciles pour lui. Aux Législatives de 1988, il l'emportera dès la premier tour. Il en sera de même aux municipales de 1989, où il améliorera son score de dix points par rapport aux élections de 1983 et ces succès magnifiques, qui montreront qu'il a fini par réussir parfaitement son implantation locale, seront pour lui une grande joie ! Il sera également réélu au conseil général en 1992, sans difficulté, au second tour [1]. Enfin, avec plus de 56 pour cent de voix au deuxième tour, il remportera une victoire d'autant plus incontestée aux Législatives de 1993 que la gauche connaîtra par ailleurs une débâcle sans précédent.

En 1986, il aurait également eu la possibilité de devenir président du conseil général après la mort de Noël Bérier. Mais il ne se présente pas. S'il veut bien être en quelque sorte le « patron » politique de la région, il ne souhaite pas pour autant avoir toute les responsabilités. Il préfère les partager, et ce sera Bernard Bardin qui prendra la tête du conseil général.

Mais les aléas de la politique créent une situation assez paradoxale. Si Pierre Bérégovoy n'est plus ministre depuis mars 1986, il est toujours maire. En revanche, Hervé de Charette devient en mars 1986 ministre chargé de la Fonction publique et du Plan du gouvernement Chirac, si bien que, dans le conseil municipal, le maire, qui n'est plus ministre, a un conseiller qui est ministre. De 1983 à 1993, il y aura toujours en fait un ministre à la mairie de Nevers, puisque Pierre Bérégovoy retrouvera son poste aux Finances en 1988, au moment où Hervé de Charette quittera le gouvernement.

C'est un nouveau député d'un type un peu particulier qui se retrouve sur les bancs du Palais-Bourbon en 1986, d'autant que son image reste très largement favorable dans l'opinion. Malgré les succès de sa gestion, il aurait pu pâtir personnellement du tournant de la rigueur, qu'il avait largement contribué à accentuer. Il aurait pu voir converger sur lui les critiques des déçus du socialisme et de ses promesses non tenues, être tenu pour responsable d'une sorte de perte

1. Mais la satisfaction de son résultat personnel sera cette fois ternie par l'évolution de la Nièvre où, en dehors de lui, les socialistes reculeront partout.

d'identité pour la gauche, à travers la politique et les priorités qu'il avait imposées : lutte contre l'inflation, défense du franc, réduction des déficits, redressement des entreprises, désindexation des salaires, recul du pouvoir d'achat, désangagement de l'État alors que la gauche avait toujours proclamé sa foi dans l'État-providence. En réalité, la sanction des élections ne l'a pas atteint. Les Français retiennent avant tout le sérieux et la compétence qu'il a montrés dans sa gestion et, aux yeux de beaucoup d'entre eux, il est désormais l'un de ceux qui incarnent le mieux la « culture de gouvernement » qui avait si longtemps manqué à la gauche.

Son rôle de député et d'ancien ministre des Finances, il est décidé à le tenir avec vigueur et l'occasion se présente très vite.

Cette occasion est la dévaluation du franc du 6 avril 1986 dans le cadre du réajustement du SME. Réalisée à froid – le franc est stable depuis le mois de mars 1983 –, cette opération est destinée à compenser l'écart d'inflation qui subsiste avec l'Allemagne et à procurer aux produits français un gain de compétitivité. Elle permet de plus de poursuivre dans de bonnes conditions la baisse des taux d'intérêt. Le 4 avril, la Banque de France cesse de soutenir la monnaie française en accord avec les banques centrales de ses partenaires. Le franc baisse immédiatement de 5 pour cent par rapport au deutsche mark et sort du système monétaire européen [1]. Le réaménagement des parités est devenu inévitable, et, le 6 avril, le comité monétaire de la CEE décide de dévaluer le franc de 3 pour cent par rapport au deutsche mark.

La réaction de Pierre Bérégovoy, qui s'était fait fort de ne jamais dévaluer le franc, est sans surprise. Il publie immédiatement un communiqué, soigneusement rédigé, dans lequel il condamne une mesure qui intervient dans un moment de stabilité monétaire. Il y voit une solution de facilité au service du patronat, qui risque de relancer l'inflation.

1. L'écart maximal autorisé par le SME entre deux monnaies est de 2,25 pour cent.

On l'entend aussi critiquer le fait que les efforts demandés par le nouveau gouvernement sont mal répartis, la suppression de l'impôt sur la fortune (ISF) étant à ses yeux particulièrement regrettable.

Plus tard, lorsque son successeur, Édouard Balladur, lance ses grandes opérations de privatisation, il est encore, évidemment, l'un de ceux qui se font entendre. Force est cependant de constater le succès spectaculaire de ces mises en vente auprès du public.

À l'été 1987, le nombre d'actionnaires en France est passé de un à six millions, 55 pour cent des Français approuvent les privatisations, 11 pour cent seulement estiment qu'elles ont été un échec. On assiste au retournement de l'opinion. Alors qu'en 1981 une majorité de Français estimaient que les entreprises publiques servaient d'aiguillon pour l'économie, en 1986 ils misent en majorité sur le secteur privé pour lui donner dynamisme et allant.

Devant cette réussite indéniable, l'opposition de gauche ne parle plus de « bradage », elle porte ses critiques sur la construction de noyaux d'actionnaires stables – ou « noyaux durs » – voulue par Édouard Balladur pour éviter les prises de contrôle par des actionnaires ou des groupes jugés indésirables.

Dans l'immédiat, la polémique s'éteint d'elle-même avec le krach boursier du mois d'octobre 1987 qui interrompt brutalement l'élan des privatisations [1]. Mais l'année suivante, à l'approche des élections présidentielles, elle alimentera la campagne contre « l'État RPR ».

Comme ancien ministre des Finances, Pierre Bérégovoy se trouve également directement concerné par le bras de fer qui oppose le nouveau gouvernement au président de la

1. Le 5 octobre 1987 déjà, le succès de la privatisation de la campagne financière de Suez s'était rapidement transformé en échec. Cette politique devait cependant reprendre en janvier avec la privatisation réussie de Matra, suivie en février d'une opération originale, la « mutualisation » du Crédit agricole. Mais la conjoncture électorale, tout autant que la fragilité des marchés financiers, inciteront Édouard Balladur à différer les autres grandes opérations de privatisation, telle celle de l'UAP.

République à propos du coût budgétaire des « grands chantiers du Président », Opéra de la Bastille, arche de la Défense et projet du « Grand Louvre » avec sa pyramide de verre et son corollaire, l'installation du ministère des Finances sur le site des anciens entrepôts vinicoles de Bercy. En 1986, ces grands travaux engagés par François Mitterrand au début de son septennat sont loin d'être achevés. Sachant que la mairie de Paris, sans vouloir interrompre ces chantiers, envisage leur étalement dans le temps, voir la réduction de leur ampleur, François Mitterrand a décidé de prendre les devants. À sa demande et pour rendre irréversible le départ du ministère des Finances du Louvre, Pierre Bérégovoy et Henri Emmanuelli avaient quitté la rue de Rivoli dès le mois de janvier 1986 pour emménager provisoirement avec leurs conseillers dans des hôtels particuliers du Faubourg-Saint-Germain. Leurs successeurs étaient donc censés s'y installer à leur tour avant de partir définitivement pour Bercy à l'achèvement des travaux en 1988. Aussitôt les démolisseurs étaient arrivés. Les cloisons intérieures avaient été abattues, la toiture déposée afin d'engager les travaux d'aménagement du Grand Louvre.

Mais, quelques jours seulement après leur nomination aux Finances et au Budget, Édouard Balladur et Alain Juppé ont fait savoir leur intention de retourner rue de Rivoli, où se trouvent toujours les directions du Trésor et du Budget, et de n'en partir que pour s'installer définitivement à Bercy. Édouard Balladur ne peut admettre qu'on ait voulu lui forcer la main et il estime que l'installation de son prédécesseur sur la rive gauche, loin de ses services, a eu pour effet de « désorganiser » l'administration des Finances. Aussitôt, il fait réaménager le Louvre, où il s'installe après plusieurs semaines de travaux. L'Élysée réplique que la présence des ministères rue de Rivoli retardera inévitablement la poursuite des travaux et en augmentera le coût. La querelle rebondit jusqu'à ce que chacun assouplisse un peu sa position : les travaux nécessaires à l'achèvement de la pyramide et à l'ouverture du passage Richelieu, qui relie la place du Palais-Royal à la Pyramide, seront entrepris sans délai. En contrepartie, les ministres resteront rue de Rivoli jusqu'à l'inauguration de Bercy.

L'Élysée pense avoir gagné la partie. En réalité, Édouard Balladur fait tout pour éviter d'aller à Bercy. Il aurait souhaité que les Finances restent au cœur historique de Paris et se heurte sur ce point au ministre de la Culture, François Léotard, lequel n'hésite pas à déclarer en décembre 1986 : « Je ne vois pas comment les préoccupations d'une administration, fût-elle aussi illustre que celle des Finances, pourraient prévaloir sur la réalisation du plus merveilleux musée du monde, sur la plus belle opération de réhabilitation de notre patrimoine. » Mais en son fort intérieur, Pierre Bérégovoy n'est pas loin, dans cette querelle, de donner raison à son successeur. François Léotard devait raconter plus tard que, reçu par le chef de l'État le 24 mars 1987 pour évoquer ce problème, celui-ci lui avait expliqué combien il avait dû déjà batailler avant mars 1986 avec Delors, puis Bérégovoy...

Édouard Balladur tiendra bon. Il restera rue de Rivoli jusqu'à la démission du gouvernement Chirac au lendemain de la réélection de Mitterrand en mai 1988 et, au grand désespoir de l'architecte sino-américain Ieoh-Ming Peï, il ne débloquera pas les crédits pour la deuxième tranche de travaux. Ce n'est qu'un an plus tard que Pierre Bérégovoy et Michel Charasse, les successeurs d'Édouard Balladur et d'Alain Juppé, inaugureront quai de Bercy les nouveaux locaux « un peu mastoc » du ministère des Finances. Non sans se plaindre en privé de ce qui voulait être un rééquilibrage de la capitale vers l'Est et qui se traduit pour eux par un éloignement qui n'est pas sans présenter des inconvénients. Pierre Bérégovoy se déplacera en vedette rapide sur la Seine; Michel Charasse enfourchera quelque temps un scooter. Puis ils reviendront à la voiture, s'efforçant de se frayer un passage, gyrophares allumés, au milieu des embarras de la circulation parisienne.

Pendant ces deux années de cohabitation, le nouveau député de la Nièvre retrouve aussi le chemin de la rue de Solférino et du bureau exécutif du PS. Il s'y montre très actif, n'éprouvant aucune difficulté à se retrouver militant politique après avoir goûté au pouvoir et connu les ors des palais républicains. « Ce n'était pas la règle, note Françoise Séligman. Beaucoup d'autres ont eu du mal à opérer cette reconversion et à réapprendre leur rôle d'opposants. » On ne relève chez lui aucun signe de « déprime », Peut-être parce qu'il est persuadé que François Mitterrand se représentera en 1988 et qu'il croit en sa victoire. Sans doute aussi parce qu'il sait que les Français ont dans leur majorité une bonne opinion de lui et qu'il peut donc croire encore en son avenir politique. Peu lui importe que certains de ses « camarades » du PS aient un jugement plus réservé à son égard et lui reprochent notamment d'avoir été trop ministre des Finances et pas assez ministre de l'Économie. François Mitterrand lui a gardé toute sa confiance – il le choisira même comme directeur de sa campagne électorale en 1988 – et c'est l'essentiel à ses yeux.

Dès 1982, il avait quitté son appartement de fonction du quai Branly à la demande de ses deux plus jeunes enfants, alors âgés d'une vingtaine d'années, qui supportaient mal les contraintes liées à ce genre de résidence.

– La coupe avait débordé, se souvient Gilberte Bérégovoy, le jour où un ancien professeur de mon fils au lycée Balzac, qui n'était pas très soigné sur lui, il faut le dire, s'était vu refuser l'entrée de l'immeuble parce qu'il n'avait pas de pièce d'identité, alors que mon fils l'avait invité pour son anniversaire.

Les Bérégovoy s'étaient alors installés rue de l'Assomption, dans un appartement en rez-de-chaussée avec petit jardin privatif que leur avait loué Gaz de France. Mais des lettres de menaces étaient arrivées – on ne sut jamais très bien d'où elles venaient –, et comme l'appartement se trouvait dans une voie privée, donc sans issue, ils avaient jugé plus prudent de le quitter pour s'installer rue Crevaux dans un autre appartement loué lui aussi à Gaz de France.

Ce nouvel appartement, en premier étage avec un balcon en surplomb, est très sombre. L'électricité reste allumée toute la journée. Absorbé par ses fonctions ministérielles, Pierre Bérégovoy n'avait guère eu le temps de s'en rendre compte. Il le découvre en 1986, quand son emploi du temps se fait moins chargé et lui permet d'être plus souvent chez lui. « Ce n'est pas possible de vivre dans un appartement aussi sombre. C'est sinistre », dit-il à sa femme, et il la charge de trouver autre chose dans le quartier.

Il songe cette fois à acheter – n'a-t-il pas déjà soixante et un ans? – et s'en ouvre autour de lui. Comme mû par un noir pressentiment, son vieil ami Roger Courbey lui suggère d'orienter ses recherches sur la rive gauche, par exemple dans le 13ᵉ arrondissement qu'il habite lui-même et qui, selon lui, lui conviendrait mieux que le très « bourgeois » 16ᵉ arrondissement. Il ne l'écoute pas. Sa femme et lui se plaisent dans ce quartier calme, bien approvisionné. La rue des Belles-Feuilles, qui est à deux pas, est réputée à cet égard.

Roger-Patrice Pelat connaît lui aussi ses projets. Cet homme, qui est l'un des amis les plus chers du chef de l'État – et l'un des plus drôles aussi –, a fait tous les métiers. Tour à tour garçon boucher, serveur de café et ouvrier chez Renault, il a fait fortune après la guerre grâce à l'exploitation du brevet d'un amortisseur destiné à la suspension des avions, qui lui a permis de créer en 1953 sa propre entreprise, Vibrachoc, en association avec Robert Mitterrand, le frère aîné du président de la République. On le retrouve aussi administrateur du *Parisien libéré*, d'Air France et de Paribas. Il connaît bien le Président depuis la guerre. Les deux hommes se sont rencontrés dans un camp de prisonniers, le Stalag 90, près de Weimar, en Allemagne.

Ils se sont ensuite retrouvés côte à côte dans la Résistance. Leur amitié n'a fait que se renforcer, et l'homme d'affaires n'a pas été avare pour faire rentrer de l'argent dans les caisses du PS [1]. En 1981, il a eu immédiatement ses entrées au palais présidentiel. Son intimité avec François Mitterrand est telle que les journalistes ne tardent pas à le surnommer « le vice-président ».

Pierre Bérégovoy ne l'avait jamais rencontré auparavant. Lorsqu'il fait sa connaissance, il est lui aussi séduit par ce personnage chaleureux et truculent, qui a son franc-parler et qui a su ne pas oublier ses origines. L'ami du Président devient son ami, d'autant plus facilement que celui-ci bénéficie d'une caution inattaquable à ses yeux.

Par une petite annonce dans *le Figaro*, Gilberte a trouvé un appartement qui leur conviendrait, rue des Belles-Feuilles précisément, au dixième étage d'un groupe d'immeubles modernes de bonne qualité mais sans apparence particulière. Un cent mètres carrés très clair, comme le souhaitait son mari. Un appartement de cadre supérieur, comme des milliers d'autres, à Paris ou ailleurs, agréable à vivre et d'un confort familial. Son plus grand luxe est la vue sur les toits de Paris et, au-delà, sur la masse verte du bois de Boulogne.

Pierre Bérégovoy donne son accord. Le prix fixé est de 2 475 000 francs. Cette somme, qu'il est loin de posséder, il n'aurait de toute façon guère eu de mal à la rassembler. Mais Roger-Patrice Pelat s'est immédiatement proposé, et à différentes reprises, pour lui prêter un million de francs. Une somme considérable aux yeux de beaucoup, mais qui ne représente que peu de chose pour le richissime homme d'affaires. « À titre amical, je ne veux pas d'intérêts », insiste-t-il. Bérégovoy accepte. Un prêt sans intérêt n'a rien d'illégal. C'est l'inverse qui l'est, un prêt avec intérêt qui n'est pas déclaré. Pelat a toujours eu un côté « grand cœur » pour ses

1. Il n'en avait pas moins été élu maire divers droite de Boutigny (Essonne) dans les années soixante-dix et conseiller général du département.

amis et Bérégovoy commet l'erreur de croire qu'il ne peut être effectivement question entre eux que d'amitié.

Il est pourtant bien placé pour savoir que Roger-Patrice Pelat, l'ami si sympathique du Président, a un sens très aigu des affaires. Il sait qu'en 1982, lorsqu'il a pris sa retraite à la suite d'un infarctus, il a vendu son entreprise, Vibrachoc, qui commençait à battre de l'aile, dans des conditions plus que fructueuses. Grâce à un tour de table réunissant Alsthom, la BNP et le Crédit lyonnais, Vibrachoc a été achetée pour cent dix millions de francs par Alsthom qui, au départ, ne l'évaluait pas à plus de soixante-cinq millions mais qui, semble-t-il, a cédé aux pressions de Georges Pebereau, le grand patron de la CGE, qui contrôle précisément Alsthom. Lequel Georges Pebereau a agi sur instructions de l'Élysée, si l'on en croit Michel Guénot, l'ancien directeur financier de Vibrachoc, qui affirme même que Pierre Bérégovoy et Alain Boublil étaient les deux hommes « qui étaient intervenus pour réaliser la cession dans les plus courts délais, à la demande de François Mitterrand ».

Si tel est le cas, s'il a lui-même participé à la transaction sur instructions du chef de l'État, Pierre Bérégovoy ne peut ignorer que Pelat est un homme d'affaires qui profite de ses amitiés pour faire de bonnes affaires. Cela ne lui ouvre pourtant pas les yeux. Il ne mesure pas les dérapages et les dérives possibles. Il ne voit pas Pelat tel qu'il est réellement. Son aptitude à maîtriser les dossiers et les événements n'est plus à démontrer. Il est en revanche mal armé, mal préparé pour affronter un monde qui lui était étranger jusque-là – celui des hommes d'affaires. Il ne saura pas toujours faire la part des choses, distinguer entre les hommes, séparer le bon grain de l'ivraie, et il en sera victime. Il n'a pas, innée en lui, cette sorte de méfiance à l'égard des gens qui profitent, qu'acquièrent souvent au fil des générations ceux qui les côtoient.

– Il n'était pas quelqu'un à voir le mal partout. Il avait au contraire une sorte de bienveillance naturelle, un regard plutôt indulgent qui faisait qu'il retenait avant tout le côté positif des gens, confie son vieil ami François Dautresme. Et il croyait aussi aux garanties morales. Il pensait pouvoir accorder sa confiance lorsqu'on lui avait donné des marques d'amitié et que lui-même y avait répondu. À ses yeux, dès lors qu'on avait confiance en quelqu'un ou de l'amitié pour lui, il y avait un certain nombre de choses qui étaient interdites. Il se croyait donc à l'abri. Ce code moral, il s'imaginait que les autres le respectaient. Il n'imaginait pas que sa générosité pouvait être interprétée comme une faiblesse et inciter des gens en réalité peu scrupuleux à se servir de lui [1].

Il croit se donner toutes les garanties en demandant que le prêt soit enregistré devant son notaire de Nevers, Me Thomas, lequel viendra assister son collègue parisien, Me Guillemin, pour procéder à la transaction. Le chèque de un million est émis le 18 septembre 1986 à l'ordre de Me Guillemin. Il est remboursable au plus tard le 31 décembre 1995, sans intérêts. Outre ce prêt et leur apport personnel, les Bérégovoy complètent le financement par un emprunt BNP à auteur de 200 000 francs et par un emprunt à l'Assemblée nationale de 542 200 francs.

Son erreur est double. Un prêt sans intérêt sur une somme pareille sera considéré comme un privilège par tous ceux qui ne peuvent bénéficier de telles conditions. L'homme privé a oublié qu'il était également un homme public et que ce qui était tout à fait admissible de la part du premier pourra être reproché au second. Son autre erreur, de loin la plus lourde de conséquences, est de l'avoir accepté de Roger-Patrice Pelat. Celui-ci vient de l'entraîner dans ce qui se refermera sur lui quelques années plus tard comme un terrible piège. Mais Roger-Patrice Pelat n'est encore qu'un « roublard » des affaires. Pierre Bérégovoy n'imagine pas qu'il sera un jour aux marges de la légalité et que sa « libéralité » se révélera très dangereuse pour

1. Entretien du 15 janvier 1993.

lui... Il s'installe avec plaisir dans son nouvel appartement où défilent les sommités internationales du monde de la finance et de l'économie.

Il continue également de rencontrer ses pairs du Comité pour l'union économique de l'Europe d'Helmut Schmidt et de Valéry Giscard d'Estaing. C'est à cette époque en effet, semble-t-il, qu'il commence à prendre un profil très européen. Jusque-là, la construction de l'Europe ne faisait pas partie de ses réflexions les plus immédiates ni des priorités qu'il s'était assignées. Il était d'ailleurs de cette génération marquée par la guerre qui, dans bien des cas, gardait une certaine réserve vis-à-vis de l'Allemagne. Peu à peu, cependant, il s'était rallié au dessein européen de Mitterrand parce qu'il s'était convaincu que c'était le seul moyen de constituer un ensemble économique qui ait du poids. Mais il plaide et continuera à plaider sans relâche pour que l'Union économique ne se fasse pas sans l'Angleterre, parce que celle-ci a les mêmes traditions de liberté et de démocratie que la France et parce qu'il veut éviter un face-à-face avec une Allemagne en position de domination.

Ce Comité pour l'union économique l'appelle souvent à Bruxelles en même temps que Valéry Giscard d'Estaing. C'est d'ailleurs celui-ci qui l'a fait nommer à la commission des Finances. Les deux hommes font souvent le voyage de retour ensemble en avion et, à l'arrivée, l'ancien président de la République prend l'habitude de raccompagner Pierre Bérégovoy chez lui avec sa voiture. La première fois, celui-ci n'a su que dire ni que faire, mais l'ancien président de la République ne lui a guère laissé le choix. « Non, ne prenez pas un taxi. Venez avec moi, nous allons parler... » Et dans le cadre de leurs responsabilités mutuelles au sein de ce Comité, l'ancien ministre des Finances de François Mitterrand se rendra même à différentes reprises au domicile de Valéry Giscard d'Estaing.

Pendant ces deux années où ses occupations sont malgré tout plus réduites, il s'investit enfin beaucoup à Nevers dont il est désormais député-maire.

L'agglomération de Nevers est la troisième de Bourgogne. Mais la ville elle-même est de petite superficie. Bérégovoy s'amusait à dire : « Nevers, 1 775 hectares. C'est un an après la mort de Louis XV. » Les maires passés, notamment Daniel Benoist, étaient des bâtisseurs. Ils avaient réalisé d'importants équipements, en se basant sur des estimations qui créditaient l'agglomération de Nevers de cent quinze mille habitants en l'an 2000 et la ville elle-même de soixante à soixante-dix mille habitants. Les faits avaient cruellement démenti ces évaluations optimistes. L'agglomération comptait en réalité soixante-cinq mille habitants. De plus, entre 1975 et 1982, la ville de Nevers elle-même avait perdu trois mille cinq cents habitants au profit des communes périphériques. « Un tel phénomène devient vite vicieux, note Didier Boulaud, qui fut longtemps adjoint de Bérégovoy avant d'être son député suppléant. Les recettes fiscales de la ville en souffrent, ce qui entraîne la nécessité de compenser par une augmentation des taxes pour ceux qui restent. Mais, par là, on accompagne le mouvement. Les gens sont de plus en plus tentés de quitter la ville pour les communes périphériques. Or Nevers continue malgré tout à assumer pour une large part le fonctionnement de l'agglomération, que ce soit en matière de sécurité ou, par exemple, pour les manifestations culturelles et sportives [1]. »

C'est à partir de ces données que Pierre Bérégovoy détermine et justifie l'importante politique foncière qu'il entreprend et poursuit sans inflexion notable de 1983 à 1993. Son optique est de mobiliser les terrains pour faire baisser les prix de manière à inciter les gens à construire sur le territoire de la commune. Par le biais de la Société d'économie mixte de la ville, il procède dès 1983 à l'acquisition de tout

1. Entretien du 7 juillet 1993.

ce qui est disponible en terrain, y compris tout ce qui est friche industrielle. Mais cela lui vaudra d'être accusé par l'opposition de mener une politique systématique de « municipalisation des sols ». Son gendre, Georges Cottineau, sera nommé d'emblée à la tête de la société d'économie mixte, ce qui ne manquera pas de susciter certaines critiques. Il sera son homme de confiance. À partir de là sont entreprises, notamment sur deux quartiers, le Banlay et la Grande-Pâture, la construction de logements sociaux et de lotissements ou bien la réhabilitation des locaux existants, dans le cadre des opérations de développement social de quartiers et par le biais d'aides de l'État et de la Région. Le centre ville est lui aussi rénové et réaménagé. Deux cent cinquante logements insalubres sont réhabilités, tandis qu'est menée une politique d'implantation de logement social. Malgré ces efforts, le recensement 1982-1989 fera apparaître une nouvelle diminution de la population, avec cependant une tendance à l'infléchissement de la courbe.

À côté de cette politique du logement, qui est un point fort de la gestion de Pierre Bérégovoy, est menée parallèlement une politique d'aménagement industriel et économique, avec la création, malgré l'étroitesse du territoire, de deux zones : une zone industrielle où il cherchera à implanter de petites unités avec un niveau de qualification assez élevé – on y trouve notamment deux laboratoires pharmaceutiques – et une zone artisanale et commerciale plus classique, la zone des Grands-Champs.

Un autre volet de son action est le développement de la formation. Nevers passe de deux à trois lycées, avec la construction du lycée Alain-Colas [1] où sont enseignées les techniques modernes de la communication. Dans la mesure où Nevers n'abrite pas d'IUT, l'accent est mis sur les BTS et on passera de trois à quatorze sections de brevets de techniciens supérieurs sur l'agglomération.

Pierre Bérégovoy se préoccupe aussi d'une implantation

1. Alain Colas, navigateur, était originaire de Nevers.

universitaire. Dès 1983 est mise sur pied une amorce d'enseignement supérieur avec la création d'un Institut supérieur de commerce et d'information (en liaison avec l'Éducation nationale et les chambres de commerce, ce qui est assez original). Il reçoit deux cents étudiants.

Il cherche aussi à implanter une école d'ingénieurs. Non sans de grosses difficultés parce que la décentralisation n'est pas faite dans les esprits, notamment ceux de l'Éducation nationale. Il se met en chasse avec un inspecteur d'académie, Roland Hodel, qui sera ensuite nommé à sa demande préfet du Jura puis du Gard (ce sera le seul inspecteur d'académie à être devenu préfet). L'affaire se fait finalement avec Nancy. L'Institut national de polytechnique de Lorraine (INPL) accepte de délocaliser en 1985 une petite antenne de l'École nationale supérieure d'électromécanique (ENSE). C'est le premier véritable embryon universitaire : les étudiants, vingt-cinq environ, sont recrutés sur concours. Nancy ayant voulu récupérer son antenne, l'école de Nevers deviendra autonome sous une nouvelle appellation, l'Institut supérieure de l'automobile et des transports (INSAT). On voit là le lien avec le circuit de Magny-Cours et la recherche de cohérence de Pierre Bérégovoy.

En même temps le maire engage le processus des IUT. Il fait inscrire Nevers au plan « Université 2000 » et le premier IUT, préparant aux carrières juridiques et économiques, ouvrira en 1994, sous la tutelle de Dijon. Un deuxième département dans le domaine du Génie électrique est également prévu pour 1996.

Pendant la première cohabitation, Hervé de Charette participera à cet effort. Le ministre réussira à amener une première année de DEUG de droit, par l'intermédiaire de l'académie de Clermont-Ferrand, dont Nevers ne dépend pourtant pas. Pierre Bérégovoy aurait pu s'en réjouir. Il en prend ombrage. Ses relations avec Hervé de Charette ont toujours été assez conflictuelles. Il supporte difficilement de sentir une présence rivale dans sa ville de Nevers... Il mènera cependant le processus à son terme après le départ de la Nièvre du ministre de Jacques Chirac. Aujourd'hui, Nevers peut donc se prévaloir d'un DEUG de droit complet. À cet effort considérable sur une moyenne ville comme Nevers, il faut enfin ajouter, à nouveau en liaison avec Magny-Cours, l'implantation en 1984, dans un ancien couvent, d'une autre école : l'École nationale des conseillers d'éducation routière, devenue aujourd'hui École nationale de la sécurité routière, qui a pour vocation de former des moniteurs d'auto-école, des inspecteurs du permis de conduire mais aussi des médecins de la sécurité et de la prévention routière. Disposant d'une unité de recherches, elle a vocation nationale. Au total, Nevers compte aujourd'hui douze cent cinquante étudiants.

Pierre Bérégovoy cherche également à ranimer le tissu économique de la région. Celle-ci a certes vocation agricole, le Charolais en est un fleuron, mais les paysans spécialisés dans cette activité sont des producteurs, des « naisseurs » et non des « engraisseurs ». Il n'y a donc pas de plus-value dans ce domaine. Ce que l'on sait moins, c'est que la Nièvre est également le premier département forestier français. Colbert, qui était originaire de Nevers, avait développé la forêt, mais Pierre Bérégovoy ne tarde pas à constater que celle-ci est mal exploitée, que la plupart des scieries ont même disparu.

La Nièvre est aussi une région de vieille industrie reposant sur le charbon. Le département était un département minier qui avait vu se développer à la fin du XIXe siècle la métallurgie lourde, les fonderies, les industries de première transformation. Les Forges de la Marine, spécialisées dans la fabrication des canons, des chaînes et des ancres, dataient même de Richelieu. Leur dernier « chef-d'œuvre » avait été l'ancre du *France*.

Nevers est également une ville de cheminots. L'agglomération compte encore dix-huit cents emplois dépendant de la SNCF. On y trouve un atelier de réparation de motrices électriques, ainsi qu'un dépôt de réparation de Diesels de quelque cinq cents machines.

L'industrie locale a cependant commencé à souffrir dès l'après-guerre, beaucoup plus tôt qu'ailleurs. La crise économique est passée dans la Nièvre bien avant le choc pétrolier de 1974. Les Forges ont fermé en 1970, les mines bien plus tôt encore. La SNCF elle-même a diminué ses effectifs. De ce fait, la région traverse moins mal la crise de 1974 que d'autres, et en 1983, lorsque Pierre Bérégovoy arrive, le plus fort des problèmes est passé. « En fait, dit Didier Boulaud, la Nièvre aurait dû bénéficier vingt ans plus tôt des moyens qui, par exemple, ont été donnés à la Lorraine ou au Nord pour accompagner leur conversion. »

Il subsiste quelques gros secteurs d'activité de première transformation. Des sociétés comme Mazda, Philips, Neyman, Thomson sont toujours là, mais Alsthom et Iveco ont quitté la Nièvre.

À peine a-t-il pris possession de la mairie que Pierre Bérégovoy se trouve précisément confronté à un coup dur : l'entreprise Look, concurrent direct de Salomon, qui compte cinq cents salariés, est à genoux. Dès son arrivée les anciens propriétaires lui demandent d'intervenir auprès des banques. Ce qu'il fait. Mais ce ballon d'oxygène ne peut suffire à sauver la société. C'est le dépôt de bilan. Il faut trouver un repreneur, Bernard Tapie est le seul à se présenter. Il fait un premier plan de reprise, avec cent soixante-dix licenciements. Bérégovoy lui demande de réduire ce chiffre. Il le ramène à cent dix et prend l'engagement de réembaucher, à hauteur des effectifs d'origine, dès que la situation se sera redressée. Il le fera et Pierre Bérégovoy lui en sera reconnaissant. Son amitié pour Bernard Tapie, qui lui sera beaucoup reprochée, date de cette affaire.

Il est vrai qu'après avoir mis à flot cette entreprise, Tapie, homme d'affaires avant tout, la revendra en 1990 à un groupe américano-suisse. Mais l'entreprise existe toujours.

Quoi qu'il en soit, la dynamique de la région n'est pas très forte. C'est alors que se pose la question du circuit de Magny-Cours.

À l'origine il y a l'histoire d'une passion. Jean Bernigaud, agriculteur, maire de sa commune, conseiller général socialiste et de ce fait très lié au président du conseil général de l'époque, François Mitterrand, est un « fou » de la mécanique et des voitures. Seul, il aménage dans les années soixante-cinq une piste en terre, d'abord destinée au karting puis aux voitures. Il la goudronne bientôt et trouve quelques partenaires. Le circuit est clôturé, quelques bâtiments s'installent. Une poignée de passionnés de la voiture acceptent de jouer l'aventure avec Bernigaud. Ils implantent quelques petites unités où s'affairent des sorciers de la mécanique, comme il y en a encore. Une école de pilotage voit le jour. C'est le temps des premières compétitions. Deux cents personnes sont employées sur ce petit circuit qui commence à se faire un nom. Mais Berginaud meurt. Sa veuve, Jacqueline, relève le flambeau et le circuit continue à fonctionner pendant une dizaine d'années. Renault, Mercedes viennent y régler leurs moteurs, faire des essais. Elle constitue une société, la SECMA, essaie de trouver de nouveaux partenaires. Chacun y va de son obole pour acheter ne serait-ce que quelques actions. Mais le monde de l'automobile est un monde dur où l'argent règne. Le circuit ne peut accueillir que des formules 3 et la société n'a bientôt plus les moyens de l'entretenir. En même temps, les entreprises deviennent de plus en plus exigeantes car la technologie le devient aussi. Pour continuer à venir à Magny-Cours, il leur faut une piste performante.

En 1983, au moment même où Pierre Bérégovoy arrive à Nevers, un grand débat s'installe autour de cette affaire. La famille Bernigaud veut passer la main. Qui va racheter? La collectivité publique? Le département? Bérégovoy n'est pas chaud du tout pour que le département rachète. Mais voilà qu'en 1986 la plus grosse entreprise du circuit, dirigée par Hugues de Chaunac (cinquante salariés), décide de partir pour Le Castelet. Il faut prendre une décision. Si rien n'est fait, ce sera l'hémorragie. Ce seront deux cents emplois qui disparaîtront. Sans parler de ce que représente pour la région, comme capital de prestige, ce circuit où s'expérimente une technologie de pointe, qui a beaucoup de fanatiques, dans un cadre artisanal.

Pierre Bérégovoy fait alors le raisonnement suivant : reprendre le circuit pour faire de la Formule 3 ne présente aucun intérêt. Quitte à faire quelque chose, il faut passer la vitesse supérieure. C'est ainsi qu'il décide de lancer l'aventure du circuit de Formule 1, alors que lui-même n'est absolument pas intéressé par la voiture. Lorsque le circuit sera terminé, il confiera à Didier Boulaud :

– Vous savez, j'ai fait cela pour la Nièvre. Je n'aime ni le bruit, ni la foule, ni les voitures.

Il avait vu dans cette entreprise la possibilité de mettre un accent fort sur la région. Il savait qu'il faudrait bien dix ans pour envisager une réussite.

– Pour la construction du circuit on a tenu compte des problèmes du Castelet. Au Castelet, le public est trop loin des voitures. On l'a rapproché. Pour être concret, ce sont les gens qui ont travaillé au Castelet qui ont dirigé les opérations à Magny-Cours, reprend Didier Boulaud.

Depuis que Magny-Cours existe, et à la surprise de beaucoup qui trouvaient ce circuit trop loin des grands centres de population et sans véritables moyens d'accès, on compte une moyenne de soixante-dix mille spectateurs par grand prix. La première année, il y en a même eu cent mille.

Mais l'investissement est lourd. Le circuit à lui seul coûte trois cents millions de francs. Un tiers du budget est financé par la Caisse des Dépôts, c'est-à-dire des fonds de l'État. Le reste est pris en charge par le conseil général qui a acheté le circuit. « Il en est propriétaire mais récupérera intégralement les sommes engagées sous forme de loyer. Aujourd'hui, il touche quatre millions et demi par an. En dix ans, avec les autres revenus procurés par le circuit, il aura récupéré ses billes et sera toujours propriétaire du site. On n'a pas grugé la collectivité locale. L'investissement est l'équivalent du déficit des jeux Olympiques d'Alberville », plaide Didier Boulaud. Il n'empêche. Tout cela coûtera très cher, beaucoup plus cher qu'il n'était prévu au départ. « Si on avait su la réalité des chiffres... », avoue Marcel Charmant, sénateur de la Nièvre. Quant à Pierre Bérégovoy, Jean Glavany, président de l'Association qui organise le grand prix, l'entendra soupirer plus d'une fois : « On ne s'en sortira jamais avec ce circuit... »

Tout une polémique voit d'ailleurs le jour, qui tourne à la fois autour de l'utilité du circuit, de sa rentabilité éventuelle et de l'amitié de François Mitterrand pour la famille Bernigaud, qui a été déterminante pour l'achat du circuit, et des largesses dont bénéficie la Nièvre, terre du président de la République, à travers l'installation d'un circuit qui ne s'imposait pas. On parle de la « danseuse du Président », de la « danseuse de Bérégovoy », et des sommes folles sont avancées, quant au coût total d'installation du circuit. *Le Parisien libéré* ne résiste pas à la tentation d'intituler « La Cour descend à Magny-Cours » l'article qu'il consacre à l'inauguration du circuit le 8 juillet 1991.

« Ce fut une grande effervescence hier à Magny-Cours à quelques lieues de Nevers. Le roi François s'était rendu céans avec une partie de la Cour pour assister à la plus grande course de carrosses, disputée par les meilleurs cochers de France et des royaumes étrangers.

« Sa Majesté en veste et culottes gris-bleu était descendue vers 13 h 40 de son engin ailé blanc, accueillie avec force sourires et compliments par M. de Bérégovoy, duc de Nevers, surintendant des Finances, la jeune marquise de Bredin, ministre des Jeux et Divertissements en habit à carreaux noirs et blancs, MM. de Balestre et Glavany, M. Sihott, gouverneur de la Nièvre et M. Bardin, président du Parlement.

« On remarqua aussi dans la suite de Sa Majesté le comte

de Charasse, ministre de l'Écu, le comte de Soisson, ministre des Agens du royaume, le marquis de Curien, M. de Gillibert, M. de Strauss-Kahn, ministre des Manufactures et M. de Sarre, secrétaire de la Marine. En revanche, le duc de Lang, l'un des plus beaux esprits du royaume, avait boudé la fête... »

Dans l'esprit de Bérégovoy, ce circuit n'a pas seulement pour but de faire tourner les voitures de Formule 1 et de permettre à la Nièvre d'organiser le prestigieux grand prix. Ce dernier est un moyen de promotion du circuit pour développer autour de lui, là où existe déjà un embryon industriel, ce qu'il appelle la « technopole » de Magny-Cours, où il espère récupérer, les années passant, des entreprises autour de l'automobile. Ce sera d'abord Ligier – un ami de François Mitterrand qui a été pour beaucoup dans sa conversion au circuit – puis Peugeot, en attendant d'autres, espère-t-il.

Puisque circuit il y a, Pierre Bérégovoy voit l'occasion de compenser le déficit d'infrastructure de la région, notamment celui de la RN7, immortalisée par Charles Trenet, qui était jusque-là à deux voies et qui doit en grande partie à Magny-Cours de passer à quatre voies sur tout son parcours, entre Dordives et la Loire. Il y a dans toute sa démarche une logique de développement :

– À partir du moment où je vais créer Magny-Cours, je vais créer des bouchons sur les routes et la puissance publique, que ce soit moi ou un autre, se sentira obligée d'accompagner le mouvement.

C'est bien ce qui se passera. La droite ne remettra pas en cause la mise à deux fois deux voies de la RN7, qui se poursuit actuellement. Et pour ces mêmes raisons, l'électrification de la ligne Paris-Clermont-Ferrand par Nevers se trouve justifiée.

– Je ne donne pas à la Nièvre plus que ce à quoi elle a droit. Mais un département qui a souffert comme la Nièvre et qui perd mille habitants depuis cent ans par an a le droit à la solidarité nationale, estime-t-il.

C'est dans cet état d'esprit qu'il concevra la dotation de solidarité urbaine, c'est-à-dire la solidarité des villes riches à l'égard des villes pauvres, et la dotation de solidarité départementale, c'est-à-dire la solidarité entre les départements riches et les départements pauvres.

Trois autres réalisations sont enfin à mettre à son actif. Sa volonté de développer à nouveau l'industrie du bois, devenue inexistante, se traduit notamment par l'implantation de la scierie de Sougy, une des plus modernes d'Europe. L'opération est montée avec un partenaire dont on ne peut pas dire qu'il est de ses amis politiques puiqu'il s'agit de M. Vernes, PDG de la Banque Vernes. Constatant, pour le regretter, que le bois français est aujourd'hui envoyé en Allemagne pour y être travaillé avant d'être revendu en France, il multiplie aussi les efforts pour que s'installent sur Nevers des entreprises de transformation du bois. Trois ou quatre petites unités, spécialisées dans les meubles de bureau et de cuisine, verront ainsi le jour.

Son fleuron municipal restera la réhabilitation du très beau palais ducal, premier château de la Loire. Situé au cœur de Nevers, il abritait le tribunal d'instance et se trouvait donc fermé au public. Il aurait pu en faire sa mairie. Il s'y réserve seulement un bureau de prestige. Pour le reste, il préfère le « rendre aux Nivernois ». Et ceux-ci le comprennent comme tel. L'accès est gratuit et il reçoit des milliers de visiteurs chaque week-end. La salle du conseil municipal y est aménagée. C'est également dans son prestigieux décor que sont célébrés les mariages. Contre tout le monde enfin, il impose ce qui est un peu son « hochet » dans cette affaire, l'installation d'un immense aquarium où il a voulu qu'on mette la Loire et sa faune. On y trouve uniquement des poissons de Loire et, à sa demande, l'architecte a reconstitué l'arche du pont de Loire, si bien qu'il s'agit en fait de deux aquariums qui se font face. Le succès sera énorme, notamment auprès des enfants. « C'est le grand-père qui avait senti cela », conclut Didier Boulaud.

« Nevers est devenu pour lui un havre de tranquillité », dit encore Didier Boulaud. Cependant, à en croire ses adversaires, les réunions du conseil municipal sont loin de refléter cette sérénité. D'emblée, un climat conflictuel s'est installé entre Hervé de Charette et lui. Leurs relations resteront crispées, acides, faites de surenchères permanentes. Bérégovoy se conduit en militant socialiste pur et dur, estime Hervé de Charette. Une image qui contraste avec celle qu'il a acquise à Paris, où il apparaît en sage du socialisme, revenu d'une idéologie qui « a pris un sérieux coup de vieux en ce dernier quart de siècle ». « Était-ce délibéré ou irrépressible? » s'interroge Hervé de Charette [1]. Certainement intervenait inconsciemment l'angoisse de se faire ravir cette terre qu'il avait enfin conquise et où il voulait faire souche, après avoir essuyé bien des déboires!

Jusqu'en mars 1986, quand il était ministre, il arrivait à Nevers tous les vendredis après-midi en train, accompagné de sa femme. À 3 heures, il présidait la réunion du conseil municipal, puis, pendant deux heures environ, il dépouillait son courrier, recevait des visiteurs ou se rendait à une manifestation où sa présence était requise. Pendant la cohabitation, ses séjours se prolongent et les habitants de Nevers commencent à bien le connaître. Il n'aime guère qu'ils l'appellent Monsieur le ministre. Monsieur le maire ou Monsieur Bérégovoy sont des formules qui lui conviennent mieux. Mais il confie à ses intimes que ce qu'il préfère encore, c'est qu'on lui dise amicalement : « Bonjour Béré ». Il se détend en jouant au ping-pong ou en faisant du vélo, mais passe, comme à Paris, beaucoup de temps en famille, chez sa fille Catherine. Comme à Paris également, il reçoit peu chez lui mais aime dîner avec quelques amis, comme Charles Lyron, un ami de François Mitterrand depuis la guerre, qui a longtemps régné sur la célèbre confiserie « le

1. Il remarque en revanche que celles-ci deviennent tout à fait correctes et même cordiales lorsqu'ils se reverront à Paris. Il aura même la surprise d'entendre Bérégovoy dire du bien de lui. (Entretien du 18 janvier 1994.)

Négus », dont la spécialité, créée au début du siècle à l'occasion de la visite en France du Négus d'Éthiopie, est un chocolat ou un caramel enrobé de sucre fondu. Chez son ami Lyron, il a l'habitude de déguster un repas composé de harengs fumés, de saucisses et d'un copieux pot-au-feu, tout en menant une discussion animée sur la Révolution française, la période de l'Histoire qui continue à avoir ses préférences. Mais il ne dédaigne pas à l'occasion un roman policier acheté à la gare avant de rentrer à Paris. Il apprécie aussi la musique classique, mais avoue ne pas être un grand connaisseur.

Cette ville de Nevers, il l'a donc non seulement adoptée, mais aimée. Et c'est pour cette raison que sa femme décidera de s'y installer définitivement après sa mort.

– Nous avions jusque-là un petit appartement. J'ai décidé d'acheter une maison parce que je suis sûre que c'est là que je trouverai le plus de souvenirs de lui.

S'il est vrai qu'après sa défaite aux Législatives de 1986 le PS continuait à se penser, plus ou moins confusément, en situation de gouverner et semblait flotter dans son costume d'opposition, Pierre Bérégovoy était l'un de ceux qui n'avaient pas ces états d'âme. D'emblée, aux côtés de Jospin, Fabius, Mauroy et tout en se défendant de vouloir précipiter les choses, il en avait appelé à François Mitterrand pour un second mandat. Le banquet républicain qu'il avait organisé le 10 mai 1986 à Nevers, comme d'autres dans leurs fiefs respectifs, pour marquer le cinquième anniversaire de l'élection de François Mitterrand, avait été la première occasion pour lui de déclarer que celui-ci était « le mieux à même de rassembler les Français » ». Mais il était allé plus loin en souhaitant une révision de la Constitution. Sans que l'on puisse alors savoir jusqu'à quel point il avait frotté ses analyses avec celles du chef de l'État, il s'était déclaré favorable à une réduction à cinq ans du mandat présidentiel et à une évolution vers un véritable régime présidentiel. Dans ce régime, le Président exercerait le pouvoir exécutif; le droit de dissolution comme la censure du gouvernement seraient supprimés.

On avait aussi pu croire un moment qu'il allait renouer, comme d'autres au PS, avec un manichéisme et une phraséologie qui n'avaient plus cours depuis plusieur années. Mais, pour y avoir déjà goûté, il connaissait le prix relatif des choses et n'avait pas tarder à confier, le sourire serein :

– Je n'ai pas l'intention de passer mon temps à critiquer le gouvernement.

Il n'avait pas tardé non plus à faire savoir qu'il n'entendait pas rompre avec la pratique gestionnaire de 1984-1986. Le 17 juin 1986, dans l'émission « Face au public » sur France-Inter, il se livrait à un éloge du « réalisme » ». On ne pouvait s'étonner de l'entendre approuver la libération des prix, qui avait déjà été sa politique. Il était plus surprenant de ne pas l'entendre prêcher la renationalisation des « dénationalisés [1] ». Il réclamait enfin une vision nuancée de l'objectif socialiste de la réduction du temps de travail : « Trente-cinq heures, pourquoi pas quand les tâches sont pénibles? Mais ceux que leur travail passionne doivent pouvoir faire quarante-deux heures s'ils le désirent! » Cette convergence réaffirmée avec certaines options « libérales » ne l'empêchait pas de se montrer par ailleurs très sévère envers le gouvernement : « M. Chirac ne s'est pas comporté comme un chef de gouvernement. Il s'est comporté comme un chef de clan [...]. La paix sociale compromise, l'économie en panne, le franc dévalorisé, la France divisée, voilà le bilan de M. Chirac », déclarait-il non sans âpreté le 18 janvier 1987 devant les micros du Grand Jury RTL-Le Monde.

Ces propos contrastaient d'ailleurs singulièrement avec le ton et la qualité du débat qui, en septembre 1986, sous les

1. Ce faisant, il se démarquait de la motion qu'allaient présenter les mitterrandistes – dont il était pourtant – au congrès de Lille en avril. Cette motion affirmait qu'en cas de retour au pouvoir, il conviendrait de « renationaliser ».

auspices du *Figaro* et sous la « présidence » de séance de Marc de Lacharrière, l'avait opposé sur le thème des privatisations à son successeur, Édouard Balladur. Lequel se présentait avec une impressionnante équipe, directeur de cabinet, directeur du Trésor..., alors que Bérégovoy, redevenu simple député, arrivait seul, sa serviette sous le bras.

Il savait doser les genres. Dans le troisième numéro (daté de mars 1987) du bulletin mensuel *Économie et Liberté*, sous-titré la *Lettre de Pierre Bérégovoy*, qu'il venait de lancer, le ton était là aussi beaucoup moins à la polémique. « Le gouvernement s'est trompé de chemin. Il nous appartiendra de remettre le pays dans la bonne direction, celle ou la paix sociale garantit l'efficacité économique », écrivait-il. L'objectif de ce bulletin était ainsi défini : « Donner librement un point de vue sur les faits économiques marquants en France et dans le monde, approfondir la réflexion économique en trouvant la voie d'une économie de liberté et de solidarité qui refuse à la fois l'archaïsme du néolibéralisme et l'illusion du collectivisme. »

« Sa soif de compréhension de la matière économique dépassait les clivages gauche-droite, constate Marc de Lacharrière qui eut l'occasion de le rencontrer à différentes reprises pendant cette période. Il appréciait les échanges de vues que nous avions car ils l'aidaient à sa réflexion économique. Je représentais l'homme d'entreprise par rapport à l'homme d'État. Il gardait une sensibilité sociale forte, mais celle-ci s'inscrivait dans une optique d'efficacité économique favorable à la croissance de son pays. Un pays qu'il avait largement contribué à ouvrir à l'international par sa politique de déréglementation de dérégulation. On voyait toutes les barrières qui existaient jusque-là (contrôle des charges autorisation d'installation...) tomber le système de l'économie assistée éclater, au moment où s'opérait une autre révolution : la transmission instantanée de l'information. Il se montrait très intéressé et très préoccupé par les répercussions possibles de tous ces bouleversements [1]. »

1. Entretien du 20 novembre 1993.

Au grand dam de certains de ses « camarades » du PS, prompts à dénoncer le « vieux fantôme de la troisième force », il était enfin celui qui amorçait le plus nettement « l'ouverture » politique vers les centristes qu'allait tenter François Mitterrand à la veille de l'élection présidentielle. Dès le 17 juin 1986, il déclarait « souhaiter avant tout élargir la constellation démocratique dont le PS pourrait être l'axe ». Élargir à qui ? « Beaucoup de communistes se cherchent, avait-il répondu, ainsi que de nombreux réformateurs centristes... Il y a aussi beaucoup de gaullistes qui ont une certaine idée de la France et ne séparent pas l'indépendance économique du progrès social. » Cette « constellation démocratique » devait, selon lui, s'articuler autour d'un projet caractérisé « en même temps par son réalisme et son imagination ». Le 18 janvier 1987, il reprenait ce thème en lançant une formule qui allait faire mouche : « Rassembler la France [...] est une exigence patriotique » pour les socialistes qui doivent ambitionner de rassembler « trois Français sur cinq ».

Trois mois avant le congrès de Lille, François Mitterrand a pris soin de « resserrer » les rangs en réunissant plusieurs barons du PS chez Louis Mermaz. Autour de la table sont assis Lionel Jospin, Pierre Bérégovoy, Roland Dumas, Pierre Joxe, Louis Mexandeau, André Laignel et Claude Estier, qui rapportera l'essentiel de la conversation : « Pas de chapelles, pas de grosses têtes. Il faut un parti homogène autour de Jospin », commence-t-il. Puis il aborde la présidentielle. « Les divisions de la droite sont notre meilleur atout pour 1988. Il faut mener campagne sur des sujets qui touchent les centristes et les barristes comme la Sécurité sociale, la Nouvelle-Calédonie, les " noyaux durs " des entreprises privatisées et l'État-RPR. Il faut que le PS soit offensif et enfonce le coin entre Barre et Chirac. Le Premier ministre refera son retard sur Barre. Ce qui se passe à droite nous donne des chances que nous n'avions pas il y a un an. Puis, la conversation ayant débordé sur l'après-mai 1988, Mitterrand commence sa phrase à deux reprises par une formule révélatrice : « supposons que je sois réélu [1]... »

Le congrès de Lille lui donnera toute satisfaction. D'emblée, Pierre Maroy a clarifié le scénario de 1988 : la vedette revient naturellement à François Mitterrand. S'il renonce, le premier rôle sera interprété par le mieux placé au box-office. Tout le monde traduit aussitôt : sans le citer, Mauroy intronise Rocard. Le congrès applaudit, presque unanime.

Un autre film commence alors, plus psychologique, aux curieuses allures de remake. Tandis que Lionel Jospin retrouve son siège de premier secrétaire, les anciens ministres font une entrée en force dans un secrétariat largement renouvelé. Comme en 1981, François Mitterrand va pouvoir compter sur une direction du PS tout à sa dévotion. Pierre Mauroy, Louis Mermaz, Pierre Bérégovoy (qui devient secrétaire national aux Affaires économiques). Laurent Fabius, Jack Lang, Édith Cresson, Henri Emmanuelli. Les « poids lourds » du nouveau secrétariat constituaient déjà son état-major de campagne six ans plus tôt.

Comme en 1981 également, François Mitterrand cultive le suspens : « Je n'ai pas l'intention de me représenter, j'aviserai », a-t-il déclaré le 21 mars précédent. Tout laisse pourtant penser qu'il sera candidat. Mais il joue sa place dans l'Histoire et l'avenir de la gauche. Il ne peut se représenter qu'avec de sérieuses chances d'être réélu.

Il maintient donc un doute calculé, mais où la sincérité n'est pas exclue. « Je n'ai pris aucune décision irrévocable avant le printemps 1988 », affirmera-t-il. Il ne tient pas à sortir trop tôt de son rôle de président-arbitre qui le protège des attaques de ses adversaires et le fait s'envoler à nouveau

1. Témoignage de Claude Estier, *la Décennie Mitterrand, op. cit.*, t. II, p. 691.

dans les sondages. Le printemps 1987 est pour lui celui du « retour en grâce ». Avec plus de 55 pour cent d'opinions favorables, il retrouve une cote de confiance oubliée depuis 1981.

Dès lors, il s'efforce de conforter l'embellie dont il bénéficie en se gardant de retomber au niveau du quotidien, en restant sur le terrain des valeurs autour desquelles est bâtie la société française et où il sait qu'il est majoritaire. Mais les premières « affaires » qui ont été successivement portées sur la place publique depuis dix-huit mois – Carrefour du Développement, Luchaire, Irlandais de Vincennes, Chaumet, les trois premières touchant la gauche – créent un climat délétère et portent un grand tord à l'image de certains socialistes, même si le PS n'est pas directement mis en cause. Aussi le chef de l'État contre-attaque-t-il en invitant le gouvernement, le 16 novembre 1987, lors d'une interview sur RTL, à déposer sans tarder un projet de loi sur le financement des campagnes électorales et des partis politiques. Et Jacques Chirac, se gardant de tomber dans le piège que lui tendait François Mitterrand, n'aura d'autre solution que de se rallier à ce projet. Comment en effet refuser de moraliser la vie politique alors que depuis des mois la droite ne cesse de dénoncer les pratiques scandaleuses liées au rapport entre l'argent et le pouvoir, dont certains socialistes se sont rendus coupables ? En assombrissant le bilan économique dont le Premier ministre et candidat du RPR à l'élection présidentielle, Jacques Chirac, entendait faire un argument essentiel de sa campagne, le krach boursier des 18 et 19 octobre 1987 lui apporte par ailleurs une aide inespérée. Ne semble-t-il pas emporter les derniers espoirs de retrouver la prospérité et de sortir de la crise mondiale ? Les socialistes – mais aussi les barristes – trouvent là une occasion de critiquer les options « excessivement libérales » du gouvernement. Ils vont même jusqu'à agiter le spectre de la crise économique. À tort. Édouard Balladur se refuse d'ailleurs à infléchir sa politique économique. Il doit tout de même se résoudre à interrompre son programme de privatisations en attendant l'accalmie sur les marchés financiers. En décembre 1987, le suspens n'est toujours pas levé. Michel Rocard occupe – sciemment – le terrain électoral, ce qui permet au chef de l'État de ne pas se découvrir. Mais il constate en même temps avec plaisir que les Français le placent largement en tête dans une présidentielle. Selon les sondages, 40 pour cent d'entre eux voteraient pour lui au premier tour, Barre et Chirac accusant respectivement quinze et vingt points de retard. Au second tour, le président sortant l'emporterait aisément devant ses deux rivaux, tandis que Rocard ne battrait que Chirac. Il est clair qu'aux yeux de l'opinion Mitterrand est implicitement candidat et que Rocard ne l'est plus. Tandis que deux « inconditionnels », Jack Lang et Maurice Benassayag, organisent et orchestrent la « tontonmania », avec moult pétitions, comités de soutien, encarts publicitaires d'artistes en vue, tels Gérard Depardieu ou Renaud, pressant Mitterrand de se représenter, les affiches « Génération Mitterrand » qui le rendent présent sans le montrer font également passer le message.

Enfin, de janvier à mars, chaque lundi après son golf, Mitterrand réunit en grand secret pour un déjeuner au pavillon de chasse de Marly ses plus fidèles supporters pour parler tactique. Bérégovoy est bien entendu du nombre aux côtés de Dumas, Fabius, Jospin, Joxe, Cresson, Lang et Mermaz. L'un des convives raconte : « Mitterrand commentait l'affrontement Barre-Chirac. Il souhaitait se retrouver en face de son Premier ministre au second tour : " Portons nos attaques contre Chirac, ça le valorise. Pas la peine de s'occuper de Barre. Il vaut mieux que Chirac soit en tête, c'est donc sur lui qu'il faut cogner. " Pierre Joxe ajoute de son côté : Nous pensions que, compte tenu de la supériorité de la marche électorale du RPR, Chirac allait distancer Barre [1]. »

1. Pierre Favier, Michel Martin-Roland, *la Décennie Mitterrand, op. cit.*, t. II, p. 718.

Mais ce n'est que le mardi 22 mars 1988, soit un mois et deux jours avant le premier tour, que François Mitterrand, « invité » du Journal du soir d'Antenne 2, lève enfin définitivement le voile et annonce d'un « oui » noué par l'émotion qu'il est décidé « à faire front ». Mais il le fait sur un ton et en des termes qui démentent totalement l'image de président-arbitre qu'il s'était efforcé de donner pendant la cohabitation et qui surprennent jusque dans les rangs socialistes. « Je veux que la France soit unie, et elle ne le sera pas si elle est prise en main par des esprits intolérants, par des partis qui veulent tout, par des clans et par des bandes qui exercent leur domination sur les pays au risque de déchirer le tissu social et d'empêcher la cohésion sociale. »

« Voilà une manière bien abrupte de tirer les Français de l'illusion consensuelle dont les avait bercée la cohabitation. Mitterrand risque de s'aliéner les modérés avides de concorde et amateurs par excellence de pondération », écrit Daniel Vernet le lendemain dans le *Monde*.

Après cette déclaration fracassante qui réveille une campagne considérée jusque-là comme assez morne, Mitterrand profite du week-end de Pâques pour entreprendre la rédaction d'une longue « lettre » écrite à la première personne, qu'il se propose d'envoyer à « tous les Français » et qui sera son manifeste électoral. Il s'appuie sur les propositions du PS mais s'inspire aussi et surtout des contributions de Rocard et Bérégovoy, lequel est devenu officiellement son directeur de campagne. Pour mettre au point certains passages de document, le secrétaire général de l'Élysée Jean-Louis Bianco, l'économiste Hervé Hannoun et le diplomate Hubert Védrine font le voyage de Latché le lundi de Pâques.

Le lendemain mardi 5 avril au soir, le texte est achevé. À 4 heures du matin le chef de l'État est à l'imprimerie d'Issy-les-Moulineaux pour corriger les épreuves, et le jeudi 7, deux millions d'exemplaires de la *Lettre à tous les Français* sortent des rotatives. *Libération*, le *Parisien*, et vingt-trois quotidiens de province la publient sous forme d'encarts publicitaires.

Après avoir marqué ses désaccords avec Jacques Chirac en matière de défense et de politique étrangère, la lettre présidentielle qui, de façon singificative, ne se veut pas un « programme » mais un « projet », définit des priorités : Europe, éducation, recherche. L'Europe est la première d'entre elles. Résolument favorable à la Constitution européenne, il appelle de ses vœux des « décisions qui feront considérer comme irréversible le grand Marché européen. Le chef de l'État écarte par ailleurs toute réforme du code de la nationalité [1]. Renonçant aux « renationalisations », il propose, comme l'avait suggéré Bérégovoy, de stopper pour cinq ans le balancier des privatisations et des nationalisations (c'est le fameux « ni-ni »), reprend le thème de la baisse des prélèvements obligatoires et annonce le rétablissement d'un impôt sur la fortune qui contribuera à financer un « revenu minimum » pour les « victimes de la nouvelle pauvreté ». On est loin du catalogue précis, chiffré et ambitieux des « 110 propositions » et de la rupture de société annoncée en 1981. « Je ne rêve pas d'une société idéale. Je cherche à éliminer les inégalités qui sont à portée de la main », conclut-il. Cette modestie, il la partage avec ses deux principaux rivaux qui jouent eux aussi la modération et se gardent de promesses chiffrées.

Afin de bien faire la distinction entre son rôle à l'Élysée et la conduite de la campagne, il a installé son état-major électoral dans une petite artère du 7e arrondissement de Paris, l'avenue Franco-Russe. Pierrre Bérégovoy dirige l'équipe, secondé par Christian Sautter. Mais Michel Rocard est là aussi hors hiérarchie, comme porte-parole. Toujours ce souci de ne pas laisser à un seul homme toutes les clés de la maison... François Mitterrand n'y fait pas souvent acte de présence et tout se décide dans une certaine précipitation

1. S'il se dit toujours favorable à l'octroi du droit de vote aux étrangers pour les élections locales, il ne l'inscrit pas dans son « projet » car les Français y sont en majorité opposés.

car la campagne est très courte. Il y a aussi quelques tiraillements inévitables avec l'équipe de l'Élysée.

Le 8 avril, il tient son premier meeting à Rennes. Appuyé sur un pupitre en proue derrière lequel frémissent sous le vent d'une soufflerie une centaine de drapeaux tricolores, porté par l'enthousiasme de son auditoire, il donne une définition de la « France unie » qu'il appelle de ses vœux, qui est sensiblement différente de la notion traditionnelle d'union nationale. « La France ne sera unie que si elle écarte les privilèges, refuse les exclusions et frappe les injustices. » Il est alors applaudi à tout rompre. Mais lorsqu'il déclare discerner dans les rangs de la majorité « des hommes de valeur, des hommes excellents », son auditoire ne le suit pas et proteste même violemment. Le message d'ouverture qu'il tentait de faire passer, pour préparer l'entrée éventuelle dans le futur gouvernement d'un certain nombre d'hommes venus de l'autre camp, s'est heurté à des militants très rétifs, qui attendaient au contraire un discours sans concessions pour l'adversaire.

François Mitterrand n'a donc pas renoncé à convaincre certains responsables politiques de la majorité de pactiser avec les siens. L'Union de la gauche n'étant plus à l'ordre du jour, le seul moyen pour lui d'élargir sa base politique est de le faire sur sa droite. Le radical Michel Durafour et le barriste Jean-Pierre Soisson se prêtent à ces contacts. Mais c'est avec les responsables du CDS, Pierre Méhaignerie, Jacques Barrot et Bernard Stasi que les choses vont le plus loin. À côté de Jean-Louis Bianco, qui joue un rôle essentiel de par sa fonction de secrétaire général de l'Élysée, Roland Dumas, Michel Charasse et Pierre Bérégovoy sont eux aussi mandatés pour mener ces conversations. Elles échouent sur le problème de la dissolution de l'Assemblée nationale. Les centristes ne la souhaitent pas immédiate. Il leur faut convaincre leur électorat, plus orienté à droite, du bien-fondé de leur changement d'alliance, un « délai de décence », dit Bernard Stasi. Alors qu'ils parlent en termes de « cohabitation », ils ont aussi par trop l'impression que leurs interlocuteurs voient les choses en termes de « ralliement ». « Nous mettions deux conditions – explique Pierre Méhaignerie : s'entendre sur un contrat de gouvernement permettant d'unir nos efforts pour préparer la France à l'Europe de 1993. Mais cela supposait la non-dissolution. Sans quoi notre entente avec les socialistes prenait la tournure d'un ralliement et de l'abandon de nos convictions. »

À quelques jours du premier tour, le 21 avril, François Mitterrand parle encore d'ouverture, mais il l'envisage en termes généraux, en évitant de la réduire au débat politique. Elle « devra être grande à l'égard des hommes et des idées », déclare-t-il. Sur la dissolution, il ne prend aucun engagement envers les centristes ; il se garde néanmoins de leur adresser une fin de non-recevoir : « Le nouveau gouvernement ne devra pas du tout se soumettre à l'hypothétique hostilité de cette Assemblée nationale. »

Le 24 avril 1988, le premier tour s'annonce sans grand suspens : tous les sondages annonçant depuis deux mois une finale Mitterrand-Chirac dont l'issue semble être elle-même déjà connue.

Dans les dernières estimations que la loi interdit de publier, François Mitterrand est crédité de 35 pour cent d'intentions de vote. Il distance de très loin le Premier ministre qui est censé recueillir 23 pour cent des suffrages. Quant à Raymond Barre, il ne devrait pas dépasser 16,5 pour cent des voix. Au fil des semaines, on avait vu aussi le score du candidat du Front national, Jean-Marie Le Pen, s'améliorer jusqu'à atteindre 12 pour cent. Mais personne ne s'attendait à ce qu'il frôle les 15 pour cent et talonne Raymond Barre. C'est là une première surprise de taille. La seconde est la contre-performance de Jacques Chirac, qui ne dépasse pas les 20 pour cent, tandis que François Mitterrand rassemble sur son nom 34 pour cent des suffrages. S'il se dit un peu « déçu », le chef de l'État peut néanmoins envisager le second tour avec optimisme. La gauche reste minoritaire, en raison de l'effondrement communiste (André Lajoinie ne recueille que 6,75 pour cent des voix), mais les reports de voix de la droite et du centre sur son nom doivent être suffisants pour lui permettre de l'emporter sans difficulté.

L'entre-deux tours est fertile en événements susceptibles de peser sur le résultat final. C'est tout d'abord le 27 avril, le face-à-face télévisé Mitterrand-Chirac, qui tourne au règlement de compte et qui, selon un sondage de la SOFRES du 29 avril, se termine à l'avantage du candidat socialiste. 42 pour cent des Français considèrent qu'il est sorti « vainqueur » de ce duel. 33 pour cent sont d'une opinion contraire et 18 pour cent ne font aucune différence entre les deux candidats. Selon le même institut de sondage, François Mitterrand l'emportera au second tour par 56 pour cent des voix contre 14 pour cent à son concurrent RPR.

On assiste aussi au dénouement de deux affaires qui avaient profondément marqué l'opinion. Le 5 mai, c'est le retour tant attendu des trois Français encore détenus comme otages au Liban. Ce soir-là, les Bérégovoy dînent chez l'homme d'affaires libanais Samir Traboulsi. Alain Boublil et sa femme sont là eux aussi. Le lendemain, c'est la libération dans le sang des otages de la grotte d'Ouvéa en Nouvelle-Calédonie. Si on se défend à Matignon que ces deux événements aient pu être programmés en fonction de l'élection présidentielle, il n'en est pas moins certain qu'ils ont un impact considérable, qui peut jouer en faveur de Jacques Chirac, alors donné perdant.

Mais François Mitterrand semble sûr de lui et de sa victoire. Évoquant pour la première fois publiquement ce que fut pour lui la cohabitation, lors de son ultime réunion électorale à Toulouse le 6 mai, il se pose avec une habileté consommée en victime magnanime, avant de décerner un hommage à ses « bons soldats »... « Pierre Mauroy, l'homme des fondations. Laurent Fabius, l'homme des éclosions et Michel Rocard, l'homme de tant de renouveaux. »

Tout le monde a compris que le tout prochain Premier ministre sera très vraisemblablement Michel Rocard. Beaucoup avaient déjà saisi le message lorsque le 19 avril François Mitterrand, très à l'aise dans un rôle habituel pour lui de campagnard de souche, s'était fait photographier sur les pentes du pic Saint-Loup aux côtés d'un Michel Rocard curieusement accoutré avec ses grosses chaussures de montagne et son imperméable de citadin.

Le hasard veut que le samedi 7 mai, veille du scrutin et donc jour de trêve électorale, soit célébrée à La Haye le quarantième anniversaire du premier « congrès de l'Europe » auquel, jeune député, François Mitterrand avait assisté en présence de Churchill et de Blum mais aussi d'Adenauer, Schuman, Spaak et Gasperi, les futurs « pères de l'Europe ». Il ne peut trouver meilleure occasion de rappeler qu'il participa dès l'origine au Mouvement européen et parfaire par là son image de grand Européen. « Rocard, ce n'est pas le meilleur, mais c'est lui que je nommerai, c'est son tour », confie-t-il dans l'avion de retour à son vieil ami Maurice Faure. Il ne cite Bérégovoy qu'en « deuxième choix ». Comme en 1984.

Le lendemain, il est réélu avec 54 pour cent des voix. Il attendait les résultats à Château-Chinon chez Ginette Chevrier, la veuve du propriétaire de l'hôtel du Vieux-Morvan. Dans le calme. Bien loin de l'effervescence du 10 mai 1981. Peu avant 19 heures, Jean Glavany lui apporte la bonne nouvelle. Lorsque la télévision confirme le résultat à 20 heures, le premier à téléphoner est Pierre Bérégovoy, suivi de peu par Michel Rocard.

Cette victoire est d'abord un succès personnel. Il est le premier président de la Cinquième République à être réélu, et c'est sur son nom plus que sur un programme politique qu'il a réuni une majorité de Français [1].

1. On peut remarquer qu'il a progressé à chaque élection : 44,8 pour cent en 1965 face à de Gaulle; 49,19 pour cent en 1974 face à Giscard d'Estaing : 51,75 pour cent en 1981.

On peut même constater que la conjoncture économique n'a pas exercé d'influence perceptible sur le vote, Jacques Chirac n'ayant guère tiré profit des bons résultats du mois de mars, publiés en pleine campagne électorale : baisse notable du chômage, excédent du commerce extérieur, forte croissance...

À la surprise de certains, Jacques Chirac remet la démission de son gouvernement le 10 mai, bien qu'il dispose toujours de la majorité parlementaire. Ce jour-là, Pierre Bérégovoy peut se croire revenu cinq ans en arrière. Comme le 22 mars 1983, le chef de l'État réunit à l'Élysée pour un déjeuner les favoris dans la course à Matignon, Jean-louis Bianco, Michel Rocard et lui-même [1]. Comme la première fois, la table est dressée dans la bibliothèque au rez-de-chaussée donnant sur le parc. Mais cette fois la conversation porte immédiatement sur l'élection de l'avant-veille et les quatre convives penchent pour une dissolution immédiate de l'Assemblée nationale, ce qui exclut définitivement toute réelle « ouverture », celle-ci se trouvant dès lors réduite à des ralliements individuels. La situation en Nouvelle-Calédonie est elle aussi évoquée.

Et en entendant au dessert François Mitterrand observer que, parmi les prétendants à Matignon, Michel Rocard « a une petite longueur d'avance », Pierre Bérégovoy comprend que, comme il s'en doutait, Matignon lui échappe encore. Cette fois, c'est une réelle déception. Le fait de s'être vu confier la direction de la campagne présidentielle lui avait autorisé tous les espoirs. Mauroy n'avait-il pas assuré cette responsabilité en 1981 ? « Le Président m'appellera un jour mais ce sera trop tard » dit-il, désabusé, à Michel Charasse. Les gens du sérail, au PS et à l'Élysée, tenaient effectivement pour probable qu'il serait le premier chef du gouvernement du second septennat. « Bérégovoy : ascenseur pour

1. Le 22 mars 1983, ils étaient quatre : Pierre Bérégovoy, Laurent Fabius, Jacques Delors et Jean-Louis Bianco, quand il s'était agi de changer de gouvernement après le tournant de la rigueur. Mais le chef de l'État avait opté finalement pour la reconduction de Pierre Mauroy.

Matignon » avait titré *le Nouvel Observateur* en apprenant qu'il prenait la direction de la campagne présidentielle. La désillusion est amère et il a une façon amusante de la masquer. « J'ai dit au Président que c'était Rocard qu'il fallait prendre, que c'était lui qui était en situation, que le pays n'aurait pas compris que ce ne soit pas lui. » Michel Rocard lui-même est surpris que le chef de l'État n'ait pas choisi Bérégovoy : « Sa nomination me paraissait tellement probable que je ne donnais pas cher de ma propre promotion [1]. » Bérégovoy retrouve du moins dans le nouveau gouvernement son grand ministère de l'Économie, des Finances et du Budget avec le titre de ministre d'État, mais toujours en troisième position dans la hiérarchie.

Reviennent avec lui aux affaires des hommes qui ont fait leurs preuves avant 1986. Sur quarante-deux ministres, ministres délégués et secrétaires d'État, treize d'entre eux faisaient partie du gouvernement Fabius, dont sept aux mêmes postes : outre Pierre Bérégovoy aux Finances, Roland Dumas aux Affaires étrangères, Pierre Joxe à l'Intérieur, Michel Delebarre aux Affaires sociales, Jack Lang à la Culture, Henri Nallet à l'Agriculture et Hubert Curien à la Recherche. Lionel Jospin quitte la direction du PS (ouvrant ainsi une guerre de succession entre Laurent Fabius et Pierre Mauroy que gagnera ce dernier) pour occuper le second rang protocolaire, comme ministre d'État chargé de l'Éducation nationale. Cinq rocadiens entrent aux côtés du Premier ministre : Claude Evin, Louis Le Pensec, Tony Dreyfus, Michel Chapuis et Catherine Trautmann.

Quinze ministres ne sont pas étiquetés socialistes. Mais les ralliements de personnalités du centre et de la droite, qui se font à titre individuel, sont peu nombreux, ont été laborieux et traduisent fort peu l'ouverture annoncée, il est vrai, avec beaucoup de circonspection. Quatre ministres seulement représentent cette « ouverture » : Lionel Stoleru, Michel Durafour, Jacques Pelletier, tous trois issus de l'UDF, et

1. Entretien du 9 juillet 1993.

Thierry de Beaucé, un proche de Jacques Chaban-Delmas. L'ouverture à la société civile, qui est loin d'être toujours appréciée au PS, est plus significative. Elle est incarnée notamment par le procureur général de la Cour de cassation, Pierre Arpaillange, nouveau garde des Sceaux, Roger Fauroux, directeur de l'École nationale d'administration, ancien président de Saint-Gobain, qui devient ministre de l'Industrie, et Bernard Kouchner, fondateur de Médecins du Monde, qui est nommé secrétaire d'État à l'Action humanitaire. Brice Lalonde, candidat écologiste à l'élection présidentielle de 1981, devient secrétaire d'État à l'environnement.

Lorsque, le vendredi 13 mai à 15 heures, le premier gouvernement du second septennat Mitterrand se réunit autour de la table du Conseil des ministres, on entend le nouveau Premier ministre (ré)affirmer son intention de « gouverner autrement », et il clôt son exposé par cette phrase : « Il nous faudra beaucoup de rigueur. » Un terme, on l'a déjà dit, que Pierre Bérégovoy n'aimait pas beaucoup mais qu'il ne pouvait désapprouver.

Un an plus tôt en 1987, le retour des socialistes au pouvoir semblait n'être qu'une hypothèse d'école. Les événements avaient montré qu'ils avaient eu raison de le présenter dès ce moment comme une quasi-certitude.

10

Les turbulences

En 1986, cohabition oblige, François Laumonier avait renoué avec la carrière diplomatique. Nommé premier secrétaire à l'ambassade de France à Washington, chargé de la « Maison de France » à Washington, il lui revenait d'y veiller à la promotion des intérêts et de l'image de la France et d'organiser des manifestations entrant dans ce cadre. Le 15 mai 1986, Pierre Bérégovoy l'appelle au téléphone :

– Je ne suis pas tout à fait là où j'aurais voulu être. Je reprends mon poste aux Finances. Il y a du travail. Je vous demande de rentrer.

François Laumonier, qui savait à quoi s'attendre, a préparé sa réponse. Elle est évidemment positive. Il ajoute seulement :

– Quand dois-je être là ?

Il se fait un léger silence au bout du fil. Pierre Bérégovoy est de tout évidence interloqué par cette question, qui lui paraît hors de propos.

– Mais... Vous êtes là demain !

Il n'a pas changé, constate François Laumonier en raccrochant le combiné. Ne jamais s'embarrasser des circonstances. Aller à l'essentiel.

Il ne regagnera pas Paris aussi vite que l'aurait souhaité Bérégovoy, car il tient à assister à l'anniversaire de son fils.

Mais il sera à ses côtés trois jours plus tard pour l'aider à constituer son nouveau cabinet.

Le ministre a immédiatement pensé à Naouri pour le diriger à nouveau. Mais à sa grande déception, celui-ci décline la proposition. Il a orienté sa carrière différemment. N'ayant pas admis d'avoir été réintégré en 1986 à la direction du Trésor au niveau où il l'avait quitté en 1982, il avait rapidement donné sa démission et pris une autre voie, les affaires privées. Après un bref passage à la Compagnie David de Rothschild, il a fondé sa propre société, Euris. La page pour lui est tournée. Il a de nouveaux engagements. Il ne se sent plus assez motivé pour reprendre un cabinet ministériel. Ses relations avec Pierre Bérégovoy n'en seront pas altérées pour autant, et il gardera pour lui la plus grande disponibilité d'esprit. Bérégovoy se tourne alors vers Christian Sautter, Yves Mancion, Hervé Hannoun. Tous trois se récusent également.

– Ce n'était pas un devoir d'y aller, explique Hervé Hannoun. Bérégovoy était alors au sommet. J'avais déjà fait moi-même huit ans de cabinet ministériel, à Matignon, puis à l'Élysée. Je n'avais pas envie de continuer trop longtemps. J'avais une proposition dans le secteur public, une grande institution financière. À tort aussi, tout le monde pensait à l'Élysée que Jean-Louis Bianco allait devenir ministre et que je serais appelé comme secrétaire général adjoint. En préférant rester à l'Élysée, je n'avais pas conscience de poser un problème à Pierre Bérégovoy, dans la mesure où il était une super star. Il n'a d'ailleurs pas cherché à faire le forcing. Lui-même se sentait très fort [1]. »

Peut-être pour donner une petite leçon à ces hauts fonctionnaires qui n'ont guère montré d'empressement à le suivre, Bérégovoy fait alors appel à Alain Boublil. Il le connaît depuis des années. Ils ont milité ensemble au PS avant de se retrouver à l'Élysée en 1981. Il le considère comme très intelligent. Ils ont en commun leur puissance de travail et une approche très politique des choses; s'ils sont

1. Entretien du 15 octobre 1993.

prêts à écouter les conseils et les propositions, les décisions ne doivent être prises que par eux.

Ce choix surprend. La tradition veut que le poste de directeur de cabinet soit occupé par un énarque, plus précisément un inspecteur des Finances issu d'une des grandes Directions du ministère. Il y a un peu de défi dans la décision de Pierre Bérégovoy de choisir quelqu'un qui n'est pas du sérail. Cette décision étonne aussi parce que les deux hommes sont à bien des égards très dissemblables.

Sorti de Sciences-Po, Alain Boublil avait échoué à trois reprises à l'oral de l'ENA. Devenu assistant en mathématiques à l'université de Paris X Nanterre, il avait dû à son entregent et à sa connaissance approfondie des dossiers industriels de devenir rapporteur spécial pour les affaires économiques auprès du premier secrétaire François Mitterrand en 1980. La légende voulait qu'il ait récité devant le candidat socialiste l'ensemble de l'organigramme de la CGE, l'un des premiers et plus complexes groupes industriels en France. Aussi, dès 1981, rentre-t-il dans le saint des saints. Il sera pendant huit ans conseiller industriel de François Mitterrand. À ce poste, son besoin d'afficher sa compétence se manifeste par une attitude cassante et des propos définitifs. Il aime tailler dans le vif, tenir la dragée haute à ses interlocuteurs, aussi puissants soient-ils. Sa volonté de faire comprendre qu'il est au centre de dispositifs importants et qu'il a la main sur tous les dossiers sensibles amplifie son arrogance. Ce n'est pas du tout, loin s'en faut, le style de son nouveau « patron ». Mais celui-ci n'est pas mécontent de faire un choix un peu hétérodoxe.

Beaucoup d' « anciens » figurent dans le nouveau cabinet : André Gauron, Marie-Laurence Pitois, Harris Puisais, avec un poste de chargé de mission [1]. Cette démarche est très naturelle chez Pierre Bérégovoy. À partir du moment où il

1. Mais il mourra le 9 avril 1989. En revanche, Régis Paranque, alors directeur de cabinet du Président du Conseil économique et social, ne rejoindra le cabinet en 1989.

accorde sa confiance, celle-ci se renoue d'elle-même, au-delà du temps passé.

– Lorsqu'il m'a téléphoné à New York pour me demander de revenir, se souvient encore François Laumonier, dans son esprit, c'était comme si ces deux années, où nous ne nous étions pratiquement pas vus, étaient deux jours.

Mais il n'est pas non plus toujours facile de reprendre des fonctions qu'on a occupées antérieurement. Le cabinet compte donc aussi un certain nombre de « nouveaux », parmi lesquels Olivier Rousselle, chargé du secteur parlementaire et politique aux côtés de François-Xavier Bordeaux. Arrive également Jacques Desponts, qui appartenait déjà au cabinet Delors. Jean-François Stoll intégrera le cabinet en 1989 pour le Commerce extérieur. Hervé Le Floque aura en charge les impôts et la fiscalité, Alexis Ruset les Affaires européennes et la coopération, François Monier les Études de conjoncture.

On ne peut pas dire que l'ego un peu démesuré d'Alain Boublil facilite toujours le travail du cabinet. Celui-ci veut qu'on puisse dire que tout passe par lui. Il a la volonté de paraître, de savoir, d'être incorporé à tous les processus de décision.

– Nous avons considéré que c'était plus facile après, quand son successeur est arrivé, remarque sobrement François Laumonier.

Auprès des grandes directions du ministère, les débuts d'Alain Boublil ne sont pas non plus marqués par la facilité. Il a du mal à se faire accepter parce qu'il n'est pas l'un des leurs, mais aussi parce qu'il n'entretient pas des contacts humains propres à tempérer les préjugés de ses interlocuteurs.

Depuis toujours, l'homme clé du ministère des Finances est le directeur du Trésor. Cette fois, Pierre Bérégovoy n'a plus en face de lui un socialiste, mais Jean-Claude Trichet, l'ancien directeur de cabinet d'Édouard Balladur en 1986. Il le connaît pourtant bien. Après avoir été conseiller technique de Valéry Giscard d'Estaing à l'Élysée de 1978 à 1981, Jean-Claude Trichet était en 1984, à l'arrivée de

Pierre Bérégovoy rue de Rivoli, sous-directeur des Affaires internationales à la direction du Trésor. Le ministre, qui partageait avec lui une passion pour les dossiers internationaux, n'avait pas tardé à remarquer sa grande compétence puisqu'il l'avait placé à la tête de ce même service des Affaires internationales en 1985. « C'est le meilleur », avait-il expliqué, pour justifier cette promotion d'un homme qui n'était pas de son bord politique, montrant par là qu'il avait appris à tenir compte avant tout des capacités des hommes. Jean-Claude Trichet passait effectivement pour un remarquable spécialiste des questions financières Nord-Sud et se montrait un président efficace du Club de Paris, l'instance où, sous les auspices de la France, tous les ans les États en mal de paiement de leurs dettes se retrouvaient face à leurs créanciers pour négocier les conditions du rééchelonnement de leurs dettes.

Mais, entre Pierre Bérégovoy et lui, il y a maintenant ces deux années de cohabitation où il a été le bras droit d'Édouard Balladur. Aussi peut-on penser – et beaucoup le font – qu'une certaine méfiance s'est installée entre les deux hommes. À en croire Jean-Claude Trichet, il n'en est pourtant rien. Non seulement, Pierre Bérégovoy décide de le garder comme directeur du Trésor, mais leurs rapports sont sans ambiguïté. Ils ont passé une sorte de pacte que Jean-Claude Trichet résume ainsi :

« L'administration française a des traditions de neutralité républicaine et de loyauté. Vous pouvez faire de moi ce que vous voulez, lui ai-je dit, mais, si vous me gardez comme directeur du Trésor, je vous demande simplement une chose, c'est de me laisser vous dire exactement ce que je pense. Parce que je crois que je ne ferai plus mon travail si vous ne me donnez pas cette “ licence ”. Mais, naturellement, quand vous prendrez les décisions, elles seront loyalement et totalement exécutées.

« Il m'a donné cet accord d'une manière très directe, très spontanée et je lui en ai été très reconnaissant. Il m'a notamment fait confiance pour une tâche qui n'était pas facile, qui consistait à expliquer, devant la commission parlementaire constituée à cet effet et devant la Cour des comptes, comment les privatisations avaient été menées sous le gouvernement précédent. J'avais été directeur de cabinet d'Édouard Balladur et n'ai pu dire tout ce que je pensais aux commissions ad hoc.

« J'ai vraiment eu le sentiment que les choses étaient claires entre nous, qu'il savait exactement comment la direction que j'avais l'honneur de diriger travaillait et dans quel esprit elle le faisait. Il savait quels étaient mes sentiments sur de nombreux points et il savait que je lui disais ce que je pensais avec une parfaite liberté, et il m'a conservé ce privilège. J'ai eu des relations avec lui que j'ai toujours considérées comme étant exceptionnelles. Je crois pouvoir dire qu'il avait de l'estime pour moi et je crois pouvoir dire – j'en suis même sûr – qu'il a été un grand ministre des Finances [1]. »

S'il y a au départ certains grincements dans la machine, si l'on parle dans la presse de méfiance, de conflit larvé, ces termes s'appliquent plutôt aux relations assez difficiles entre l'ancien homme de confiance de Balladur et Alain Boublil. Jean-Claude Trichet, homme de convictions personnelles, se trouve très vie en désaccord sur un certain nombre de dossiers avec Alain Boublil, qui constate, sans doute amer, que, lorsque le ministre tranche, ce n'est pas toujours dans un sens favorable au directeur du Trésor.

Impossible de savoir ce que pense réellement Pierre Bérégovoy de son directeur de cabinet. Michel Rocard note que, lors des rencontres qu'il a régulièrement avec son ministre des Finances, celui-ci prend goût à venir seul alors que la présence d'un ou deux collaborateurs fait partie des habitudes. Le débat politique est par ailleurs toujours présent dans les relations de travail entre le Premier ministre et son grand argentier. Michel Rocard a toujours eu une image de contestataire vis-à-vis de François Mitterrand alors que

1. Entretien du 26 novembre 1993.

Pierre Bérégovoy a toujours été vis-à-vis de lui d'une fidélité absolue. Il y a donc chez Bérégovoy un fond de soupçon. « Esprit critique, mais loyauté envers le premier ministre », a-t-il donné pour consigne à son entourage. Mais lui-même dans le privé, marque souvent un doute : « Pourquoi Rocard a-t-il fait ça? Est-ce pour gêner le Président? » La difficulté s'accroît du fait qu'ils ont été en compétition pour le poste de Premier ministre.

Si la presse a déjà brocardé l'ouverture manquée du premier gouvernement Rocard, les élections du mois de juin en confirment l'échec. La précipitation dans laquelle les états-majors politiques sont contraints de préparer les élections et l'effet classique du scrutin majoritaire réintroduit par la droite en 1986 concourent à réveiller la bipolarisation de la vie politique au moment où elle semblait vouloir s'atténuer.

Le taux d'abstention record (39,26 pour cent) enregistré pour le premier tour fait peser une grande incertitude sur les résultats définitifs. Avec le renfort des divers droites, l'URC devance le PS et ses alliés (40,44 pour cent des voix contre 38,4 pour cent). La gauche ne semble pas bénéficier, comme en 1981, de la dynamique du succès personnel de François Mitterrand. Néanmoins, avec 34,76 pour cent des voix, le PS peut encore espérer obtenir la majorité absolue à l'Assemblée nationale. L'autre surprise du scrutin est le redressement du PCF qui, avec 11,32 pour cent des voix, recueille le fruit du slogan, sur lequel il s'est appuyé, du rassemblement des « forces de gauche », par opposition à celui de l'ouverture au centre sur lequel le PS a fait campagne. En revanche, la tactique des candidatures uniques adoptée par le RPR et l'UDF a fait sensiblement reculer le Front national à 9,65 pour cent des voix.

Le second tour confirme la défaite de la majorité sortante (l'UDF avec 130 sièges, devançant pour la première fois le RPR 128 sièges). Celle-ci a réussi à contenir la poussée du

PS, lequel, avec 299 députés, élargit sa représentation de 61 sièges, sans atteindre à lui seul la majorité absolue. Avec 27 députés, le PC devient pour lui une force d'appoint indispensable.

Dans le branle-bas de ces élections, on croit voir s'ébaucher une transformation du paysage politique avec la décision, le 15 juin, du Centre des démocrates sociaux – en dépit des efforts déployés par les autres composantes de l'UDF pour l'en dissuader – de créer un groupe centriste autonome à l'Assemblée nationale, l'UDC, pour agir « dans une opposition sans sectarisme, constructive mais sans complaisance ni compromission ».

L'heure n'est plus aux propos crispés entendus en 1981. Le RPR lui-même se situe « résolument, mais pas systématiquement » dans l'opposition.

La nouvelle équipe gouvernementale constituée après ces élections ne diffère que sensiblement de la première. Son ossature reste la même. Michel Rocard ne s'est séparé que de Georgina Dufoix et Catherine Trautmann, toutes deux battues aux élections législatives ainsi que de Louis Mermaz, élu président du groupe socialiste à l'Assemblée nationale, de Jean-Michel Boucheron et Philippe Essig. Mais la volonté d'ouverture se fait plus sensible, même s'il ne s'agit toujours que de ralliements individuels. Aux vingt-neuf membres socialistes et radicaux de gauche du ministère s'adjoignent désormais vingt ministres et secrétaires d'État issus soit de la « société civile » soit du centre. Douze personnalités incarnant l'ouverture viennent ainsi grossir les rangs du gouvernement qui, avec quarante-neuf membres, est le plus nombreux de la cinquième République : Jean-Pierre Soisson (PR), fidèle de Raymond Barre, devient notamment ministre du Travail, de l'Emploi et de la Formation professionnelle, tandis que Jean-Marie Rausch (CDS), un autre barriste, se voit confier le Commerce extérieur. On note aussi l'entrée au gouvernement de l'historien Alain Decaux comme ministre chargé de la Francophonie, et du Pr Léon Schwarzenberg comme ministre délégué chargé de la Santé. Hématologiste réputé, il est connu pour sa prise de position en faveur de l'euthanasie. Mais il devra démissionner dès juillet, en raison de l'annonce, sans concertation avec son ministre de tutelle, Claude Évin, de mesures audacieuses qui soulèvent un tollé général : création d'un « carnet de santé » pour les malades hospitalisés, dépistage systématique du SIDA pour les femmes enceintes et les opérés, distribution de drogue aux toxicomanes.

Les premiers faux pas du gouvernement ne s'arrêtent pas là. La décision du garde des Sceaux, Pierre Arpaillange, de lever les mesures d'isolement des détenus dits « politiques » et impliqués dans des affaires de terrorisme, provoque elle aussi de telles réactions que l'hôtel Matignon fait savoir, dès le 6 juillet, que les mesures d'isolement continueront de s'appliquer aux détenus coupables de crimes de sang.

Ces incidents donnent une impression de confusion qui dessert l'image du nouveau gouvernement. D'autant que, par ailleurs, le bureau exécutif du PS se déclare « troublé » par l'entrée de barristes au gouvernement. Tout l'été retentit de cette polémique sur la réalité ou l'opportunité de l'ouverture. Alors qu'il avait affirmé sa volonté de « gouverner autrement », le gouvernement donne l'impression de s'enliser dans cette querelle. Il bénéficiait d'un courant de sympathie; il n'en profite pas pour mettre sur pied un programme ferme.

Aux yeux de l'opinion, Pierre Bérégovoy n'est pas l'un de ses moindres atouts. Certes, ses prédécesseurs, Jacques Delors ou Raymond Barre, le devancent encore dans les sondages qu'il a pris l'habitude d'éplucher systématiquement. « Ce n'était cependant pas en raison d'une approche narcissique de la politique, estime Jérôme Jaffré. Contrairement à ce qui a pu être dit, il n'était pas axé sur ses problèmes personnels. C'était un homme de stratégie politique. Il voyait la politique en termes de rapports de force et c'est ce qui le passionnait [1]. » Il a fait ses preuves et il inspire confiance. Il est respecté, même dans les milieux de droite. Sa nomination attendue explique pour une bonne part l'absence de réactions négatives des agents économiques au retour de la gauche aux affaires.

À la différence de 1981, la Bourse de Paris est restée calme à l'annonce du succès de François Mitterrand alors qu'elle avait sanctionné, sept ans plus tôt, le choix d'un président de gauche. Le palais Brongniart enregistre 1,3 pour cent de baisse le 9 mai, alors qu'en 1981, il avait fallu suspendre les cotations et fermer la Bourse pour éviter un krach. Autre symptôme révélateur, le franc témoigne d'une bonne tenue. Il se raffermit même par rapport au deutsche mark alors qu'il était en perdition en 1981.

Davantage affectée, semble-t-il, par le résultat du premier tour des législatives, la Bourse s'est aussitôt ressaisie, et la confirmation du retour aux affaires de Pierre Bérégovoy n'a fait qu'accentuer cette reprise. Des cotations atteindront même à la fin du mois de mai leur meilleur niveau depuis le krach. Si certains milieux économiques laissent percevoir une légère inquiétude, ils attendent de juger le gouvernement sur ses actes.

Dès son arrivée rue de Rivoli, Bérégovoy procède à un examen d'ensemble de la situation économique. L'héritage de la cohabitation est loin d'être négatif. L'expérience libérale des années 1986 et 1987 a incontestablement marqué des points. Ce que n'a d'ailleurs guère contesté la gauche lors de la campagne électorale, tout en soulignant que l'économie française a profité de l'orientation favorable de l'environnement international. Le déficit est descendu à 120 MM (milliards) de francs dans le budget 1987 après avoir atteint 153 MM en 1985. Grâce à l'allègement de leurs charges et à la reprise des activités, la situation des entre-

1. Entretien du 24 juin 1993.

prises s'est améliorée de façon sensible et leur endettement a diminué tandis qu'elles renouaient avec des gains de productivité. L'investissement, qui s'était réveillé en 1985, a repris sa progression en 1987, après un temps d'arrêt en 1986. Le redressement des entreprises a préparé celui de la production et contribué à relancer la croissance. Celle-ci reste encore timide (2,2 pour cent du PIB en 1987), mais elle est saine. Elle n'a pas provoqué de hausse sensible des prix. L'effort de désinflation en profondeur entrepris par Pierre Bérégovoy a continué à porter ses fruits. Enfin, le gouvernement Chirac a obtenu une inflexion sensible de l'évolution du chômage. De mars 1987 à mars 1988, il a connu une diminution de 4,7 pour cent, au prix élevé du traitement social mis en place par Philippe Seguin sous forme de stages, formation en alternance..., mais grâce aussi au redressement de l'activité économique.

L'héritage comporte cependant des points noirs. Le commerce français continue à souffrir d'une crise générale de compétitivité. Le mal est profond. Tous les secteurs sont touchés. L'industrie française a perdu peu à peu quelques-uns de ses points forts.

En 1975, elle était exportatrice, nette d'automobiles vers l'Allemagne, alors qu'en 1987, elle lui a acheté pour 16,6 MM de francs de véhicules. Même si l'effort d'investissement entrepris en 1986 s'accélère, l'appareil productif continue à souffrir de son vieillissement. On observe aussi des retards importants dans des secteurs qui engagent l'avenir, dans les technologies de pointe. Le gouvernement Chirac lègue également entier à son successeur le dossier de la réforme de la Sécurité sociale, tel qu'il l'avait hérité du gouvernement Fabius, sous lequel les déficits s'étaient à nouveau creusés. Enfin, l'économie française ne s'est pas encore préparée activement à la grande échéance de 1993 qui approche à grands pas.

De façon significative, le premier acte officiel de Bérégovoy est précisément d'approuver, conformément avec les autres ministres des Finances des Douze, une directive européenne instaurant la libération complète et inconditionnelle des mouvements de capitaux à partir du 1er juillet 1990. Et conformément à cet accord, un décret du 29 décembre 1989 instituera la levée totale du contrôle des changes.

Ses autres objectifs, Pierre Bérégovoy les fixe le 25 mai. Le ministre d'État est décidé à continuer à tenir serrés les cordons de la bourse. Il opte, comme en 1986, pour la rigueur budgétaire et salariale dans le cadre de la priorité donnée à la désinflation. Il annonce la prolongation à titre définitif des majorations des cotisations sociales mises en place par Édouard Balladur pour équilibrer des comptes de la Sécurité sociale et fait savoir qu'il a l'intention de demander également au Parlement de prolonger le prélèvement de 1 pour cent sur les revenus du capital. Il annoncera, en revanche, le 9 juin qu'il n'y aura ni baisse ni hausse de impôts.

Il est enfin décidé à poursuivre un effort en faveur des entreprises. Le 7 juillet, pour faciliter l'accès des PME au marché des *billets de trésorerie*, il abaisse leur taux minimal de cinq à un million de francs. Le lendemain, la Banque de France diminue de un quart de point son taux directeur : il passe à 6,75 pour cent après avoir été déjà réduit de 7,25 pour cent à 7 pour cent le 26 mai. À la suite de cette décision, les banques réduisent à leur tour de base et le ramènent à 9,25 pour cent ce qui allège les charges des PME. Tous ces avantages – il y en aura d'autres – sont octroyés aux entreprises avec l'espoir qu'ils finiront par les amener à créer des emplois.

Pierre Bérégovoy a repris possession de son bureau de la rue de Rivoli avec une satisfaction évidente et, pour fêter l'événement, invite à dîner le 8 septembre ses anciens amis de Gaz de France. Tous les convives le connaissent de longue date. La première partie de la soirée est pourtant très compassée, la conversation très retenue dans une salle à manger Napoléon III écrasée sous les ors et les velours damassés. « Béré n'était même plus chanoinesque, il était archiépiscopal. Nous étions chez le ministre », se souvient Pierre Monclaire. Mais au deuxième plat, tout à coup, il y a un déclic. Il se met à parler différemment, sort un cigarillo et fume tout en mangeant. En quelques minutes, l'ambiance a totalement changé. Puis il fait visiter à ses hôtes l'appartement, impressionnant et sinistre, qui lui est réservé.

– Je n'y ai couché que trois ou quatre fois, précise-t-il.

Il s'attarde enfin avec eux dans son bureau. Ceux-ci le voient alors se diriger vers un grand rideau de velours rouge qu'il soulève. Derrière, il y a un tonneau. Il se retourne vers eux et leur dit avec un sourire complice :

– Tenez, on va boire la cerisette qu'a laissée Balladur avant de partir.

« C'est ce que nous avons fait et la soirée s'est prolongée car il avait toujours au fond de lui ce côté très convivial et très chaleureux qu'il tenait de ses origines slaves », conclut Pierre Monclaire.

Deux hommes ont donc cohabité ce soir-là chez Pierre Bérégovoy. L'ancien « Béré » de la SDIG a su rester vis-à-vis de ses vieux amis exactement le même homme que celui qu'ils ont connu dix ou vingt ans plus tôt, simple et chaleureux, sans jamais être familier. Il ne manquera d'ailleurs jamais d'assister au départ en retraite d'un de ses anciens collègues.

– Son ascension vertigineuse n'a pas altéré son attitude de simplicité et d'amitié. Il n'a tourné le dos à personne, dit François Dautresme.

Mais il y a aussi chez lui le ministre des Finances qui est totalement investi dans sa fonction au point que celle-ci semble être devenue une seconde nature. Ceux qui ne le voient que sous cet aspect en concluent qu'il n'existe pas hors de ce rôle, qu'il endosse avec une satisfaction évidente. Erreur, disent ceux qui l'ont longuement cotoyé. Il est parfaitement capable de prendre le recul sur lui-même. C'est sa fonction qu'il prend au sérieux plus que lui.

– Il se regardait faire. Il était en quelque sorte le spectateur de sa propre vie. Comme s'il n'arrivait pas à croire qu'il puisse en être arrivé là, comme s'il se regardait dans une glace en se disant : ce n'est pas possible; ce n'est pas moi, c'est un autre [1].

S'il lui arrive d'entrer dans son propre personnage, il reprend très vite aussi la distance. Pour Régis Paranque, la réflexion qu'il lui fit un jour, après avoir reçu un homme très imbu de lui-même, résume tout : « Il ne se prend pas pour rien, celui-là », avait-il remarqué, avant d'ajouter : « Moi non plus d'ailleurs ! »

Aurait-il tendance à cultiver l'autosatisfaction, on se charge chez lui de le ramener au sens des réalités. « Papa, descends de cheval ! » lui dit sans ménagement sa fille cadette Lise, l'enfant terrible de la famille, qui a par ailleurs une admiration et une affection sans limite pour son père. « Décidément, ce n'est pas ici que je risque d'avoir des compliments », bougonne-t-il avant d'aller s'absorber dans ses mots croisés, détente favorite de ses soirées, le plus souvent passées en famille. Il n'a jamais été l'homme des dîners en ville, et c'est auprès des siens qu'il cherche la tranquillité, après une longue journée de travail qui s'achève vers 20 h 30. Gilberte l'a très bien compris. Si elle continue à l'aider dans sa carrière, c'est uniquement en tant qu'épouse, discrète mais présente : « Je reste effacée, je ne veux pas lui créer de soucis. Je ne lui pose aucune question... Mais je suis prête à l'écouter, bien entendu. Je suis là pour le tranquilliser, l'entourer. Je le vois déjà si peu... Je veux être le plus transparente possible [2]. »

Pour les réceptions officielles, elle porte toujours des robes signée Nina Ricci. Le couturier éprouvait pour « les Bérégovoy » une réelle sympathie où la politique n'était pas un obstacle. « Il les respectait car ils étaient vrais dans leurs opinions. Il les considérait comme des gens de grande qua-

1. Entretien avec François Dautresme, 15 janvier 1993.
2. Entretien du 30 juin 1993.

lité » se souvient sa fille, Marie-Françoise Fuchs [1], avec qui les Bérégovoy continueront à entretenir des liens très amicaux après la mort du couturier. Pierre Bérégovoy vient même plus d'une fois assister à la présentation des collections. Plus d'une fois aussi, il remet des médailles aux « petites mains » de la célèbre maison. « Lorsque nous dînions ensemble, il prenait facilement la parole, sans être bavard. Il nous parlait des livres qu'il lisait, des films et surtout des pièces qu'il avait vues, car il adorait le théâtre, comme son père. Il allait très régulièrement à la Comédie-Française. Ses goûts étaient très classiques. Il était en revanche très réservé sur ses affaires, mais il nous assurait de sa présence et de son amitié, toujours calme, tranquille et souriant. Il se mettait dans une position où il était très proche, mais il ne disait que ce qu'il voulait dire. J'étais frappée par son côté un peu fleur bleue. Il adorait par exemple Charles Trenet, Gilbert Bécaud. Il lui arrivait souvent de fredonner leurs chansons. Mais on sentait qu'il pouvait être aussi dur et impénétrable. Cet homme était fort. Il ne s'en laissait pas conter. Mais il n'était pas cynique. C'est peut-être ce qui lui a manqué. Je dirai qu'il avait gardé une forme d'innocence. »

« Cet homme présente une cohésion extérieure très forte et donne en même temps le sentiment qu'à l'intérieur de lui-même les choses fonctionnent également avec une grande clarté. Cette façon qu'il a de prendre les sujets les plus divers et les plus complexes, de les assimiler et d'en ressortir des choses simples, le laisse penser. Mais, en même temps, il présente des facettes très différentes qu'a posteriori, j'ai du mal à mettre bout à bout, constate Anne Lauvergeon qui a remplacé Jacques Attali comme sherpa du Président. Il y avait le technicien hors pair, qui faisait mon admiration. Il y avait le combattant du franc fort, qui était en croisade. Je l'ai vu aussi avec un côté naïf, réagissant presque comme un enfant. Mais il savait également être un observateur un peu

1. Entretien du 8 mars 1993.

narquois, madré, un maquignon, prêchant le faux pour savoir le vrai et mieux jauger les gens [1]. »

Conformément aux engagements pris dans la *Lettre aux Français*, le projet de revenu minimum d'insertion (RMI) est le premier texte inscrit à l'ordre du jour de l'Assemblée nationale. Cette réforme relève de Claude Évin, ministre de la Solidarité, de la Santé et de la Protection sociale, mais dans la discussion qui s'ouvre le 4 octobre, Pierre Bérégovoy rappelle le lien existant entre le revenu minimum et la création d'un impôt de solidarité sur la fortune. « À ceux qui approuvent le RMI, mais que l'impôt de solidarité sur la fortune laisse réticents, je dis : la solidarité ne se divise pas. » Néanmoins, le RMI sera adopté quasiment à l'unanimité (par 547 voix contre 3 UDF, et 24 abstentions – 12 RPR, 12 UDF alors que l'impôt de solidarité sur la fortune (ISF) donnera lieu à un débat beaucoup plus mouvementé. Sur ce dossier déjà sensible, Michel Rocard se gardera de relancer la polémique sur la définition de l'outil de travail qui échappera à l'impôt, et il se ralliera, contre l'avis de son ministre des Finances, à une taxation limitée de la fortune.

Le projet de loi de finances, sur lequel celui-ci s'est déjà engagé, est tendu vers un objectif clé : restituer des conditions de compétitivité permettant de créer des emplois pour faire reculer le chômage. Avec le déficit du commerce extérieur, le chômage reste en effet le plus gros point noir de l'économie et de la société, alors que Bérégovoy retient « deux points roses » : la croissance et l'investissement. Au nom des deux points noirs, il réaffirme la nécessité de renforcer la désinflation : « La France doit pouvoir rejoindre durablement le peloton des pays où l'inflation est inférieure à 2 pour cent. » L'assainissement en profondeur doit pouvoir viser en même temps à consolider le franc et maintenir

1. Entretien du 21 janvier 1993.

sa parité dans le SME, surtout par rapport aux deutsche mark. Le gouvernement en fait une « priorité absolue », excluant ainsi tout réajustement de la monnaie comme « recette de compétitivité ».

Une autre priorité est le maintien de la cohésion sociale. À côté de l'instauration du RMI, qui en est le volet le plus spectaculaire, l'accent est mis sur la formation professionnelle.

C'est dans un souci de bonne gestion et de clarté qu'est conclu ce budget. Il prend en compte certaines dépenses dont le principe avait été adopté en 1988 : le plan d'épargne-retraite (PER), l'assouplissement des règles de fiscalité des sociétés, la loi en faveur des rapatriés. Il est marqué en même temps par une volonté de réhabilitation du rôle de l'État et donc par une accélération des dépenses publiques (en hausse de 4,5 pour cent par rapport à 1988). Grâce aux résultats de l'assainissement des années précédentes et aux recettes abondantes tirées de la croissance, la réduction du déficit budgétaire peut néanmoins se poursuivre. Son niveau est fixé à 1,7 pour cent du PIB.

La structure de la fiscalité évolue peu. La TVA reste de loin la principale ressource de l'État (44,2 pour cent), mais le mouvement de réduction de l'impôt sur le revenu entrepris par Édouard Balladur est stoppé. Ce sont les entreprises qui bénéficient de cent un milliards d'allègements fiscaux, notamment grâce à une nouvelle réduction de 42 à 39 pour cent de l'impôt sur les sociétés et à l'exonération totale ou partielle de l'impôt sur le revenu ou de l'impôt sur les sociétés pour les entreprises créées à partir du 1er janvier 1989.

Ce projet est le plus équilibré élaboré par la gauche depuis 1981, avec un déficit qui connaît une réduction de 12,7 pour cent par rapport à l'année précédente et s'inscrit à cet égard strictement dans la ligne des budgets d'Édouard Balladur. Le gouvernement a défini ses propres priorités par rapport à ses prédécesseurs, mais la volonté de Pierre Bérégovoy de se montrer économe des deniers publics demeure. Dès ce moment, il s'efforce de freiner Michel Rocard, qu'il juge dépensier.

– Il était plus dogmatique sur l'indice des prix et les grands équilibres que je ne l'étais moi-même, confirme ce dernier.

Que Pierre Bérégovoy protège jalousement la cassette, on s'en aperçoit le 11 octobre lorsqu'il prend position avec éclat contre la liaison fluviale à grand gabarit entre le Rhin et le Rhône, alors que François Mitterrand avait approuvé en 1986 l'aménagement de la section Mulhouse-Niffer et que lui-même s'était montré favorable au projet pendant la campagne électorale. La jugeant trop coûteuse, il demande au Premier ministre d'y renoncer.

Reste un grand sujet de préoccupation : la charge de la dette publique s'alourdit à nouveau fortement. Elle progresse de 12,65 pour cent et constitue la troisième dépense de l'État. En mettant fin aux privatisations, qui avaient permis à la droite d'alléger sensiblement son poids, la gauche se trouve de nouveau confrontée à des échéances redoutables, en particulier pour 1990 et 1991.

Les réactions sont sans surprises. Les experts de l'opposition critiquent surtout la timidité des objectifs et des moyens proposés. Edmond Alphandery (UDC) parle de budget « peinard » qui ne répond pas aux nécessités du combat « pour le pouvoir d'achat, pour l'emploi et pour l'Europe ». C'est en fait sur ce point, l'absence d'une dimension européenne, que s'axent les critiques de l'UDC et de l'UDF. C'est aussi le principal grief formulé par Raymond Barre, qui regrette le refus d'amorcer une réforme fiscale d'ensemble et de longue portée alors qu'elle aurait pu être « la grande affaire du septennat ». Christian Pierret va dans le même sens, en soulignant l'insuffisance d'« une programmation claire et explicite des ajustements nécessaires de la fiscalité française dans le cadre du Grand Marché de 1993 ».

Avant même le retour de la gauche au pouvoir, tous les moyens de rééquilibrage des fameux « noyaux durs » mis en place par Édouard Balladur en 1986-1987 avaient été étudiés, et Alain Boublil s'était pour sa part convaincu que la meilleure solution parmi les schémas envisagés était de faire agir indirectement des hommes d'affaires amis du pouvoir, sans que l'État lui-même monte en première ligne.

Cette offensive annoncée par Pierre Bérégovoy, beaucoup de bons esprits croient en voir les prémices dans le remplacement à la tête de l'Union des assurances de Paris (UAP), par décret, le 26 juillet, de Jean Dromer par Jean Peyrelevade. Jean Dromer paraît de toute évidence sanctionné pour avoir pris de fortes participations dans les grandes entreprises et les banques privatisées (CGE, Paribas, Havas) et Jean Peyrelevade est un proche de pouvoir. Ce polytechnicien, militant socialiste dès les années soixante-cinq, financier de haut vol, a été directeur adjoint du cabinet de Mauroy en 1981 avant d'entamer une brillante carrière dans la haute finance comme président de la Banque Stern, puis comme responsable de la compagnie financière de Suez. Ce « Zorro rose de la banque [1] » n'est-il pas l'homme par qui le dénoyautage pourrait arriver?

En réalité, dès sa prise de fonction, Jean Peyrelevade déclare qu'il a seulement l'intention de s'occuper d'assurance. Et c'est ce qu'il fera, refusant de se conformer aux directives de sa tutelle lorsque se dessine la première action d'envergure contre les « noyaux durs ».

Georges Pebereau, alors président du groupe Marceau-investissement, est l'homme qui mène cette première attaque indirecte, par le moyen d'opérations boursières effectuées sur le marché. À partir du 19 octobre, on assiste en effet à une flambée des actions de la Société générale à la

1. *L'Expansion,* 15 avril-5 mai 1988.

Bourse de Paris. La raison de cette fièvre, ce sont les achats massifs opérés par Georges Pebereau, avec le soutien de la Caisse des Dépôts, c'est-à-dire des fonds publics. Qu'il s'agisse d'une tentative pour reprendre le contrôle du « noyau dur » de la Société générale, Pierre Bérégovoy ne s'en cache pas. Telle est bien son intention : il demande aux grandes sociétés nationales d'assurances, en l'occurrence l'UAP, les AGF, le GAN, mais aussi Rhône-Poulenc, d'augmenter leur participation dans le capital de la banque privée.

Le 23 novembre le conseil d'État autorise Georges Pebereau, qui est devenu entre-temps premier actionnaire de la Société générale, à dépasser 10 pour cent du capital de la banque. Face à cette attaque, Marc Vienot, le très chiraquien président de la Société générale, fait front. Il affirme contrôler plus de la moitié du capital de la banque, contre 11 pour cent à Pebereau, et l'opération techniquement difficile s'enlise bientôt dans un environnement hostile. L'ensemble des milieux financiers la perçoivent très négativement et reprochent à Pierre Bérégovoy d'avoir prêté la main à ce qu'ils considèrent comme une sorte de « raid ». Les investisseurs publics, au premier rang desquels Jean Peyrelevade, se retranchent derrière l'intérêt de leur entreprise pour refuser de participer à l'assaut. L'opinion découvre que non seulement l'État est en prise avec la vie des affaires, ce qui est inévitable dans une économie moderne, mais qu'il a recours à des intermédiaires financiers présentés comme peu scrupuleux pour servir sa politique, et elle juge elle aussi assez négativement ces grandes manœuvres financières. Quant à l'opposition, elle crie évidemment « haro » sur ce « socialisme des affaires », comme le qualifie Alain Madelin, ancien ministre de l'Industrie, au « Grand Jury RTL-*Le Monde* du 27 novembre. Les institutionnels publics ne raliant pas le camp de Georges Pebereau, la négociation devra s'ouvrir sur une retraite en bon ordre des assaillants. Mais Pierre Bérégovoy ne sort pas indemme de cette affaire. Son image de libéral et de gestionnaire reconnaissant le pouvoir d'initiative du marché et de l'entreprise est là terriblement écornée, alors qu'il avait été un des principaux artisans des retrouvailles entre la gauche et les entreprises. « Il aura en effet du mal à rétablir l'image qu'il avait si bien fait passer jusque-là : celle d'un ministre socialiste dans la répartition des bénéfices mais libéral dans la reconnaissance du mécanisme de fonctionnement des entreprises [1]. »

L'objectif est tout autre en ce qui concerne le rachat d'American Can par Péchiney le 20 novembre puisque l'opération est directement menée par le gouvernement. Il ne s'agit pas cette fois de dénoyauter, de redessiner avec tout le poids de la puissance publique le profil du capital d'une banque. Il s'agit de montrer qu'une entreprise publique peut elle aussi jouer le jeu du marché et y réaliser des opérations d'envergure. C'est dans cette optique que les pouvoirs publics ont incité la société nationalisée Péchiney à se diversifier et à s'internationaliser en rachetant American Can, une société spécialisée dans l'emballage industriel. L'opération se fait sous la forme d'une OPA amicale conduite sur la firme Triangle possédée à 100 pour cent par American Can. Elle se solde par la reprise des deux tiers du capital par Péchiney, au prix de cinquante-six dollars l'action et par le rachat du reste en Bourse. Le 20 novembre l'accord est conclu. La veille, Michel Rocard a cru pouvoir annoncer aux Français « une grande et bonne nouvelle ».

L'aventure a débuté le 12 juillet par une rencontre rue de Rivoli entre Nelson Peltz, propriétaire de la société américaine Triangle, l'homme d'affaires libanais Samir Traboulsi, conseiller de Triangle en France, et Alain Boublil, représentant en la circonstance l'État, actionnaire de Péchiney. Peltz est ce jour-là acheteur, il souhaite acquérir Cebal, la filiale emballage de Péchiney. Il se voit opposer un refus poli. Samir Traboulsi réussit alors à organiser une rencontre entre Jean Gandois le P-DG de Péchiney et Nelson Peltz le 28 juil-

1. Témoignage de François Laumonier, 14 janiver 1994.

let. Les deux présidents déjeunent ensemble. C'est un renversement de situation. Peltz pour la première fois se déclare vendeur. Dès lors la négociation va se poursuivre, ponctuée de péripéties, sur fond de rencontres dans l'hôtel particulier de Traboulsi, à Paris, dans des suites de palaces à Paris ou à New York, encore à bord du yacht privé de Samir Traboulsi qui, si l'affaire se fait, touchera sa commission d'intermédiaire.

Mais dans les jours qui précèdent la transaction, on assiste à des mouvements anormaux du titre Triangle sur les marchés financiers (221 100 échanges en trois jours, soit dix fois plus de titres négociés qu'en temps normal). Sachant que le cours moyen des actions Triangle était voisin de dix dollars au départ, les opérateurs qui ont procédé à des achats massifs réalisent une plus-value de soixante millions de francs en revendant leurs titres quelques jours plus tard à Péchiney au taux convenu de cinquante-six dollars l'unité. L'ampleur de ces mouvements conduit aussitôt à penser que les acheteurs ont été informés avant l'heure de la transaction et ont commis un délit d'initiés. Côté américain, la Securities Exchange Commission (SEC) donne l'alerte. En France la Commission des opérations de Bourse (COB) décide à son tour d'ouvrir une enquête le 14 décembre.

On connaît assez rapidement les principaux bénéficiaires, et cette face sombre de l'opération révèle que certains « proches » du pouvoir politique en place ont été les premiers à en tirer des bénéfices personnels indus. Il s'agit tout d'abord de Max Théret, directeur de la Compagnie parisienne de placement (CPP) et ancien président de la FNAC; il s'est procuré plus de trente-deux mille titres le 14 novembre par l'intermédiaire du Stock Exchange de Londres.

Mais le second nom à être prononcé est celui de Roger-Patrice Pelat, qui a acheté dix mille actions le 15 novembre par le canal de la banque parisienne Hottinguer. Dès lors, le scandale financier prend inévitablement une tournure politique et vient alourdir le climat d'affairisme et l'impression de malaise déjà laissée par le raid sur la Société générale. L'énorme développement pris par cette affaire fait planer le risque d'une crise politique majeure.

Surpris par l'ampleur des retombées de cette bombe à fragmentation, le gouvernement affecte d'abord d'y voir un complot politique, comme le dit Pierre Bérégovoy le 5 janvier au « Forum de l'Expansion ». Mais en même temps et dès le début, le ministre annonce qu'il fait confiance à la COB et à Jean Farge son président, pour apporter rapidement la lumière sur l'affaire Péchiney. « Il était profondément droit et honnête, j'ai toujours vu un homme demandant que la vérité soit faite sur tout », confirme Jean-Claude Trichet. Il annonce en même temps son intention de renforcer les pouvoirs de la COB.

Au cours de l'enquête, Max Théret se défend d'avoir bénéficié d'informations confidentielles et justifie ses achats par l'observation du marché et la « synergie » évidente entre Péchiney et American Can. Mais ces explications ne sont guère convaincantes. Pas plus que celles de Roger-Patrice Pelat. En même temps, de nouvelles pistes de recherches apparaissent vers des paradis fiscaux. Est notamment mis en cause l'homme d'affaires Samir Traboulsi, qui, selon *Libération*, aurait alimenté pendant les négociations une filière libanaise permettant à Charbel Ghanem de réaliser une plus-value de vingt et un millions de francs. C'est lui qui, toujours selon *Libération* aurait donné également des informations confidentielles à Léon From, le patron israélien de la société luxembourgeoise Petrusse Internationale. Or Samir Traboulsi a été en contact à plusieurs reprises avec Alain Boublil pendant l'été 1988 lorsque étaient en cours les négociations entre Péchiney et American Can. Les recherches de la SEC aboutissent à des hypothèses identiques : les origines de la fuite sont à rechercher parmi les négociateurs. Jean Gandois partage ce sentiment. Il écrira dans *le Figaro* du

30 janvier que la fuite vient de France. Dès lors l'étau se resserre autour d'Alain Boublil et de Samir Traboulsi. Ils sont désignés comme les responsables des fuites et jugés par l'opinion comme tels avant même d'avoir pu présenter leur défense. Sans que l'on puisse retenir le moindre enrichissement personnel, Alain Boublil est désigné comme l'auteur de la transmission de l'information privilégiée à Roger-Patrice Pelat, lequel l'aurait fait ensuite passer à Max Théret. Il est suspecté à l'exclusion de toute autre personne alors qu'il n'a de toute évidence pas été le seul à être au courant de l'affaire. A commencer par Harris Puisais qui, comme chargé de mission de Pierre Bérégovoy, avait eu deux entretiens secrets avec Peltz.

Toutes les apparences sont en effet contre Alain Boublil : une chaîne de relations amicales le lie depuis longtemps à Pelat, l'ami du Président, mais aussi à Traboulsi. À lire la presse, avec sa loupe grossissante, on serait même tenté de croire que Pelat et Traboulsi étaient les relations presque exclusives de Boublil, ce qui n'était évidemment pas le cas. Il n'en est pas moins vrai que ces liens existaient. Il était exact qu'en 1982 les familles Pelat et Boublil avaient déjà passé leurs vacances ensemble en Tunisie, qu'à Paris les Boublil fréquentaient aussi bien les Pelat que les Traboulsi, que Boublil et le fils Pelat, amateurs de bons vins, avaient fondé en 1985 avec Jean Matouk la société Internégoce, plus destinée il est vrai à « fournir un club d'amis qu'à réaliser une importante activité commerciale ». La présence d'Alain Boublil les 11 et 18 août sur le yacht de Traboulsi, le *Paminush*, ancré à Monte-Carlo, en même temps que Nelson Peltz et Vinciguerra, directeur financier de Péchiney, alimente enfin les soupçons qui se portent sur lui.

Pierre Bérégovoy, de par ces mêmes amitiés, se trouve lui aussi dans une situation inconfortable. Personne n'ignore qu'il fréquente depuis longtemps Pelat. On apprend même que les Bérégovoy ont également passé leurs vacances de Noël en 1982 à Nefta avec les Boublil et les Pelat. À cette nuance près que la rencontre était fortuite. Les Boublil et les Pelat avaient à l'origine porté leur choix sur le Maroc et ne s'étaient rabattus sur le Sahara Palace à Nefta que faute de place à la Mamounia à Marrakech. La rencontre n'était donc pas prévue. « Nous les avons d'ailleurs quittés au bout de deux ou trois jours, car mon mari avait rendez-vous avec Bourguiba, se souvient Gilberte Bérégovoy. L'année précédente nous avions déjà passé Noël à Nefta avec nos enfants et c'était cette fois les Chirac que nous avions rencontrés, ainsi que Michèle Alliot-Marie et son mari. » Pierre Bérégovoy connaît également bien Samir Traboulsi puisqu'il est allé dîner trois fois chez lui, comme beaucoup de gens de tout bord.

Il était précisément chez l'homme d'affaires libanais le soir où, entre les deux tours de l'élection présidentielle de 1988, était tombée la nouvelle de la libération des derniers otages français au Liban. Boublil le lui avait présenté, au moment où lui-même était encore à l'Élysée. Leurs relations auraient pu rester banales, parmi toutes celles que peut être amené à avoir un homme public de premier plan, à ceci près qu'on pouvait malgré tout s'en étonner, car Samir Traboulsi était le symbole même d'un milieu que Pierre Bérégovoy devait honnir pour être celui de l'argent facile [1].

Or ces relations sont même présentées comme « intimes ». N'a-t-on pas vu le ministre des Finances remettre lui-même le 8 octobre, en termes chaleureux, la Légion d'honneur à l'homme d'affaires libanais, un mois avant l'annonce de l'opération Péchiney, en présence de Jean Gandois, Alain Boublil, Roger-Patrice Pelat, Alain Gomez? Le fait est là, même si cette Légion d'honneur, Samir Traboulsi la doit à Charles Pasqua, pour avoir joué un rôle d'intermédiaire dans la libération des otages français au Liban. Que n'a-t-on

1. Il fait partie de cette génération de Libanais qui ont profité du boum pétrolier et des achats massifs d'armes par les monarchies du Golf, au cours des vingt-cinq dernières années. Il s'est d'abord lancé dans les affaires avec le marchand d'armes saoudien Adnan Khashoggi et le Libanais Akram Ojeh, avant de se mettre à son propre compte.

pas dit enfin du repas que les Bérégovoy offrent le dimanche 13 novembre pour leur quarante ans de mariage « Chez Edgard », le fameux restaurant tenu par le sympathique Paul Benmussa ? Certains ont vite fait de franchir le pas et de voir là le « cœur de l'affaire ». Pelat était de la fête, ainsi que Traboulsi, invité à l'initiative d'Alain Boublil, sans que les Bérégovoy s'y voient opposés. « Vous devriez inviter les Traboulsi à votre dîner d'anniversaire », avait suggéré Bénédicte Boublil à Gilberte Bérégovoy en faisant valoir qu'ils avaient été invités à différentes reprises chez eux [1]. « Après tout, je veux bien, avait-elle répondu après un moment d'hésitation. Ils vont voir que notre monde n'est pas le leur. » « Nous avions invité la famille, nos vieux amis, le chauffeur et le garde du corps de mon mari... », ajoute-t-elle. Que le complot ait pu prendre corps à cette occasion, aucun de ceux qui assistèrent au repas – une soixantaine de personnes – ne l'a jamais cru. Claude de Kémoularia se souvient de s'être étonné de la présence de Traboulsi, mais, ajoute-t-il, « ni le lieu ni les circonstances ne se prêtaient à des confidences coupables et s'il y eut complot, il se trama certainement ailleurs ». Quant au choix de ce restaurant pour une fête de caractère personnel, il s'expliquait par les liens d'amitié, très réels, qui s'étaient établis entre Pierre Bérégovoy et Paul Benmussa, depuis ce jour de l'année 1981 où Régis Paranque avait emmené le tout nouveau secrétaire général de l'Élysée dîner dans ce restaurant que fréquentait le Tout-Paris politique et médiatique [2].

Il reste que le ministre des Finances avait eu des relations suivies avec des hommes qui s'étaient révélés pour le moins affairistes. Manque de flair d'un homme qui n'était pas assez sur ses gardes ; signe aussi peut-être d'une sorte de fascina-

1. Mais ils n'avaient jamais rendu les invitations.
2. On alla jusqu'à imaginer que Samir Traboulsi avait offert la réception. En réalité, le soir même, Pierre Bérégovoy avait signé un chèque de 18 000 francs, qui correspondait aux frais de personnel et d'achat de nourriture, Paul Benmussa n'ayant pas voulu lui facturer le prix réel « restaurant », en raison de leur amitié.

tion – où pouvait se mêler la répulsion – pour des milieux dont la clarté n'était pas pourtant la principale caractéristique. Pierre Bérégovoy avait à tout le moins manqué de prudence en laissant s'accumuler des apparences susceptibles de faire croire qu'il était un des proches de Traboulsi. Il est vrai que ce dernier était un charmeur et qu'il comptait dans ses relations nombre de personnalités politiques de droite comme de gauche. Béré ne semblait pas non plus imaginer le danger que pouvait représenter pour lui le fait d'être l'obligé de Roger-Patrice Pelat. La prudence aurait dû lui conseiller, sitôt le délit d'initiés dévoilé, de rembourser immédiatement la totalité du prêt, afin de couper court à toute interprétation selon laquelle la « libéralité » de Pelat aurait pu « acheter » sa complaisance. Mais comment aurait-il imaginé que ses relations avec le meilleur ami de François Mitterrand pourraient lui porter tort? Enfermé dans sa bonne foi d'honnête homme, il ne prend pas la mesure des dangers qui le guettent. Il ne les voit pas venir.

– Il aurait dû écouter davantage son épouse. Elle était à cet égard très lucide. Elle lui aurait évité ce qui devenait des erreurs de fréquentation, estime Françoise Dautresme.

Sa position paraît d'autant plus délicate que, dans une interview accordée à l'*Express*, le 13 janvier, Roger Fauroux, ministre de l'Industrie, élargit le débat et relance la polémique sur la Société générale, déclarant que cette affaire est d'une « tout autre gravité » que les délits d'initiés résultant du rachat d'American Can par Péchiney.

Les plus-values réalisées ont été « beaucoup plus importantes », et surtout il dénonce « le rôle clé » qu'a joué « un acteur public, la Caisse des Dépôts et Consignations ». Au total, les profils réalisés par Pébereau et ses alliés avoisineraient cinq cents millions de francs selon une déposition de Jean Farge devant la commission des Finances du Sénat, pour une large part au détriment de la Caisse des Dépôts, c'est-à-dire d'un organisme public gérant les fonds des Caisses d'Épargne. Là encore réapparaît le nom de Samir

Traboulsi. Une enquête de *l'Express*, le 27 janvier, révèle qu'il a acheté, par l'intermédiaire d'une société non inscrite au registre du commerce, cinq cent mille actions de la Société générale qui lui auraient ensuite procuré une plus-value supérieure à vingt millions de francs. Traboulsi reconnaît les faits, mais se défend d'avoir profité à cette occasion d'informations privilégiées.

Parallèlement, le scandale de l'affaire Péchiney ne cesse de prendre de l'ampleur. À la fois par sa fonction et ses « amitiés ». Pierre Bérégovoy se trouve à la croisée des deux affaires. Des rumeurs de démissions (Fauroux ou lui, ou les deux) circulent, et il doit de pouvoir garder son poste au soutien personnel que lui apporte le chef de l'État et à la confiance que lui manifeste le Premier ministre. On entend aussi Pierre Joxe voler à son secours au cours du Club de la Presse d'Europe 1. Mais avec une maladresse où beaucoup voient une pointe de mépris. Ce sont les fameuses « chaussettes » : « Aucun des ministres du gouvernement n'est impliqué dans ces affaires, aucun parlementaire socialiste. Ce gouvernement est composé de gens honnêtes qui n'ont rien à voir avec le boursicotage. Aucun d'entre nous n'a gagné de l'argent à la Bourse [...]. Pierre Bérégovoy est un ancien mécano. S'est-il enrichi ? Allez voir son appartement, ses meubles, regardez ses complets, ses chaussures, ses chaussettes ! Pourquoi cherche-ton à le *déshonorer* ? » Le mot juste a pourtant été prononcé.

Il est en tout cas clair pour tout le monde qu'il doit se séparer d'Alain Boublil. Il résiste pourtant, au risque que cette attitude soit mal interprétée et l'amène à sombrer avec lui. « Donnez-moi des preuves. Je n'en ai aucune... » répond-il à tous ceux qui lui répètent qu'il n'a pas le choix et qu'il ne faut plus attendre.

– Cet homme avait beaucoup de mal à retirer sa confiance, une fois qu'il l'avait donnée, note François Laumonier.

Il s'y résout enfin, le 20 janvier, pour lui permettre de

« mieux se défendre » contre la rumeur insistante qui le veut à l'origine de la fuite dans l'affaire Péchiney. Et il ne l'abandonnera pas, lui donnant quelques mois plus tard un poste important chez Framatome.

Yves Mancion estime ne pas pouvoir prendre sa succession pour des raisons de santé, et lorsque Pierre Bérégovoy propose ce poste à Hervé Hannon, celui-ci accepte cette fois la lourde tâche de prendre la barre dans la tempête. Il le fait par devoir, parce qu'il a le sens de l'État et parce qu'il ne peut pas refuser d' « apporter son aide à un homme en difficulté, pour lequel il a de l'admiration ». Dans ces jours-là, on ne donne pas cher en effet des chances de Pierre Bérégovoy de rester rure de Rivoli.

L'Élysée est bientôt indirectement mis en cause. Le 21 janvier, *le Monde* relance les accusations contre Roger-Patrice Pelat, l' « ami du Président », en affirmant qu'il s'est procuré en secret quarante mille actions Triangle supplémentaires d'une banque de Lausanne, qui s'ajoutent aux dix mille titres acquis (en clair) aurpès de la Banque Hottinguer. On apprendra plus tard qu'il s'agit en réalité de vingt mille actions acquises depuis la Suisse à travers de nombreuses sociétés écrans, sans pouvoir déterminer pourquoi ou pour qui Roger-Patrice Pelat a procédé à ces opérations. Le 26 janvier, Pierre Bérégovoy a beau s'engager devant la commission des Finances de l'Assemblée nationale à faire connaître toute la vérité sur cette affaire, la crédibilité du gouvernement est entamée.

Pour reprendre l'initiative, Pierre Bérégovoy décide, comme il l'avait annoncé, de préparer une législation afin de moraliser les marchés financiers et de renforcer les pouvoirs de la COB. Mais, parallèlement, il poursuit son entreprise de « dénoyautage » des sociétés privatisées, en modifiant la loi du 6 août 1986. Après avoir obtenu, non sans difficulté, le feu vert du Conseil d'État le 19 janvier, il soumet au Conseil des ministres du 31 janvier son projet de loi portant sur la recomposition du capital des entreprises privatisées par le gouvernement Chirac [1]. Son texte vise à redonner aux actionnaires stables la liberté de vendre leurs titres et il permet à l'État de s'opposer à toute prise de participation supérieure à 10 pour cent, offrant ainsi aux pouvoirs publics des moyens de pression sur les entreprises privatisées.

Ce même jour, la COB publie son enquête et décide à l'unanimité de ses membres de saisir la justice. C'est la première fois qu'elle rend publique une enquête. Celle-ci établit de façon indubitable que des délits d'initiés ont été commis. Max Théret, dont les explications comportent de « multiples contradictions », est directement mis en cause. En revanche le rapport ne se prononce pas sur l'argumentation présentée par Roger-Patrice Pelat, qui assure avoit été informé par Max Théret « à une date et dans des conditions que les deux interlocuteurs n'ont pu préciser », et il n'apporte guère, en définitive, les lumières attendues sur une affaire singulièrement complexe. Ne pouvant ni confronter témoins et suspects, ni enquêter à l'étranger, ni exercer de contraintes, la COB est restée à mi-chemin d'une enquête que la juge Édith Boizette se trouve désormais chargée de mener à son terme.

Le soir même, Pierre Bérégovoy commente la publication du rapport et affirme :

– J'entends être le ministre qui moralisera la place de Paris et assurera la transparence des opérations financières.

Parallèlement, les déclarations du ministre de l'Industrie, évoquant d'éventuelles opérations d'initiés ou de manipulations de cours sur l'affaire de la Société générale, se trouvent bientôt confirmées. Après avoir longtemps refusé de se pencher à nouveau sur ce dossier, la COB décide le 1er février d'ouvrir une enquête. Parmi les éléments nouveaux figure la déclaration de Christian Pellerin, P-DG de Sari-Seeri, société associée à Georges Pébereau dans l'offensive sur la Société générale. Ayant conclu un accord avec la

1. Les actionnaires des noyaux stables ne pouvaient vendre leur part pendant les deux premières années et ils devaient obtenir l'accord du conseil d'administration de leur entreprise pour le faire pendant les trois années suivantes.

Société immobilière de gestion et de participation (SIGP), instrument financier de Pébereau dans cette opération, Pellerin s'était engagé à fournir cent dix millions de francs à la SIGP et à se procurer pour quatre-vingt-dix millions d'actions de la Société générale. Ayant pris conscience du caractère « inamical » de l'opération, Christian Pellerin a revendu la totalité de ses titres, mais en réalisant une plus-value de l'ordre de trois millions de francs. Ses déclarations lui valent de vives critiques de la SIGP qui dénonce un comportement en contradiction avec la solidarité qui s'imposait aux associés du groupe.

L'enquête de la COB va se poursuivre sur cet aspect du dossier. Mais tout le monde est conscient qu'il est temps de sortir de l'impasse et de tenter de clore l'affaire elle-même par un traité de paix. Le moment est difficile. Le dossier l'est également et c'est vers Trichet, plus à titre personnel qu'ès qualités, que Pierre Bérégovoy se tourne.

– Je n'avais eu aucun contact avec qui que ce soit avant que cette affaire ne s'envenime, se souvient l'ancien directeur du Trésor. Il m'a alors convoqué et m'a dit : « Jean-Claude Trichet, si vous pouvez être utile pour trouver une solution, je n'y verrai aucun inconvénient et vous aurez toute ma confiance. J'ai pu mener ces négociations à bien car j'avais également la confiance de Marc Viénot et de l'ensemble des acteurs de cette affaire.

Elles aboutissent à un compromis le 23 février. La part de l'État dans le capital de la première banque commerciale privée s'accroît, passant de 11,8 à 22,2 pour cent grâce à la Caisse des Dépôts qui devient le premier actionnaire (6 pour cent contre 1 pour cent auparavant) et grâce à la participation du GAN, portée de 2 à 4,9 pour cent. La nouvelle répartition du capital exclut toute position dominante. Georges Pébereau est le grand perdant. Il doit se retirer presque complètement, ne conservant que 0,53 pour cent du capital (acquis lors de la privatisation). Néanmoins la restructuration du capital montre que la volonté de dénoyautage de Pierre Bérégovoy a marqué des points.

Si les séquelles de cette affaire sont ainsi éliminées, il s'agit aussi de redonner une crédibilité morale au gouvernement et à la gauche. Il est évident en effet que les assurances données que la justice fera son travail sans épargner personne ne suffisent pas. Pierre Bérégovoy est sorti de l'affaire Péchiney convaincu de la nécessité de lutter contre la corruption. Parallèlement à la libéralisation des marchés des capitaux dont il a pris l'initiative, il veut renforcer les autorités de contrôle. Il entend agir vite. Dès le 8 mars, sur sa proposition, le gouvernement adopte un projet de loi destiné à moraliser le fonctionnement des marchés financiers et à réglementer les OPA.

Les pouvoirs de la COB sont renforcés. Elle disposera d'une grande autonomie institutionnelle, financière et juridique. Ses possibilités d'enquête sont élargies, et elle est dotée d'un pouvoir de sanctions pécuniaires. Par ailleurs tout investisseur détenant le tiers du capital ou des droits de vote d'une société aura l'obligation de lancer une OPA sur cette société. Cette campagne de moralisation ne s'arrêtera pas là. En août 1989, Didier Pfeiffer, directeur général des UAP, sera chargé d'établir un rapport pour mettre en place un nouveau code de déontologie boursière. Pierre Bérégovoy s'emploiera enfin à mener à terme son plan de lutte contre la corruption lorsqu'il sera lui-même à Matignon.

Il est frappant de constater, lors de la discussion du premier projet de loi de moralisation, le 18 avril, combien le débat s'est dépassionné. Il est non moins clair que Pierre Bérégovoy a su remonter la pente et retrouver son autorité personnelle. « La France a pris du retard sur les marchés financiers, déclare-t-il. Les transactions sont passées de cent milliards de francs en 1980 à trois mille cinq cents milliards en 1988. Les règles de sécurité, l'éthique personnelle n'ont pas suivi cette explosion. Le premier objectif de ce projet de loi est de combler ce retard [...]. Le gouvernement n'entend ni empêcher ni encourager les OPA. Mais le rôle du législateur et des autorités du marché est de garantir la clarté et l'égalité des règles du jeu, d'interdire les OPA “ sauvages ”, autrement dit d'organiser la régularité des OPA », poursuit-il.

Les débats retrouvent une certaine animation en raison de divergences « techniques » entre la commission des finances et la commission des lois. Mais un large consensus sur les objectifs se dégage et le projet est adopté dès le 19 avril par les députés PS, RPR, UDC, et UDF. (Seuls les membres du groupe communiste s'abstiennent). Il sera définitivement adopté en seconde lecture le 1er juillet.

Que Pierre Bérégovoy ait pu résister à la tourmente de la fin de l'année 1988 confirme, s'il en est besoin, la force et la pugnacité dont cet homme était capable. « Pendant toute cette période, très difficile pour lui, j'ai connu un homme courageux et extraordinairement combatif », se souvient Jean-Claude Trichet.

11

Le Pinay de gauche

On pouvait se demander si les affaires politico-financières n'allaient pas remettre en cause le système d'économie mixte qui faisait la spécificité française. Les interférences entre pouvoir et affaires, entre secteur public et intérêts privés, tout ce climat malsain étalé au grand jour avaient semblé l'ébranler un moment. Mais, là encore, Bérégovoy réussit à résister aux évéments et à maintenir sa position.

Toute son action est par ailleurs inspirée par la conviction, plus forte que jamais, qu'une monnaie solide est un élément central d'une bonne gestion, que la bonne gestion est un tout et qu'on ne peut pas bien gérer en négligeant sa monnaie. C'est pour lui une intuition centrale qu'il éprouve toujours le besoin de réaffirmer, même devant tous ses auditoires, qu'ils soient spécialisés ou pas.

Son intervention devant « le Forum de l'Expansion » le 5 janvier 1989, a assis cette image d' « homme du franc fort ». Comme chaque fin d'année, à plus forte raison compte tenu des circonstances, on observe des pressions sur le franc, ce qui amène Jean Boissonnat à leur demander :

– Si le mark était réévalué, que ferait le franc ?

Il répond alors :

– Si le mark est réévalué, le franc se réévaluera dans la même proportion.

De là naît l'engagement, très difficile à prendre et à tenir, qu'avec lui la parité du franc et du deutsche mark ne bougera pas. Cette parité, il la tiendra de façon très ferme, et toute sa politique économique sera conduite autour de cette notion d'une monnaie forte : politique monétaire et taux d'intérêts, politique budgétaire et réduction des déficits, politique salariale et politique des revenus très stricts.

Son image de gestionnaire économe et rigoureux et sa réputation d'homme de bon sens, sérieux et pragmatique, sa façon de n'affecter aucun détachement lorsqu'il parle de l'argent des contribuables, d'imaginer visiblement très mal que d'autres prendre à la légère le bien commun lui valent puissent bientôt un qualificatif inattendu auprès des fonctionnaires du ministère des Finances.

– Savez-vous comment on m'appelle ici ? Le « Pinay de gauche », dit-il à Antoine Pinay, qui lui téléphone pour le remercier de la lettre qu'il lui a adressée à l'occasion de ses quatre-vingt-dix-sept ans.

– Eh bien, on m'appellera peut-être un jour le « Bérégovoy de droite », lui répond l'ancien président du Conseil, qui reste prompt à la réplique malgré son grand âge.

Les deux hommes s'étaient rencontrés pour la première fois peu de temps avant, à l'occasion d'un déjeuner qui réunissait, à l'initiative du journal le *Monde*, tous les anciens ministres des Finances. Très ponctuels, ils étaient arrivés avant les autres convives et avaient eu le temps de faire connaissance.

Ce chapeau de « Pinay de gauche » qui lui a été ainsi décerné ne lui déplaît pas. Il éprouve un réel respect pour Antoine Pinay, cet homme dont, au-delà de leurs divergences politiques, il retient « les leçons de bon sens et de simplicité ». Il connaît son intégrité et son dévouement à la chose publique et sait que ce n'est pas par hasard qu'il s'est forgé une légende auprès de nombreux Français. Aussi ne sera-t-il jamais indifférent aux éloges appuyés et répétés que lui décernera l'ancien président du Conseil qui, plus sensible aux hommes qu'aux idéologies, avait reconnu chez lui

« quelqu'un de très bien » et ne se départira jamais de cette appréciation.

La poursuite d'une croissance forte, élément très positif s'il en est, n'est pas sans créer certaines difficultés au gouvernement. Les syndicats se montrent impatients devant le maintien d'une politique économique trop prudente à leurs yeux et réclament un nouveau partage des fruits de la croissance. Avec l'appui du PCF, la CGT s'enferme dans une opposition de principe et, dans sa conférence de presse de rentrée, le 23 août, Henri Krasucki annonce une offensive de grand style contre le budget 1990. Sous la direction de son nouveau secrétaire général, Marc Blondel, FO entend aussi adopter une ligne plus dure. Seule la CFDT de Jean Kaspar adopte une attitude plus ouverte, souhaitant engager un processus de réflexion pour redéfinir les rapports entre le social, le politique et l'économie, en insistant sur leur complémentarité.

Ces difficultés annoncées, Michel Rocard cherche à les prévenir en introduisant dans sa politique un « souffle social », mais sa marge de manœuvre est étroite, en raison de la majorité relative dont il dispose et surtout des mouvements contradictoires qui agitent le PS. En multipliant les déclarations sur les exigences de la justice sociale, le président de la République répond aux vœux de tous ceux qui, au PS, plaident en faveur du pouvoir d'achat des salariés, du combat contre l'inégalité des revenus ou contre la précarité et qui souhaitent un recentrage à gauche du PS. Mais, de l'autre côté, les partisans de la rigueur font valoir la fragilité du redressement et le risque d'un retour rapide à de graves déséquilibres, si le gouvernement lâche trop de lest. C'est la position que défendent Pierre Bérégovoy et Hervé Hannoun. Avec fermeté et efficacité, ils célèbrent les vertus de la « désinflation compétitive », l'autre face de la politique du franc fort, et n'en ont pas moins l'appui officiel de l'Élysée.

Les bons résultats économiques des années 1988 et 1989, qui s'inscrivent, dans un cycle d'expansion des économies occidentales de marché, leur disent qu'ils sont sur la bonne voie. Depuis 1988, la France a même bénéficié de la plus forte croissance de l'économie mondiale, et pour 1989 elle peut espérer des résultats à nouveau supérieurs à la moyenne de ses principaux partenaires (3,3 pour cent) avec une croissance du PIB de l'ordre de 3,5 pour cent.

De plus cette croissance est saine. Les principaux déséquilibres observés depuis 1982-1983 semblent corrigés. L'inflation paraît cette fois contenue. La France fait mieux que la plupart de ses voisins en 1989 et le différentiel d'inflation avec la République fédérale d'Allemagne n'est plus que de 0,5 point en juillet 1989, contre 2,1 en 1987 et 6,7 en 1983. Cette croissance est stimulée par l'investissement et le réveil de la production industrielle, la progression rapide des exportations (8,4 pour cent en volume en 1988 et 9,5 pour cent en 1989) tandis que l'évolution de la consommation reste modérée (+ 2,6 pour cent en 1988 puis 2,5 pour cent en 1989). On note même une reprise des créations nettes d'emploi. Le taux de chômage est passé de 10,7 pour cent de la population active en mars 1987 à 9,6 pour cent en juillet 1989. Il tombera même à 8,8 pour cent. Mais cet optimisme doit être tempéré car, parmi les sept grands pays industrialisés, la France continue à tenir le record du chômage avec l'Italie. Un autre point faible reste la persistance d'un important déficit du commerce extérieur. Les exportations et la compétitivité des produits français progressent, mais les importations demeurent trop élevées après leur forte poussée en 1989. Ces deux contraintes expliquent que le projet de budget pour 1990 écarte toute relance par la consommation.

Il s'efforce de se placer sous le double signe de l'efficacité économique et de la justice sociale. « Il prépare l'avenir tout en réduisant les inégalités sociales », déclare Pierre Bérégovoy dans la conférence de presse qu'il donne le 20 septembre selon la tradition. Il s'agit d'éviter tout dérapage, de poursuivre la désinflation et de rechercher une monnaie forte. Mais en même temps, le gouvernement multiplie les mesures à caractère social.

Le déficit budgétaire est sensiblement réduit (– 10,26 pour cent par rapport à 1989). Il ne représente plus que 1,42 pour cent du PIB contre 1,71 pour cent en 1989 et 3,3 pour cent en 1985.

Les dépenses mettent en lumière deux priorités : l'effort de solidarité, avec l'augmentation des crédits consacrés au logement social, à l'emploi et à la formation, à l'aide au développement et au RMI ; et, par ailleurs, la « préparation de l'avenir » avec un gros effort pour l'Éducation nationale qui devient le plus gros budget civil (227,3 milliards de francs), ainsi que pour la Recherche et le Développement technologique.

Au chapitre des recettes, le budget traduit les deux objectifs affichés par le gouvernement : la justice fiscale et la compétitivité des entreprises. Au titre de la justice fiscale, le projet réduit de neuf milliards de francs les impôts sur les ménages. La taxe d'habitation est amputée de deux milliards au profit des contribuables à revenus modestes et, dans la perspective d'une harmonisation européenne de la fiscalité, le taux majoré de la TVA baisse de 28 à 25 pour cent. En revanche, les impôts sur le patrimoine sont alourdis de 1,4 milliards de francs [1]. Au titre de la compétitivité, qu'il s'agit de stimuler pour préparer l'échéance européenne de 1993, les entreprises bénéficient de trois dispositifs : une nouvelle baisse du taux de l'impôt sur les sociétés pour les bénéfices réinvestis (de 39 à 37 pour cent) ; un crédit d'impôt pour les dépenses de recherche au bénéfice de cinq mille entreprises environ ; enfin un crédit d'impôt pour l'aménagement et la réduction du temps de travail. Les

1. Une nouvelle tranche d'imposition de l'ISF est créée : 1,3 pour cent sur la fraction de la valeur nette taxable du patrimoine supérieur à quarante millions de francs.

entreprises voient aussi leur imposition réduite de 3,8 milliards de francs. Toujours pour renforcer la compétitivité et préparer l'harmonisation européenne, la fiscalité de l'épargne est également allégée. Enfin, le gouvernement introduit le nouveau plan d'épargne populaire (PEP), qui répond au double souci d'augmenter l'épargne des ménages et d'encourager les détenteurs de revenus modestes à constituer progressivement un patrimoine ou à compléter les revenus de leur retraite [1]. Ce nouveau PEP participe à un effort d'ensemble d'incitation à l'épargne, qui se poursuivra les années suivantes.

À peine connues les orientations du budget, les députés socialistes menacent le gouvernement d'une nouvelle Fronde. Ils contestent notamment le caractère prioritaire des mesures fiscales prises en faveur des entreprises. Le gouvernement a beau leur faire quelques concessions [2], le climat est très tendu lorsque s'ouvre la discussion à l'Assemblée nationale, et le Conseil des ministres autorise le gouvernement à engager sa responsabilité sur le projet de budget.

« Il n'y a ni trésor caché ni caverne d'Ali Baba », annonce Pierre Bérégovoy à ceux qui critiquent le caractère insuffisamment redistributif de son budget. Les priorités mises en œuvre sont cohérentes avec les possibilités de l'économie française. Sachant que la stabilité monétaire constitue la clef de voûte de l'édifice, la marge de manœuvre est étroite entre « le souhaitable et le possible » pour assurer la cohérence entre trois impératifs : « Réduire les inégalités et donner aux salariés une juste part de la croissance retrouvée [...] ; renforcer notre compétitivité à la veille des échéances européennes [...] ; conduire une stratégie fiscale réaliste. »

Le gouvernement escomptait que ses concessions de dernière heure lui éviteraient d'engager sa responsabilité. Mais

1. Il remplace le plan d'épargne-retraite mis en place par Édouard Balladur, dont les avantages fiscaux étaient jugés trop favorables pour les classes moyennes.
2. Les mesures portent sur la majoration de la taxation des plus-values à long terme et de l'ISF.

il doit batailler plus ferme que prévu face à ses propres troupes, tandis que les tirs de l'oppposition sont nourris. Bruno Durieux (UDC) est quasiment seul à féliciter le gouvernement pour sa politique monétaire et à estimer que, malgré ses insuffisances, le projet de budget s'inscrit « dans des orientations satisfaisantes ». Michel d'Ornano, pour l'UDF, perçoit « un bon budget pour le congrès socialiste, mais... un mauvais budget pour la France et pour l'Europe ». En revanche, André Lajoinie, président du groupe communiste, y voit l'empreinte de « la politique d'austérité qui est la poursuite de la politique de la droite ».

Il est clair que le Premier ministre ne retrouvera pas la même situation que l'année précédente. Cette fois-ci, les centristes sont décidés à voter contre lui et les communistes n'entendent pas s'abstenir. Michel Rocard engage donc la responsabilité de son gouvernement, à l'aube du 17 novembre, sans états d'âme : « L'année dernière, divers groupes avaient souhaité une discussion réelle. Nous avions fait la preuve que nous y étions tout disposé. Les mêmes, cette année ont préféré multiplier les refus. Livre à eux. Nous n'allons pas quémander leurs suffrages. »

Charles Millon, unique orateur à défendre la position de l'intergroupe RPR-UDF-UDC, se fera incisif le 20 novembre lors du débat de censure, pour attaquer la politique du gouvernement qui « renoue avec les vieux démons de la dépense socialiste... Vous n'avez plus de majorité, ni économique, ni sociale, ni psychologique; vous avez simplement la majorité de l'indifférence qui se nourrit de la lassitude des citoyens ».

La motion de censure ne recueille cependant que 254 voix, les députés communistes ayant annoncé qu'ils ne joindraient pas leurs voix à celles de la droite. Au sein de l'opposition, deux députés RPR, quatre députés UDC (dont Raymond Barre) ont renoncé à voter contre le gouvernement.

Au cours de la session d'automne, le gouvernement a été obligé d'engager trois fois sa responsabilité sur d'autres sujets majeurs dont le collectif budgétaire.

Le premier secrétaire du PS, Pierre Mauroy, n'a pas été le dernier à s'inquiéter de voir se creuser le « déficit social » du gouvernement. Le ministre des Finances en est sans aucun doute très affecté.

– Quand on lui reprochait d'être devenu trop gestionnaire, d'avoir laissé filer le chômage et d'avoir été indifférent aux petites gens, cela le révoltait, dit Jean-Charles Naouri, surtout s'il avait au fond de lui, peut-être, une part de doute. C'était la seule chose qui l'atteignait vraiment alors qu'il se montrait très fort face aux attaques politiques et polémistes. C'était toute sa vie, tout le combat de sa vie qui étaient remis en cause.

Et comme toujours lorsqu'il essuie des critiques – ce qu'il n'aime pas –, Pierre Bérégovoy éprouve le besoin de s'expliquer devant l'opinion publique. Ce sont les colonnes du *Monde* (daté du 21 décembre) qu'il choisit pour défendre sa politique économique. « Quand on me dit libéral, je n'en rougis pas, affirme-t-il, mais la liberté dans le domaine économique n'existe pas sans règles et sans une bonne dose de socialisme. » Il remarque aussi, à l'intention du premier secrétaire du PS, « que la politique du gouvernement s'inscrit dans la ligne de celle que Pierre Mauroy a décidée courageusement en 1982 et 1983 ». Il s'inquiète enfin du défaut de cohérence entre le gouvernement et le PS, dont l'image a souffert, selon lui, des turbulences de la préparation du congrès de Rennes en mars 1990.

Si la grogne monte dans les rangs socialistes, les chefs d'entreprises lui savent gré, en revanche, de ses efforts pour se mettre à l'écoute de leurs problèmes.

– C'était un homme très conscient de ses responsabilités, mais simple, attentif et très respectueux des autres. Il était soucieux de connaître les réactions des gens, même et surtout si elles étaient négatives. Il cherchait toujours à comprendre, dit de lui François Périgot [1], président du CNPF.

1. Entretien du 25 janvier 1994.

Pour se rapprocher des réalités économiques, il a pris l'habitude, parallèlement aux entretiens en délégation avec les représentants du CNPF et des PME, de réunir, six ou sept fois par an une douzaine de grands patrons, en table ronde, pour qu'ils viennent s'y exprimer librement. Le patronat partage d'ailleurs un certain nombre de ses analyses et de ses décisions, notamment en matière de politique monétaire, de fiscalité des entreprises, d'épargne, de réforme de la Bourse.

– Il était très bien vu des patrons. Il s'est donné beaucoup de mal pour se faire respecter d'eux et il y a merveilleusement réussi, confirme Ernest-Antoine Sellières [1].

Cette période de grâce se traduit par des plaisanteries, François Périgot devenant « Périgovoy » et le siège du CNPF, avenue « Pierre-Ier-de-Bercy ».

– Il avait un grand souci d'apparaître comme un gestionnaire éclairé et moderne de l'économie d'un grand pays, reprend Ernest-Antoine Sellières ; son dialogue ouvert et compréhensif s'inscrivait dans le cadre de l'efficacité économique mais en même temps il gardait une sensibilité sociale forte et se montrait intransigeant sur ses idées et ses conceptions de base. Il avait clairement à l'esprit la limite politique. Il n'en faisait pas mystère. Il était très clair dans son positionnement. Il avait une stratégie intérieure liée à son passé politique et à sa vision de la société. Si les points d'accord étaient nombreux, les sujets de désaccord ne manquaient donc pas, notamment la maîtrise des dépenses de protection sociale ou la fiscalité des personnes. Il se fermait brusquement lorsqu'on abordait certains aspects des choses. Lorsqu'on essayait par exemple de lui faire valoir les inconvénients d'une fiscalité directe très lourde pour la motivation des dirigeants d'entreprises, ceux-ci pouvant être amenés à renoncer à venir en France ou au contraire à s'expatrier, cette réflexion lui échappait : « Ils n'auront pas leur Ferrari [1] ! »

1. Entretien du 14 janvier 1994.

La chute du mur de Berlin qui divisait l'Europe depuis quarante ans, les peuples de l'Europe centrale et orientale qui recouvraient leur liberté sans effusion de sang, partout la démocratie qui triomphait du communisme et la menace de guerre qui semblait s'éloigner pour toujours : l'année 1989 s'était terminée dans un climat d'euphorie générale apparemment justifié. Une vision du monde s'écroulait, mais au moins autant que la liberté retrouvée pour des millions d'hommes, Pierre Bérégovoy ressentait combien pouvait être douloureuse pour ces mêmes millions d'hommes la découverte de l'immense tromperie dont ils avaient été victimes pendant tant d'années. Qu'on ait pu mentir ainsi à des générations d'hommes et de femmes le bouleversait si profondément que ce thème allait devenir le point de départ de nombre de ses discours. Mais il sera aussi l'un des rares à dire d'emblée que la reconversion des ex-pays communistes sera très dure. Son père avait fait partie de ceux qui avaient eu à souffrir de ce monstrueux mensonge. Il ne pouvait l'oublier, d'autant que son souvenir restait omniprésent. Il l'avait associé par la pensée à toutes les grandes étapes de sa vie et il songeait depuis longtemps à aller à la recherche de ses racines familiales, en Ukraine. Mais ce projet ne s'était pas encore réalisé. Croyant lui faire plaisir, Pierre Mauroy, alors Premier ministre, lui avait proposé de l'accompagner en visite officielle à Karlov. Il avait décliné l'offre, sans doute parce qu'une telle démarche devait rester à ses yeux très personnelle.

Ce n'est qu'en 1990, du 26 et 29 mars, qu'il se décide à faire avec sa femme un premier voyage en Ukraine, qui sera à la fois politique et sentimental [1]. Il y est reçu avec chaleur et en grand homme, comme si on avait voulu lui faire

1. Il s'était déjà rendu à Moscou en 1988.

comprendre qu'il avait fallu que son père s'expatrie pour qu'il puisse lui-même trouver dans un pays développé et libre les moyens d'avoir le cursus extraordinaire que l'on connaît. Tout se déroule en même temps dans la plus grande discrétion : il ne veut pas que cette affaire qui ne concerne que lui puisse être ressentie comme un objet de curiosité publique. Ce moment sera aussi émouvant qu'important pour lui. Ses collaborateurs l'entendront évoquer son père, ce qu'il ne faisait pratiquement jamais. Mais il sera aussi douloureux, car les recherches se révéleront infructeuses. Il ne retrouvera aucune trace de sa famille.

Le premier voyage en Ukraine – il en avait projeté un second – lui a aussi permis d'oublier, l'espace de quelques jours, les désastreuses péripéties du congrès de Rennes, où le PS a étalé sur la place publique ses rivalités internes. Voir le PS se déchirer ainsi a été un calvaire pour lui qui avait toujours été l'homme de rassemblement, spécialiste des motions de synthèse avec le mot juste et la formule adaptée. Avec Pierre Joxe, il lance des avertissements dramatiques sur la crise gouvernementale qui s'ouvrirait si la synthèse générale ne se faisait pas. Entre les deux motions mitterrandistes rivales, celle de Lionel Jospin et celle de Laurent Fabius, il a néanmoins choisi de soutenir Fabius, loyalement, sans se cacher, mais tout en se déclarant solidaire de Michel Rocard au sein du gouvernement. Les délégués se sont séparés le 18 mars sur un constat d'échec. Laurent Fabius et Lionel Jospin n'ont pu accepter un partage du pouvoir qui aurait rendu le compromis possible, et Michel Rocard n'a pas voulu participer à un front anti-Fabius qui l'aurait mis en position délicate face au chef de l'État. Aussi la nouvelle majorité potentielle, fondée sur l'alliance Jospin-Rocard-Chevènement, n'a-t-elle pas vu le jour, alors que l'ancienne majorité a volé en éclats. Certes, sous la pression de François Mitterrand les principaux dirigeants du PS se sont réunis une nouvelle fois à Paris, le 21 mars, et ont abouti à un compromis sur la répartition des postes de la direction nationale, Pierre Mauroy étant finalement reconduit dans ses fonctions du premier secrétaire. Mais cet accord de dernière minute n'efface pas les traces laissées par un congrès dominé par les seuls enjeux du pouvoir.

Malgré les efforts du président de la République pour redresser la situation, le congrès de Rennes continuera longtemps à peser sur le climat politique. Lui-même en ressentira personnellement les effets, sa cote de popularité baissant au point de devenir négative pour l'IFOP en avril avec 42 pour cent de mécontents contre 39 pour cent de satisfaits. Et ce n'est pas la mesure d'amnistie prise le 4 avril en faveur de l'ancien ministre socialiste Christian Nucci dans l'affaire du « Carrefour du Développement » qui est propre à améliorer l'image qu'ont les Français de la classe politique et du PS.

En revanche sur le front du franc fort, c'est la stabilité. En janvier la monnaie française est même réévaluée de 4 pour cent par rapport à la lire. Elle accompagne le deutschemark sans difficultés et elle se comportera bien pendant toute l'année. Par ailleurs l'avenir permet un certain optimisme. Telles sont les constatations du Groupe des sept (G 7, les sept pays industrialisés les plus riches du monde) qui se réunissent à Paris, le 7 avril. C'est à l'initiative de Pierre Bérégovoy qu'a été organisé à Bercy cette rencontre entre ministres des Finances et gouverneurs des Banques centrales afin de faire le point sur la situation économique internationale. Force est de constater que la croissance économique s'est déjà ralentie dans plusieurs pays, mais le dynamisme de l'investissement, la réduction des déficits extérieurs et l'inflation contenue restent à leurs yeux des éléments positifs pour l'avenir. Cette réunion, où il a été par ailleurs beaucoup question de l'Europe de l'Est et des conditions de son évolution vers une économie de marché, jouera aussi un rôle important dans la restabilisation du yen. Pierre Bérégovoy l'a menée avec beaucoup d'autorité, entouré du respect manifeste de ses partenaires, y compris du puissant et redouté président de la Bundesbank, Karl Otto Poëhl. Cette initiative confirme la passion qu'il porte aux dossiers internationaux, une passion que partage avec lui Jean-Claude Trichet.

Le mois de juin est marqué par l'annonce d'un projet de loi destiné à lutter contre le blanchiment des capitaux provenant du trafic des stupéfiants. Il s'agit d'un nouveau volet de la lutte contre la corruption engagée par Pierre Bérégovoy, qui, en cela, se conforme d'ailleurs aux vœux du sommet de l'Arche qui s'est tenu à Paris en juillet 1989. Sa principale disposition est la remise en cause du secret bancaire : les établissements financiers seront tenus de déclarer toute opération « suspecte » auprès d'un service spécialisé du ministère des Finances, le TRACFIN.

La bataille sur les orientations du budget 1991 est par ailleurs déjà engagée. Les différents rapports que viennent de publier le CERC et le CREDOC (Centre de recherches, d'études et de documentation sur la consommation) ne cessent de souligner que les inégalités s'aggravent depuis 1985...

À la recherche d'un second souffle, le gouvernement est partagé entre le désir d'amorcer le « virage social » que réclame le chef de l'État et son souci de ne pas renoncer aux grands principes d'équilibre de sa politique économique, au moment où les résultats positifs s'accumulent.

Pour tenter de clarifier la situation, un débat d'orientation budgétaire est organisé à l'Assemblée nationale le 12 avril, au cours duquel Pierre Bérégovoy défend sa stratégie économique. Rappelant les succès de sa politique, il démontre qu'une véritable « nouvelle étape sociale » ne peut résulter que de la croissance forte, tout comme l'amélioration de l'emploi, et il se déclare même prêt à encourager encore l'épargne des entreprises par une nouvelle baisse de l'impôt sur les sociétés.

Ses convictions sur les mérites de la « désinflation compétitive » n'ont pas changé. Le franc doit être stable, l'inflation moins forte que dans les autres pays pour gagner des parts de marché à l'extérieur dans une logique imposée par l'échéance européenne de 1993. Il achève d'ancrer son image d'homme du franc fort au cours de « points de presse » quasi hebdomadaires. Un exercice pourtant difficile car chaque mot peut faire immédiatement le tour du monde.

Son attention à la presse est extrême et ne faiblit pas. Il en a compris tout le poids et l'intérêt. Très sensible aux critiques d'où qu'elles viennent, il a acquis aussi, secondé et relayé en cela par Hervé Hannoun mais également André Gauron, « une capacité de réaction aux dépêches d'agence et aux articles de journaux extraordinaire [1] ». Cette politique de présence et de vigilance s'avère très efficace pour faire passer les messages et mener la croisade pour l'orthodoxie monétaire, à tel point que les articles de presse ne parlent pas seulement du franc fort mais du « franc Bérégovoy ».

Lui-même s'est constitué un réseau de journalistes qu'il appelle personnellement. Mais l'interministériel fonctionne aussi pour tous ceux avec lesquels il estime devoir clarifier certaines situations, qu'il s'agisse de représentants de syndicats, du patronat ou de la haute finance. Cette façon de procéder, qui lui est très personnelle, donne en général de bons résultats. Elle crée des habitudes de dialogue qui facilitent la compréhension mutuelle. Il agit de même avec les hauts fonctionnaires. C'est pour lui une façon de doper la haute administration.

La polémique sur les inégalités sociales n'a cessé de prendre de l'ampleur. Le 29 mai, à Auxerre, le chef de l'État a déploré la lenteur de la revalorisation des bas et moyens salaires et lancé un appel à la négociation. Prenant le relais, le gouvernement fait pression sur le patronat pour qu'il accepte d'engager des discussions sur ce dossier, contre une

1. Anne Lauvergeon, entretien du 21 janvier 1992.

majoration modérée du SMIC au 1er juillet (elle sera de 2,5 pour cent). François Périgot y consent mais sans précipitation. Le 26 juin, un large accord se fait entre le patronat et la plupart des syndicats (sauf la CGT) sur l'ouverture en octobre de négociations qui devront aboutir au 21 décembre 1992.

Côté social, un autre dossier, celui du financement des retraites, constitue désormais une véritable bombe à retardement. Le 24 juillet, l'INSRE lance un cri d'alarme sur l'urgence d'une profonde réforme et sur les risques de « déséquilibres macroéconomiques majeurs » en raison du vieillissement de la population. Faute d'une décision rapide, le taux des cotisations doit passer de 16,3 à 23,7 pour cent en 2005 pour atteindre 40 pour cent en 2040 si l'on veut maintenir les mêmes garanties. Mais il n'existe pas de réelle marge de manœuvre entre les trois solutions possibles; augmenter sans cesse les cotisations, diminuer le montant des prestations, allonger la durée de l'activité.

Les syndicats sont prompts à réagir. La CGT propose aussitôt de se procurer les sommes nécessaires en taxant les revenus du capital, le PC lui-même voit là une tentative de déstabilisation. Pierre Bérégovoy doit intervenir pour apaiser les esprits. Il admet que l'affaire est sérieuse mais, ajoute-t-il, il ne faut pas la dramatiser, et affirme qu'il n'est « pas question de toucher aux systèmes de répartition ». Ces propos rassurent pour le présent mais ne peuvent faire oublier que ce principe pénalise singulièrement les générations à venir.

Le déficit grandissant de la Sécurité sociale est lui aussi l'objet de toutes les polémiques et de toutes les passions, depuis qu'est connu le projet de Claude Evin, ministre rocardien des Affaires sociales, d'instituer un système de contribution sociale généralisée (CSG) qui doit remplacer le « prélèvement exceptionnel ». Michel Rocard a beau s'employer à convaincre qu'il s'agit bien d'une réforme « de gauche » car elle sera prélevée sur tous les types de revenus, y compris ceux du capital, cette réforme rencontre une opposition quasi générale, de la part de la droite, du centre et des communistes réunis, sans compter les syndicats, à l'exception de la FEN et surtout de la CFDT. Le PS lui-même est loin d'être unanime et, au sein du gouvernement, les affrontements sont sévères. Les premières discussions interministérielles retentissent notamment des accrochages entre Claude Evin et Pierre Bérégovoy, qui s'oppose au projet tel qu'il se prépare. Dans l'esprit de Michel Rocard et de Claude Evin, la CSG doit couvrir dans sa globalité le déficit des comptes sociaux. Bérégovoy, lui, voit les choses autrement. Pour lui, la CSG devrait être une contribution de solidarité qui prendrait en charge certaines prestations (revenu minimum d'insertion, minimum vieillesse notamment) jusque-là supportées par le budget de l'État. Le ministre de l'Économie redoute notament que l'assujettissement des retraités au nouvel « impôt », puisque Michel Rocard finira par reconnaître qu'il s'agit bien de cela, empêche de s'attaquer précisément à la difficile réforme des retraites. Il redoute aussi que cette taxe ne se traduise en définitive par un alourdissement des prélèvements obligatoires.

Dans une note divulguée par *le Canard enchaîné*, Rocard mesure l'obstacle : « Assurez-vous d'un accord sans faute et détaillé des collaborateurs du Président, faute de quoi je ne vois guère comment faire fléchir Bérégovoy... » Jean-Louis Bianco doit peser de tout son poids auprès d'un François Mitterrand effectivement « assez réservé ». Tout en se déclarant « très favorable » au principe de la CSG, Mitterrand affirme, pendant le Conseil des ministres du 26 septembre, que « le gouvernement doit être vigilant sur les modalités de mise en œuvre de cette réforme », ce qui signifiait en clair que la CSG ne doit pas effectivement se traduire par un alourdissement des prélèvements obligatoires. Rocard le rassure. Il ne peut être question d' « une fuite en avant » par une augmentation des dits prélèvements.

La formule finalement retenue tient compte des observations de Bérégovoy et du Président. Elle modifie la structure financière de la Sécurité sociale et a des effets légèrement redistributifs. Mais, stabilisation des prélèvements obligatoires oblige, elle sera compensée par la baisse d'autres cotisations et n'entraînera aucune recette supplémentaire pour la Sécurité sociale, alors qu'au départ le but fixé par Claude Evin était d'aborder par ce nouvel impôt le problème de son déficit. Avec un taux initial fixé à 11,1 pour cent, la CSG, telle qu'elle est adoptée en Conseil des ministres, doit fournir plus de trente-cinq milliards de francs en 1991. Elle introduit enfin l'idée du prélèvement à la source qui, même s'il contribue à augmenter le poids relatif de l'impôt direct, peut être considéré comme un élément important de modernisation de la Sécurité sociale, « peut-être même la première pierre d'une future réforme de toute la fiscalité française [1] ».

Mais, déjà difficile à expliquer au départ, le sens de la réforme est encore obscurci aux yeux du public à travers les péripéties de son élaboration. Comme elle se révélera par ailleurs malaisée à expliquer, elle sera perçue par les Français comme le type même de la mesure technocratique et comme un « contre-symbole ». Michel Rocard n'était-il pas arrivé à Matignon en affirmant qu'il aurait pour principal souci d'améliorer la vie quotidienne des Français?

Tout le monde s'attend en tout cas à ce que ce nouvel « impôt » donne lieu à un débat mouvementé lors de la discussion du budget 1991, puisqu'il est destiné à y apparaître. Mais la préparation de cette nouvelle loi de finances ne s'inscrit pas sous la seule contrainte des dossiers sociaux et de cette importante réforme. La crise du Golfe, qui s'ouvre le 2 août, avec l'invasion du Koweït par l'Irak, fait en effet immédiatement peser un risque de déstabilisation de l'économie mondiale, avec des répercussions en chaîne.

1. Jean-Louis Andreani, *le Mystère Rocard*, Robert Laffont, Paris, 1993, p. 609.

Les arbitrages sur le budget, qui s'annoncent difficiles entre Pierre Bérégovoy et le PS, sont donc brutalement occultés par la nouvelle tension internationale et sa première conséquence immédiate : la flamblée des prix du pétrole. Depuis le début de l'année, le marché du pétrole était instable. Mais le problème change totalement de dimension avec la crise du Golfe : l'embargo décidé par la communauté internationale ampute les livraisons de près de quatre millions et demi de barils par jour. Du coup, l'offre de pétrole, qui était excédentaire, devient insuffisante. Il en résulte une tension sur les prix à laquelle s'ajoute l'incertitude sur l'évolution de la situation au Koweit. Les anticipations des opérateurs et l'affolement des agents font que, dès le 2 août, le baril de « brent » de la mer du Nord enregistre une hausse de 20 pour cent, tandis qu'à New York le « West Texas intermediate » grimpe de 30,25 pour cent en huit jours.

Dès le 2 août, Pierre Bérégovoy a tenté d'enrayer l'engrenage :

– Il n'y a aucune raison d'anticiper à la pompe des augmentations de prix qui ne sont pas encore intervenues.

Les compagnies pétrolières n'ayant pas tenu compte de son avertissement, il décide de réglementer les prix des carburants à partir du 9 août, approuvé en cela par Raymond Barre. Un troisième choc pétrolier est-il en cours? On ne peut en tout cas en prévoir ni l'ampleur ni la durée.

Cette crise du pétrole risque de réactiver une spirale inflationniste en raison des anticipations à la hausse sur les différents marchés, du relèvement des coûts de transport et des achats de précaution. Dès le mois d'août, avec une hausse de 0,6 pour cent (contre 0,2 pour cent en juillet), on voit les prix de détail commencer à répercuter brutalement le choc pétrolier. Malgré cela, la France figure en matière d'inflation au troisième rang derrière le Japon et l'Allemagne. Elle est d'ailleurs mieux armée que d'autres pour affronter le nouveau choc pétrolier. Elle consomme de moins en moins de pétrole au profit de l'électricité, produite désormais à 80 pour cent par la filière nucléaire. Elle est donc a priori moins vulnérable. Cependant, la crise du Golfe intervient à un moment où EDF est confrontée à de nombreux problèmes techniques, avec son parc de centrales nucléaires, Superphénix en étant l'exemple le plus frappant pour l'opinion.

La tension dans le Golfe relance aussi la crise financière mondiale. Dès le 2 août, les grandes places boursières accusent une forte baisse et s'effondrent, une à une, en un lent jeu de dominos.

Minée par les déficits et par la poussée de l'inflation, l'économie américaine, qui avait connu huit années d'expansion, entre même en récession au cours du quatrième trimestre 1990. La production industrielle s'effondre avec une chute de 8 pour cent au cours de ce même trimestre, en raison de la chute de la demande intérieure et de la consommation des ménages. Déjà confrontées à de graves difficultés, les banques ont réduit sensiblement leurs crédits aux particuliers. Les États-Unis n'attirent plus les placements internationaux qui se détournent vers l'Europe, et les importations ne profitent bientôt même plus de la baisse du dollar. La Grande-Bretagne est de son côté déjà pratiquement en état de stagflation avec une hausse des prix supérieure à 10 pour cent et une croissance très faible. Or tout le monde sait qu'en Europe, et en France notamment, les vents dominants ont toujours été les vents d'ouest.

Le retournement de tendance ne se manifeste cependant que lentement en France. Mais l'expansion s'affaiblit, la production industrielle se tasse, avec le recul de la demande extérieure (en raison des difficultés du Royaume-Uni et des États-Unis) et de l'affaiblissement de la consommation. Plusieurs industries éprouvent de sérieuses difficultés : la chimie, l'électronique, l'automobile... Le bâtiment fléchit lui aussi, même si ce mouvement de baisse est en partie compensé par le développement des grands chantiers (autoroutes, TGV, tunnel sous la Manche). La morosité commence à s'installer. Beaucoup de chefs d'entreprise voient leurs stocks augmenter et leurs carnets de commande se dégarnir. Mais, il est encore possible de croire que l'incertitude internationale, avec l'attente interminable d'un dénouement dans le Golfe, qui s'oriente de plus en plus vers un affrontement armé, joue aussi pour beaucoup dans le climat de pessimisme général.

Seule en Europe l'économie allemande affiche encore un dynamisme insolent. L'unification monétaire de l'Allemagne, intervenue le 1er juillet, a largement contribué à stimuler la croissance de la RFA en raison d'un surcroît de demandes en provenance de l'ex-RDA, ainsi que des commandes en provenance des autres pays de l'Europe de l'Est. Même si plusieurs menaces se profilent, une augmentation des salaires, la dégradation rapide des finances publiques, la montée de l'endettement, la Bundesbank affiche une relative sérénité. Et s'attend à une progression de 3 pour cent du PIB en 1991. L'Allemagne restant le premier fournisseur mais aussi le premier client de la France, la croissance très forte qu'elle connaît alors profite aussi à la France dont elle soutient les activités. Elle masque temporairement l'effet de dépression que peuvent avoir par ailleurs les pays qui entrent en récession.

Dans son projet de budget 1991, Pierre Bérégovoy se voit contraint de prendre en compte l'hypothèque qui pèse désormais sur la croissance. Se fiant en cela aux prévisions des experts, il avance cependant des hypothèses relativement optimistes. La France bénéficie toujours de la politique d'assainissement conduite depuis 1983, et sa croissance reste stimulée par l'investissement industriel qui a progressé de 8,,2 pour cent en 1989, de 9 pour cent en 1990, et qui doit encore augmenter de 7 pour cent en 1991. De même peut-on s'attendre à une progression plus rapide des exportations que des importations.

L'ensemble peut paraître réaliste. Il repose sur la maîtrise des prix et de la demande intérieure. La consommation doit être réduite grâce à une contraction sensible du pouvoir d'achat [1]. Ceci dans le but de privilégier la demande extérieure. En matière de prix, l'objectif paraît ambitieux, avec une hausse des prix à la consommation de 2,8 pour cent seulement contre 3,4 pour cent en 1990. Les atouts existent pour tenir ce pari, mais l'évolution du cours du dollar et surtout le prix du baril de pétrole, qui échappent à tout contrôle national, pèseront aussi sur l'inflation.

L'équilibre général du projet souligne par ailleurs la continuité de la politique budgétaire. L'impasse budgétaire est limitée à 1,2 pour cent du PIB.

Les allègements fiscaux profitent encore aux entreprises avec une nouvelle baisse de l'impôt sur les sociétés (de 37 pour cent à 34 pour cent). De même la taxe professionnelle est allégée elle tombe à 3,5 pour cent. Pour anticiper toute dérive inflationniste, le taux majoré de la TVA passe de 25 à 22 pour cent. En revanche la fiscalité directe progresse beaucoup plus vite que l'ensemble des ressources fiscales. Aussi, l'impôt sur le revenu augmente de 11,9 pour cent par rapport à 1990 [2].

Ce compromis fragile entre les aspirations sociales et les exigences d'une croissance saine rendu indispensable par la conjoncture internationale et les risques de guerre dans le Golfe ne satisfait presque personne. Il ne traduit pas l'ample « virage à gauche » que réclamaient le PS et le chef de l'État et, s'il s'efforce de lutter contre les inégalités, c'est au prix de prélèvements qui frappent toujours les mêmes catégories sociales. En outre, la capacité de croissance sur laquelle est fondé le projet de budget s'avère aléatoire, au moment où les signes d'essoufflement se manifestent.

1. 2,3 pour cent en 1991, contre 3,5 pour cent en 1990 et 3,4 pour cent en 1989.
2. D'autres mesures recherchent une meilleure équité fiscale, telles que le relèvement du plafond de l'ISF ou encore la majoration des plus-values à long terme des entreprises.

L'année 1990 qui s'était annoncée comme celle de tous les espoirs se termine dans un climat de veillée d'armes. La guerre projette son ombre inquiétante. « La fermeté des démocraties et la solidarité de la communauté internationale sont les seules réponses possibles à la dictature de Saddam Hussein. Il faut cependant avoir le sens des responsabilités. L'on ne déclenche pas un conflit militaire dans cette région du monde sans avoir ajusté tous les paramètres », écrivait Pierre Bérégovoy le 1er octobre à son ami Maurice Zimman.

Le 15 janvier 1991, le conflit s'ouvre dans l'angoisse générale. Huit semaines plus tard, l'optimisme semble à nouveau prévaloir. L'armée irakienne, qu'on présentait comme la quatrième du monde, a été anéantie par la coalition mandatée par l'ONU et menée par les États-Unis, qui ont fait la démonstration d'une puissace et d'une supériorité technologique impressionnantes. Tandis que Gorbatchev s'efface et que l'Union soviétique se disloque pour faire place à une communauté d'États indépendants, dont la forme et l'avenir restent incertains, les États-Unis semblent les maîtres de la scène internationale. Seule l'Europe peut être en mesure de leur disputer éventuellement cette suprématie.

L'espace des quelques semaines de la guerre et d'un court délai de grâce, le chef de l'État avait su rallier autour de lui et du gouvernement la grande majorité de l'opinion : il obtenait l'approbation de 70 à 80 pour cent des Français. Neuf mois plus tard, ce sont des records d'impopularité qu'il bat (66 pour cent d'opinions défavorables). Plus qu'un conflit précis entre le Président et une partie de l'opinion, le renversement spectaculaire marque le retour de la morosité, du pessimisme et une forte dégradation du climat politique. La résurgence des scandales politiques financiers est pour beaucoup dans cette détérioration.

Le 9 avril, Samir Traboulsi est inculpé de délit d'initiés dans l'affaire de la Société générale après l'avoir été le 23 janvier dans l'affaire Péchiney. Mais ce sont les enquêtes sur le financement du PS et les tentatives pour les étouffer qui sont mal perçues par l'opinion, alors que l'année précédente la loi d'amnistie avait déjà suscité des commentaires sévères. Le 7 avril, Thierry Jean-Pierre, juge d'instruction au Mans, est brusquement dessaisi, à la requête du Parquet, d'un dossier d'extorsion de fonds, faux, usage de faux et corruption visant le financement du PS. Intervenant alors que le magistrat vient de procéder – un dimanche – à une perquisition au siège parisien du bureau d'études Urbatechnic, qui a servi à la collecte de fonds au bénéfice du PS, cette décision provoque un beau tollé politique. Profitant de cette nouvelle « affaire », l'opposition dépose une motion de censure le 9 avril en considérant que « l'indépendance de la justice est bafouée » et qu'il y a « confusion des pouvoirs ». Elle est rejetée le 10 avril, mais elle contribue à affaiblir la position de Michel Rocard et à alimenter l'antiparlementarisme.

Personne ne s'attendait pourtant à ce qu'il soit congédié aussi rapidement. « Comme François Mitterrand ne croyait pas à mes talents, il m'a nommé pour se débarrasser de moi par effondrement », estime l'ancien Premier ministre [1]. Cet effondrement » tardant à venir, le chef de l'État a décidé de précipiter les choses. On apprend le 15 mai la démission du Premier ministre. La surprise passée, tout le monde peut remarquer que François Mitterrand salue avec la plus grande discrétion à la télévision le passage de Michel Rocard à Matignon :

– Je le remercie de l'œuvre accomplie et je suis sûr qu'il saura, le moment venu, rendre d'autres services au pays.

On apprend très vite le nom de son successeur. Le chef de l'État a-t-il envisagé à nouveau de donner sa chance à Pierre Bérégovoy ? Sans doute. Mais il y a vite renoncé. Pour la première fois en France ce sera une femme, Édith Cresson, qui

1. Entretien du 9 juillet 1993.

sera Premier ministre, avec mission prioritaire de préparer le pays à l'échéance européenne de 1993. « Objectif 1993 », conclut le chef de l'État dans son allocution télévisée. Édith Cresson présente à ses yeux plusieurs atouts : c'est une des ses fidèles et elle n'a pas d'ambition présidentielle. Peu mêlée aux luttes intestines du PS, elle a cependant une bonne connaissances des combats électoraux. Son expérience ministérielle est solide [1]. Le volontarisme et le nationalisme économiques qu'elle affiche, du moins par le ton, tranchent avec le réalisme, trop prudent au goût du chef de l'État, du maire de Conflans-Sainte-Honorine. François Mitterrand compte enfin sur l'effet médiatique que on peut provoquer la nomination d'une femme. Pierre Bérégovoy l'a très bien compris.

– Il a nommé Laurent Fabius, parce que c'était le plus jeune; Michel Rocard parce que c'était le plus brillant; Édith Cresson, parce que c'était une femme, confiera-t-il, amer.

Pour lui, le coup est cette fois très dur. En 1988, il s'était résigné à patienter. Il croyait son heure enfin venue...

– Lorsque le départ de Rocard s'annonçait, il passait son temps à dire que ce ne serait pas lui, qu'il n'y croyait plus, se souvient Jérôme Jaffré. Était-ce une façon de conjurer le sort? Se méfiait-il de ses interlocuteurs? Il avait en tout cas une façon étonnante de dire : « non, non, non... »

Sa déception est telle qu'il ne peut même plus la cacher. Elle se lit sur son visage.

D'emblée, sa collaboration avec Édith Cresson ne s'annonce donc pas sans arrière-pensées. « Nous nous réunissons tous les deux chaque vendredi à 9 heures. Quand il était dans le fauteuil en face de moi, je sentais à toute son attitude qu'il se demandait pourquoi il n'occupait pas ma

1. Ministre de l'Agriculture de 1981 à 1983, du Commerce extérieur (mars 1983-juillet 1984), du Redéploiement industriel et du Commerce extérieur (juillet 1984-mars 1986), elle avait enfin été ministre délégué chargé des Affaires européennes de juillet 1989 à janvier 1990, avant de démissionner avec fracas en stigmatisant l'immobilisme de Michel Rocard et l'absence de réaction du gouvernement face au danger de la concurrence japonaise.

place. C'était extrêmement pénible [1]. » Leur collaboration s'annonce d'autant moins facile qu'il a toujours eu a priori, comme le souligne Anne Lauvergeon, « une petite méfiance pour les femmes au travail dans des postes importants. Il fallait qu'elles fassent leurs preuves ». Pierre Bérégovoy se trouve à la tête d'un super-ministère, ce qui peut en partie compenser sa désillusion. Outre ses fonctions traditionnelles (économie, finances, budget), il a sous son autorité l'ensemble du secteur productif (industrie, commerce extérieur, postes, télécommunications [2]). Principale innovation du gouvernement, la constitution de ce vaste ministère reflète la philosophie industrialiste d'Édith Cresson et répond au souhait du chef de l'État. Mais elle fait quasiment de Pierre Bérégovoy un « vice-Premier ministre », et cette conduite presque bicéphale du gouvernement ne tardera pas à montrer ses inconvénients et à exacerber les conflits potentiels avec Édith Cresson.

Il est très vite clair, aussi, qu'il n'y aura d' « effet Cresson », ou que ce ne sera pas celui qu'attendait le chef de l'État. La déclaration de politique générale du nouveau Premier ministre, le 22 mai, déçoit. Elle se limite à un tour d'horizon assez terne des principaux problèmes. Ses propos, essentiellement technocrates et économistes, laissent les observateurs d'autant plus sur leur faim que le « nouvel élan » qu'elle était censée incarner paraissait espérer un message d'une autre dimension. Tout au plus retient-on son credo

1. Elisabeth Schemla, *la Femme piégée*, Flammarion, Paris, 1993, p. 140.

2. Il est assisté de cinq ministres délégués ou secrétaires d'État : Dominique Strauss-Kahn pour l'Industrie et le Commerce estérieur; Michel Charasse pour le Budget; Jean-Marie Rausch pour les PTT; François Don pour le Commerce et l'Artisanat; Jean-Noël Jeanneney pour le Commerce extérieur. On note par ailleurs l'arrivée de Jean-Louis Bianco aux Affaires sociales et de Martine Aubry au Travail. Des postes clé du gouvernement restent stables (Roland Dumas, Lionel Jospin, Pierre Joxe, Philippe Marchand et Henri Nallet). Mais derrière cette apparente stabilité, le nombre des ministres se réclamant de l' ouverture » et les partisans de Michel Rocard sont en diminution. Les fidèles du Président occupent la totalité des postes importants.

indurtrialiste, qui s'inscrit en parfaite harmonie avec la logique financière de Pierre Bérégovoy : il n'est pas question, affirme-t-elle, de revenir sur les « succès » d'une « politique vertueuse ».

– J'étais d'accord avec les principaux choix de Béré car il n'y avait pas d'autre politique possible. Je n'ai jamais contesté la nécessité du franc fort, jamais fait preuve de laxisme dans la dépense publique. Et je mets quiconque au défi de trouver un seule de mes déclarations, un seul de mes actes allant dans ce sens. Je remarque seulement, mais c'est une autre affaire, qu'il s'est ensuite octroyé, quand il était à Matignon, des largesses dont il ne m'a pas accordé le millième [1].

Pendant plusieurs semaines, ses propos sont en telle harmonie avec la politique de son ministre des Finances qu'on la présente volontiers comme étant sous son influence ! « Elle connaît trop les enjeux de la guerre économique internationale – dont elle n'est pas pour rien la “Jeanne d'Arc” – et les difficultés de la construction européenne où la France doit avoir face à l'Allemagne, la place forte, pour ne pas souscrire à la politique monétaire de Béré », confirme André Gauron. Sans aucun doute. Mais elle est loin par ailleurs de l'aimer et, sous cette apparente entente très cordiale, est prête d'emblée elle aussi à engager les hostilités. Peu après son arrivée à Matignon, Michel Sapin, alors ministre délégué à la Justice, vient lui présenter pour arbitrage sa loi destinée à lutter contre les « chèques en bois », qui sera mise en application en juin 1993. Bérégovoy y est très hostile en raison des contraintes supplémentaires que cela imposera aux banques. Après l'avoir écouté, elle lui pose justement la question :

– Et Bercy, qu'est-ce qu'ils en pensent ?

– Ils sont contre.

– Alors, il faut le faire ! conclut-elle immédiatement.

Elle est à peine installée qu'elle voit tous les clignotants

1. *La Femme piégée, op. cit.*, p. 139-140.

s'allumer – le ralentissement de la croissance se répercute sur les rentrées fiscales qui sont en baisse sensible et vont perser sur le déficit budgétaire. La poussée du chômage aggrave le déséquilibre déjà important des comptes sociaux.

Dès le 11 février, le gouvernement Rocard avait dû mettre en place un programme d'économie de douze milliards, mais il s'avère d'ores et déjà insuffisant. Plusieurs secteurs industriels sont en crise et multiplient les appels à l'État. Dans l'électronique notamment, Bull est en perdition. La chute de l'investissement des entreprises est alarmante. Mais le problème majeur est celui de la dérive des comptes sociaux.

L'UNEDIC, encore excédentaire en mars, est confronté à un déficit prévisionnel de trois milliards. La situation de la Sécurité sociale est encore plus mauvaise. Le déficit atteindra, estime-t-on vingt-trois milliards en 1991.

Pierre Bérégovoy doit reconnaître que le déficit budgétaire de l'année 1991 dépassera largement le niveau prévu. Il continue cependant à croire qu'avec la fin de la guerre du Golfe l'économie va repartir, que la reprise est pour l'automne, qu'il faut tenir jusque-là. Les prévisions de l'INSEE le confortent dans cette idée, d'autant que se manifeste un léger frémissement, grâce au redémarrage de l'automobile et des biens d'équipement ménagers. Les économies anglo-saxonnes donnent elles aussi quelques signes d'amélioration et les experts de l'OCDE, qu'il ne demande qu'à croire, prévoient une nette reprise pour le second semestre. Dans une étude économique sur la France, l'OCDE estime que « la situation macroéconomique reste saine » et qu'elle doit favoriser la reprise de la croissance. Pour la première fois, l'inflation a été moins forte en France qu'en Allemagne (3,3 pour cent contre 3,5 %). Pierre Bérégovoy attend de ce succès un renforcement du franc qui permettra d'abaisser les taux d'intérêt et stimulera ainsi la croissance. Le risque de dérapage des comptes publics exclut en tout cas tout abandon de la politique de rigueur. Elle est « malheureusement nécessaire », affirme le nouveau Premier ministre devant les micros d'Europe 1 le 18 juin.

Le gouffre de la Sécurité sociale est devenu l'urgence des urgences. Le premier comité interministériel que convoque Édith Cresson est donc consacré aux dépenses de Santé et le bilan que présente Pierre Bérégovoy – qui n'a jamais oublié qu'il avait été ministre des Affaires sociales – est accablant. Deux solutions s'offrent : majorer la CSG ou les cotisations. Pierre Bérégovoy n'est pas partisan de la première solution, qui serait considérée comme une augmentation d'impôt. Et tout le monde se souvient quelle levée de boucliers elle avait soulevée à l'origine. C'est donc la cotisation d'assurance-maladie des salariés qui sera relevée par décret de 0,9 pour cent à compter du 1er juillet. Mais il ne s'agit, cette fois encore, que de replâtrages. Des réformes structurelles ont bien été envisagées, mais remises à plus tard pour cause d'impopularité.

Jusque-là, rien n'opposait Édith Cresson et Pierre Bérégovoy au vu et au su de tous. Mais sur deux autres dossiers – la réforme de la taxe d'habitation et l'augmentation du SMIC –, Bercy et Matignon entrent en conflit ouvert. Alors que la part départementale de la taxe d'habitation était calculée sur la valeur locative du logement occupé, désormais, à compter du 1er janvier 1992, les revenus du propriétaire ou du locataire seraient pris en compte. Nombre de socialistes voient dans cette réforme une mesure de justice fiscale, donc sociale. Mais Pierre Bérégovoy part en guerre contre ce qui risque d'être perçu là encore comme un nouvel impôt, et la presse, derrière lui, brandit le spectre d'une guerre française de la « Poll Tax » [1]. Le PS est en fait divisé sur la réforme de la taxe d'habitation qui peut paraître mal venue alors que se profilent des élections législatives. Sachant qu'elle ne dis-

1. Son point de vue ne changera pas sur ce sujet. Lorsqu'il sera Premier ministre, l'Assemblée nationale, après de longues polémiques, se résoudra à ajourner l'entrée en vigueur de la nouvelle taxe en adoptant un amendement du Sénat qui fera de ce qui voulait être une grande innovation fiscale une mesure symbolique.

pose pas d'une majorité ferme, Édith Cresson décide d'engager le 12 juin la responsabilité de son gouvernement sur ce texte, qui est présenté en même temps qu'un train de disposition d'ordre économique et financier – selon la procédure « fourre-tout » du DDOEF – visant à fournir à l'État un supplément de recettes de l'ordre de onze milliards de francs ». Trois semaines à peine après son arrivée à Matignon, elle a donc recours à son premier 49,3, alors que Michel Rocard avait tenu six mois avant de l'utiliser.

Sa volonté de rigueur dérape enfin sur le dossier du SMIC. Le simple respect de la loi aurait conduit à le majorer de 1,7 pour cent. Mais le PS, soutenu par les syndicats, réclame une revalorisation plus « significative ». Pierre Bérégovoy, qui ne peut pas entendre parler de cette entorse à la ligne qu'il s'est fixé, tente de faire pression par tous les moyens pour empêcher le Premier ministre de donner le coup de pouce qu'on lui réclame. Elle passe outre à son opinion et à celle des experts de l'OCDE qui estiment, dans la même étude consacrée à la situation économique en France, que la valeur relative du SMIC a trop augmenté en France au cours des années quatre-vingt, que le coût du travail non qualifié est supérieur au « niveau d'équilibre » et qu'il exerce un effet dissuasif sur l'embauche. Le 20 juin, elle rend son arbitrage en annonçant une hausse de 2,3 pour cent à compter du 1er juillet.

– Je vais démissionner ! menace Pierre Bérégovoy.

La Bourse a frémi lorsque la rumeur est parvenue jusqu'au palais Brongniart. La nomination d'Édith Cresson n'avait déjà pas déchaîné l'enthousiasme. Elle avait même jeté un certain froid lorsqu'elle avait rappelé, après le général de Gaulle, que la politique de la France ne se faisait pas à la corbeille, dans un langage cru et anticonformiste, qui tranchait avec la discrétion de son prédécesseur : « La Bourse, je n'en ai rien à cirer ! » Cette phrase allait lui coller à la peau. À l'idée que « Béré » puisse partir, le MATIF réagit très mal, la Bourse perd, 1,2 pour cent et on enregistre une tension sur les taux d'intérêt à court terme. Les investisseurs étrangers revendent massivement leurs titres français (surtout des emprunts d'État). La Banque de France doit intervenir pour soutenir le franc et le marché des changes, ce qui exclut la baisse des taux d'intérêt espérée par Pierre Bérégovoy. Celui-ci a pu constater que son crédit à l'intérieur de l'hexagone comme sur la scène internationale, restait grand dans les milieux financiers, alors qu'en un mois la cote d'Édith Cresson s'est déjà effondrée de onze points, avec 38 pour cent seulement d'opinions favorables, et qu'elle a entraîné dans sa chute le président de la République.

Le ministre des Finances ne démissionnera pas. Mais la guerre au fleuret moucheté entre Matignon et Bercy se poursuivra, à coups de commentaires et de phrases assassines, Édith Cresson n'étant pas en reste pour traiter aimablement son grand argentier d'« enflure », un qualificatif qui aura lui aussi la vie dure.

François Mitterrand veut ignorer cette guerre des chefs. Lors de sa conférence de presse du 11 septembre, qui marque la rentrée politique, il réitère son soutien à Édith Cresson mais appuie en même temps sans réserve son ministre des Finances, dont la politique constitue « un socle solide, sain et d'un grand mérite ». La nouveauté est ailleurs. L'échéance européenne dicte désormais ses choix, et la nécessité de développer l'appareil productif pour affronter la concurrence dans le Marché unique le conduit à annoncer qu'il faut renoncer au « dogme » du « ni-ni » : « J'ai autorisé le gouvernement à associer des capitaux privés au financement de certaines de nos entreprises publiques », déclare-t-il, avec pour limite que « l'État restera présent partout et majoritaire là où il est ».

En réalité, un décret paru au *Journal officiel* du 5 avril avait déjà autorisé l'ouverture du capital des entreprises publiques aux fonds privés en cas d'accord stratégique entre eux. L'État devait conserver la majorité (plus de 50 pour cent). C'était revenir à la stratégie qu'avait préconisée

Michel Rocard en 1981 : un simple contrôle à 51 pour cent par l'État plutôt qu'une nationalisation à 100 pour cent. En fait, dès 1983, les entreprises publiques avaient fait appel au marché financier pour se procurer de l'argent (titres participatifs, certificats d'investissement...). Et depuis 1988, le « ni-ni » n'était plus respecté dans les deux sens : vente de filiales, mais nationalisation indirecte de Framatome et d'UTA, rachetée par Air France, entrée spectaculaire de Volvo dans le capital de Renault. Dans l'immédiat, cette nouvelle orientation facilite l'entrée de Nippon Electronic Company (NEC) dans le capital de Bull, contrairement à ce qu'avaient pu laisser croire les premières déclarations d'Édith Cresson à son arrivée à l'hôtel Matignon et ses commentaires peu courtois sur les « fourmis » japonaises.

L'intervention du chef de l'État n'a en rien dissipé le vent de « sinistrose » qui s'est abattu sur les Français. L'espoir d'un fort redémarrage de l'économie à l'automne s'est estompé. L'INSEE retombe dans le pessimisme. Si les pays anglo-saxons ont, semble-t-il, atteint l'étiage, c'est maintenant l'Allemagne qui s'affaiblit. La France s'en ressent immédiatement.

Face à la récession, elle s'était jusque-là mieux comportée que les pays anglo-saxons. Les Français n'en jugent pas moins la conjoncture désastreuse. Selon l'OCDE, leur désenchantement est à rechercher dans la stagnation de leur revenu réel depuis quinze ans sous l'effet de la fiscalité, des charges sociales et du maintien à un niveau très élevé des prélèvements obligatoires. Dans ce contexte de pessimisme, l'échéance européenne de 1993, qui aurait dû insuffler un vent d'optimisme, crée au contraire des réflexes d'inquiétude et même de peur, en raison du sentiment que l'économie française, qui bat déjà de l'aile, est mal préparée pour résister au choc de l'ouverture des frontières.

Il est impératif de répondre à cette conjoncture maussade et à la crise de morosité qui l'accompagne. C'est ce que tente le « plan Matignon », qui entend soutenir l'entreprise et l'emploi. La priorité est donnée aux PME qui réalisent 41 pour cent du chiffre d'affaires de l'industrie. Pour améliorer leur financement, Pierre Bérégovoy avait déjà annoncé le 23 juillet un relèvement des comptes pour le développement industriel (CODEVI). Cette politique se poursuit avec une nouvelle réduction de l'impôt sur les sociétés pour les PME (il tombe à 33,3 pour cent contre 36 pour cent pour les grandes entreprises). Mais le plan n'ira pas au bout de ses ambitions. Il restera à l'état embryonnaire.

La préparation du budget 1992 se fait par ailleurs dans un contexte difficile. Les syndicats continuent à faire pression en faveur d'une politique de relance par la dépense publique et la consommation pour enrayer le gonflement dramatique des effectifs de l'ANPE. À l'exception de la CGT et de FO, ils ne sont même plus hostiles à ce que l'État finance cette politique par des privatisations partielles. Mais contre leur avis et en dépit des réticences du PS, Pierre Bérégovoy persiste dans sa volonté de sauvegarder les grands équilibres au moment où la France commence à en bénéficier : maîtrise de l'inflation, résistance du franc malgré la baisse des taux d'intérêt, contrôle strict des finances publiques, volonté de réduire le déficit extérieur. Il fait observer que si la croissance est faible, elle est saine et que tout dérapage inflationniste compromettrait la participation de la France à la reprise mondiale quand elle se manifestera. Or l'OCDE l'attend toujours cette reprise : selon ses prévisions elle devrait être comprise entre 2 et 2,5 pour cent en 1992. La France peut désormais espérer soutenir une croissance comparable à celle des pays européens et même acquérir un léger avantage grâce à l'amélioration constante de la compétitivité de ses entreprises. Aussi le projet de budget est-il construit sur une augmentation de 2,2 pour cent du PIB en 1992 contre 2 pour cent en moyenne pour ses partenaires européens, à l'exception de l'Allemagne. Par ailleurs, la clé de voûte de tout l'édifice reste la désinflation, ce qui contraint le gouvernement à écarter tout déparage des dépenses publiques et des revenus.

En dépit de cette sévérité, le mouvement de réduction

progressive du déficit conduit depuis 1986 est interrompu. Le solde général prévoit un déficit de 89,5 MM en 1992, contre 80,7 MM en 1991, soit 11 pour cent de plus en un an. Comme il est clair par ailleurs que l'objectif fixé pour 1991 sera dépassé [1], l'hypothèque est lourde. Tout reste suspendu à la reprise économique espérée, mais qui reste pour le moins incertaine.

Comme on pouvait s'y attendre, l'accueil est très frais. Alain Juppé, ancien ministre du Budget de 1986 à 1988, estime que l'État s'est contenté de dépenser entre 1988 et 1991, « quand la conjoncture était bonne, au lieu de désendetter la France et d'alléger les charges fiscales pesant sur les entreprises ». À cela, Pierre Bérégovoy répond qu'il n'y a « pas de solution miracle » et il reproche à ses détracteurs de ne pas offrir d'alternative claire et précise. La majorité sur ce projet paraissant très aléatoire, Édith Cresson emploie à nouveau la procédure contraignante. Elle engage sa responsabilité et le texte est considéré comme adopté le 16 décembre, aucune motion de censure n'ayant été déposée. Il faut noter que, sur proposition du député PS Yves Durand, un amendement a été déposé, qui soumet désormais à l'impôt sur le revenu l'indemnité parlementaire. Mais cette mesure ne doit entrer en vigueur qu'en 1993.

À aucun moment, Édith Cresson n'avait pu redresser son image dans l'opinion. À l'impact négatif laissé par ses maladresses de départ s'était ajoutée l'impression d'absence de suivi de sa politique avec des mesures souvent insuffisamment préparées et conduites. Le scandale de la contamination des hémophiles, l'arrivée de Georges Habache en France n'étaient pas faits pour redorer son blason. Mais c'est l'effondrement du PS aux élections régionales de mars 1992 qui précipite sa chute.

Si le principal enseignement de ces scrutins est l'éclatement des suffrages et le rejet implicite des partis traditionnels,

1. Le déficit atteindra 99,9 milliards au lieu des 80,7 milliards initialement prévus.

(« les grandes formations » PC, PS, RPR et UDF ne recueillent au 1er tour que 57 pour cent des voix), le PS est la principale victime de ce mouvement de rejet. Avec 18,2 pour cent de voix, il réalise au 1er tour son plus mauvais score depuis Épinay (1971). Et au deuxième tour, cet effondrement se confirme. Il perd la présidence de 6 conseils généraux dont le Nord, le Puy-de-Dôme et le Gers qui tous trois relevaient pourtant d'une immuable tradition socialiste. De façon plus ou moins explicite, tous les responsables socialistes appellent à « tirer rapidement les leçons de ces élections ». Alain Duhamel paraît résumer l'opinion quasi générale en déclarant le 23 mars, sur Europe 1 :

– Si le président de la République considère que ces élections sont un succès, il peut garder Mme Cresson, sinon il doit la remplacer.

L'éventualité d'un gouvernement resserré, rajeuni et débarrassé de ses « éléphants », toujours sous la direction d'Edith Cresson, est pourtant avancée dans la presse. C'est, dit-on, ce qu'elle aurait souhaité à son arrivée à Matignon. On parle aussi de Lang en raison de sa popularité personnelle. On évoque surtout un gouvernement ouvert et réformiste, avec Jacques Delors à sa tête. Mais celui-ci fait savoir qu'il considère ne pas avoir terminé sa tâche à Bruxelles. Aucun de ces scénarios ne sera le bon. À la foire de Hanovre, où Édith Cresson s'est malgré tout rendue pour rencontrer Helmut Kohl, le haut-parleur parvient difficilement à dominer le brouhaha. Mais elle comprend qu'elle est appelée au téléphone. À l'autre bout du fil, elle reconnaît Anne Lauvergeon, visiblement en mission délicate :

– Le Président voulait te demander si tu es d'accord pour supprimer le Conseil des ministres de demain... Édith, encore une chose... on s'oriente vers une solution Bérégovoy.

Mais, avant d'apprendre sa nomination, celui-ci a balancé entre l'espoir et la crainte d'une nouvelle déception pendant les quatre longues journées d'un de ces « suspenses » que le chef de l'État sait si bien entretenir.

12

Enfin Matignon

À soixante-sept ans, Pierre Bérégovoy voit enfin s'ouvrir devant lui les portes de Matignon. Le 2 avril – il ne fallait pas que ce soit un 1er avril –, il devient officiellement Premier ministre, et sa nomination est saluée généralement par des commentaires très favorables. Beaucoup de choses parlent en effet en sa faveur, dont certaines tranchent avec son prédécesseur. Par son passé de militant et par son parcours politique, il incarne une fibre à la fois sociale et républicaine à laquelle beaucoup de Français sont attachés. Il dispose d'une forte autorité personnelle fondée sur l'expérience et de véritables succès, tant pour le redressement des comptes de la Sécurité sociale que pour la modernisation du marché financier. Il donne l'image d'un homme qui a toujours tenu la barre, au point d'être identifié au franc fort, et il a à sa disposition une équipe de collaborateurs compétents, fidèles et discrètement efficaces. Il s'est déjà impliqué avec continuité dans la politique européenne qui est devenue le grand dessein du second septennat et son prestige international constitue probablement l'ultime atout du président de la République.

Ce prestige international, ceux qui l'accompagnaient dans son voyage officiel au Japon en janvier 1992 avaient pu en mesurer encore une fois la réalité. Sa visite à la Bourse de Tokyo avait été mémorable. Fait exceptionnel, lorsque son arrivée avait été signalée, les cours avaient été suspendus pendant dix minutes tandis que les « fourmis » de la place, qui ne le confondaient pas avec Édith Cresson, lui faisaient une formidable ovation.

Il est incontestablement très séduit par cette image que lui renvoie la communauté internationale, celle d'un homme qui a refait du franc une monnaie forte. Mais le 2 avril il reçoit enfin la consécration qu'il attendait dans son propre pays. Il la savoure d'autant plus intensément qu'elle aurait pu lui échapper encore. C'est son rêve qu'il vit enfin. Ce parcours si accompli, ces événements qui, à force d'efforts et de volonté et en dépit des obstacles, ont fini par se couler dans ce qu'il souhaitait, tout cela a quelque chose d'étourdissant.

– Jamais on ne l'avait vu aussi heureux, raconte un de ses ministres. Tout semblait lui sourire au point qu'il envisageait déjà à soixante-sept ans de se lancer un jour dans la course présidentielle.

Il ne s'est pas fixé sur cette idée, mais il ne l'exclut pas. Sans s'en donner par ailleurs les moyens, sans chercher à constituer autour de lui le réseau d'affidés théoriquement nécessaire dans ce genre d'entreprise. Il garde en même temps la tête froide. Il sait combien il lui sera difficile de compenser l'usure du pouvoir qui paraît inexorable. Lui qui incarne la gestion calme et la réforme consensuelle reçoit en effet un héritage politique à bien des égards catastrophique.

Le pouvoir est affaibli, l'ancien Premier ministre ayant échoué à asseoir sa crédibilité. Le PS, divisé, continue à porter le poids des différentes affaires – aux scandales financiers s'est ajoutée l'affaire autrement grave du sang contaminé –, et son effondrement aux élections de mars 1992 augure mal de celles de 1993. Il lui sera bien difficile de remonter le courant, même si les résultats économiques du premier trimestre 1992 invitent à un certain optimisme. La reprise de l'activité a été en effet sensible, avec 1 pour cent de croissance (ce qui correspondrait à un rythme de 4 pour cent, alors qu'il a été de 1,2 pour cent en 1991). Le sentiment dominant est que la conjoncture repart, que la crise était en fait la crise de la guerre du Golfe et qu'elle est enfin digérée. L'écart d'inflation avec l'Allemagne joue maintenant en faveur de la France (1,5 pour cent). Sur le front du chômage, on note aussi une certaine accalmie, avec un ralentissement de sa progression. Enfin le nouveau Premier ministre a la satisfaction de pouvoir annoncer que le commerce extérieur a été excédentaire pour le troisième mois consécutif. Ses efforts sont enfin récompensés. Si ce bond s'explique en partie par la vente de 21 Airbus, il traduit plus encore le redressement global de la compétitivité des industries françaises et leur dynamisme. À cet égard il a le sentiment d'arriver dans une bonne période. Même s'il n'a pas pu garder par devers lui, comme le laisse croire Édith Cresson, un « petit trésor » qu'il lui aurait refusé et qu'il va pouvoir lâcher maintenant. Même si sa capacité de manœuvre s'avère par ailleurs très limitée, au moment où s'imposent les convergences rendues nécessaires par l'Union économique européenne.

Conscient néanmoins de toutes les difficultés auxquelles il va devoir faire face, il répète à tous ceux qui s'empressent de le féliciter :

– C'est trop tard, beaucoup trop tard!

Il est loin d'être le seul à le penser. « Quel dommage que ce soit si tard, lui écrit Pierre Monclaire, aussitôt sa nomination connue. Essayez au moins de faire du Mendès! » Le surlendemain lui arrive la réponse de Pierre Bérégovoy : « Vous avez raison, et ce sera très dur. » En dépit de ses responsabilités, il continue à faire son courrier lui-même. Il ne laisse jamais une lettre sans réponse et correspond toujours avec ses anciens amis par de petits mots chaleureux.

Son gouvernement allie expérience et sang neuf. L'équipe est restreinte en effectifs avec vingt-six ministres, dont trois ministres d'État [1]. Elle est aussi composée avant tout de fidèles du Président qui ont fait leurs preuves. Jack Lang,

1. Les gouvernements Rocard et Cresson en comptaient respectivement trente-deux et vingt-neuf.

premier dans l'ordre protocolaire, devient ministre d'État, ministre de l'Éducation nationale, tout en conservant la Culture. Paul Quilès prend la charge du ministère de l'Intérieur et de la Sécurité publique. Michel Delebarre reste ministre d'État et prend en charge la Fonction publique et les Réformes administratives. Roland Dumas, Pierre Joxe, Martine Aubry, Louis Mermaz, Louis Le Pensec, Jean-Michel Baylet, Élisabeth Guigou, Frédérique Bredin et Hubert Curien gardent leurs attributions.

Trois ministres, nouveaux dans le sérail, n'ont guère plus de quarante ans : Ségolène Royal, ministre de l'Environnement, Marie-Noëlle Lienemann, ministre délégué auprès du ministre de l'Équipement, chargée du Logement et du Cadre de vie; Jean Glavany, nouveau secrétaire d'État à l'Enseignement technique.

Mais les nominations les plus remarquées sont celles de Michel Vauzelle, René Teulade et Bernard Tapie. Le nouveau garde des Sceaux, Michel Vauzelles, avocat de formation est un proche du chef de l'État, de même que Jean Teulade, qui abandonne la présidence de la Mutualité française, pour prendre en charge le difficile secteur des Affaires sociales.

La nouvelle la plus surprenante, sans aucun doute, est l'arrivée, en tant que ministre de la Ville, de Bernard Tapie, député des Bouches-du-Rhône, mais également industriel et homme d'affaires très présent sur la scène médiatique. Sa première rencontre avec le Premier ministre remonte aux péripéties de l'affaire Look, à Nevers, et il fait partie de ces « self-made men » pour lesquels Bérégovoy éprouve une certaine attirance. En revanche, son côté bateleur et « grande gueule » n'est pas vraiment dans le style du nouveau locataire de Matignon. Mais celui-ci ne néglige pas le fait que sa popularité est indéniable dans les milieux populaires depuis qu'il a pris la présidence de l'Olympique de Marseille. Il sait parler aux jeunes des banlieues et il est, estime Pierre Bérégovoy, le seul homme de gauche à avoir un véritable talent de tribun, propre à contre-balancer celui de Jean-Marie Le Pen. Bernard Kouchner est, dans un registre différent, le second favori des médias. Il garde son portefeuille de l'Action humanitaire et devient en outre ministre de la Santé.

Reste à Pierre Bérégovoy à assurer sa propre succession à Bercy. Son ancien super-ministère est en fait « éclaté ». Michel Charasse conserve le Budget et devient ministre à part entière, tout comme Dominique Stauss-Kahn qui reste à la tête de l'Industrie et du Commerce extérieur. Quant au ministère de l'Économie et des Finances proprement dit, il est confié à Michel Sapin, ancien ministre délégué à la Justice du gouvernement Cresson. C'est en 1988, au moment où s'élaboraient les réformes des autorités de contrôle des marchés financiers, dont la COB, que l'ancien ministre des Finances avait eu l'occasion de bien connaître Michel Sapin. Tous ces textes passaient évidemment par la commission des Finances. Mais très souvent, la commission des Lois, dont Michel Sapin était alors président, s'en saisissait pour avis et, dès que leur élaboration s'avérait assez complexe d'un point de vue juridique ou constitutionnel, il se montrait personnellement très présent dans les débats. De là s'étaient créés entre eux des liens très particuliers. Cependant, le 2 avril, lorsque Pierre Bérégovoy l'avait appelé sur l'interministériel, Michel Sapin ne s'attendait pas à la proposition qui allait lui être faite, compte tenu de la réputation de juriste qu'il avait acquise à l'Assemblée.

– Est-ce que cela te ferait plaisir d'être mon successeur? lui avait-il demandé d'emblée avant de lui annoncer qu'il ne le serait que sur la moitié du poste.

Comme Michel Sapin hésitait, car il ne pensait pas avoir le profil adéquat avec son bagage de Normale sup et de l'ENA, Bérégovoy avait insisté :

– Il ne faut pas fatalement un spécialiste, je t'ai vu travailler, tu marches très bien. Tu as suffisamment d'autorité.

Mitterrand était semble-t-il plus convaincu encore que son ancien ministre des Finances qu'il ne fallait pas un « spécialiste ». Michel Sapin devait l'apprendre à la fin de l'année, lors d'un conseil franco-allemand à Bonn. Le hasard du protocole l'avait placé en face de Mitterrand, qui était lui-même à la droite de Kohl.

– Vous avez un jeune ministre des Finances ! avait remarqué le chancelier allemand.

Mitterrand s'était alors tourné vers Sapin.

– Vous savez, vous n'auriez été qu'énarque, je n'aurais jamais accepté votre nomination. Il faut avoir de la distance pour avoir de l'autorité sur les fonctionnaires des Finances.

Cette réflexion éclairait d'ailleurs rétrospectivement le choix, hétérodoxe lui aussi, qu'il avait fait en 1984, en confiant la rue de Rivoli à Pierre Bérégovoy.

Du fait de cette division des responsabilités, certains arbitrages entre le monétaire et le budgétaire ne se feront plus au ministère des Finances mais à Matignon, sous l'autorité directe de Pierre Bérégovoy. De plus celui-ci aura parfois du mal à oublier qu'il n'est plus à la tête de ce ministère qui a tellement compté dans sa vie et dont il connaît tous les rouages. « Il me téléphonait souvent : “ J'ai lu telle chose dans la presse. Pourquoi fais-tu ça ? ” Mais dès qu'on lui faisait remarquer qu'il était Premier ministre et qu'il y avait un ministre des Finances, il revenait très facilement sur ses propos et avec bonne humeur [1]. »

Le 8 avril 1992, c'est le grand oral, le morceau de bravoure qu'est pour tout Premier ministre son discours de politique générale. « Onze ans, onze mois », titre le journal *Le Monde* pour résumer l'esprit du discours de Pierre

1. Entretien avec Michel Sapin, 16 décembre 1993.

Bérégovoy, qui se présente, malgré les difficultés, tout à la fois comme le défenseur de l'œuvre accomplie depuis la première élection de François Mitterrand, et comme celui qui la défendra devant les électeurs en mars 1993.

– Nous avons onze mois d'action gouvernementale pour traduire en actes un projet de société. Onze mois pour montrer que la France marche et qu'elle est forte. Onze mois pour redonner à la jeunesse confiance en son avenir.

Il fixe sa méthode :

– Réformer en écoutant, faire marcher la France vers l'avenir, sans brutalité mais avec détermination.

Il énonce enfin trois urgences et – pour reprendre un terme cher à Michel Rocard – six « chantiers » pour son action.

Les trois urgences répondent, il le sait, aux préoccupations des Français. La première est bien sûr la lutte contre le chômage, notamment le chômage de longue durée. Urgence également, l'insécurité urbaine en faisant la part égale entre la prévention et la lutte contre la délinquance. Troisième et ultime urgence, la lutte contre la corruption, en s'attachant à concilier le respect dû aux responsables publics, l'indépendance et la crédibilité de la Justice et la nécessité absolue de mesures nouvelles pour répondre aux « affaires ».

– J'entends vider l'abcès de la corruption et [...] pousser les feux de la justice et du châtiment pour les coupables.

Ces mots sont martelés avec force.

Quant à ses six chantiers du moyen terme, ce seront l'éducation, la Sécurité sociale, la protection du cadre de vie et de l'environnement, la modernisation du secteur public, l'intégration des immigrés et enfin la paix et le désarmement.

Le sujet le plus sensible est celui de la Sécurité sociale. Mais sur ce point il fait preuve de la plus extrême prudence, annonçant seulement qu'« il n'y aura pas de médecine à deux vitesses, il n'y aura pas de remise en cause des retraites », et il reprend « la distinction entre les fonctions de solidarité nationale assumées par l'État et les fonctions d'assurances collectives assumées par la Sécurité sociale », s'engageant ainsi dans une voie préconisée par le rapport Cottave en janvier 1992, mais qui pour lui n'est pas une nouveauté. Une des grandes révélations de son discours est l'annonce de la suspension unilatérale par la France des essais nucléaires pendant une année, ceci, il le dit implicitement, sur instruction du président de la République.

La solidité de son discours, mais aussi l'esprit de solidarité qui l'a animé – treize de ses ministres ont été cités ainsi que les quatre précédents Premiers ministres socialistes – seront relevés, mais une ombre a terni cette impression favorable.

Alors qu'il annonçait un projet de loi sur la transparence du patrimoine des élus, l'opposition l'a brutalement interrompu aux cris de :

– Urba ! Tapie ! Naouri ! Boublil !

Visiblement agacé, il n'a pas eu le bon réflexe :

– Comme je suis un nouveau Premier ministre et un homme politique précautionneux, j'ai ici une liste de personnalités dont je pourrais éventuellement vous parler ! a-t-il répliqué en haussant le ton pour couvrir les brouhahas et en exhibant une liste dactylographiée.

C'est l'incident, la colère dans les rangs de l'opposition. Beaucoup de ses députés quittent l'hémicycle. Pierre Mazeaud (RPR) somme le Premier ministre, par la voie d'un rappel au règlement, de dévoiler les noms figurant sur ce papier et dénonce la « méthode des soupçons ». La séance est interrompue.

Pierre Bérégovoy formulera des regrets implicites lorsqu'il reprendra son discours.

– C'est la dernière fois que je me laisse entraîner sur ce terrain, affirmera-t-il.

Dans la soirée, en répondant aux orateurs qui lui auront succédé, il reviendra sur l'incident de façon plus explicite :

– Si j'ai pu blesser qui que ce soit, je lui présente mes excuses.

Mais il a beau dire, le faux pas a été fait et il sera abondamment commenté. Certains de ses adversaires potentiels sont tentés d'en conclure que la fonction n'étant plus la même, ils n'ont plus à faire au même homme et que cette fâcheuse maladresse a valeur de symbole.

L'« affaire Tapie » ne fera que les conforter dans cette idée. Le 20 mai, Bernard Tapie présente les grands axes de son « Plan pour la ville » devant le Conseil des ministres. Mais Paris bruit déjà de rumeurs d'inculpation dans ses activités d'hommes d'affaires, sur plainte de Georges Tranchant, député RPR des hauts-de-Seine et financier de haut vol. Le tribunal de grande instance de Paris s'intéresse en effet aux conditions de la cession, au groupe Japonais Toshiba, d'une société ayant associé Tranchant et Tapie, et le juge Édith Boizette convoque le nouveau ministre afin de lui signifier son inculpation pour « complicité de recel et d'abus de biens sociaux ». L'émoi est à la mesure des remous qu'avait suscitée sa nomination. Même chez les socialistes, peu nombreux sont ceux qui accepteraient de prendre le moindre risque pour Tapie. Pierre Mauroy résume une opinion assez générale en avouant :

– Tapie n'est pas ma tasse de thé.

François Mitterrand et Pierre Bérégovoy prendraient un risque important en le maintenant à son poste.

Pierre Bérégovoy assiste alors à Évian à la réunion annuelle du Bilderberg, une des organisations les plus sélectes du monde qui réunit des hommes politiques de premier plan, des industriels de poids international et des grands patrons de presse. Visiblement à l'aise et sûr de lui, il vient de faire un discours très remarqué sur l'Europe, mais quitte Évian avant le dîner de clôture qu'il devait présider.

Le temps presse en effet. Il a rendez-vous avec Tapie pour lui demander de quitter le gouvernement. Celui-ci avait dit la veille :

– Je ne démissionnerai pas, car cela veut dire que j'ai commis une faute et [...] ce n'est pas dans ma nature.

Le 24 mai cependant il remet cette démission pour « retrouver toute [sa] liberté de citoyen pour se défendre ». Pierre Bérégovoy a anticipé de peu l'inculpation qui tombe le 25.

Deux jours plus tard, il reçoit Paul Benmussa pour le week-end au pavillon de la Lanterne. A peine l'aperçoit-il qu'il prend les devants :

– Je sais ! Je sais ! lui dit-il dans un grand geste. Vous allez me dire que vous aviez raison. Je sais !

Puis il lui fait visiter le château. Il est en short, polo et casquette.

– La piscine, je crois que c'est Rocard qui l'a fait construire. Le tennis, c'est Fabius.

– Et vous, qu'est-ce que vous avez fait ?

– Moi, j'ai apporté ma table de ping-pong.

« C'était un joueur de ping-pong acharné. Nous avons fait des parties interminables », poursuit Paul Benmussa.

Le Premier ministre indique qu'il prend personnellement en charge le ministère de la ville. Il ajoute que si la justice reconnaît l'innocence de Tapie, celui-ci pourra retrouver sa place au gouvernement [1]. Ceux qui le connaissent bien ne s'étonnent pas de cette déclaration, mais elle est en général mal perçue et l'affaire Tapie apparaît comme un nouveau faux pas fâcheux pour un gouvernement neuf qui s'est donné comme priorité la moralisation de la vie politique. La polémique est loin d'être close. L'affaire rebondit deux jours plus tard : le *Canard enchaîné* révèle que Bernard Tapie a sollicité les conseils du directeur des affaires criminelles du ministère de la Justice. La chancellerie confirme, le 28, cet entretien qui a eu lieu avec l'accord du garde des Sceaux et précise que « le directeur, pendant son entretien avec monsieur Tapie, est constamment demeuré dans le cadre de ses attributions ».

Tout cela est bientôt occulté par les manifestations d'agri-

1. Après avoir obtenu son non-lieu, et après le retrait de la plainte de Georges Tranchant, il retrouvera effectivement son portefeuille de ministre le 24 novembre.

culteurs dans tout le pays. Ces jacqueries quasi quotidiennes étaients souvent dirigées contre des membres du gouvernement. Les ministres de l'Agriculture des Douze ont en effet signé, le 21 mai, un accord qui bouleverse la politique agricole commune. Le système des prix garantis doit être progressivement supprimé et compensé par une aide accrue aux exploitants. Aussi les syndicats agricoles se sont mobilisés contre « la capitulation devant les pressions américaines ».

L'opposition saisit l'occasion pour déposer une motion de censure. Lorqu'il apparaît que le PC la votera, Pierre Bérégovoy sent le sol vaciller sous ses pas. Elle est en fait repoussée, mais de très peu. Il aurait fallu 289 voix pour renverser le gouvernement. Elle n'en recueille que 286. Les quatre voix qui l'ont sauvé sont celle de Raymond Barre, qui juge une censure « prématurée », de Pierre de Bénouville (RPR) qui, en raison de son amitié avec François Mitterrand, ne vote jamais la censure, d'Ernest Montoussamy, député apparenté communiste de la Guadeloupe, et d'Alain Peyreffite (RPR) dont l'abstention est accidentelle.

L'agitation ne cessera pas pour autant, les agriculteurs tenteront de bloquer, mais sans succès, les accès de Paris. Les manifestations en province se multiplieront et c'est dans ce climat de tension que la réforme de la PAC sera définitivement adoptée par les Douze le 30 juin. Mais en réponse aux appels de détresse des agriculteurs, le gouvernement mettra en place le 20 juillet un plan de solidarité en leur faveur, avec allègement sensible de leurs charges sociales et fiscales, et mesures d'aide au désendettement et à la modernisation des exploitations.

Plusieurs réformes qui sont autant de réponses à ses engagements ont déjà été mises en chantier. Martine Aubry, ministre du Travail, a fait adopter le 29 avril un programme en faveur des chômeurs de longue durée, soit au moins neuf cent mille personnes. Il prévoit un effort accru des services chargés de l'emploi. Mille postes supplémentaires sont créés et deux cents appelés du contingent viendront en renfort pour tenter de trouver à ces chômeurs des solutions personnalisées. Par ailleurs, le 27 mai, est rendu public un projet de loi devant moderniser l'apprentissage. Le 5 août seront également prises diverses mesures destinées à relancer le travail à temps partiel.

La presse retentit en même temps de la polémique qui s'est engagée entre le ministre du Travail et Jacques Calvet à propos des fausses préretraites du plan social de PSA en 1991. Martine Aubry dénonce des pratiques qui, selon elle, ont coûté deux cent dix millions de francs à la collectivité et trente-deux millions de francs seulement à Peugeot. Elle affirme sa volonté de mettre fin à ce procédé, dont Calvet est loin d'être seul coupable.

Mais c'est l'agitation dans les ports paralysés par les dockers qui crée au Premier ministre ses plus gros soucis dans l'immédiat. Le gouvernement veut restaurer la compétitivité des ports français handicapés par un sureffectif qui majore les coûts de 30 à 50 pour cent par rapport aux installations concurrentes de la CEE. Il se heurte à l'opposition de la CGT qui n'entend pas renoncer à un monopole sur l'emploi et l'embauche des dockers. Comme elle continue à refuser une négociation port par port, Charles Josselin, nouveau secrétaire d'État à la mer, dépose un projet de loi qui comporte une mensualisation des dockers. Le texte est adopté. La CGT continuera un combat d'arrière-garde jusqu'au 19 juin, date à laquelle elle se verra contrainte d'accepter de négocier dans le cadre de la nouvelle loi. Mais le conflit perdurera pendant tout le mois de juillet, notamment à Dieppe et à Marseille.

Sur un autre dossier sensible, la maîtrise des dépenses de santé, le gouvernement doit en revanche reculer. En 1991, Claude Évin, alors ministre de la Santé, avait lancé l'idée d'appliquer aux médecins libéraux l'équivalent du système du « budget global » introduit par Pierre Bérégovoy en 1983 pour la gestion des hôpitaux. Cette enveloppe globale était destiné à limiter le budget annuel consacré aux dépenses de santé du secteur libéral. Dans ce même esprit René Teulade fait adopter par le gouvernement, le 20 mai, un projet de loi qui fixe à 7,09 pour cent l'évolution des honoraires médicaux et des prescriptions remboursées par la Sécurité sociale en 1992. C'est une levée de bouclier dans la médecine libérale. La confédération des syndicats médicaux français (CSMF) s'insurge contre ce texte qui aboutirait à une limitation d'exercice et de prescriptions de chaque praticien. Le Premier ministre paraît d'abord décidé à ne pas céder, mais l'étroitesse de son soutien parlementaire lui conseille bientôt la prudence. Pour ne pas prendre le risque d'une nouvelle motion de censure sur un texte qui concentre l'hostilité de la droite et du PC, il préfère renoncer au projet qu'il retire le 30 juin. L'annulation par le Conseil d'État, le 10 juillet, de la convention médicale de 1990, donne une dimension nouvelle au débat. C'est le vide juridique au moment où l'on apprend que la trésorerie de la Sécurité sociale est à découvert de plus de trente milliards de francs.

Dès le 14 avril, Michel Sapin s'est inscrit dans la continuité de Pierre Bérégovoy en donnant « la priorité absolue » à la maîtrise des finances publiques et en excluant toute tentation de « relance artificielle ». Mais en attendant la « croissance forte » que tout le monde appelle de ses vœux, il lui faut tenir compte des moins-values fiscales (estimées à quarante-cinq milliards de francs) et réévaluer en conséquence à cent trente-cinq milliards le déficit budgétaire probable de 1992, initialement fixé à quatre-vingt-dix milliards. Jusque-là il avait été possible, en raison de la forte conjoncture, de conduire de front la stabilité monétaire et la rigueur budgétaire. Il faut désormais faire un choix. Pour des raisons de principe, mais aussi de politique européenne, la politique monétaire restera très stricte et, plutôt que de réduire les dépenses, le gouvernement préférera laisser filer le déficit, en le contenant à moins de 2 pour cent du PIB, pour soutenir la reprise de l'activité.

Cette échéance européenne pèse sur beaucoup de décisions. De nombreuses mesures d'harmonisation sont prises par les Douze. La plus spectaculaire est l'adoption, le 27 juillet, au terme de cinq années de négociations difficiles, d'un taux normal de TVA, fixé à 15 pour cent au minimum pour quatre ans, à partir du 1er janvier 1992. C'est aussi pour améliorer la compétitivité des PME françaises face au marché unique qu'un projet de loi vise à réduire les délais de paiement qui, jusque-là, étaient les plus longs d'Europe. Toujours dans le but d'améliorer le financement des entreprises, est adopté sur proposition de Michel Sapin le projet de Plan d'épargne en actions (PEA), dont Pierre Bérégovoy avait déjà rendu publiques les grandes lignes au cours d'un « point de presse » à Bercy, le 19 mars. L'objectif est de compléter la réforme de l'impôt sur les bénéfices, qui est tombé à 33,33 pour cent dans la loi de Finances 1992, et permet aux entreprises de mieux rémunérer leurs actionnaires, et surtout de faire appel plus facilement à eux pour accroître leurs fonds propres. Le PEA va dans ce sens par une incitation directe aux épargnants. Mais les résultats seront décevants.

Enfin parce que les grandes entreprises du secteur public, qui naviguent dans les eaux internationales, ont besoin, comme les autres, de beaucoup d'argent pour investir et rester performantes, et que l'État est déjà très endetté, Pierre Bérégovoy se résigne, apparemment sans trop d'états d'âme, à multiplier les entorses au dogme du « ni-ni ».

Les désengagements de l'État s'accélèrent. Après avoir vendu 23 pour cent de la compagnie Elf-Aquitaine le 13 mars, le gouvernement se lance dans une opération plus importante en annonçant pour le mois de juin la vente de la plus grosse partie du capital public du groupe pétrolier Total. Au terme de l'opération, la participation directe de l'État doit tomber de 31,7 à 5 pour cent [1]. Le 29 octobre, le gouvernement annoncera également son intention de

1. Toutefois une partie du capital devait être reprise par des entreprises du secteur public, tel que les AGF ou le GAN, la part du secteur public doit en réalité de 15 pour cent contre 37 pour cent avant les opérations.

vendre en partie Rhône-Poulenc en mettant en vente sur le marché environ 10 pour cent de ses titres, tout en gardant la majorité. Dans ces conditions, le PS ne peut que revoir ses positions sur le rôle du secteur public dans l'économie.

Jusque-là, Pierre Bérégovoy pouvait encore compter sur une reprise économique pour accentuer l'effet positif de son arrivée à Matignon. Il avait pu constater, satisfait, que s'il n'y avait pas eu d' « effet Cresson », il y avait un effet « Béré ». Les sondages qu'il surveillait avec tant d'anxiété étaient favorables. Une enquête de la SOFRES du 18 au 23 avril, publiée par le *Figaro-Magazine* du 2 mai, avait montré que la popularité de François Mitterrand s'était redressée tandis que le Premier ministre faisait un bond spectaculaire, gagnant quatorze points pour atteindre 54 pour cent d'opinions favorables. Les Français, même de droite, se réjouissaient d'avoir un vrai « pro » aux commandes.

Mais le mois de juin sera celui du retournement de tendance économique inexorable, de la cassure. L'optimisme des premiers mois de l'année laisse place à l'inquiétude. L'OCDE révise à la baisse ses prévisions de croissance pour 1992 (1,8 pour cent au lieu de 2,2 pour cent).

Après deux années d'euphorie, l'Allemagne commence à payer le prix de la réunification. Elle connaît de violents conflits sociaux tandis que s'accentuent les tensions inflationnistes. Devant les risques de surchauffe, les autorités monétaires relèvent les taux d'intérêt. Cette politique restrictive renverse la tendance. À la croissance forte succède la récession. La France ressent l'onde de choc, tandis que l' « effet Maastricht » se fait sentir lui aussi. Les investissements industriels ne se redressent pas. La production industrielle recule elle aussi. Le nombre des chômeurs passe les 2,9 millions, le commerce extérieur reste positif, mais surtout en raison du recul des importations. La consommation des ménages est à nouveau en baisse. On s'aperçoit que la forte croissance du premier trimestre reposait uniquement sur la demande de l'étranger et que les autres facteurs n'ont pas pris le relais.

Cette dégradation intervient à un moment où le débat de Maastricht occupe une place grandissante. Jusque-là, l'adoption du traité par la France semblait acquise. Pourtant lorsque le processus de ratification s'était engagé le 5 mai avec l'ouverture à l'Assemblée du débat sur le projet de réforme constitutionnelle, préalable indispensable à la ratification du traité par la France [1], il était déjà apparu que les choses ne seraient pas aussi faciles que l'on croyait. Sur le fond, Pierre Bérégovoy avait souligné que le traité était une chance pour la France :

– L'Europe, c'est le moyen que nous nous donnons pour mieux maîtriser notre avenir dans le monde.

Quant au moyen qui serait adopté pour la ratification, recours au Parlement réuni en Congrès ou référendum comme beaucoup le réclamaient, il ne s'était pas encore prononcé, déclarant simplement :

– Si le référendum s'impose, référendum il y aura. Ni le président de la République ni le gouvernement ne redoutent la consultation directe du peuple.

Après lui, Roland Dumas et Michel Vauzelle s'étaient efforcés de rassurer : « La souveraineté de la France est inaliénable, imprescriptible, inaccessible et indivisible a déclaré le garde des Sceaux. Il ne peut y avoir de transfert, c'est-à-dire de cession définitive de la souveraineté d'un État [...]. Mais le peuple souverain peut en toute souveraineté délimiter l'espace où s'exerce sa souveraineté. Le peuple peut

1. Le 9 avril, le Conseil constitutionnel, saisi par le président de la République, avait relevé que trois séries de clauses du traité supposaient une modification de la Constitution, dans la mesure où ils affectaient l'exercice de la souveraineté nationale :

– Le droit de vote aux élections municipales reconnu à tout ressortissant de la communauté.

– Les clauses relatives à l'union monétaire, dont le principe de l'indépendance de la future Banque centrale européenne, et la fixation irrévocable des taux de conversion des monnaies.

– L'abandon de la règle de l'unanimité pour l'octroi des visas aux ressortissants des pays tiers.

donc parfaitement consentir à une autolimitation, mais il y a dans ce consentement – qui ne sent la différence? – tout autre chose qu'un abandon. »

La surprise était venue de Philippe Seguin qui, dans un discours fleuve de deux heures vingt-trois minutes avait contesté la recevabilité du texte au motif de son incompatibilité à la Constitution et aux principes de la Déclaration des droits de l'homme et du citoyen. Il s'était sourtout livré à une dénonciation en règle du traité. L'exception d'irrecevabilité avait été largement repoussée, mais son intervention, exemple rare d'éloquence parlementaire, avait laissé une forte impression et avait reçu un soutien manifeste au sein du RPR.

Déjà ébranlé, le front des partisans de l'Europe reçoit un nouveau choc avec la nouvelle, le 2 juin, du vote négatif du Danemark. On commence à s'interroger sur la pérenité d'un traité, signé à Douze, l'un des États cosignataires ayant refusé de le ratifier. Le président de la République précipite alors les choses. Pour prendre de court les adversaires du traité, il annonce qu'une fois la Constitution modifiée, le traité maintenu en l'état, sera soumis au référendum. Il fait ainsi tomber une partie de l'argumentation des adversaires du traité, lors des débats parlementaires, puisque le peuple décidera en toute souveraineté.

N'est-ce pas cependant prendre un grand risque? La ratification par l'Irlande, le 18 juin, n'efface pas les effets négatifs du vote du Danemark, et le pessimisme qui s'empare à nouveau des Français contribue à gonfler les rangs des adversaires du traité. Un climat d'euro-scepticisme s'installe peu à peu, que la campagne d'explication du chef de l'État ne parvient pas à dissiper. Néanmoins le processus européen suit son cours alors que le débat se focalise autour de l'ouverture du droit de vote des ressortissants de la Communauté.

La révision de la Constitution nécessaire préalablement à la ratification du traité est solennellement votée par le

Congrès, le 23 juin, par 592 voix contre 73 et 14 abstentions. Le 1er juillet, le Conseil des ministres fixe la date du référendum au 20 septembre.

Déjà sur la défensive, le gouvernement voit s'abattrent les difficultés à une cadence soutenue.

– Moi, ma chance en politique, c'est quand les choses vont mal, avait coutume de dire Pierre Bérégovoy.

Effectivement, dans une ambiance de crise, il faisait toujours preuve d'une grande confiance en lui. Mais cette fois-ci, c'en est trop. À la grève des gardiens de prison succède celle des camionneurs. En quelques jours, à la veille des « grandes vacances », la France est paralysée par des centaines de barrages routiers ; l'économie, qui n'avait pas besoin de cela, est complètement perturbée. Bérégovoy est pris de cours. Il ne s'attendait pas à ce que cette nouvelle jacquerie lui explose à la figure. Cette crise difficile à résoudre le marque. Il en porte tout le poids alors qu'il n'est même pas à l'origine du permis à points qui a déclenché le conflit. Il s'efforce de faire acte de fermeté. Il est en réalité nerveux, tergiversant, hésitant sur la marche à suivre. Contre l'avis du PS, il accepte de recevoir « Tarzan », le chef de file des camionneurs. Les barrages sont enfin levés le 8 juillet après un accord limité entre les syndicats et le gouvernement, lequel finira par faire des concessions aux camionneurs.

On ne lui laisse pas reprendre son souffle. Le 9 juillet, juste avant la fin de la cession parlementaire, le *Monde* annonce que le juge Van Ruymbeke, conseiller à la cour d'appel de Rennes a convoqué à fin d'inculpation le président de l'Assemblée nationale, Henri Emmanuelli. Sa mise en cause est liée à ses anciennes fonctions de trésorier du PS lors des faits instruits dans le cadre du dossier Urba. Cette nouvelle affaire, qui n'a pas fini de faire des vagues, pose des questions importantes sur le fonctionnement de la justice et ses rapports avec les médias. La première est celle des violations continues de ce qu'on appelait autrefois le secret de l'instruction. La seconde est celle du choix de la date de cette convocation, à quelques jours du Congrès socialiste. La troisième, relevant de l'appréciation du juge, est celle de l'inculpation ès qualités du trésorier d'un parti politique, et non en raison d'infractions spécifiques.

Quelques jours plus tard, c'est l'ouverture du procès des responsables de l'affaire du sang contaminé, dans un contexte dramatique amplifié par la pression médiatique, les revendications des parties civiles réclamant un procès d'assises et les interrogations sur l'éventuelle implication personnelle des témoins qui, à l'époque des faits, avaient des responsabilités gouvernementales – Georgina Dufoix, Edmond Hervé et Laurent Fabius.

Les quelques jours de repos qu'il s'accorde au début du mois d'août, Pierre Bérégovoy les passe dans sa maison de Saint-Martin-aux-Buneaux. En raison de ses reponsabilités de Premier ministre, il a renoncé cette fois, non sans regrets, à Hammamet, où il avait l'habitude de séjourner tous les étés avec sa femme. Mais il est en famille, entouré de ses petites-filles – il en a cinq – et semble détendu devant l'objectif du photographe de *Paris Match* venu faire le reportage-souvenir sur le nouveau Premier ministre en vacances. Les lecteurs de l'hebdomadaire peuvent constater que celui-ci a gardé ses goûts simples. Comme toujours lorsqu'il est dans sa maison normande, il partage ses moments de détente entre la bicyclette, le jogging ou le ping-pong. Il s'attarde aussi devant la télévision pour regarde un match de football ou un western.

Comme chaque année aussi, il assiste à la « fête des marins » que le maire de Saint-Martin-aux-Buneaux a remise à l'honneur. Fécamp a été longtemps le plus grand port morutier de France. La tradition marine était très forte dans toute la région. En janvier, avant le départ des bateaux vers Terre-Neuve, était traditionnellement célébrée une messe. Le maire de Saint-Martin-aux-Buneaux a voulu ressusciter cette cérémonie. Mais pour qu'elle attire du monde, elle a été transférée au mois d'août. Pierre Bérégovoy ne l'a jamais ratée, faisant le voyage de Paris si nécessaire. Toutes les communes limitrophes y participent. L'essentiel de la cérémonie réside dans la messe, célébrée dans les anciennes traditions. Les participants rentrent en prossession dans l'église, précédés par des enfants portant des maquettes de bateaux et des assiettes de coquillages. Pierre Bérégovoy n'est pas la seule personnalité à y assister : Geoffroy de Montalembert, sénateur de Seint-Maritime et doyen du Sénat, est lui aussi toujours présent. Deux fauteuils leur sont réservés devant l'autel. La place d'honneur est à droite. Pierre Bérégovoy l'occupe quand la gauche est au pouvoir. Pendant la cohabitation, il y a également alternance de siège. Geoffroy de Montalembert, comme représentant de la majorité du moment, se retrouve à son tour à droite de l'autel... Mais avec le retour de la gauche au pouvoir Bérégovoy récupère la place d'honneur. La messe terminée, tout le monde se rend à pied – Pierre Bérégovoy y tient beaucoup – dans une salle polyvalente, à un quart d'heure de marche environ. Paul de Buyer-Mineure, maire de la commune voisine de Veulettes-sur-mer et président du Centre français du patronat chrétien (CFPC), a pris l'habitude de faire le trajet aux côtés de Pierre Bérégovoy :

– Il cherchait visiblement à prendre un quart d'heure de vraie détente, sachant que ses propos ne dépasseraient pas le cercle de ceux qui l'accompagnaient. Il se montrait très simple, ses réponses étaient ouvertes et naturelles. Nous n'étions pas du même bord politique, mais nous avions une conversation d'amis marchant ensemble et, je crois, un profond respect l'un pour l'autre.

Le climat est tout aussi serein avec Geoffroy de Montalembert. Le discours qu'ils font à tour de rôle est soigneusement posé et nuancé, pour ne pas risquer de se contredire et pour rester dans le cadre d'une fête conviviale.

– Il avait une réputation humaine très forte dans la région, poursuit Paul de Buyer. Quand l'affaire du prêt est sortie, la presse locale n'en a jamais parlé. J'admirais son courage physique et moral. Il avait un sens moral profond de ses responsabilités. Il avait de l'ambition, mais elle était saine. Ce n'était pas un carriériste, mais un archétype des grands serviteurs de l'État. Je sais par ailleurs que, dans les dernières années de sa vie, il avait des préoccupations d'ordre métaphysique [1].

Il sait que la rentrée sera très dure. La situation économique reste morose, l'attentisme des chefs d'entreprise et la faiblesse de la demande intérieure ne laissant espérer aucune reprise. Le pays semble s'enfoncer dans la crise. La bataille européenne s'annonce beaucoup plus difficile que prévu, les élections législatives sont d'ores et déjà considérées comme perdues. Il va être contraint de gouverner avec une vue par définition très courte, ce qui rend à la fois aléatoire et compliquée la gestion d'un pays. Son comportement s'en ressent. À la bonhomie joviale qu'il affichait dans ses débuts à Matignon a succédé une sérénité de circonstance, calculée.

L'ombre de Maastricht a tout paralysé pendant l'été. Il s'agissait de ne rien faire qui pût entraver la ratification du traité. Le 22 juillet, Pierre Bérégovoy s'était encore contenté d'un plaidoyer général contre le risque de voir réduits à néant quarante années d'efforts de construction européenne en cas de victoire du « Non ».

Mais le climat a vite changé. Le 25 juillet le gouvernement a dû renoncer à la campagne télévisée qu'il avait prévu et le débat a bientôt pris un caractère passionnel qui n'est pas sans rappeler la vaste empoignade qui avait saisi l'opinion au moment du débat sur la Communauté européenne de défense en 1954. Comme quarante ans plus tôt, les partis extrêmes, le PC et le Front national, se retrouvent dans la même hostilité au traité, au nom du nationalisme, tandis que les autres partis se divisent. La rupture la plus spectaculaire se fait au sein du RPR. Le 4 juillet, Jacques Chirac a annoncé qu'il voterait « Oui » pour ne pas isoler la France.

1. Entretien du 2 novembre 1993.

Mais Philippe Seguin et Charles Pasqua mènent une campagne active en faveur du « Non ». Ils dénoncent tout à la fois les aspects qui leur paraisent négatifs et les risques de récupération politique par le chef de l'État en cas de large victoire du « Oui », même si celui-ci a déclaré ne pas engager sa responsabilité sur ce vote. Philippe de Villiers, qui représente l'aile droite de l'UDF, les a rejoints au nom de valeurs assez proches de celles du Front national. Le PS lui-même n'est pas unanime derrière le chef de l'État. Jean-Pierre Chevènement a pris la tête de la minorité hostile au traité, au nom de son autre vision de la France.

Face à cette coalition hétéroclite, les artisans de la ratification montrent plus de cohérence car ils sont tous, au moins, partisans de la poursuite de la construction européenne. Ils ont l'appui des chefs d'entreprise, encore qu'il faille nuancer. François Périgot a pris nettement parti pour le « Oui » le 2 septembre et les responsables des grandes entreprises – à l'exception notoire de Jacques Calvet – sont eux aussi assez largement favorables à la ratification. Les patrons des PME sont, eux, beaucoup plus réticents. Un bon nombre d'entre eux penchent même pour le « Non ».

Devant un problème trop complexe pour que tous ses aspects puissent être exposés de façon globale et cohérente, le débat se réduit en fait à des argumentations démagogiques ou sommaires. Mais lorsque le 25 août tombe le sondage BVA-*Paris-Match* qui donne le « Non » vainqueur, c'est la stupeur dans le camp des Européens. Personne n'aurait envisagé un tel retournement trois mois plus tôt. Le lendemain un autre sondage IPSOS-*Le Point* confirme ce résultat. Les partisans de la ratification se mobilisent fébrilement pour dénoncer le réflexe de repli et de frilosité des adversaires du traité, ainsi que le thème « peur de l'Allemagne », volontiers mis en avant. Pierre Bérégovoy use sans relâche de sa force de persuasion pour ramener des voix dans le camp européen. Il n'a peut-être pas apprécié de ne pas être nommé général en chef de la campagne pour le « Oui », ce rôle ayant été officiellement et conjointement confié au flamboyant Jack Lang et à la belle Élisabeth Guigou. Malgré cela il se bat, monte aux créneaux chaque fois qu'il le peut. Il se sent très interpelé par Maastricht. L'Europe lui paraît plus nécessaire que jamais depuis la réunification allemande. Il faut éviter à tout prix que l'Allemagne ne s'en détache pour constituer autour d'elle une « Mittel Europa » avec les ex-pays de l'Est. Il s'investit de plus en plus dans le débat. Mais il est mal relayé par le PS qui souffre d'une impopularité dont il n'arrive pas à se relever. Jusqu'à la dernière minute, l'incertitude est totale. Le doute accentue le pessimisme ambiant des chefs d'entreprise qui diffèrent leurs investissements. Il pèse sur la consommation intérieure. Toute l'Europe est suspendue au verdict des Français, dans un climat d'inquiétude que traduit la tempête monétaire qui secoue le SME. Les opérateurs craignent de voir ressurgir les vieux démons français en cas de victoire du « Non ». Une première attaque sur la monnaie française est portée à l'annonce des sondages négatifs. Sans résultats. Le franc a bien résisté aux premières turbulences. Mais le 16 septembre, à quatre jours du référendum, le franc est cette fois sérieusement mis en difficulté. Le 18 il perd rapidement du terrain sur le deutsche mark, et la Banque de France doit intervenir avec vigueur pour l'empêcher d'atteindre son cours plancher au sein du SME.

Le 20 septembre au soir, l'Europe entière apprend avec soulagement que les Français ont approuvé Maastricht par 51,05 pour cent des suffrages exprimés [1]. Cette victoire du « Oui » représente une étape décisive pour la France et la Communauté : elle permet de poursuivre l'unification européenne et ouvre la voie à une monnaie unique. Mais elle est trop courte pour que la construction européenne ne s'en trouve pas ébranlée. L'absence d'adhésion populaire profonde est le corollaire presque inévitable d'une Europe jugée trop technocratique. Mais en même temps, l'issue de la crise

1. La participation a été relativement élevée : 69,7 pour cent.

monétaire démontre le bien-fondé d'une intégration européenne.

Bérégovoy n'a guère le temps de s'attarder sur ce succès au goût amer. Malgré la satisfaction affichée par les plus hautes autorités monétaires, à commencer par le directeur du FMI, l'avance du « Oui » est trop faible pour empêcher le franc d'être à nouveau attaqué. Dès le 21, il est acculé à un centime de son cours plancher. Le 22 la spéculation se déchaîne tandis que le chancelier Kohl fait le point avec le président Mitterrand à l'Élysée sur les lendemains de Maastricht. Devant la gravité de la crise qui devient une affaire d'État, Bérégovoy a la tentation de prendre directement les choses en main, de doubler son ministre des Finances et de donner les instructions lui-même. Michel Sapin raconte : « J'ai eu avec lui deux conversations sèches sur ce thème :

« – Il n'y a qu'une seule personne qui puisse donner des ordres, c'est moi. Ça ne t'empêche pas de me donner des ordres à moi.

« – Michel, tu as raison. »

« Très vite il acquiesçait. »

La solidarité sans faille manifestée par la Bundesbank, son intervention résolue, concertée avec la Banque de France, cassent la poussée spéculative et sauvent le franc. Le 23, un communiqué très ferme de Jacques de la Rosière et Helmut Schlesinger, gouverneurs et présidents des deux Banques centrales, réaffirme solennellement le maintien de la parité franc-mark. Le calme revient sur le marché des changes. La « Buba » a dépensé quatre-vingt-douze milliards de deutsche marks (plus de 310 milliards de francs), dont l'essentiel pour sauver le franc, et, à travers la devise française, l'avenir du SME. De son côté la Banque de France a consacré près de cent soixante milliards à la défense de sa monnaie.

L'âpreté de la bataille va laisser de lourdes séquelles. Le SME est à reconstruire. Pour la première fois depuis sa création en 1979, deux monnaies l'ont quitté [1]. Le « franc fort »

1. La livre sterling et la lire.

vient par ailleurs de mériter son nom mais il a fallu le soutien allemand pour lui permettre de résister à la tempête, et son sauvetage a imposé un nouveau relèvement des taux d'intérêt à court terme. La décision était indispensable, mais elle n'est pas de nature à réactiver la croissance.

Beaucoup avaient cru que Maastricht pourrait la relancer. La désillusion est grande. La tournure prise par le débat aboutit à l'effet inverse. Tous les regards se tournent alors vers l'État. Mais la bataille de Maastricht et la faiblesse de la victoire ont achevé de priver Pierre Bérégovoy de toute marge de manœuvre. Il continue à refuser toute relance inflationniste et ne dispose pas des moyens de financer une action importante de soutien, compte tenu du dérapage des dépenses publiques depuis 1991. À quoi s'ajoutent les déficits de la Sécurité sociale et de l'assurance-chômage qui continuent à se creuser. Les soucis s'accumulent au moment où il est obligé de seconder le président de la République, encore convalescent, dans les manifestations officielles. Le 24 septembre, il l'a remplacé au pied levé pour la célébration du bicentenaire de la République dans le grand amphithéâtre de la Sorbonne. Le 6 octobre c'est également lui qui préside à sa place à Libreville le sommet des pays africains. La surcharge de travail qu'occasionnent ces modifications d'emploi du temps marque parfois son visage. Mais il donne l'impression de récupérer très vite. Dès le lendemain, toute trace de fatigue a disparu.

Jusque-là, il avait lâché sur le déficit sans le dire, car il n'avait jamais voulu en faire un élément de politique. Mais le budget 1993 dont l'annonce a été reculée pour ne pas peser sur Maastricht, est l'aveu inévitable de son impuissance à le contenir. La stratégie de ce budget mise sur une reprise de la croissance, que les experts attendent désormais pour 1993, peut-être seulement pendant le second semestre. L'économie française pourrait en profiter mieux que ses partenaires grâce à des bases plus saines. L'hypothèse retenue, une augmentation de 2,6 pour cent du PIB paraît néanmoins très optimiste, alors que la croissance moyenne prévue est de 2,4 pour cent dans la zone OCDE et de 1,9 pour cent dans la CEE. La croissance serait cette fois stimulée par la demande intérieure qui prendrait le relais des exportations. Pour favoriser cette reprise de la consommation, mais aussi parce que les élections approchent, les impôts ne sont pas majorés. Les ménages bénéficient même de 3,8 milliards d'allègement de charges, tandis que le taux de l'impôt sur les sociétés tombe à 33 pour cent.

Volontairement, le gouvernement a choisi de ne pas compenser par des impôts nouveaux les pertes de recettes qui s'accumulent pourtant gravement en raison des très mauvaises rentrées de l'impôt sur les sociétés et de la TVA, qui sont les manifestations les plus parlantes de la crise.

Le résultat mécanique est un bond du déficit budgétaire qui est fixé à 165,4 milliards de francs, soit une progression de 83,9 pour cent en un an. Il est vrai que le déficit envisagé correspond à 2,2 pour cent du PIB, alors qu'il est largement supérieur à 3 pour cent dans la plupart des pays européens. On peut cependant douter des possibilités de s'y tenir en raison de l'effondrement des finances publiques déjà observé en 1992.

Les causes profondes de cette dérive brutale sont sans doute à rechercher dans les largesses gouvernementales entre 1988 et 1990, que Bérégovoy avait d'ailleurs plus d'une fois tenté de freiner. Grâce aux rentrées fiscales importantes fournies par une croissance assez forte, l'État avait pu laisser filer ses dépenses de fonctionnement tout en augmentant ses dépenses sociales. Avec la crise, les moyens de financer une telle politique manquent désormais, sauf à majorer sensiblement la fiscalité, solution inenvisageable compte tenu du niveau déjà trop élevé des prélèvements obligatoires et à plus forte raison si l'on veut préserver les chances d'une reprise. Par ailleurs le financement des déficits alourdit à nouveau considérablement la dette publique qui dépasse deux mille milliards de francs en fin d'année.

L'effort entrepris en 1985 et patiemment poursuivi par Pierre Bérégovoy pour maîtriser l'évolution des finances publiques se trouve donc annihilé par le dérapage des deux dernières années. La France a toutes les chances de dépasser le seuil de 3 pour cent du PIB fixé comme critère de convergence, pour le déficit public, entre les économies européennes.

Pierre Bérégovoy en est ébranlé, beaucoup plus qu'on ne pourrait le croire.

– Il donnait le sentiment d'avoir des certitudes, parfois de manière abrupte, par des arguments d'autorité. En réalité il était intrinsèquement un homme de doute profond. Même sur les sujets les plus importants, même sur le franc fort. Quand cela se manifestait, j'en étais un peu désarçonné car ce n'était pas l'image que je m'étais faite de lui. À partir d'octobre, ce doute s'est accentué. La carapace était d'autant plus puissante et forte qu'il était habité de ce doute intérieur. À la fin, lorsqu'il prenait des décisions, il disait toujours : « J'ai décidé ça, mais, après tout, j'aurais pu faire le contraire [1]. »

– C'était très troublant, confirme Régis Paranque, mais c'était aussi son tempérament. Il percevait toutes les contradictions des choses. À Bercy, notamment, je l'ai souvent entendu dire : « Ici, je suis au cœur de toutes les contradictions. »

C'est précisément l'homme sans carapace que découvre Philippe Labro au cours de la soirée du 5 novembre 1992. Depuis longtemps Pierre Bérégovoy était un de ses fidèles lecteurs. Il le lui avait confié à l'occasion de leurs rencontres, lorsqu'il était l'invité du Grand Jury RTL – le *Monde* et le lui avait dit avec suffisamment de sincérité et d'élan pour que s'introduise dans leurs contacts une touche d'affectivité.

– Lorsque nous nous voyions, il marquait à mon égard comme une différence à cause du roman, si bien que j'avais pris l'habitude de lui envoyer tous mes livres.

1. Témoignage de Michel Sapin, 20 décembre 1993.

Devenu entre-temps Premier ministre, Bérégovoy lui dit un jour :

– Ma femme aimerait vous rencontrer... Venez dîner en famille à Matignon.

Il s'agit effectivement d'un dîner « en famille ». Outre ses enfants le seul autre convive est Hervé Hannoun.

– Ce fut une soirée très chaleureuse. J'étais frappé par la simplicité et la modestie de cet homme chez qui on sentait la perpétuelle stupéfaction d'être là où il était. L' « affaire » n'avait pas encore éclaté. Il parlait beaucoup : Trénet, qu'il adorait, mes livres. Il jouait aussi avec l'idée d'être présidentiable... Il cherchait le dialogue avec moi. J'avais l'impression que cela le flattait. Nous sommes partis ensemble. Je l'ai regardé s'éloigner tout en fumant son cigarillo. Une silhouette sans masque... Un homme intégral. Il y avait chez lui quelque chose d'attendrissant, d'émouvant. Ma femme m'a fait cette réflexion : « Cet homme n'est pas heureux. Dans son visage, dans son ton, on sent de la tristesse, quelque chose de sombre. » Cela tenait-il à ses origines russes ? À une notion fataliste de la vie ? Était-ce une forme de stress ? Même dans les moments de détente, on le sentait en fait tendu. Comme s'il se disait : « Je grimpe, je grimpe, mais ils ne m'accepteront jamais, même si je suis le premier, parce que je n'en fais pas partie. Il donnait le sentiment de quelqu'un qui se contraint en permanence, qui passe son temps à se surveiller, à s'écouter. Un stress qui n'avait rien à voir avec la politique. Une faille intérieure : un problème vis-à-vis de lui-même et des autres [1]...

Il pouvait redouter que les communistes ne votent la motion de censure déposée par la droite lors du vote de son budget le 26 novembre. Leur abstention sauvera son gouvernement.

Il navigue maintenant à vue, essayant seulement de contourner les récifs, tandis que le climat social s'alourdit. Les infirmières manifestent le 29 septembre à Paris. C'est le

1. Entretien du 26 janvier 1994.

début d'un vaste mouvement de revendication. Le trafic ferroviaire a été perturbé le 27 octobre par la première « eurogrève » organisée par les cheminots des Douze pour protester contre la déréglementation. Fin novembre, c'est au tour de la RATP, de la SNCF et d'Air France de connaître des débrayages, tandis que plusieurs ports sont de nouveau bloqués par les dockers. En tant que Premier ministre, il se sent directement concerné par ces mouvements sociaux qu'il percevait de plus loin à Bercy. Son ancienne fibre syndicale en souffre.

Les sujets de déception se multiplient par ailleurs. En octobre, lorsque l'Assemblée nationale est saisie du projet de loi relatif à la prévention de la corruption et à la transparence de la vie économique, établi à partir du rapport Bouchery, il fait une sorte de discours de cadrage avant de laisser intervenir les quatre ministres concernés, car il se considère comme leur chef de file sur un dossier auquel il tient beaucoup. Mais il s'en sentira doublement dépossédé. Les députés socialistes, moins rigoureux que lui, vont modifier sensiblement son projet qui entendait interdire les aides des entreprises pour le financement des campagnes électorales et des partis politiques. Il songera à engager sa responsabilité sur ce point, mais devra reculer devant l'hostilité du PS, inquiet des conditions dans lesquelles devrait se faire la répartition de l'aide publique.

Un compromis sera réalisé : le principe des dons des entreprises sera accepté, à condition que ceux-ci soient publiés et plafonnés. Mais ce n'était pas ce qu'il avait souhaité. Tout au long du débat, il avait soutenu les positions les plus intransigeantes. Il se trouve aussi que les dispositions sur les publicitaires sont celles qui suscitent les plus nombreux commentaires, parce que par définition, les publicitaires savent parler d'eux-mêmes. Aussi l'appellation de « loi Sapin », d'abord donnée au volet sur la publicité, présenté par Michel Sapin, est-elle bientôt étendue à l'ensemble des dispositions. Il en prend presque ombrage et dit un jour à son ministre des Finances : « Puisque cette loi porte ton nom, maintenant tu n'as qu'à t'en occuper ! »

Pour tenter de faire aboutir les négociations sur le Gatt, bloquées par l'affrontement entre les États-Unis et la CEE sur les problèmes agricoles, la Communauté avait pris l'initiative d'une réforme drastique de la politique agricole commune. Les agriculteurs français continuaient à considérer qu'ils en étaient les principales victimes en dépit du plan d'accompagnement décidé par le gouvernement. Le remaniement ministériel du 2 octobre, qui avait vu le remplacement de Louis Mermaz, signataire de cette réforme de la PAC, par Jean-Pierre Soisson, avait été interprété comme un signe positif par le monde agricole. De fait, le nouveau ministre de l'Agriculture n'avait pas caché son intention de faire preuve de la plus grande fermeté sur le dossier du Gatt.

Mais, le 19 novembre, à Washington, la CEE et les États-Unis parviennent à un compromis. La France se retrouve isolée et le gouvernement confronté à de nouvelles manifestations d'agriculteurs. Elle en appelle à la solidarité de ses partenaires, menace d'opposer son veto au protocole d'accord, et Pierre Bérégovoy tente de rassembler les forces politiques autour du gouvernement, au moins sur ce dossier. Il n'y réussit pas. Tout en approuvant la position de fermeté de principe du gouvernement, l'opposition refuse de cautionner son action. Le Premier ministre obtient un vote de confiance le 25 novembre, mais par trois cent une voix seulement contre deux cent cinquante et une, au lieu de la très large adhésion qu'il espérait. On l'entend alors déplorer que « le jeu des partis ait imposé sa règle au mépris de l'enjeu du débat ». Il craint que la position de la France ne s'en trouve affaiblie.

L'année 1992 se termine dans une expectative tendue, alors que se développe une polémique sur le « franc fort ».

Les derniers bons résultats connus, excèdent du commerce extérieur et stabilité des prix, sont occultés par l'inexorable montée du chômage. La barre des trois millions est franchie et le choc est tel que les partenaires sociaux renoncent à la baisse de la cotisation de l'assurance-chômage qui avait été prévue. L'emploi en France subit le double effet d'une croissance trop faible et de mutations structurelles rendues nécessaires par la concurrence internationale. Il est dès lors tentant de mettre en doute le dogme du franc fort, de le rendre responsable du blocage de la croissance. La preuve est là, disent ceux qui soutiennent cette thèse : les nouvelles attaques contre le franc n'ont pas permis de poursuivre la détente des taux d'intérêt commencée en novembre par la Banque de France. La priorité reste au sauvetage de la monnaie. Les banques pénalisées par la crise de l'immobilier et la faiblesse du marché du crédit se voient elles-mêmes contraintes de relever leurs taux de base de un demi-point. Impossible que l'économie reparte dans ces conditions. Le seul moyen pour stimuler l'activité, ajoutent-ils, est de laisser filer le taux de change par rapport au mark, voire de sortir du SME comme l'a fait la livre. Pour desserrer l'étau qui bloque la croissance, en abaissant le coût du crédit et en redonnant à la monnaie un rôle actif. Cette thèse est défendue par les adversaires de Maastricht. Il faut tirer les conséquences de l' « entêtement de l'Allemagne », affirme Philippe Seguin, ne pas accepter de supporter les charges qu'impose à l'Allemagne sa réunification, par le canal de la politique monétaire et des mécanismes du SME.

Il n'est pas le seul à dire qu'il « faut décrocher du mark le plus rapidement possible ». Alain Madelin, vice-président du Parti républicain, et une partie des chefs d'entreprise se montrent favorables à un assouplissement de la politique monétaire. Cette thèse trouve également des soutiens dans les rangs socialistes.

Pierre Bérégovoy réagit vigoureusement le 17 décembre : il condamne « toute logique de dévaluation et de flottement des monnaies européennes », à un moment où la France et l'Allemagne envisagent au contraire de resserrer les liens entre les monnaies. On entend alors Valéry Giscard d'Estaing se désolidariser d'Alain Madelin et apporter son appui au gouvernement pour « le maintien de la valeur du franc et la présence de notre monnaie dans le SME ». Raymond Barre tient le même langage. De son côté le CNPF, lors de son assemblée générale le 15 décembre, approuve la politique du franc fort.

– La politique du franc fort étant dans la suite logique de la politique d'assainissement de l'économie. Elle était incontournable. Elle faisait peser des disciplines assez strictes sur l'économie française, plus faciles à supporter en période de croissance qu'en période de récession. Nous l'avons soutenue par conviction [1], confirme François Périgot.

Au sein du RPR, Alain Juppé prend lui aussi position contre Alain Madelin, et Jacques Chirac estime déplacée cette polémique sur le franc et son maintien dans le SME.

1. Entretien du 25 janvier 1994.

13

L'homme brisé

Le thème du laxisme monétaire va trouver un terrain favorable dans la campagne électorale qui a d'ores et déjà commencée. À aucun point de vue celle-ci ne se présente comme Pierre Bérégovoy l'aurait souhaité. Les armes dont il espérait se servir ou bien ont fait long feu ou bien se sont retournées contre lui. Il doit renoncer à bâtir cette Alliance des Français pour le progrès dont il espérait beaucoup, où le PS ne serait qu'un élément parmi d'autres au milieu de ses alliés, et dont il aurait pris la tête. Les dirigeants socialistes lui ont refusé cette nouvelle version de l'ouverture, ce qui semble pour l'avenir lui fermer toute possibilité de jouer un grand rôle au sein du PS.

Tout ce qui reste de cette vaste ambition est le léger état-major qui, depuis Matignon, coordonne, avec un minimum de liaisons avec le PS, l'action des ministres les plus populaires de son gouvernement, mobilisés pour la campagne. Depuis le 12 janvier, chaque mardi, le chef du gouvernement prend son petit déjeuner avec eux et c'est là que tout s'organise. Hubert Védrine, secrétaire général de l'Élysée, est également présent, ainsi que deux proches collaborateurs : Marc-Antoine Autheman, devenu directeur de cabinet après la nomination d'Hervé Hannoun comme premier sous-gouverneur de la Banque de France, et son fidèle conseiller, Olivier Rousselle. Il sait que les élections sont perdues. Il sait que ses jours à Matignon sont comptés et, comme le dit Michel Sapin, « il montre beaucoup moins de volonté et de présence dans la mécanique. À partir du début 1993, quand je lui exposais un problème, il me disait souvent : fais ce que tu veux ».

Il reste à tenter de limiter l'ampleur de la défaite et il s'y emploie avec ténacité. Il dort trois heures par nuit, prend deux ou trois fois par semaine son bâton de pèlerin pour aller soutenir ses candidats.

– Nous avons fait vingt-deux mille kilomètres au cours de cette campagne, dit Josiane Loubières, son attachée de presse. Un tour de France exténuant, mais il n'a jamais renoncé [1].

Le 15 décembre, il va remettre à Saint-Étienne l'insigne de commandeur de la Légion d'honneur à Antoine Guichard, P-DG de Casino. Les deux hommes ont appris à s'estimer au fil de leurs rencontres « de travail ». Antoine Guichard parle d'inviter Antoine Pinay, un grand ami de sa famille.

– Non, non. N'allez pas déranger M. Pinay, il ne viendra pas, lui dit Bérégovoy.

Antoine Pinay accepte, au contraire, immédiatement.

– Ce qui m'a frappé, dit Antoine Guichard, c'est que ces deux hommes qui ne s'étaient pas souvent rencontrés étaient heureux de se voir. Cela se lisait sur leur visage, au cours des conversations qu'ils ont eues. Pour Pierre Bérégovoy, c'était visiblement une récréation dans l'océan de ses difficultés.

L'émission « Le Point sur la table », sur TF1, le 26 janvier, qui l'oppose à François Léotard, est une autre éclaircie dans ce ciel chargé. Ce n'est certainement pas le « match » des Législatives. C'est à l'évidence un débat de

1. Entretien du 26 janvier 1994.

qualité entre deux hommes qui préfèrent l'argumentation aux invectives, qu'on entend trop souvent par ailleurs. Mais la pause est de courte durée. Le plus dur est devant Pierre Bérégovoy.

Dès le mois de novembre, il savait que l' « affaire » de son prêt allait sortir. Dans la première quinzaine de janvier 1993, on l'avait prévenu que ce serait pour février. Un clerc de notaire de maître Thomas en avait, semble-t-il, parlé au cours d'un dîner à Nevers et depuis l'information se murmurait dans les milieux bien informés. *Le Monde* et *le Figaro* sont alertés. Mais *le Canard enchaîné* les devance. Le 2 février, un journaliste de l'hebdomadaire satirique est venu lui demander sa version des faits. Il la lui a donnée avant d'ajouter :

– Tout est parfaitement clair... j'ai tenu à tout faire dans les règles. Le prêt a été enregistré chez un notaire et déclaré à l'administration fiscale. J'avais jusqu'en 1995 pour rembourser sans intérêts. Après le décès de Patrice Pelat, le solde a été réglé par anticipation.

Et il remarque avec amertume que c'est parce qu'il a respecté la loi que ce prêt va faire l'objet des titres de la presse. Le lendemain 3 février l'article sort : « Le chèque de un million de francs qui empoisonne Béré... » Sous-titre : « Comment Patrice Pelat, ami de Mitterrand et "initié" de l'affaire Péchiney, avait aidé Bérégovoy à acheter son appartement. » Le lendemain, c'est au tour du journaliste du *Monde*. Edwy Plenel de reprendre l'information : « Le fantôme de Roger-Patrice Pelat », titre-t-il.

Cette « révélation » tombe au moment même où le juge Édith Boizette boucle son dossier sur le rachat de la société américaine Triangle. On attend dans les semaines à venir les réquisitions du parquet concernant les coïnculpés de Pelat, que le juge envisage d'envoyer en correctionnelle. Mais on sait aussi, depuis un article du *Point* du 30 janvier, que Patrice Pelat était au centre d'une autre histoire : en échange de son intervention auprès des pouvoirs publics pour faciliter l'obtention par une société française d'un fastueux contrat en Corée du Nord, il s'est fait offrir par cette entreprise, de 1985 à 1988, pour vingt millions de travaux dans son château de l'Écheveau en Sologne, qu'il a pu acquérir grâce à la vente de Vibrachoc.

À l'origine de ce nouveau « pavé », on retrouve le juge Thierry Jean-Pierre. Tout a commencé le 30 mars 1992 au Mans. Le directeur d'une filiale de la société de bâtiment Heulin, mécontent de s'être fait licencier, accuse son ancien employeur d'avoir émis des fausses factures. Cette entreprise aurait financé une partie de l'aménagement de la propriété solognote du promoteur Christian Pellerin. À cette époque Pellerin vient d'être inculpé dans l'affaire de la tour BP. Chargé d'une information pour « abus de biens sociaux, le juge Jean-Pierre poursuit ses investigations chez Heulin en mai 1992. Il découvre alors qu'un voisin et ami de Pellerin, Roger-Patrice Pelat, a fait lui aussi réaliser des travaux dans sa propriété entre 1985 et 1988. Ces travaux n'ont pas été facturés à Pelat, mais à des sociétés filiales de la Compagnie générale du bâtiment et de la construction (CBC). Pourquoi cette société s'est-elle montrée si généreuse? Son président, Gilbert Simonet, révèle au juge le 13 janvier 1993 qu'il s'agit d'une commission octroyée à Pelat. Il avait en effet fallu son intervention pour que le projet de la CBC en Corée du Nord, la construction à Pyongyang d'un luxueux complexe hôtelier baptisé Yang Kaïdo, puisse se réaliser.

La Corée du Nord était un fort mauvais payeur. L'entreprise française avait besoin de garanties. Elle s'était retournée vers la Coface, qui limite les risques des entrepreneurs privés en engageant les finances publiques, par des prêts accordés aux États étrangers qui concèdent des marchés aux entreprises françaises. La réputation de la Corée du Nord était cependant tellement mauvaise que la chose n'allait pas de soi. Mais grâce à l'entregent de Roger-Patrice Pelat et malgré les réticences de la Coface, la Corée avait obtenu un prêt de trois cents millions à condition qu'elle signe un moratoire sur le rééchelonnement d'une dette antérieure. La première échéance due par les Coréens avait été respectée, pas la seconde. Aussi le prêt avait-il été suspendu. Mais, entre-temps, le contrat avait été signé. Les travaux avaient commencé et avaient été menés à bien pour la moitié du projet initial jusqu'à la fin de 1989. Suffisamment pour que CBC fasse mieux que rentrer dans les frais, le marché ayant été décomposé en une dizaine de sous-marchés payés d'avance par la Corée du Nord. « Nous avons réalisé un bénéfice très substantiel », avait reconnu sans difficulté Gilbert Simonet. Ce bénéfice, Roger-Patrice Pelat l'avait évalué à cent vingt-cinq millions de francs, avant de se souvenir « qu'il avait des travaux à réaliser dans sa propriété » : nettoyer les trois étangs, assainir le terrain, refaire tous les chemins et créer trois étangs supplémentaires.

Détenteur de telles révélations, le juge Jean-Pierre n'entend pas s'arrêter en si bon chemin, même s'il doit pour cela s'autoriser une certaine extension de sa saisie d'origine. Deux semaines plus tard il est à Paris pour enquêter sur l'état de la fortune de Roger-Patrice Pelat, tel qu'il ressort de la déclaration de succession. À la Banque Hottinger, il se fait remettre tous les relevés de compte du défunt de 1982 à 1989. Il demande les justificatifs de tous les chèques émis par Roger-Patrice Pelat, égaux ou supérieurs à un million de francs. Il a en fait entendu parler du prêt de Pierre Bérégovoy. Il le cherche et le trouve.

Après avoir ainsi déroulé le fil de toute l'affaire, Edwy Plenel révèle que, interrogés par le juge Jean-Pierre, les deux fils de Pelat lui ont précisé que Pierre Bérégovoy avait remboursé fin 1992 cinq cent mille francs par chèque et que l'autre moitié avait été remboursée par des livres de collection et des objets d'art de valeur équivalente.

Pierre Bérégovoy est visiblement ébranlé, mais il a encore une vision « concrète, maîtrisée » de l'affaire, selon ses proches. Il se bat avec réalisme. Il appelle ses amis, sollicite leurs avis pour savoir quoi faire, quoi dire pour démentir, pour démanteler la mécanique, pour éviter l'effet négatif que ne peut manquer de provoquer la contradiction apparente entre l'image qu'il avait voulu donner de lui-même, en prêchant la croisade contre la corruption, et le commentaire sous-jacent qui existe à propos de son emprunt. Il voit son ami Gérard Carreyrou de TF1. Il rencontre également les journalistes du *Monde*, Jean-Marie Colombani et Edwy Plenel.

Le mercredi est également le jour du Conseil des ministres. S'il guette ce jour-là sur les visages de ses collègues les effets de l'article du *Canard enchaîné*, il analyse encore la situation. Comme chaque semaine, les petits papiers circulent sur la table du salon Murat. Il les a toujours pratiqués, plus qu'aucun autre. Michel Sapin en reçoit un : « Michel, notre monnaie apparemment se porte bien. Bravo ! Peut-on espérer une détente sur les taux d'intérêt? J'ai regardé le dossier Coface. Je vois qu'il n'y a eu aucune faveur. Pourra-t-on le faire savoir ? Il me semble difficile de le faire moi-même, encore que nos collaborateurs aient judicieusement diffusé quelques informations hier. À toi P.B. »

Michel Sapin lui renvoie un billet, annoté pour chaque paragraphe :

« 1) Les taux se détendent sensiblement à la suite de la décision prise ce matin de revenir à un système 5/10 jours au lieu de 24 heures. Mais la situation reste instable. Attention à ne pas trop parler de baisse des taux.

« 2) J'ai diffusé hier soir un communiqué pour faire le point sur ce dossier. Par ailleurs, j'ai remarqué que les décisions avaient été prises à la demande du P.M. de l'époque [Laurent Fabius] avec une annotation de ta part : "Toujours plus ! " qui montre bien ta réticence profonde. En tout état de cause, aucune faveur n'a été accordée. M.S. »

Pierre Bérégovoy lui renvoie le mot après avoir ajouté à propos du « Toujours plus ! » : « C'était ma façon de protester mais l'on ne peut pas exhumer cette lettre. À toi, P.B. »

Le lendemain, jeudi 4 février, au cours de son point de presse habituel, il déclare :

– Je n'ai rien à me reprocher. Je ne vois pas pourquoi je serais convoqué par le juge, mais si je devais être convoqué, j'irais l'esprit tranquille [...]. Tout ce qui a été écrit dans la presse est juste en ce qui concerne le prêt que mon ami Pelat m'avait consenti. Ce prêt a été déclaré dans un acte notarié. J'ai demandé moi-même qu'il soit déclaré à l'administration fiscale par souci de transparence et d'honnêteté. Je considère que je n'ai rien à me reprocher. Pour le reste à chacun de juger en conscience. Vous me connaissez, l'opinion me connaît. Je n'ai jamais accepté de dispenser une faveur quelconque à qui que ce soit. Je continuerai.

Mais la machine, une fois lancée, ne s'arrête pas. Toute la presse a repris le dossier. Le Bébête Show et les Guignols de l'Info le traitent sur le mode qui leur est habituel et ne sont pas prêts de le lâcher. On voit les marionnettes exhiber des presse-purée ou des moulins à café en échange de marchés internationaux... Le premier ministre ne veut pas faire état de la lettre de Laurent Fabius, parce qu'elle établit que c'est lui qui a donné le feu vert pour l'affaire coréenne. Ses collaborateurs finiront par passer outre ses réticences et la lettre sortira dans *Paris Match* le 18 février. Elle établit de façon claire que lui-même n'a fait preuve d'aucune complaisance vis-à-vis de Pelat et qu'il n'y a aucun lien entre son prêt et le dossier coréen, comme certains l'avaient immédiatement soupçonné. Sous cet aspect, l'affaire sera classée.

Reste dans son esprit l'emprunt et l'idée que les gens s'en font. Il ne peut que constater que l'effet est désastreux. La campagne électorale va tourner au calvaire. Il ne se passe pratiquement pas un jour sans que des manifestants viennent lui rappeler cet emprunt. À Saint-Dizier, les agriculteurs du CNJA brandissent des banderolles « Béré, du blé à 0 % » ! À Orléans, il parle pendant une heure sous les huées. « Béré, t'as pas cent briques ? » scande la salle. Se voir ainsi pris à parti par des hommes et des femmes dont il se sent proche par ailleurs, car il n'a pas oublié son passé de syndicaliste, lui est insupportable. Être considéré comme un malhonnête, en tout cas un « profiteur », par des petites gens le bouleverse. Même lorsque le climat est plus calme, il doit s'expliquer, se justifier. Et lorsque personne ne dit rien, c'est presque pire. « Ils ne m'ont même pas posé la question », dit-il à son entourage. Il sait maintenant qu'il a fait une erreur et que cela lui coûte son image. Il a pris brutalement conscience qu'un autre regard est porté sur lui. Il en est déstabilisé. En quelques jours, il passe d'une attitude encore combative à un état où il ne réagit plus, où il ne fait que supporter les choses.

Il ne s'étonne plus que les sondages restent très mauvais. Il n'attend plus qu'ils remontent. Mais il continue à mener le combat jusqu'au bout, comme il l'a toujours fait, dans une leçon très mitterrandienne.

Lors du Conseil des ministres extraordinaire du 8 février – le président de la République doit partir pour le Vietnam et le Cambodge –, il n'est déjà plus le même homme. La situation en Nouvelle-Calédonie est à l'ordre du jour. Il ne semble pas écouter. Michel Sapin reçoit un autre petit mot : « Je te trouve soucieux. Or il me semble que ta politique monétaire est en train de réussir. À toi, P.B. » De retour à Bercy dans l'après-midi, on lui dit que Pierre Bérégovoy cherche à le joindre. Il le rappelle et sent alors que ses réactions ne s'inscrivent plus dans un raisonnement rationnel.

– Tu n'a pas répondu à mon petit mot. Que se passe-t-il Michel? Tu n'es pas dans ton assiette?

– Pas du tout. J'ai peut-être le front barré de quelques rides : les difficultés du franc et surtout le fait que je suis foutu dans les sondages pour les élections à Nanterre...

– Tu es sûr que ce n'est pas mon prêt?

« J'ai compris alors que ce petit mot n'était qu'un prétexte pour exprimer son angoisse et la conviction que nous ne le considérions plus de la même façon. »

Le 10 février, *le Canard enchaîné* revient sur son affaire.

« Comment va Béré? Il a l'air un peu emprunté – Inventaire de la collection Béré : le Grand Louvre et un p'tit 100 m^2 Mieux que du Pinay... Le Béré, 0 % d'intérêt... ». Le premier numéro a révélé l'emprunt. Le second lui est presque entièrement consacré. Il a l'impression d'être harcelé. Avec un côté répétitif qu'il ne peut supporter. Il sait que tous les soirs, au Bébête Show, on parle de lui.

Son prêt est devenu une obsession qu'il reporte désormais sur les autres. Chaque fois qu'il aborde le problème des élections avec l'un de ses ministres et que celui-ci lui exprime sa crainte d'être battu, cette question vient aussitôt :

– Est-ce mon prêt? Combien cela te coûte-t-il? Quel est à ton avis le pourcentage qui est lié à mon prêt?

De là à assumer plus que de mesure la défaite de la gauche aux Législatives, il n'y a qu'un pas, qu'il franchira aussitôt. Certains l'aideront à le faire, ce pas, en désignant sa politique économique à laquelle il ne serait trop longtemps accrochée, comme une des raisons du désastre annoncé.

Une dernière question achève de le miner. Comme tous les Slaves, il a un sens profond de l'amitié. Celle-ci a même à ses yeux un côté un peu sacré. Il ne peut éviter désormais de se poser la question qu'il s'obstinait à rejeter jusque-là. Est-ce vraiment par amitié que ce prêt m'a été fait? Était-ce à moi, Pierre Bérégovoy, qu'il était destiné ou à ce que je représentais en raison de mes responsabilités? N'ai-je pas été abusé par des gens qui se sont fait passer pour des amis et qui ne l'étaient pas?

Il a le sentiment d'avoir manqué à lui-même en acceptant ce prêt et ne se le pardonnera pas, en homme d'honneur. Il a aussi le sentiment que certains ont pu manquer à l'amitié à son égard et c'est un élément de profonde déception.

– Je le sais pour en avoir longuement parlé avec lui avant sa mort, confie François Dautresme.

Tout le reste s'engouffrera dans cette blessure. Il s'enferme dans ce chagrin et s'enfonce dans une spirale négative qui l'engloutira.

Il tient, tant qu'il a les impératifs d'action inhérents à ses fonctions. Il n'a pas ralenti le rythme de sa campagne et continue à affronter avec courage les slogans qui lui font si mal. Il reçoit les ambassadeurs, traite les dossiers. Mais on sent déjà un détachement qui n'était pas dans sa nature. Ceux-ci sont traités en quelques minutes et inévitablement, ensuite, il revient sur son prêt.

En revanche, lorsqu'on lui dit : « Ne vous laissez pas faire. Attaquez à votre tour. Si vous ne dites rien vous laissez supposer que vous avez quelque chose à vous reprocher », il semble totalement désarçonné. Ce n'est pas un terrain sur lequel il est prêt à se défendre. Il a toujours su porter la polémique de façon brillante et non sans mordant sur des dossiers politiques ou économiques, mais lorsqu'on l'attaque en tant qu'homme il ne sait pas répondre. Il n'a jamais été un bateleur prompt à renvoyer la balle et il n'est pas capable de changer son comportement. D'autres d'ailleurs, lui donnent le conseil inverse :

– Puisque vous n'avez rien à vous reprocher, vous n'avez pas à vous justifier.

Il se tait, répondant seulement avec maladresse lorsqu'on le ramène sur ce terrain. À l'issue d'une interview sur TF1, axée sur la campagne électorale, mais où on lui a reparlé de son emprunt, le météorologue Alain Gillot-Pétré a cette réflexion :

– Cet homme est honnête, parce qu'il ne sait pas se défendre.

En rentrant chez lui, il dit à sa femme, l'air exténué :

– Ils ne me lâcheront jamais !

« Vous voyez ce qu'on me fait ? » dit-il le lendemain à Antoine Guichard au téléphone.

Une rumeur persistante court cependant. La liste d'objets de valeur destinés à rembourser la moitié du prêt n'existerait pas. Les fils Pelat l'aurait « inventée » pour justifier d'un remboursement, en se souvenant sans doute d'un chèque de cent cinquante mille francs de Roger-Patrice Pelat à François Mitterrand dont le juge Boizette avait trouvé la trace en

1989. La présidence de la République avait déclaré qu'il s'agissait du « paiement de livres anciens achetés par François Mitterrand pour son ami collectionneur, lors de ses déplacements à l'étranger ». Tout le monde sait bien que Pierre Bérégovoy ne lit que des ouvrages d'histoire en édition ordinaire, et que, pour se détendre, il dévore des romans policiers. Pierre Bérégovoy perçoit l'ironie humiliante qui perce sous ces commentaires. Les fils Pelat l'auraient enfermé dans un nouveau piège dont il ne pourrait se défaire sans perdre la face. Telle est l'opinion générale. Cependant Gilberte Bérégovoy affirme aujourd'hui que la liste existe et Michel Charasse exprime de son côté sa « surprise ».

– J'ai eu à examiner la succession de Patrice Pelat au moment de la fixation de la base des droits de mutation. Sur le point particulier du prêt, il y avait naturellement tous les documents et toutes les justifications nécessaires et Pierre Bérégovoy m'a remis une liste d'objets donnés à Patrice Pelat de son vivant et correspondant au remboursement de la moitié du prêt. Compte tenu des éléments dont je disposais, et dont la sincérité ne pouvait pas être mise en doute, j'ai approuvé l'ensemble et il n'y a eu aucune modification de la déclaration ni aucun redressement à ce sujet. J'aurais pu soulever un problème d'évaluation car les objets : livres anciens, meubles, etc., avaient été évalués par Patrice Pelat et Pierre Bérégovoy « à la louche », c'est-à-dire sans consulter un expert. Ils étaient arrivés ensemble à 500 000 francs, mais un expert aurait peut être trouvé 400 000 francs ou 600 000 francs. Il y avait donc une marge d'erreur mais, en matière de successions, il y a toujours une marge, et sur les objets anciens les valeurs varient entre le moment où ils entrent dans le patrimoine et celui de leur évaluation fiscale. Bref, j'ai accepté cette liste et les valeurs qu'elle portait. Je n'ai pas le sentiment d'avoir fait ni un passe-droit, ni même une petite faveur : pour n'importe quel dossier analogue, ma réaction et celle des services auraient été la même. Pourtant, Pierre Beregovoy avait fini par se persuader que cette liste d'objets ne représentait rien du tout. C'est moi qui l'ai empêché de la publier. Je lui ai dit : « Ne la sors pas. Cela ne regarde personne. Ceux qui t'accablent – journalistes et autres – ne sont pas tes juges. C'est ta vie privée, tu n'as rien fait de malhonnête, tout est clair, légal, transparent. Un point c'est tout : tu n'as aucune explication à donner à personne, pas même à un juge puisqu'il n'y a rien d'illégal, que ce ne sont pas des fonds publics mais privés, qu'ils ont été déclarés, qu'il n'y a aucune plainte de la famille du défunt, que ce ne sont pas des sous-produits de fausses factures, que la période de remboursement n'est pas achevée, etc. Donc tu ne dis rien, ou tu dis merde, ou tu poursuis tes calomniateurs, juge compris [1].

Quant aux affirmations selon lesquelles Pierre Bérégovoy ne pouvait être un amateur de reliures anciennes, elles sont discutables. En effet, sachant son goût pour les vieux livres, Roger Courbey avait pris l'habitude de lui en offrir un pour chacun de ses anniversaires... Philippe Labro, comme beaucoup d'autres, lui a envoyé un petit mot de soutien. Entretemps, son dernier roman, *Quinze ans*, est sorti. Il le lui envoie immédiatement, d'autant qu'il met en scène deux personnages russes. On est à quelques jours des élections avec l'intense activité que cela suppose. Mais le Premier ministre est au sein même de son drame. Il l'appelle, à sa grande surprise.

– Ma femme et moi-même avons été très surpris de ne pas avoir reçu votre livre.

– Je suis pourtant certain de vous l'avoir envoyé. Vous devez avoir un facteur lettré ! Je vous en fais porter un nouvel exemplaire.

– Oui, ma femme me le réclame.

« J'ai senti immédiatement qu'il l'avait eu, ce livre, et que ça n'était qu'un prétexte pour parler. »

– À part ça, comment ça va? ai-je ajouté sans réfléchir. « C'était la bourde à ne pas faire. »

1. Entretien du 19 novembre 1993.

– Oh, vous savez, moi j'ai ma conscience pour moi, a-t-il immédiatement répondu.

« Cela a déclenché un véritable flot de paroles. Il avait envie de parler à quelqu'un qui lui était sympathique. Il cherchait à établir des liens parce que, visiblement, il se sentait lâché. »

– Les faits et la vie vous donneront raison, lui ai-je dit avant de raccrocher.

Quelques jours plus tard, Béré participe à une émission. Le compte à rebours a commencé. Philippe Labro lui envoie un mot – quatre lignes – pour lui dire qu'il ne pourra pas être présent. Lorqu'il arrive sur le plateau, Bérégovoy parle immédiatement de lui.

– Philippe Labro, voilà un ami ! Il m'a écrit une lettre.

Il a presque les larmes aux yeux. Le moindre signe de reconnaissance suffit à créer chez lui un état émotionnel très fort.

Le 21 mars, jour du premier tour des Législatives, Bérégovoy vote à 11 h 05 avec sa femme et son fils Pierre dans la salle de Mazarin, au premier étage du palais ducal. Il va déjeuner chez sa sœur Jeanine à Pougues-les-Eaux, à une dizaine de kilomètres de Nevers, avant de regagner Paris. Le soir, il n'apprend qu'il n'a que seize voix d'avance sur son adversaire RPR, Daniel Rostein. 12 755 voix contre 12 739. Le candidat communiste a 9,99 pour cent des voix, le candidat FN 8,03 et le candidat Génération écologie 5,24 pour cent. Avec 34,34 pour cent des voix, son score personnel est tout à fait honorable. Mais sur l'ensemble du territoire, le PS subit une défaite historique en recueillant seulement 19,24 pour cent des suffrages avec ses alliés du MRG, soit près de quinze points de moins qu'en 1988.

C'est un choc supplémentaire pour Pierre Bérégovoy. Il voit sa construction s'effondrer. Il savait les élections perdues, mais il espérait sauver les meubles. L'ampleur de l'échec change la nature des choses. « L'ampleur, c'est mon affaire », ne cessera-t-il de dire.

– C'était un caractère assez complexe, note Régis Paranque. Quand quelque chose lui était imposé par les circonstances, il faisait front. Quand il voyait qu'il ne pouvait plus résister, il endossait et il en rajoutait. Son schéma était de quitter Matignon avec un échec électoral, mais pas catastrophique, lui-même ayant laissé une bonne image dans l'opinion. Il a estimé que son image était détruite, qu'il n'avait plus d'avenir, ni de crédibilité [1].

Deux jours plus tard, le 23 mars, il réunit à Matignon pour le dîner d'adieu une soixantaine de personnes : ses collaborateurs, ses amis les plus proches, le petit personnel, ceux qu'on n'invite jamais. Il paraît abattu, à bout de forces. Il ne prononce que quelques mots de remerciements. L'un de ses amis, qui s'est trouvé seul avec lui dans son bureau, l'entend murmurer :

– Nous n'aurions jamais dû quitter Clichy ! Je comprends les gens qui se suicident.

Puis, chose qu'il n'avait jamais fait, il s'éclipse sans rien dire. Il ne dit au revoir qu'à quelques invités. Régis Paranque le voit pleurer.

Il avait fait distribuer à toutes les femmes présentes une rose. Mais une rose neutre, pas celle dont le PS avait fait son emblème. Une rose pâle.

Le lendemain, 24 mars, c'est le dernier Conseil des ministres. Pierre Bérégovoy semble indifférent.

– Il n'avait plus l'expression d'affection bienveillante et paternelle qu'on lisait d'habitude dans ses yeux, raconte Marie-Noëlle Liennemann, ministre délégué au Logement. J'ai eu l'impression qu'il nous fuyait. En temps normal il nous aurait réconfortés.

Il a de bonne chance de l'emporter au second tour. Mais il s'est persuadé qu'il risque d'être battu. Le vendredi soir, l'avant-veille du second tour, il appelle Régis Paranque de Nevers, vers 22 h 30. Avec une sorte d'angoisse fébrile, il lui demande sans entrée en matière si tout est en ordre, si le

1. Entretien du 2 juin 1993.

courrier est à jour : trois lettres très techniques qui pouvaient attendre, un courrier à envoyer au ministre allemand des Finances, Théo Waigel, qui est devenu pour lui un véritable ami – la réciproque étant vraie – et des réponses à des étudiants qui lui ont écrit. Rien d'urgent en fait. Régis Paranque s'alarme devant cette insistance à tout mettre en ordre.

– S'il était battu, il serait capable de se tirer une balle dans la tête ! confie-t-il, inquiet, à sa femme.

Le lendemain, il téléphone dans la Nièvre. La préfecture et les Renseignements généraux donnent 52 pour cent à Pierre Bérégovoy.

Ce sera 53,69 pour cent des voix. Une victoire assez large dans le contexte de déroute de la gauche. Il est allé voter seul cette fois, mais a pu apercevoir une 2CV garée devant la mairie avec une inscription sur la lunette arrière : « Dernière promotion des prêts à 0 % remboursables avec des vieux tableaux jusqu'au 28 mars. Signé " Onc'Picsou, le banquier de Tonton ". » À 20 h 20, le visage marqué, il annonce les résultats, devant les caméras de télévision, dans la salle Henriette-de-Clèves. Il a obtenu 20 902 voix contre 18 025 au Dr Rostein. Il est le seul député socialiste réélu de la Nièvre. La gauche est en déroute. Elle ne retrouve que 90 sièges. La droite en compte plus de 480 et fait son meilleur score en sièges depuis 1958. 15 membres du gouvernement ont été battus, ainsi que Michel Rocard et Lionel Jospin.

– Me voici donc élu député, dit-il, la voix mal asssurée. La campagne a été digne. Sauf les derniers jours, où des tracts anonymes m'ont fait une fâcheuse impression. Mais j'ai constaté avec grand plaisir qu'ils font du tort à leurs auteurs. Dans un contexte difficile, cette élection ne me crée pas des droits mais des devoirs. Ici, il y eu le sursaut, il y en aura d'autres. À partir de Nevers nous allons aller de l'avant, croyez-moi !

En réalité, son succès personnel ne change rien à l'affaire.

Lui qui s'était tellement inquiété pour Nevers n'y attachera plus la moindre importance. « Les sondages montraient pourtant qu'il n'était pas impopulaire personnellement, remarque Jérôme Jaffré. Mais j'avais beau lui dire que ce vote n'était pas un vote anti-Bérégovoy, que tout était joué depuis novembre 1991, que c'était un vote antisocialiste, un rejet à l'égard de la pratique du pouvoir par les socialistes et que lui-même n'était pas atteint, il n'avait plus d'analyse rationnelle. Il avait tout pourtant pour devenir une sorte de sage de la gauche française et jouer un rôle à la Mendès France. »

Le surlendemain 30 mars, jour de la passation de pouvoirs au nouveau Premier ministre, il appelle Régis Paranque dans son bureau, un quart d'heure environ avant l'heure prévue pour l'arrivée d'Édouard Balladur.

– Rien. C'est le désert. Pas un papier. Pas un dossier, note Régis Paranque. Il paraît calme, plutôt serein. Il marche dans le bureau, les deux mains dans les poches, plutôt détendu. Nous parlons du gouvernement Balladur, nous faisons des pronostics sur ceux qui y seront et à quel poste. Il voit Simone Veil aux Affaires sociales, François Léotard à la Défense. Mais tout à coup il m'interrompt : « Moi, mon avenir politique est derrière moi ! » Que dire? Je lui réponds la phrase banale : « Un homme politique ne peut jamais dire ça. » Visiblement, il n'en croit rien.

Il avait droit, comme tous les anciens Premiers ministres, à un grand bureau d'angle dans l'enceinte du Palais-Bourbon. Mais il ne proteste pas lorsque les « sabras » du PS veulent l'en dessaisir pour y installer une salle de réunion des élus socialistes et il emménage au quatrième étage du 233, boulevard Saint-Germain, l'annexe de l'Assemblée nationale réservée aux débutants et aux députés de base. Lui qui, quelques jours plus tôt, avait encore pour interlocuteurs Helmut Kohl ou John Major, se retrouve face à lui-même dans un petit bureau au décor sommaire.

La formidable décompression que représente toujours le

départ de Matignon pour un ancien Premier ministre n'est pas libératrice. Elle est accablante, et Pierre Mauroy n'a pas été le seul locataire des lieux à confier que, dans les mois suivant son départ, il avait dû lutter contre la dépression. Pierre Bérégovoy lui, ne se bat plus. Il laisse ce fardeau supplémentaire l'envahir. Lui qui vivait toujours avec un « projet » et qui, en 1986, avait continué à montrer un allant extraordinaire lorsqu'il s'était retrouvé simple député, ne fait même pas cette fois son métier de parlementaire et ne cherche pas non plus à s'investir ailleurs. Il ne crée aucune structure qui aurait pu lui faciliter le passage entre l'agenda trop chargé, les responsabilités débordantes de Matignon et le vide des journées sans rendez-vous. Il se replie sur lui-même pour s'enfoncer dans un véritable chemin de croix.

L'accueil que lui réserve le comité directeur du PS, le 3 avril, l'enfonce un peu plus dans cette sorte d'autodestruction. Il le redoutait, cet accueil.

– Ça m'embête d'aller au comité directeur. Je vais me faire engueuler, avait-il confié à sa femme.

– Alors, n'y va pas.

– Je ne vais pas me dégonfler.

Il y va. Pour assister aux déchirements de son parti. La séance est particulièrement houleuse. La destitution de Fabius est à l'ordre du jour. Rocard prend assez brutalement la présidence du parti, où il était depuis si longtemps si minoritaire. « Béré » a voulu prendre la parole pour plaider l'unité du parti et dire que sa défaite le concerne plus que d'autres. « Je mesure ma part de responsabilité dans l'échec que nous avons subi », a-t-il déclaré. Personne ne l'a écouté. Certains ont même quitté la salle. Après la réunion, il s'est installé, seul, au comptoir du café « Le Bourbon ». Jean Poperen arrive avec quelques amis.

– Viens donc prendre un verre avec moi, lui dit-il.

– Désolé. Je dois rejoindre mes camarades. Nous avons une réunion d'intergroupes.

– J'ai fini ma bière, je viens avec vous.

– Non, Pierre. Rends-moi service. Ne viens pas.

Sa femme, que l'inquiétude tenaille, remarque qu'il est décomposé lorsqu'il rentre rue des Belles-Feuilles. Il se sent lâché, mais il n'en rend personne responsable, parce qu'il se sent, lui, responsable.

– J'ai ma part, lui dit-il.

Le 8 avril, le jour du discours de politique générale du nouveau Premier ministre, il entend Édouard Balladur faire un bilan très noir de la situation économique française et se présenter en seul sauveur de la monnaie et de la baisse des taux d'intérêt, pour laquelle lui-même s'était tellement battu, mais dont le nouveau Premier ministre expliquait qu'il l'avait obtenue parce qu'il inspirait confiance alors que son prédécesseur « inquiétait ».

– Je ne pensais pas que notre pays était tombé aussi bas ! confie-t-il d'une voix lasse à son voisin Jack Lang qui ne sait comment interpréter ce propos.

Doit-on le prendre comme de l'humour ou comme le signe d'une profonde intériorisation ? Les deux sans doute. Sa gestion est sévèrement dénoncée à gauche comme à droite et ces critiques, qu'il aurait considérées autrefois comme faisant partie du débat politique normal, l'atteignent maintenant de plein fouet. Il leur accorde une importance démesurée :

– Mais alors, tout ce que nous avons fait est à jeter à la poubelle ! s'exclame-t-il devant Jean Glavany, à l'issue de déclaration du groupe socialiste qui a pris quelques distances avec la politique qu'il a menée.

– Non seulement il s'est mis à douter de ce qu'il avait fait, mais il s'est installée en lui une profonde interrogation sur le rôle de la gauche, estime, Marcel Charmant, qui avait été son député suppléant de 1988 à 1992 [1]. Il se demandait si toute son action s'était bien inscrite dans les combats qu'il

1. Entretien du 20 janvier 1993.
Il avait toujours le souci du devenir des gens aves lesquels il avait travaillé et lui avait conseillé de tenter les sénatoriales puisque lui-même, s'il était réélu, devait reprendre son poste de député.

avait menés toute sa vie. Il reconnaissait en tout cas qu'il y avait une part d'échec. C'était d'attaquer l'homme au fond de lui-même, dans ses origines, dans son honnêteté et dans ses convictions.

Son obsession ne le quitte plus. Il ne peut plus s'entretenir avec quelqu'un sans parler de ce qui l'a atteint au cœur et est à l'origine de tout : son prêt dont il s'explique encore et toujours, en tirant inlassablement sur ses cigarillos.

– Ils veulent faire passer une maladresse pour une malhonnêteté, répète-t-il à Paul Benmussa, qui, comme tout le monde, cherche à le sortir de son abattement.

– Je ne peux pas supporter l'idée que ma famille soit mêlée à une affaire pareille, dit-il à François Dautresme le jour où celui-ci vient le voir à l'Assemblée nationale. Ils seraient capable de venir faire une perquisition chez moi. Je ne pourrais pas le supporter.

Il pense au procès Péchiney qui va s'ouvrir le 2 juin. Il sait que son nom sera inévitablement prononcé, qu'il risque d'être cité comme témoin, qu'il se recréera peut-être autour de lui un climat de suspicion, avec son prêt en arrière-plan.

– Il n'a jamais mis les pieds dans un tribunal. Il se voyait mal avoir, à se justifier devant des juges. Pour lui, c'était une calamité, une chose impensable [1].

Il se fait également une montagne du rapport Raynaud qui se prépare sur la situation économique. Le « coup du rapport » fait pourtant lui aussi partie du jeu politique habituel. Il le prend cette fois au tragique. Logiquement, c'est lui qui aurait dû y répondre par un discours à l'Assemblée. Il ne s'en sent pas capable, ni physiquement, ni psychologiquement, ni moralement.

Sa femme, ses enfants s'inquiètent des silences, des « blancs » dans lesquels il s'enferme, de ce dégoût de tout ce qui l'a envahi. Mais ils l'ont toujours vu tellement apte à réagir aux coups durs qu'ils se persuadent que c'est un moment

1. Témoignage de Francis Dautresme.

difficile à passer et qu'il prendra le dessus. Ses anciens collaborateurs le pensent aussi.

– Il avait montré dans toute sa vie une telle résistance à l'événement, notamment au moment de l'affaire Péchiney, qu'on ne pouvait s'empêcher de penser qu'il résisterait, aussi cette fois-ci. Seulement sans doute à force de résister, on s'épuise, remarque François Laumonier.

Ils se sentent par ailleurs impuissants devant lui. Cet homme avait toujours été difficile à aborder : il était trop fort et trop secret à la fois.

– Il nous écoutait, mais pour lui nous étions des gamins, reprend François Laumonier. Il avait pour nous un regard plutôt paternel. Tout ce que nous pouvions lui dire n'avait pas de poids réel. Il avait des amis sincères, mais il aurait fallu l'appui d'un de ces hommes dont l'amitié se forge sur toute une vie.

« Il est capable de se tirer une balle dans la tête », se disent entre eux Hervé Hannoun, Jean Glavany et Jacques Lambert. Mais sans y croire vraiment. Plutôt pour exorciser cette éventualité.

Gérard Carreyrou refuse lui aussi de croire qu'il faut vraiment s'alarmer :

– Je connais bien Pierre Bérégovoy. Depuis vingt-huit ans. Il en a du d'autres. Tu noircis le tableau, dit-il à Paul Benmussa.

Le dimanche 25 avril, sachant qu'il n'est pas bien, celui-ci lui propose de venir à son domicile pour se changer les idées. Il arrive de Nevers avec sa femme vers 18 heures.

– Mais il reste enfermé dans une sorte de mutisme et lorsqu'il parle, c'est uniquement pour évoquer tout ce dont il se rend responsable : le prêt, la défaite de la gauche, l'état de la France.

Regardant Simone Veil à « Sept sur Sept », il ne cesse de répéter : « Oui, elle a raison. » Et il ajoute : « Je n'ai pas eu le temps de faire mon boulot. Il y a eu Maastricht. Il a fallu que je conduise la campagne électorale... »

– Et ça, c'est aussi votre faute? lui demande Paul Benmussa, alors que passe un reportage sur la Yougoslavie, pour laquelle personne ne songe pourtant à la mettre en cause.

– Ah, lui répond-il, j'aurais peut-être pu faire plus!

Il l'entend aussi tout à coup parler de Robert Boulin : « Comment il a dû souffrir pour en arriver là! »

– Je n'ai pas compris immédiatement qu'il s'identifiait déjà à lui. Mais, lorsque je l'ai raccompagné jusqu'à l'ascenseur et que je l'ai vu me faire un petit signe de la main, j'ai eu le sentiment confus, mais terrible, que je ne le reverrais plus.

Le rapport Raynaud devient une idée fixe dans les jours qui suivent. Le mercredi, François Dautresme lui téléphone avant de partir en Chine : « Ça ne va pas du tout », lui dit-il. Marcel Charmant, qui prend ce jour-là un verre avec lui au Solférino, le trouve effectivement « très mal ».

François Mitterrand a été alerté. Depuis la démission de Pierre Bérégovoy, le 20 mars, il ne l'a revu qu'une fois, lorsque celui-ci est venu lui apporter des dossiers. Il a eu en revanche plusieurs conversations téléphoniques avec lui. Inlassablement, l'ancien Premier ministre lui parlait de son prêt. Il le rabrouait, sans comprendre le désarroi dans lequel il se trouvait :

– Arrêtez, c'est idiot. Vous donnez beaucoup trop d'importance à cela. Ce n'est rien!

Pierre Bérégovoy avait eu l'impression de ne pas trouver le soutien qu'il cherchait.

– Il lui a sans doute manqué un déjeuner ou un dîner, estime sa fille Lise.

– Ce dernier dimanche où je l'ai vu, se souvient Paul Benmussa, lorsque je lui ai demandé s'il avait revu le Président, il m'a répondu :

« Oh, vous savez, il est très occupé. Il n'a pas toujours le temps de me rappeler... » C'était un constat. Il n'y avait chez lui ni amertume ni révolte.

Cette fois-ci, Jack Lang, Michel Charasse, Maurice Benassayag (alerté par Paul Benmussa) disent à Mitterrand que « Béré » court un réel danger. L'Élysée lui fixe un rendez-vous pour déjeuner avec François Mitterrand le 3 mai, confirme Gilberte Bérégovoy.

Le même soir du 28 avril, les Bérégovoy dînent chez Guy Henninot, un vieil ami, ancien président de la fédération des PME de Paris, qu'il avait connu quelque temps avant son arrivée à l'Élysée comme secrétaire général. Sa femme est marraine de l'une de ses petites-filles, Anne. Leurs premiers contacts n'avaient pourtant pas toujours été faciles :

– Il prenait les choses durement au départ. C'était un homme de caractère aux convictions fermes. Mais, il avait des qualités de cœur assez nobles et nous étions devenus amis. Ce soir-là, on le sentait un peu déprimé. Il ne fumait pas. Il est reparti aussi plus tôt que d'habitude, mais il avait toujours le souci de ne pas faire attendre trop longtemps son chauffeur. « Ah, cet appartement, je vais le vendre », nous avait-il déjà dit plusieurs fois. « Je n'aurais jamais dû être Premier ministre ! » avait-il encore dit un autre jour. Mais comment aurions-nous pu imaginer qu'il en arriverait là avec sa force de caractère ! Nous avions, lors de ce dernier dîner, parlé du voyage en Tunisie que nous devions faire ensemble, deux semaines plus tard [1]...

En revanche, Pierre Bérégovoy décline l'invitation de Raymond Barre à l'accompagner à un colloque à Munich, auquel doit pourtant participer son ami Théo Waigel.

L'ancien Premier ministre lui avait téléphoné lui-même.

– Alors, tu y vas ? lui avait demandé Régis Paranque après cet appel.

– Ah non, je ne peux pas quitter Paris.

Le 20 avril, Marcel Charmant est tout à coup rassuré. Il a retrouvé Pierre Bérégovoy à Nevers pour une réunion sur le zonage des cantons de la Nièvre. Après quoi, avec Didier Boulaud, Bernard Bardin et René-Pierre Signié, sénateur-

1. Entretien du 20 novembre 1993.

maire de Château-Chinon, ils sont allés, comme ils en ont l'habitude en pareil cas, prendre un verre dans un café des bords de la Loire. « Le gai rivage ».

À sa grande surprise – et à son grand soulagement –, il trouve Pierre Bérégovoy « gonflé à bloc », faisant des projets, établissant une stratégie pour les futures échéances cantonales.

– Habituellement, il partait au bout d'un quart d'heure. Là, il a bu trois ou quatre demis et nous sommes restés ensemble plus d'une heure et demie.

Est-ce l'euphorie passagère liée à la prise d'antidépresseurs que lui avait conseillés son médecin ? Marcel Charmant l'ignore en tout cas. Lorsqu'il rentre chez lui, il dit, soulagé, à sa femme : « Ça y est. Bérégovoy va beaucoup mieux. Il est en pleine forme. »

– Du coup, ajoute-t-il, je me suis dispensé de l'accompagner le lendemain 1er Mai, pour les différentes manifestations auxquelles il devait assister. »

Ce matin-là, en revanche, Marie-Cécile Gaulon, conseillère municipale, qui vient à la mairie lui demander d'appuyer le dossier d'un couple de Nevers, chômeurs en fin de droits, le trouve à nouveau « désemparé ». A 11 h 30, le maire vient déposer des dossiers sur le bureau de son suppléant.

– J'ai vu qu'il avait expédié une série d'affaires qui pouvaient attendre, racontera Didier Boulaud.

En sortant, Bérégovoy croise Sylvain Lescort, son garde du corps. Il lui demande s'il a bien son arme sur lui. Une question qu'il a pris l'habitude de lui poser, par boutade. Aussitôt après, comme chaque 1er Mai, il reçoit au palais ducal les organisations syndicales, salle Henriette-de-Clèves. Les rangs sont clairsemés. Seules la CFDT et FO sont venues. Il fait un discours, « rapide et court », notent les participants, qui en sont surpris. Il a déjà terminé lorsque les journalistes se présentent enfin.

– Vous arrivez comme les carabiniers, leur lance-t-il, avant de demander que soit pris un cliché de l'ensemble du conseil municipal et des représentants syndicaux.

Puis il part prendre son épouse, à qui il a acheté le muguet traditionnel, pour aller déjeuner chez sa sœur, à Pouges-les-Eaux. Vers 15 h 30, il les quitte. Il a demandé à Gilberte de l'accompagner. Elle préfère rester aux côtés de sa belle-sœur, dont le mari est très malade.

– Alors, à ce soir pour la soupe! lui lance-t-il en regagnant sa voiture.

Il se rend au podium installé pour le départ de la traditionnelle course cycliste du 1er Mai, le grand prix de la ville de Nevers, dans le haut du parc Roger-Salengro. Pense-t-il alors au destin tragique du ministre de l'Intérieur du Front populaire, injustement accusé de désertion au front?

Après quoi, sans explication, il demande à son chauffeur de le conduire au palais ducal de Nevers où il s'isole un court moment dans son bureau. Il lui fait faire ensuite un autre détour par la gare, pour y consulter apparemment des horaires de train.

À 17 h 30, il est au camping de Nevers, sur une petite île, au bord de la Loire, où se déroulent les sélections régionales Espoirs, une épreuve de Canoë-kayak réservée aux enfants de neuf à quatorze ans. Après la compétition, le président du club, Pierre Mignard, qu'il connaît de longue date, lui propose de faire quelques pas au bord de l'eau. Mais il est absent. Il répond à peine à ses questions et regarde Nevers au loin. « Que cette vue est belle! répète-t-il. C'est vraiment la plus belle de Nevers. »

Puis il retourne vers sa R 25, d'où il téléphone à Didier Boulaud.

– Didier est-il là? demande-t-il à sa femme.

– Non, il est passé à la course cycliste et m'a dit qu'il irait ensuite au camping.

– Moi, j'y suis. Dites-lui que j'y suis.

Il raccroche et demande à Sylvain Lescort d'attendre l'arrivée de Didier Boulaud. Lui-même veut repasser par le palais ducal. Sylvain Lescort obtempère. Il descend de voiture. Il a laissé son arme dans la boîte à gants, où il avait l'habitude de la ranger. « Je dois téléphoner », dit bientôt l'ancien Premier ministre. La voiture s'engage dans une impasse. Le chauffeur sort faire quelques pas, comme le veut l'usage, pour laisser son « patron » téléphoner seul. Pierre Bérégovoy profite de son absence pour prendre le revolver et le mettre dans la poche de sa veste. Puis il fait signe à Jean-François Ragouneau de revenir. La R 25 redémarre. Mais, sur le pont de la Jonction, contrordre de Pierre Bérégovoy. Il demande à son chauffeur de s'arrêter.

– Je vais faire quelques pas sur la berge. Allez chercher Sylvain et revenez me prendre.

Son chauffeur n'est pas surpris. Pierre Bérégovoy aime ce chemin de halage – « un havre de paix » –, se plaît-il à dire, où il a l'habitude d'aller se promener. C'est là qu'il s'est fait photographier pour la campagne des Législatives avec son suppléant Didier Boulaud.

Jean-François Ragouneau est retourné chercher Sylvain Lescort, comme il le lui avait été demandé. Par réflexe, celui-ci ouvre immédiatement la boîte à gants. Instinctivement, Jean-François Ragouneau accompagne son geste. Le revolver n'est plus là. Une même angoisse saisit les deux hommes. Mais, lorsqu'ils arrivent quelques minutes plus tard sur le chemin de halage, il est trop tard. Pierre Bérégovoy, après avoir vérifié le fonctionnement de l'arme en tirant une première cartouche sur le sol ou dans l'eau, s'est tiré une balle à bout portant dans la tempe. Comme les officiers russes qui voulaient laver leur honneur.

À 19 h 36, une première dépêche de l'agence Reuter tombe sur les téléscripteurs. Elle est immédiatement relayée par toutes les radios et toutes les télévisions. La nouvelle du suicide de Pierre Bérégovoy laisse les Français abasourdis, en état de choc.

Pendant trois heures, figés par l'émotion et l'incrédulité devant leurs postes de télévision, ils suivent quasiment en direct le drame qui achève de se nouer. L'annonce de la mort de l'ancien Premier ministre a été bientôt démentie et tous ceux qui refusent de croire à l'inexorable se raccrochent à ce filet d'espoir, aussi ténu soit-il. Commence alors une attente hallucinante. L'angoisse monte à nouveau. Les nouvelles contradictoires se succèdent dans l'affolement de l'évacuation. La décision a en effet été prise de transporter Pierre Bérégovoy par hélicoptère à l'hôpital du Val-de-Grâce à Paris, où attendent déjà les hommes que la politique oppose, mais qui font cette fois front commun pour tenter désespérement d'écarter la main du destin. Ils sont tous là, silencieux : François Mitterrand, Édouard Balladur, Charles Pasqua, Hubert Védrine, Laurent Fabius...

Le mauvais temps a empêché le pilote d'atterrir sur l'aire de l'hôpital. Il est de toute façon trop tard. C'est le corps d'un homme déjà mort qui est débarqué de l'hélicoptère à Issy-les-Moulineaux, où une ambulance le prend en charge pour le conduire au Val-de-Grâce. A 0 h 5, un porte-parole du ministère de la Défense annoncera que l'ancien Premier ministre est décédé au cours de son transfert aérien, à 22 h 15.

Alors qu'elle s'est chargée d'une force émotionnelle intense pour des millions de Français, la nouvelle du suicide de Pierre Bérégovoy, telle que l'ont retransmise les médias, a pris pour ses proches, en revanche, un caractère cruel et inhumain. L'ampleur de l'information était telle qu'elle n'a pu être bloquée, le temps au moins de les prévenir. Il s'en est fallu de quelques minutes que Gilberte Bérégovoy n'apprenne la terrible nouvelle en regardant la télévision. Mais cette épreuve supplémentaire n'a pas été épargnée à ses enfants qui ont eu le choc d'entendre annoncer le suicide de leur père par le premier flash qui relatait le drame.

Depuis ce jour, ils tentent tous en vain de percer le mystère. « J'essaie de comprendre pourquoi mon mari en est arrivé là, confie Gilberte Bérégovoy. Je cherche des indices. Les images, les souvenirs de notre dernière journée du 1er mai passent et repassent dans ma mémoire. Celles des jours précédents aussi. Je classe tous ses papiers, je feuillette un à un tous ses livres, avec l'espoir de trouver, glissé dans une page, une lettre ou un mot. Et je ne trouve rien. Rien qui puisse me donner une réponse. »

Elle ne s'acharne pas en revanche à trouver tel ou tel responsable de la tragédie, à distribuer bons ou mauvais points. Tout au plus reproche-t-elle à certains responsables socialistes de ne pas avoir rendu hommage à son mari au sein du PS, notamment à l'occasion du congrès de Lyon qui suivait sa mort de quelques jours. Les mots tuent parfois, mais les silences aussi. Elle s'indigne, en revanche, qu'on puisse soupçonner François Mitterrand d'avoir « lâché » son ancien Premier ministre lorsque l'affaire du prêt a éclaté. Elle concède seulement qu'il ne s'est peut-être pas montré aussi présent qu'il aurait fallu, sans doute parce qu'il n'avait pas pris la mesure du drame que vivait Pierre Bérégovoy. Depuis sa disparition, le chef de l'État n'a d'ailleurs cessé de marquer sa fidélité à la mémoire de son ancien collaborateur par la sollicitude dont il entoure sa femme. Il n'a cessé de prendre régulièrement de ses nouvelles et lorsque, accusant le choc qu'elle venait de subir, elle a dû être hospitalisée au Val-de-Grâce dans les derniers jours de l'année 1993, il s'est rendu personnellement à son chevet chaque semaine.

Nevers est la ville où elle a choisi de s'installer. « Je m'y sens entourée et aimée », explique-t-elle. Elle a laissé à sa fille cadette Lise l'usage de l'appartement de la rue des Belles-Feuilles. Elle a vendu la maison de Saint-Martin-aux-Buneaux, ainsi que le deux-pièces qui avait été longtemps leur pied-à-terre à Nevers, pour acheter une maison dans un quartier tranquille de la ville. Le rythme de ses déplacements s'est inversé. C'est désormais à Paris qu'elle viendra passer deux jours chaque semaine pour se rendre au Conseil économique et social, où sa nomination a été diversement interprétée, certains y voyant une « aumône » indigne d'elle.

Mais elle a décidé une fois pour toutes de se fermer aux rumeurs qui n'ont cessé de l'assaillir depuis le 1er mai. Pour retrouver ses souvenirs des « jours de bonheur » et continuer à chercher une lettre, un signe... « Je ne sais pas ce qu'il a eu... J'aimerais le savoir. Même si, tout le reste de ma vie, je devais me dire : " C'est ta faute, tu aurais dû le voir "», je préférerais cela à cette situation où, certains soirs, je me dis : " Est-ce que j'ai oublié quelque chose? Est-ce que j'ai dit un mot de trop? Est-ce qu'il y a quelque chose que je n'ai pas dit, pas fait?... " La seule chose dont je suis certaine, c'est qu'il est mort sans savoir exactement ce qui s'était passé pour l'affaire Péchiney. »

Conclusion

Plus encore que l'hommage solennel rendu à l'homme d'État lors de ses obsèques à Nevers, puis devant l'Assemblée nationale par Philippe Séguin, les quelques deux cent mille lettres reçues par Gilberte Bérégovoy sont éloquentes. L'émotion a été réelle, profonde. Elle a même été si forte que, chez certains, elle s'est teintée d'incrédulité sur la réalité du suicide. Cette idée, Pierre Bérégovoy l'avait en fait apprivoisée depuis longtemps. L'image de sa vie était irrémédiablement atteinte. Du moins le croyait-il, tant l'état dépressif implique une optique particulière, un grossissement de certains événements et de certaines situations, tandis que d'autres facteurs sont à l'inverse minimisés, minorés.

Cependant, même si l'on trouve des éléments d'explication à la dépression dans laquelle s'était enfermé l'ancien Premier ministre, il aurait pu ne jamais accomplir ce geste. Un suicide ne se comprend jamais. Il garde une dimension privée insondable et Pierre Bérégovoy l'a voulu tel, en ne laissant apparemment derrière lui aucune lettre, aucun « signe ». Rétrospectivement, les « petits mots » dont il était coutumier et qu'il avait envoyés quelques jours ou quelques heures avant sa mort à des hommes avec lesquels il se sentait des liens particuliers peuvent apparaître comme autant de messages de détresse. A travers le rappel des valeurs autour desquelles il avait construit sa vie et dont il aurait voulu rester le symbole, s'exprimait sa souffrance vraie d'homme. Mais ces appels étaient trop faibles pour pouvoir être entendus comme il aurait fallu. Sa famille elle-même n'avait pas pu le retenir et restait devant un « banc » insupportable. Sans doute ne s'était-il pas rattaché à elle parce qu'il n'avait jamais été habitué à compter sur les autres, ni à faire appel à leur soutien. Pour les siens, il avait au contraire toujours été l'homme fort, celui sur lequel on s'appuie. Cela impliquait nécessairement une forme de solitude. Non seulement il ne pouvait assumer son épreuve que seul, mais en se suicidant, il délivrait sa famille du fardeau qu'il lui avait imposé. Il la préservait. Du moins le croyait-il.

Geste personnel s'il en est, le suicide est en même temps une interpellation. Venant d'un homme public de premier plan, il devenait un geste politique qui interrogeait les Français. Tous les acteurs potentiels du drame, journalistes, hommes politiques, juges, se voyaient appelés à un examen de conscience dont personne ne pouvait sortir totalement indemne. Chacun cherchait à s'absoudre d'une espèce de péché collectif. Ce drame montrait que si la politique se fait avec des fusibles, il n'y a pas d'impunité totale, que le jeu n'est jamais totalement innocent et qu'il peut se payer par la mort d'un homme.

La vie de Pierre Bérégovoy avait été longtemps comme une belle illustration de ce que la République était capable d'offrir à un homme grâce à son seul « mérite » : un parcours hors du commun. Elle se terminait sur un chapitre unique aussi, mais tragique. Elle s'était confondue pendant cinquante ans avec l'histoire de la gauche française et, à certains égards, en avait incarné les contradictions. Elle prenait brutalement fin – une 1er mai – avec un suicide qui avait une dimension emblématique dans le climat de déroute politique et morale que connaissait le parti socialiste. Mais en même temps tous ceux qui, à gauche, n'avaient pas versé une larme sur une défaite jugée souvent méritée, prenaient tout à coup conscience qu'avec Pierre Bérégovoy ils enterraient douze années de pouvoir de la gauche. Sa mort révélait aussi de façon tragique combien peut être difficile, dure, la situation d'un homme que sa réussite a éloigné de ses racines sans l'intégrer totalement dans un monde qui n'était pas son monde d'origine. Il tirait de son parcours exceptionnel une fierté justifiée mais quelque part celui-ci était porteur d'une fragilité intérieure.

Il était par ailleurs tellement engagé dans le combat politique qu'il ne pouvait avoir ce détachement de l'opinion qui, pour les philosophes, est le début de la sagesse. Il est mort dans le regard des autres. Mais son geste révélait en même temps sa noblesse. Si l'on pouvait y déceler un message, c'était celui d'un homme d'idéal, d'un homme de convictions qui n'avait pas supporté de voir toute une vie d'honnêteté et de sincérité mise en doute pour un seul faux pas. Pierre Bérégovoy exprimait là sa conscience forte d'avoir le « droit d'êtrer bien jugé », pour reprendre la définition que Marcel Conche donne de l'honneur.

Remerciements

L'auteur exprime sa gratitude envers la famille de Pierre Bérégovoy, notamment sa femme, ses enfants, son frère Michel Bérégovoy, pour l'aide qu'ils ont bien voulu lui apporter.

Elle remercie également :

Pierre Alby, Jean-Paul Bachy, Maurice Benassayag, Paul Benmussa, André Bergeron, Jean-Pierre Bloch, Didier Bouluad, Claude Bourdet, Georges Brutelle, Paul de Buyer Mineure, Michel Charasse, Jean-Louis Chambon, Hervé de Charette, Marcel Charmant, Yvon Chotard, Jean Clavel, Roger Courbey, Richard Dartigues, François Dautresme, Marcel David, Henri Ducrot, Marie-France Ducrot, Bernard Emschwiller, Laurent Fabius, Charles Fiterman, Jacques Fournier, Marie-Françoise Fuchs, Claude Fuzier, André Gauron, Albert Gazier, Jean-Louis Gergorin, Jean Glavany, Jacques Gondret, Christian Goux, François Durand de Grossouvre, Pierre Guérin, Antoine Guichard, Hervé Hannoun, René Haubert, Guy Henninot, Birgitta Hessel, Jérôme Jaffré, Christian Join-Lambert, Pierre Joxe, Claude de Kémoularia, Georges Kiejman, Philippe Labro, Marc Ladreit de Lacharrière, François Laumonier, Anne Lauvergeon, Denis Lefebvre, Albert Lemarié, Roland Leroy,

Ginette Levieux, Josiane Loubières, Edmond Maire, Gilles Martinet, Pierre Mauroy, Marie-Claire Mendès France, Pierre Monclaire, Jean-Charles Naouri, Régis Paranque, Guy Penne, François Périgot, Antoine Pinay, Christian Pineau, Marie-Laurence Pitois, Michel Rocard, Michel Sapin, Françoise Seligman, Marc-Antoine Sellières, Laurence Soudet, François-Xavier Stasse, Lucien Tanguy, Jean-Claude Trichet, Hubert Védrine, Robert Verdier, Yvette Wils, Maurice Zimman.

Index

C

N

O

P

Table

Imprimé en France **par la SOCIÉTÉ NOUVELLE FIRMIN-DIDOT**
N° d'édition : 1123 – N° d'impression : 26664
Dépôt légal : avril 1994